●収録内容一覧

■2025年度中学受験用

かえつ有明中学校

3年間スーパー過去問

入試問題と解説・解答の収録内容

2024年度　２月１日午前	算数・社会・理科・国語
2024年度　２月１日午後	算数・社会・理科・国語
2023年度　２月１日午前	算数・社会・理科・国語
2023年度　２月１日午後	算数・社会・理科・国語
2022年度　２月１日午前	算数・社会・理科・国語
2022年度　２月１日午後	算数・社会・理科・国語

※2024・2023年度の思考力特待入試，2022年度の思考力入試は収録しておりません。

～本書ご利用上の注意～　以下の点について，あらかじめご了承ください。

★別冊解答用紙は巻末にございます。本書に収録している試験の実物解答用紙は，弊社サイトの各校商品情報ページより，一部または全部をダウンロードできます。

★編集の都合上，学校実施のすべての試験を掲載していない場合がございます。

★当問題集のバックナンバーは，弊社には在庫がございません（ネット書店などに一部在庫あり）。

合格を勝ち取るための
『スーパー過去問』の使い方

本書に掲載されている過去問をご覧になって，「難しそう」と感じたかもしれません。でも，多くの受験生が同じように感じているはずです。なぜなら，中学入試で出題される問題は，小学校で習う内容よりも高度なものが多く，たくさんの知識や解き方のコツを身につけることも必要だからです。ですから，初めて本書に取り組むさいには，点数を気にしすぎないようにしましょう。本番でしっかり点数を取れることが大事なのです。

過去問で重要なのは「まちがえること」です。自分の弱点を知るために，過去問に取り組むのです。当然，まちがえた問題をそのままにしておいては意味がありません。

本書には，長年にわたって中学入試にたずさわっているスタッフによるていねいな解説がついています。まちがえた問題はしっかりと解説を読み，できるようになるまで何度も解き直しをしてください。理解できていないと感じた分野については，参考書や資料集などを活用し，改めて整理しておきましょう。

このページも参考にしてみましょう！

◆どの年度から解こうかな　「入試問題と解説・解答の収録内容一覧」

本書のはじめには収録内容が掲載されていますので，収録年度や収録されている入試回などを確認できます。

※著作権上の都合によって掲載できない問題が収録されている場合は，最新年度の問題の前に，ピンク色の紙を差しこんでご案内しています。

◆学校の情報を知ろう!!「学校紹介ページ」

このページのあとに，各学校の基本情報などを掲載しています。問題を解くのに疲れたら息ぬきに読んで，志望校合格への気持ちを新たにし，再び過去問に挑戦してみるのもよいでしょう。なお，最新の情報につきましては，学校のホームページなどでご確認ください。

◆入試に向けてどんな対策をしよう？「出題傾向＆対策」

「学校紹介ページ」に続いて，「出題傾向＆対策」ページがあります。過去にどのような分野の問題が出題され，どのように対策すればよいかをアドバイスしていますので，参考にしてください。

◇別冊「入試問題解答用紙編」

本書の巻末には，ぬき取って使える別冊の解答用紙が収録してあります。解答用紙が非公表の場合などを除き，（注）が記載されたページの指定倍率にしたがって拡大コピーをとれば，実際の入試問題とほぼ同じ解答欄の大きさで，何度でも過去問に取り組むことができます。このように，入試本番に近い条件で練習できるのも，本書の強みです。また，データが公表されている学校は別冊の１ページ目に過去の「入試結果表」を掲載しています。合格に必要な得点の目安として活用してください。

本書がみなさんの志望校合格の助けとなることを，心より願っています。

株式会社　声の教育社　編集部

かえつ有明中学校

所在地	〒135-8711 東京都江東区東雲2-16-1
電　話	03-5564-2161（広報室）
ホームページ	https://www.ariake.kaetsu.ac.jp/
交通案内	りんかい線「東雲駅」より徒歩約8分，地下鉄有楽町線「辰巳駅」より徒歩約18分 地下鉄有楽町線「豊洲駅」よりバス「都橋住宅前」下車徒歩約2分

くわしい情報はホームページへ

トピックス

★「勝どき駅」よりバス「有明小中学校前」下車でもアクセスできます。
★入試相談窓口専用フリーダイヤル（0120-881-512）があります。

創立年 明治36年　男女共学　高校募集あり

応募状況

年度	募集数		応募数		受験数	合格数	倍率
2024	2/1前	45名	2科	36名	26名	3名	8.7倍
			4科	346名	269名	78名	3.4倍
		7名	思特	20名	19名	1名	19.0倍
	2/1後	35名	2科	45名	34名	7名	4.9倍
			4科特	425名	334名	5名	66.8倍
	2/2前	15名	H/A	44名	40名	26名	1.5倍
	2/2後	30名	2科	60名	33名	8名	4.1倍
			4科特	490名	299名	4名	74.8倍
	2/3後	18名	2科	64名	37名	5名	7.4倍
			4科特	482名	239名	5名	47.8倍
		10名	AL思特	75名	60名	2名	30.0倍

合格数は、他にスライド合格（一般合格）が計214名います。

説明会等日程（※予定）

学校説明会［要予約］
6月15日　10：00～11：30（オンライン開催）
9月7日　10：00～11：30（オンライン開催）
入試説明会［要予約］
11月2日　10：00～11：30（オンライン開催）
1月11日　10：00～11：30（オンライン開催）
部活動見学会［要予約］
10月12日　9：00～15：00
入試体験会［要予約］
12月7日　8：30～11：00（6年生対象）

2025年度入試情報

2月1日午前　**2科・4科入試**
［2科（国算）・4科（国算理社）］
思考力特待入試
［個人探究］
午後　**特待入試**
［2科（国算）・4科（国算理社）※］
2月2日午前　**Honors/Advanced選考**
［英語筆記・英語作文・英語ペアワーク・日本語作文］
午後　**特待入試**
［2科（国算）・4科（国算理社）※］
2月3日午後　**特待入試**
［2科（国算）・4科（国算理社）※］
アクティブラーニング思考力特待入試
［グループワーク］
※4科選択者は特待合格と一般合格，2科選択者は一般合格の可能性があります。

2024年春の主な大学合格実績

＜国公立大学＞
東京大，千葉大，名古屋大，神戸大，信州大，国際教養大，高崎経済大
＜私立大学＞
慶應義塾大，早稲田大，上智大，国際基督教大，東京理科大，明治大，青山学院大，立教大，中央大，法政大，学習院大，津田塾大，日本女子大，昭和大，順天堂大，東京女子医科大

編集部注─本書の内容は2024年5月現在のものであり，変更されている場合があります。正確な情報は，学校のホームページ等で必ずご確認ください。

算数 出題傾向＆対策

◆基本データ（2024年度２月１日午前）

試験時間／満点	50分／100点
問題構成	・大問数…６題 計算１題（５問）／応用小問１題（５問）／応用問題４題 ・小問数…20問
解答形式	答えのみを記入するものが大半をしめるが，式を記入するものもある。
実際の問題用紙	Ｂ５サイズ，小冊子形式
実際の解答用紙	Ｂ４サイズ

◆出題傾向と内容

▶過去３年の出題率トップ３
１位：四則計算・逆算19％　２位：濃度６％
３位：角度・面積・長さなど６％
▶今年の出題率トップ３
１位：四則計算・逆算28％　２位：単位の計算，割合と比，角度・面積・長さなど７％

計算問題は，小数と分数のまじったものや，計算のくふうが必要なもの，逆算などが出されています。

応用小問では，つるかめ算，仕事算，年齢算，面積，体積，角度，旅人算，速さ，売買損益，整数の性質などが，はば広く取り上げられています。

応用問題は，数の性質，濃度，速さ，体積，長さ，角度，図形の移動などから出題されています。また，規則性の問題や，旅人算（速さ）に関する問題，あるいは水の深さと体積に関する問題でグラフを読み取りながら考えていくものも出題されています。

◆対策～合格点を取るには？～

まず，計算力を毎日の計算練習で身につけましょう。計算の過程をきちんとノートに書き，答え合わせのときに，どんなところでミスしやすいかを発見するように努めること。

数の性質，割合と比では，はじめに教科書にある重要事項を整理し，類題を数多くこなして，基本的なパターンを身につけましょう。

図形では，はじめに求積問題を重点的に学習しましょう。

特殊算については，参考書などにある「○○算」の基本を学習し，公式をスムーズに活用できるようになりましょう。

分野＼年度		2024		2023		2022	
		1日前	1日後	1日前	1日後	1日前	1日後
計算	四則計算・逆算	●	●	◎	●	●	●
	計算のくふう	○		◎			○
	単位の計算	◎		○	○	○	○
和と差	和差算・分配算						
	消去算						
	つるかめ算			○	○		○
	平均とのべ						
	過不足算・差集め算				○		
	集まり		○			○	
	年齢算						
割合と比	割合と比	○	○				○
	正比例と反比例			○			
	還元算・相当算			○			
	比の性質						
	倍数算						
	売買損益			○			
	濃度		○	○	○	○	○
	仕事算		○	○	○	○	◎
	ニュートン算						
速さ	速さ		○			○	
	旅人算						
	通過算						
	流水算	○		○			
	時計算						
	速さと比						
図形	角度・面積・長さ	○	○	◎	○	○	
	辺の比と面積の比・相似	○					○
	体積・表面積			○	○	◎	
	水の深さと体積	○			○	○	○
	展開図				○		○
	構成・分割				○		
	図形・点の移動	◎		○			
表とグラフ					○	◎	
数の性質	約数と倍数		○				
	N進数						
	約束記号・文字式	○					○
	整数・小数・分数の性質				○		○
規則性	植木算		○				
	周期算					○	
	数列						
	方陣算						
	図形と規則						
場合の数		○	○	○	○	○	
調べ・推理・条件の整理							
その他							

※　○印はその分野の問題が１題，◎印は２題，●印は３題以上出題されたことをしめします。

社会 出題傾向＆対策

◆基本データ（2024年度２月１日午前）

試験時間／満点	25分／50点
問題構成	・大問数…２題 ・小問数…20問
解答形式	記号選択と適語の記入（漢字指定あり）が中心だが，記述問題も見られる。
実際の問題用紙	Ｂ５サイズ，小冊子形式
実際の解答用紙	Ｂ４サイズ

◆出題傾向と内容

地理，歴史，政治の各分野からまんべんなく出題されていますが，各分野が独立した大問として出される場合もあれば，２つ以上の分野にまたがった総合問題として出される場合もあり，出題形式は一定していません。さまざまなパターンに備えて試験にのぞみましょう。

●地理…工業や貿易，貨物輸送の変化，雨温図をはじめ各都道府県の特ちょうに関する問題が，統計資料やグラフ，図版などを用いて出題されています。政治分野や環境問題がからんだ問題は，時事の色が強くなっています。

●歴史…教育・学校関係についての歴史，信仰・宗教の歴史，女性についての歴史，交通・輸送の歴史などさまざまなテーマにもとづいて，古代から現代までの歴史上の人物やできごとが出題されています。

●政治…他分野と複合される形で，憲法，国会や内閣のしくみとはたらき，国際関係などから出題されています。海外もふくめた時事問題が出題されることも多く，注意が必要です。

分野＼年度			2024		2023		2022	
			1日前	1日後	1日前	1日後	1日前	1日後
日本の地理		地図の見方						
		国土・自然・気候	○	○	○	○		○
		資源	○	○				○
		農林水産業	○			○		○
		工業						○
		交通・通信・貿易		○		○	○	○
		人口・生活・文化	○		○	○	○	
		各地方の特色			○	○		
		地理総合			★			
世界の地理							○	
日本の歴史	時代	原始～古代	○	○	○	○	○	○
		中世～近世	○	○	○	○	○	○
		近代～現代	○	○	○	○	○	○
	テーマ	政治・法律史						
		産業・経済史						
		文化・宗教史	★		★			
		外交・戦争史				★		
		歴史総合		★				
世界の歴史								
政治		憲法		○		○	○	
		国会・内閣・裁判所		○			○	
		地方自治						
		経済						○
		生活と福祉			○			
		国際関係・国際政治	○			○	○	
		政治総合						
環境問題						○		
時事問題			○	○	○	○	○	○
世界遺産					○			○
複数分野総合			★	★		★	★	★

※　原始～古代…平安時代以前，中世～近世…鎌倉時代～江戸時代，近代～現代…明治時代以降

※　★印は大問の中心となる分野をしめします。

◆対策～合格点を取るには？～

まず，基礎力を身につけてください。教科書のほか，説明がていねいでやさしい標準的な参考書を選んで，くり返し学習し，基本事項をしっかりと身につけましょう。また，問題集を解いていて自分の弱点分野が見つかったら，教科書や参考書に立ち返り，理解できるまで復習しましょう。

地理分野では，地図やグラフ，表などが欠かせません。つねにこれらを参照しながら，白地図に地形や気候をまとめ，そこから，統計資料などを使って，産業のようすの学習へと広げていってください。また，世界地理についても，おもな国を参考書などを使ってまとめておくとよいでしょう。

歴史分野では，教科書や参考書を読むだけでなく，自分で年表をつくって学習すると効果が上がります。それぞれの時代や分野ごとに記入らんをつくり，重要なことがらを書きこみましょう。完成した年表は，各時代，各分野のまとめに利用できます。

政治分野では，政治のしくみや基本的人権が憲法でどう定められているかを中心に勉強してください。また，時事問題をからめた問題が出されることがあるので，テレビや新聞などでニュースを確認し，ノートにまとめておきましょう。中学受験用の時事問題集に取り組むのも効果的です。

理科 出題傾向＆対策

◆基本データ（2024年度２月１日午前）

試験時間／満点	25分／50点
問題構成	・大問数…４題 ・小問数…15問
解答形式	記号選択や用語の記入が中心。字数指定のない記述問題もある。
実際の問題用紙	Ｂ５サイズ，小冊子形式
実際の解答用紙	Ｂ４サイズ

分野＼年度		2024		2023		2022	
		1日前	1日後	1日前	1日後	1日前	1日後
生命	植物	○			★		
	動物	○	★				
	人体						○
	生物と環境			★			
	季節と生物						
	生命総合	★				★	
物質	物質のすがた						
	気体の性質	★					○
	水溶液の性質	○		★			
	ものの溶け方		★				
	金属の性質						○
	ものの燃え方				○		
	物質総合						
エネルギー	てこ・滑車・輪軸						○
	ばねののび方						
	ふりこ・物体の運動						
	浮力と密度・圧力	★		★			
	光の進み方						
	ものの温まり方					★	
	音の伝わり方						
	電気回路		★				★
	磁石・電磁石						
	エネルギー総合		○		★		
地球	地球・月・太陽系		★				
	星と星座						
	風・雲と天候	★					★
	気温・地温・湿度			★			
	流水のはたらき・地層と岩石					★	
	火山・地震						
	地球総合						
実験器具			○				
観察							
環境問題				○			
時事問題						○	
複数分野総合							★

※　★印は大問の中心となる分野をしめします。

◆出題傾向と内容

総小問数は試験時間に見合った適量といえます。とりわけ難しいものはありませんが，１つのテーマに沿った日常的な観察力が求められる問題も見られます。

●生命…ヒトのからだのつくりとはたらき，いろいろな動物の特ちょう，生物どうしのつながり，植物のつくりとはたらき・分類などが出題されています。

●物質…金属の性質，気体の捕集法や性質，塩酸と金属の反応，水溶液の性質などが出されています。密度，重さ，体積などを求める計算問題も見られます。

●エネルギー…力のつり合い，浮力のはたらき，ものの温まり方，電気回路などが出されています。この分野も「物質」の分野と同様に計算問題が多く出題されているため，計算問題に十分慣れておく必要があります。

●地球…地層，湿度の計算，天気，台風，太陽・月・地球の動き，金星や火星の見え方などについて出題されています。

◆対策～合格点を取るには？～

本校の理科は，各分野からまんべんなく基礎的なものが出題されていますから，基礎的な知識をはやいうちに身につけ，そのうえで，問題集で演習をくり返すのがよいでしょう。

「生命」は，身につけなければならない基本知識の多い分野です。動物とヒトのからだのつくり，植物のつくりと成長などを中心に，ノートにまとめながら知識を深めましょう。

「物質」は，ものの溶け方，気体や水溶液，金属などの性質に重点をおいて学習するとよいでしょう。中和反応や濃度，気体の発生など，表やグラフをもとに計算させる問題にも積極的に取り組むように心がけてください。

「エネルギー」では，計算問題としてよく出される力のつり合いに注目しましょう。てんびんとものの重さ，てこ，輪軸，ふりこの運動，かん電池のつなぎ方や豆電球の明るさなどについての基本的な考え方をしっかりマスターし，さまざまなパターンの計算問題にチャレンジしてください。

「地球」では，太陽・月・地球の動き，季節と星座の動き，日本の天気と気温・湿度の変化，流水のはたらき・地層のでき方・地震などが重要なポイントです。

国語 出題傾向＆対策

◆基本データ(2024年度２月１日午前)

試験時間／満点	50分／100点
問題構成	・大問数…２題 　文章読解題２題 ・小問数…17問
解答形式	記号選択と書きぬきなどのほかに，記述問題も見られる。記述問題にはすべて字数制限がある。
実際の問題用紙	Ｂ５サイズ，小冊子形式
実際の解答用紙	Ｂ４サイズ

◆出題傾向と内容

▶近年の出典情報(著者名)
説明文：岡崎雅子　山鳥　重　杉浦明平
小　説：青山美智子　重松　清　瀬尾まいこ

●読解問題…長文読解総合問題が２題(小説・物語文，説明文・論説文からそれぞれ１題ずつ)出題されます。指示語の内容を読み取らせる問題と，接続語・副詞などのそう入問題は必ずといっていいほど出されます。また，文を示して本文の内容と合うかどうかを問うものもよく見られます。

●知識問題…漢字の読み・書き取りのほか，文の組み立て，語句の意味，熟語の成り立ちや，慣用句・ことわざの完成などが出されています。ことばのきまりに関する問題としては，助詞や助動詞の用法・意味，同じ品詞を選ぶものなど，品詞に関する問題が出されています。

◆対策～合格点を取るには？～

本校の国語は，読解力を中心にことばの知識や漢字力もあわせ見るという点では，実にオーソドックスな問題ということができますが，その中でも大きなウェートをしめるのは，長文の読解力です。

読解の演習のさいには，以下の点に気をつけましょう。①「それ」や「これ」などの指示語は何をさしているのかを考える。②段落や場面の構成を考える。③筆者の主張や登場人物の性格，心情の変化などに注意する。④読めない漢字，意味のわからないことばが出てきたら，すぐに辞典で調べる。

また，知識問題は，漢字・語句の問題集を一冊仕上げるとよいでしょう。

分野＼年度			2024 1日前	2024 1日後	2023 1日前	2023 1日後	2022 1日前	2022 1日後
読解	文章の種類	説明文・論説文	★	★	★	★	★	★
		小説・物語・伝記	★	★	★	★	★	★
		随筆・紀行・日記						
		会話・戯曲						
		詩						
		短歌・俳句						
	内容の分類	主題・要旨	○	○	○	○	○	○
		内容理解	○	○	○	○	○	○
		文脈・段落構成		○	○		○	
		指示語・接続語	○	○		○	○	
		その他	○	○	○	○	○	○
知識	漢字	漢字の読み	○		○	○	○	○
		漢字の書き取り	○	○	○	○	○	○
		部首・画数・筆順						
	語句	語句の意味			○	○	○	○
		かなづかい						
		熟語					○	○
		慣用句・ことわざ		○	○			
	文法	文の組み立て						
		品詞・用法						
		敬語						
	形式・技法				○			
	文学作品の知識							
	その他					○		
	知識総合							
表現	作文							
	短文記述							
	その他							
放送問題								

※　★印は大問の中心となる分野をしめします。

カコを追いかけ
ミライをつかめ
「今の説明、もう一回」を何度でも
web過去問
ストリーミング配信による入試問題の解説動画
もっと古いカコモンないの?
カコ過去問
「さらにカコの」過去問をHPに掲載(DL)
声の教育社
詳しくはこちらから

2024 年度 かえつ有明中学校

【算　数】〈２月１日午前試験〉（50分）〈満点：100点〉

（**6**(2)(3)は解答らんに考え方や途中の式も書きなさい。円周率は3.14とします。）

1　次の $\square$ にあてはまる数を求めなさい。

（１）$7-2\div\frac{1}{2}+5=\square$

（２）$\left\{2\frac{1}{2}+\frac{4}{5}\div\left(3-\frac{9}{10}\right)\right\}\times 3\frac{3}{11}=\square$

（３）$20000\,\mathrm{mm}^2=\square\,\mathrm{m}^2$

（４）$\frac{1}{42}+\frac{1}{30}+\frac{1}{20}+\frac{1}{12}+\frac{1}{6}=\square$

（５）$\left\{\left(\frac{5}{4}+\square\right)-1\frac{7}{12}\right\}\times 0.16=\frac{1}{6}$

2　次の問いに答えなさい。

（１）　縮尺が5000分の１の地図上で，有明アリーナのメインアリーナの面積は $1.64\,\mathrm{cm}^2$ でした。このメインアリーナの実際の面積は何 m^2 ですか。

（２）　消費税が店内飲食で10％，持ち帰りで８％の喫茶《きっさ》店があります。店内飲食で税込み825円の紅茶を持ち帰りで注文する場合，代金は税込みで何円ですか。

（３）　まっすぐ流れる，流れの速さが一定の川に２つの地点Ａ，Ｂがあります。静水時の速さが時速20 kmの船で，地点Ａから地点Ｂまで進むのには２時間かかり，地点Ｂから地点Ａまで進むのには３時間かかります。このとき，川の流れの速さは時速何kmですか。

（４）　長方形と正三角形を右の図のように重ねました。
図の角 x の大きさは何度ですか。

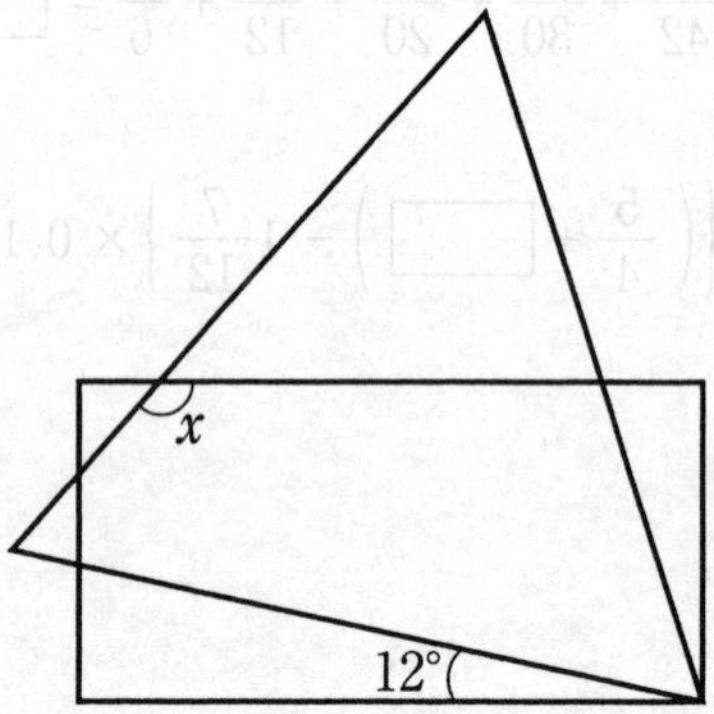

（５）　10円玉５枚，100円玉３枚，500円玉１枚の一部，またはすべてを用いて支払うことができる金額は全部で何通りですか。

3　図のような直方体の水そうに，１辺が10 cmの立方体のおもりが入っています。この水そうに，給水管から一定の割合で満水になるまで水を入れます。グラフは，水を入れ始めてからの時間と，水面の高さの関係を表したものです。このとき，次の問いに答えなさい。

【図】

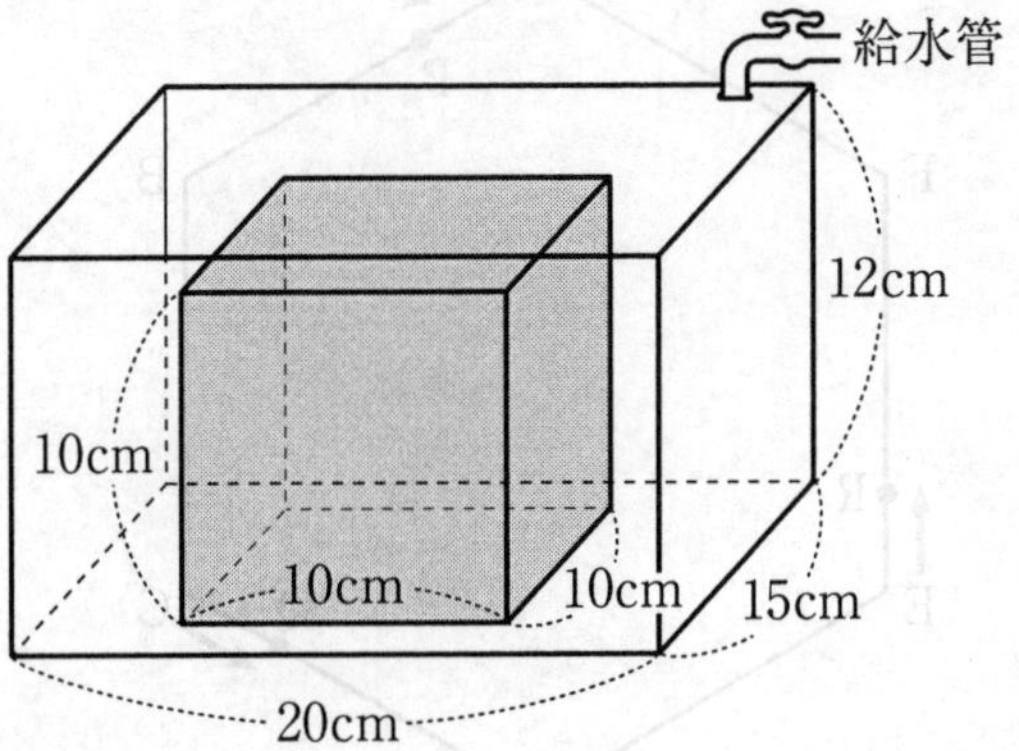

【グラフ】

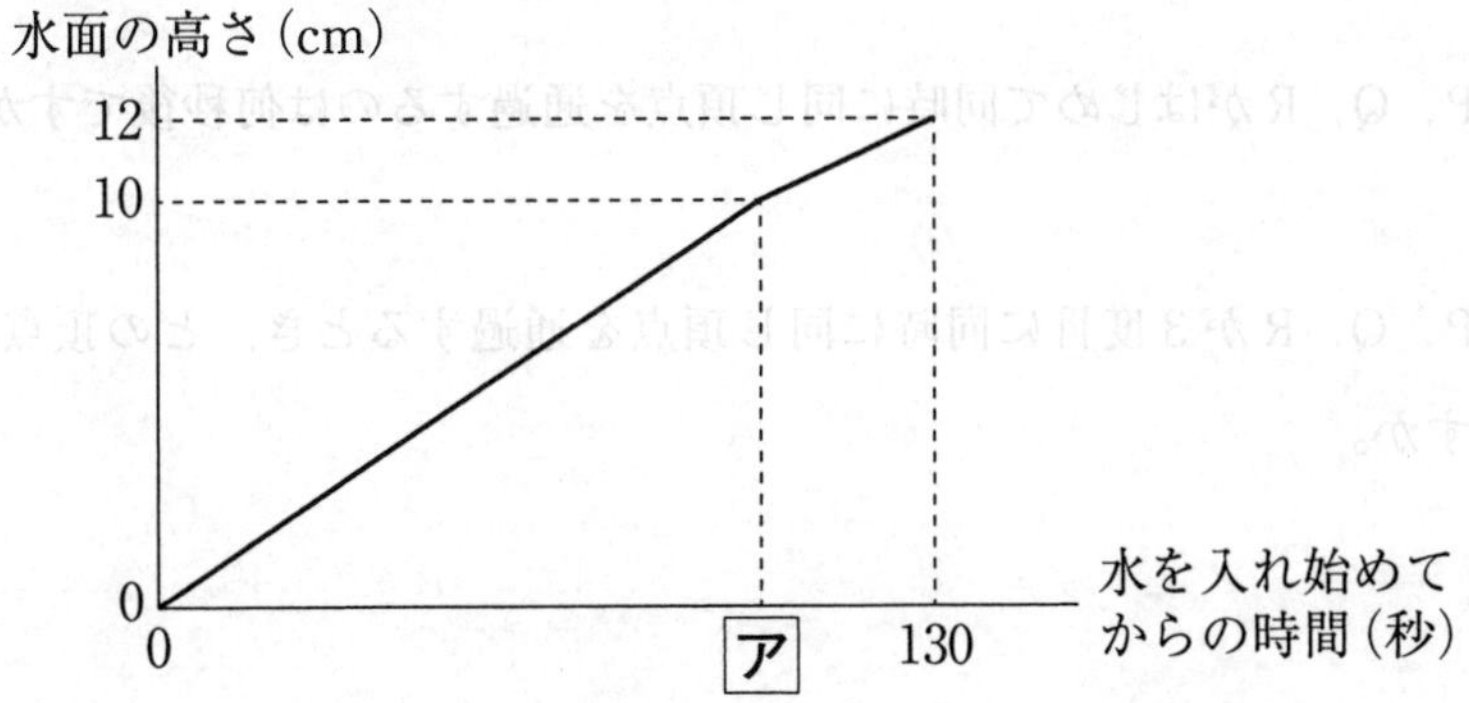

（１）　給水管から入れる水の量は，毎秒何 cm^3 ですか。

（２）　ア に入る数はいくつですか。

（３）　満水の状態からおもりを取り出したとき，水面の高さは何cmになりますか。

4　図の六角形ＡＢＣＤＥＦは１辺の長さが30 cmの正六角形です。点Ｐ，Ｑ，Ｒはそれぞれ頂点Ａ，Ｃ，Ｅを同時に出発して矢印の方向に進みます。また，点Ｐ，Ｑ，Ｒの速さはそれぞれ毎秒25 cm，毎秒20 cm，毎秒18 cmです。このとき，次の問い答えなさい。

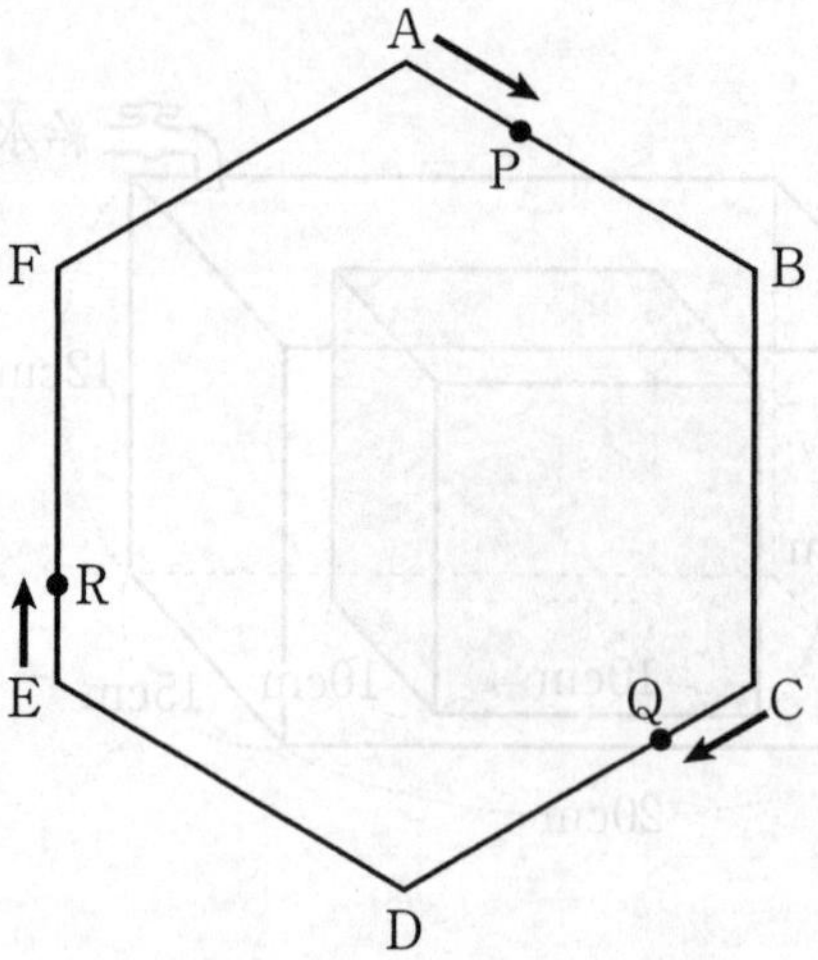

（１）　３点Ｐ，Ｑ，Ｒがはじめて同時に同じ頂点を通過するのは何秒後ですか。

（２）　３点Ｐ，Ｑ，Ｒが３度目に同時に同じ頂点を通過するとき，どの頂点を何秒後に通過しますか。

5　２つの整数A，Bについて，AとBを足した和を２倍した数をA◎Bと表し，AからBを引いた差を２倍した数をA△Bと表すことにします。ただし，AはBよりも大きい整数とします。たとえば，

6◎5＝(6＋5)×2＝22,　　7△4＝(7－4)×2＝6

です。このとき，次の問いに答えなさい。

（１）　(9◎2)△3はいくつですか。

（２）　次の□にあてはまる数を求めなさい。

(17◎3)△(□△13)＝72

6　図の正三角形と長方形を組み合わせた図形の周りを，半径２cmの円板がすべることなく転がって一周します。このとき，次の問いに答えなさい。

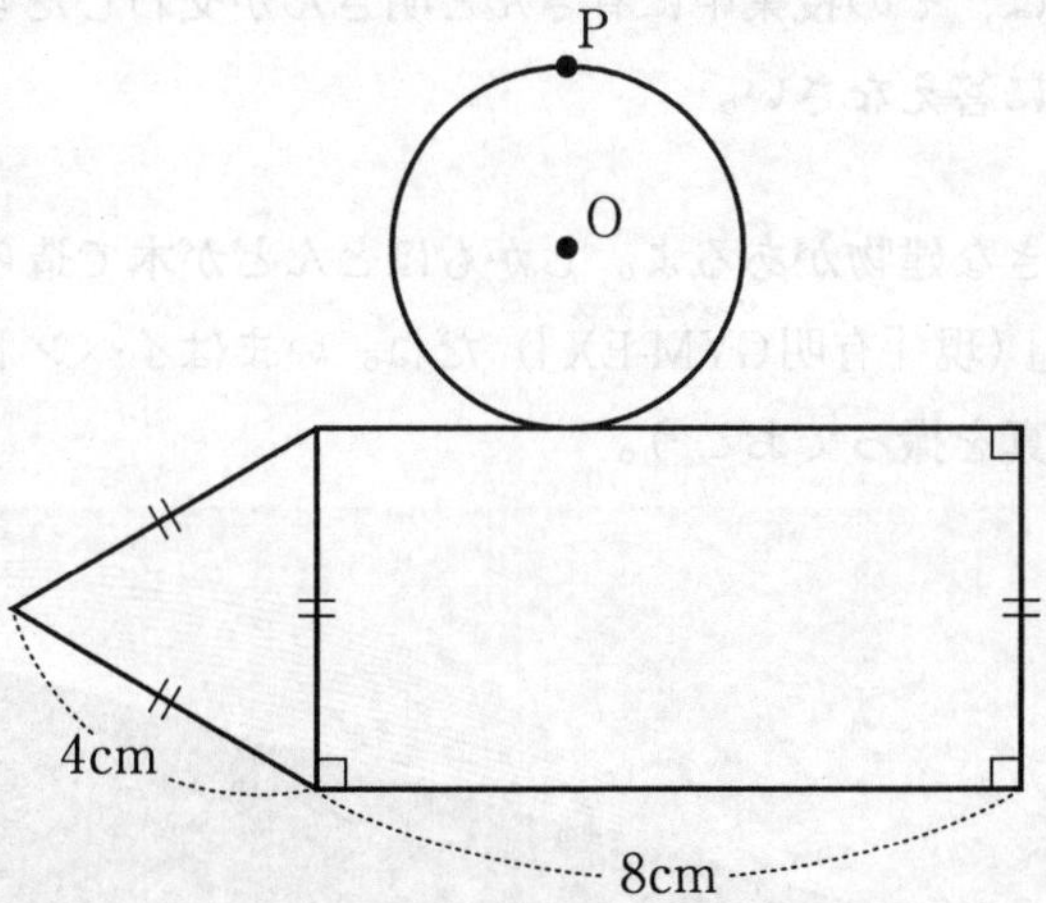

（1）　円板の中心がえがく線の長さは何cmですか。

（2）　円板が通る面積は何cm^2ですか。

（3）　円板の周上の点Ｐは円板の中心Ｏの周りを何回転しますか。分数で答えなさい。

【社　会】〈２月１日午前試験〉（25分）〈満点：50点〉
（人名・地名や社会科で学習する用語は，漢字で答えなさい。）

1　かえつ有明中学校の「社会」の時間に、周辺の建物を見に行って調べるという授業が行われました。次の会話文は、その授業中に有さんと明さんが交わしたものです。この会話文を読み、あとの問いに答えなさい。

有　：①学校の近くにこんな大きな建物があるよ。しかもほとんどが木で造られているね。
明　：これは「有明体操競技場」（現「有明GYM-EX《ジメックス》」）だね。いまはイベント会場としても使われているんだって。写真を撮っておこう。

有　：そういえば「東京2020オリンピック・パラリンピック」で体操やボッチャの会場として使われていたよね。
明　：そうそう。近くの「有明アリーナ」や「東京アクアティクスセンター」なども建てられたけど、この「有明体操競技場」に②これだけ木が使われているなんて発見じゃない？
有　：そうだね。そういえば③新しい国立競技場も④全国から集めた木材をたくさん使っていたけど、⑤環境にも配慮した方がいいよね。
明　：それに、やっぱり木造だと⑥地震や火事に弱いんじゃない？
有　：たしかに。あ、もう時間だ。一度教室に帰ろう！

明　：先生、「有明体操競技場」を見てきました。
先生：おかえり。近くにこんな建物があるなんて面白かったでしょう。
有　：はい、でもオリンピック用の最新の建築なのに、なんでわざわざ木で造ったんですか。
先生：木とはいいところに目をつけたね、江東区は木材ととっても縁の深い土地なんだよ。明さんの最寄り駅はどこだっけ？
明　：「新木場」駅です。
先生：つまり「新しい木場」ということだね。じゃあ「木場」ってなんのことだろう？
有　：木のある場所？　⑦森ですか？
明　：この辺は埋立地でしょう？　もともと海なんだから、森だと変じゃない？
先生：埋立地なのに地名に「木」が入るのは不思議だね。少し昔の姿と比べてみよう。

地図A（2019年、東雲）

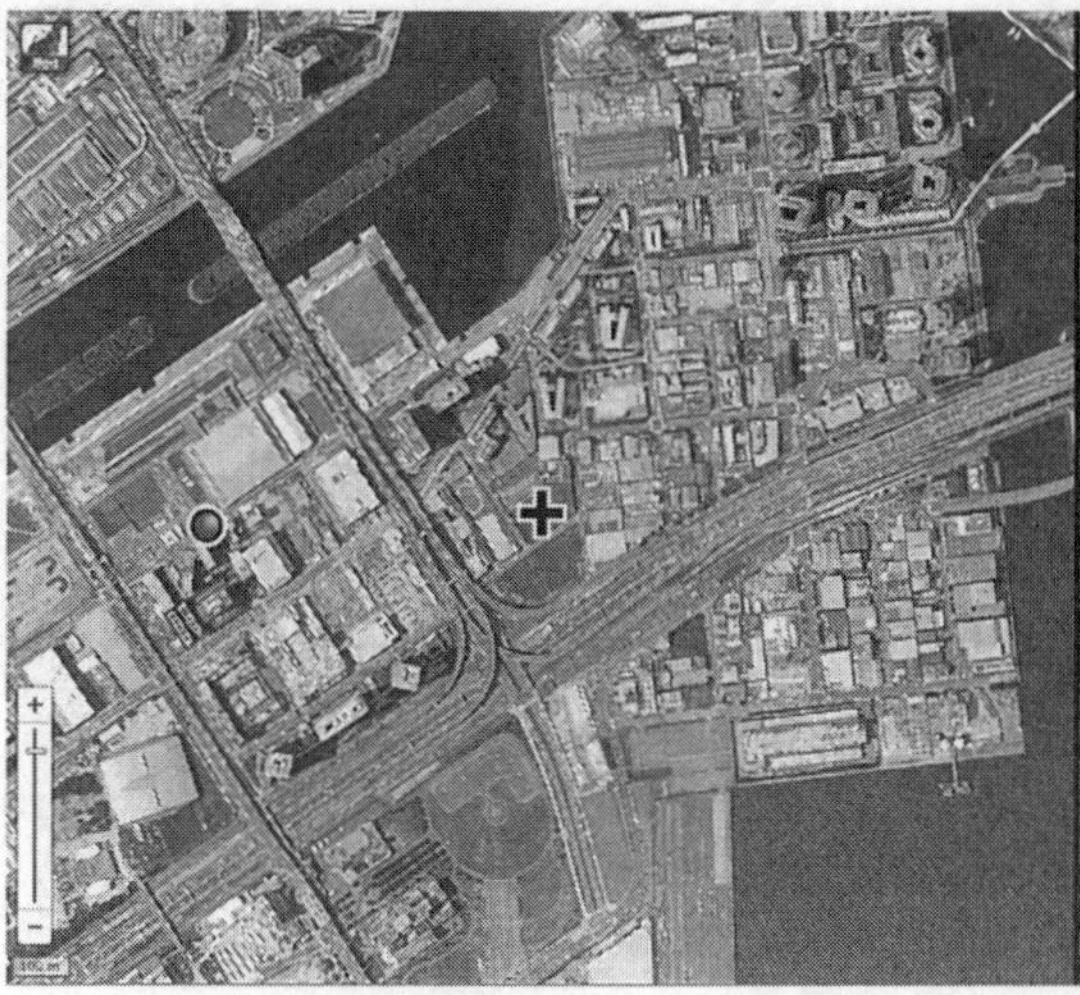

地図X（1987～1990年、東雲）

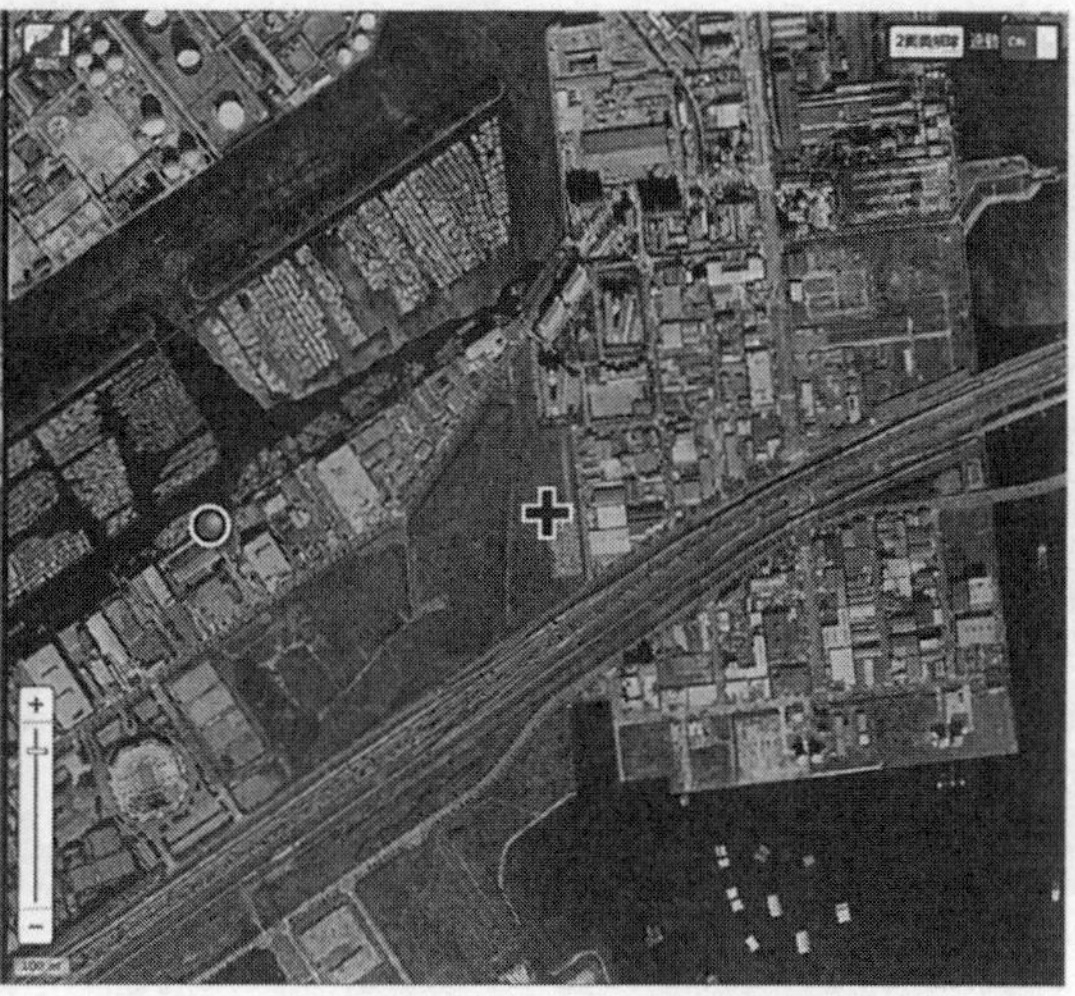

（地理院地図より作成）

先生：左の**地図A**は2019年、右の**地図X**は1987～1990年のものだよ。中央の十字（✚）がかえつ有明の場所で、丸いピン（◉）のところが「有明体操競技場」を撮影した場所だね。

有　：あれ？　撮影場所（◉）を比べると**地図X**では小さなものがたくさん浮かんでるだけですね。

明　：何が浮かんでるんだろう。先生、これが「木場」と何か関係あるんですか？

先生：もう少しで分かるよ。**地図A**と**地図X**を新木場駅南側エリアまで動かしてみよう。

地図B（2019年、新木場）

地図Y（1987～1990年、新木場）

（地理院地図より作成）

明　：あっ、**地図X**にあった小さなものが、**地図Y**では海にたくさん浮かんでる！

有　：でも**地図B**にはほとんど見当たらないね。いったい何があったんだろう。

先生：**地図Y**が作られた1987～1990年から**地図B**が作られた2019年までの約30年の間に、新木場の海から無くなったものは何だと思う？　いまから拡大したら答えが分かるからそれまでに考えてごらん。

地図Ｃ（2019年、新木場）　　**地図Ｚ**（1987～1990年、新木場）

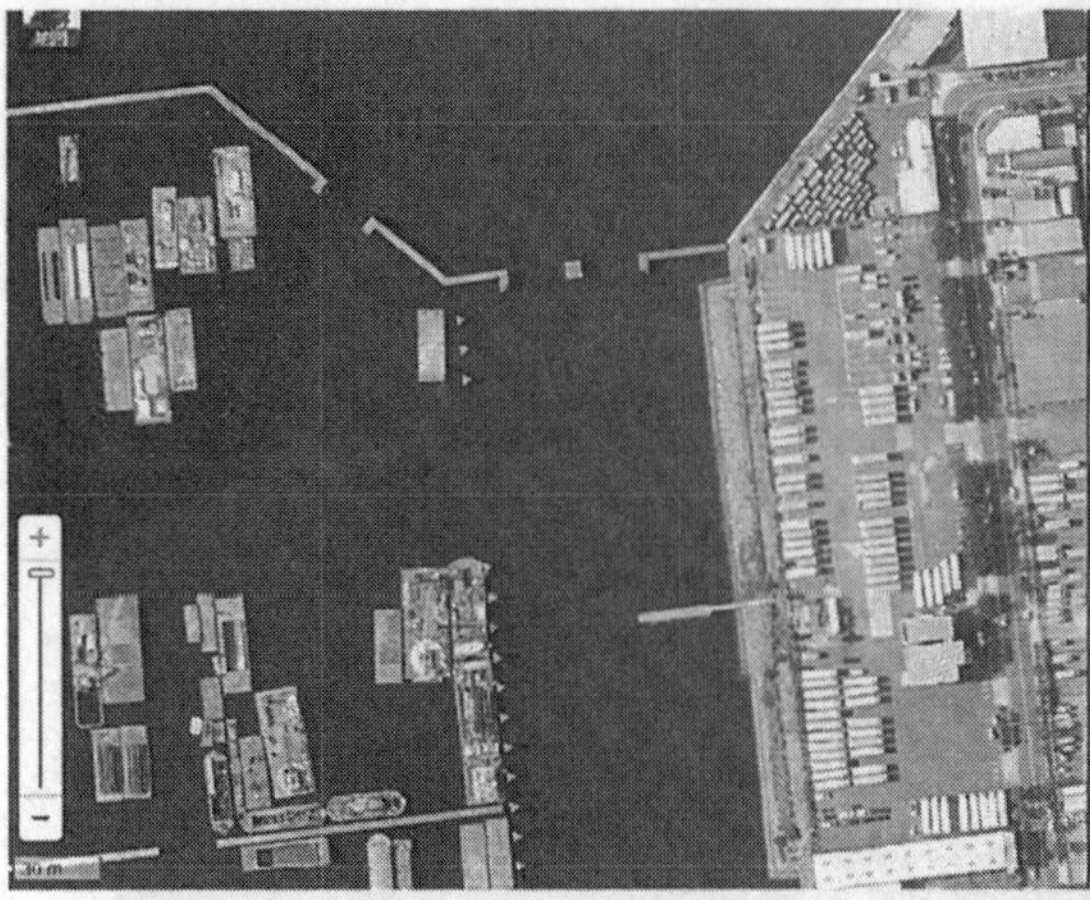

（地理院地図より作成）

有　：あ、**地図Ｚ**の海に浮かんで見えるのは材木ですか？

先生：そうなんだ。木場とは、材木を貯めておく場所つまり⑧貯木場のことなんだよ。江戸・東京の発展を支えた「木場」は、隅田川沿いの元木場（現在の江東区佐賀）、木場（現在の江東区木場）などに置かれ、埋め立て地の拡大と共に現在の新木場へ移転したんだ。

明　：そうか、木は生活に欠かせないものですよね。でも**地図Ｃ**をよく見ると、海に浮かんでいるのは小さな船ばかりでした。⑨あれだけあった材木はどこに行ったんでしょう？

有　：先生、次の時間にみんなで調べてみませんか。

問１　下線部①について、明さんはインターネット上の地図で学校から有明体操競技場までの直線距離を調べてみました。画面上の距離を定規で測ると16cmありましたが、実際の距離は約624mでした。明さんが使用したこの地図の縮尺として最も近いものを次のア～エより１つ選び、記号で答えなさい。

ア　300分の１　　イ　400分の１　　ウ　3000分の１　　エ　4000分の１

問２　下線部②について、この施設の屋根には主に針葉樹のカラマツが使用されました。カラマツの生産量を都道府県でみたとき、上位３つに**あてはまらないもの**を次のア～エより１つ選び、記号で答えなさい。

ア　北海道　　イ　岩手県　　ウ　長野県　　エ　三重県

問3　下線部③について、あとの問いに答えなさい。

（1）設計者の隈研吾《くまけんご》さんは「日本の建築が守り伝えてきた軒《のき》下の美を現代にふさわしい表現にしようと試みた」と述べています。日本では、雨や雪が家屋にかかるのを防ぐために軒が発達しました。
右の写真のような日本海側の豪雪地帯でみられる軒と通路が一体化したものをなんと呼びますか。次のア～エより1つ選び、記号で答えなさい。

ア　がんぎ造り　　　イ　かまくら
ウ　合掌造り　　　　エ　かんじき

（2）この国立競技場の近くには、1964年のオリンピックのために造られた代々木競技場があります。2023年に生誕110年を迎えた代々木競技場の設計者の名前を、次のア～エより1つ選び、記号で答えなさい。

ア　岡倉天心　　　イ　丹下建三　　　ウ　コンドル　　　エ　ザハ・ハディッド

問4　下線部④について、全国から集められた木材は、生産地の方角に応じて競技場の屋根に配置されました。下の**図1**はその配置を表したものの一部ですが、**図1**中の**A～E**のうち、**B・D・E**にあてはまる都道府県の組み合わせとして正しいものを、あとの表のア～エより1つ選び、記号で答えなさい。

図1

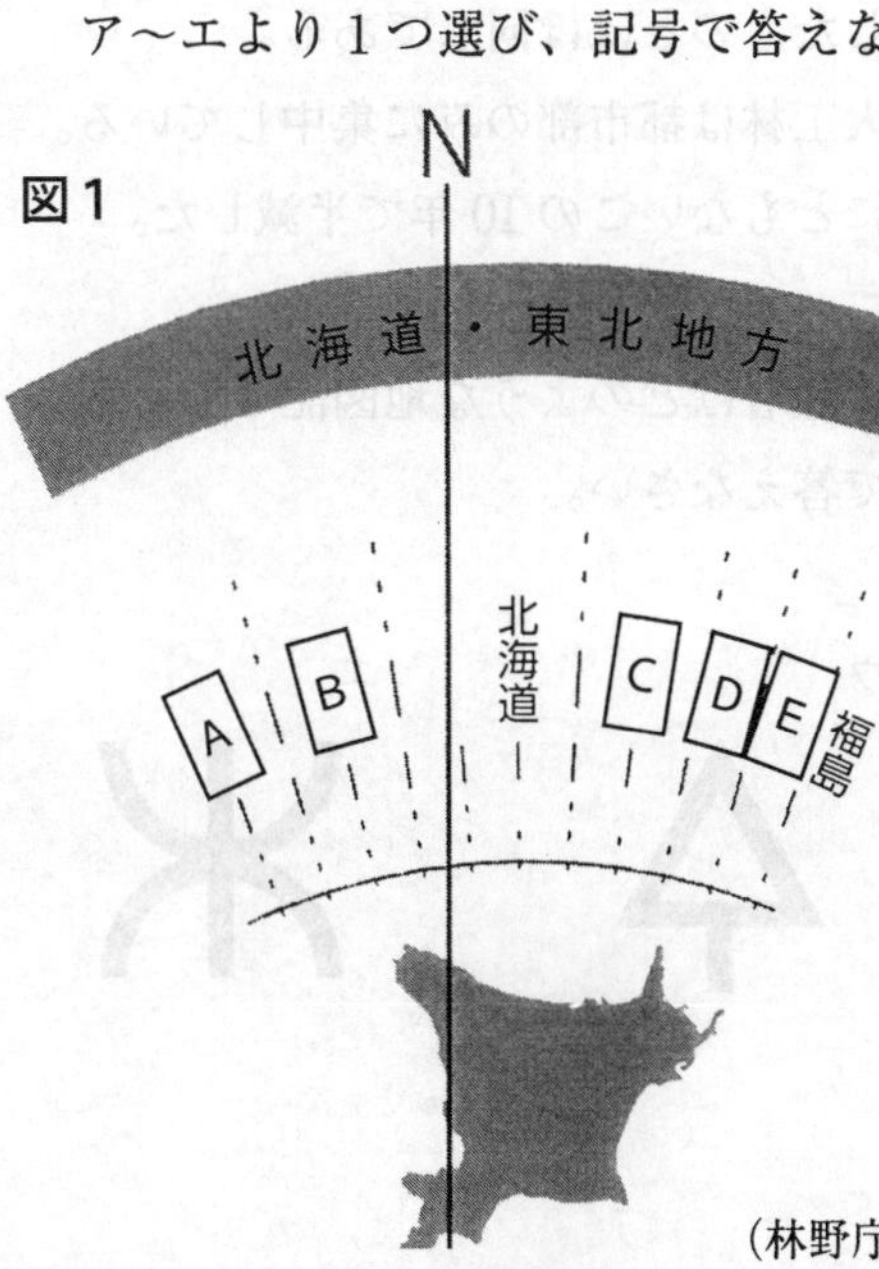

（林野庁ウェブサイトより作成）

	B	D	E
ア	青森	宮城	山形
イ	青森	岩手	宮城
ウ	秋田	宮城	山形
エ	秋田	岩手	宮城

問５　下線部⑤について、持続可能な形で使用される木材やその製品などにつけられる森林認証のマークとして正しいものを、次のア～エより１つ選び、記号で答えなさい。

ア　　イ　　ウ　　エ

FSC　JAS

問６　下線部⑥について、関東大震災で起きた火災は、木造住宅のたちならぶ江東区の旧深川区の約８割以上を焼きつくしたそうです。震災後の復興でも木造住宅が中心でしたが、コンクリートやレンガの建物が増え始めただけでなく、都内に50を超える公園が整備されました。木造家屋が多い地域に作られた公園は、火災が起きたときにどのような働きをするか簡単に答えなさい。

問７　下線部⑦について、日本の森林について次の問いに答えなさい。

（１）日本の森林に関する説明として最も正しいものを次のア～エより１つ選び、記号で答えなさい。

ア　日本の森林面積は、日本の国土面積の約３分の１である。
イ　日本の森林面積は、北海道の面積を３倍したものとほぼ同じである。
ウ　日本の森林面積は、その90%が天然林で人工林は都市部のみに集中している。
エ　日本の森林面積は、林業従事者の高齢化にともないこの10年で半減した。

（２）日本の森林を管理する林野庁が設置する森林管理署はどのような地図記号であらわされますか、次のア～エより１つ選び、記号で答えなさい。

ア　　イ　　ウ　　エ

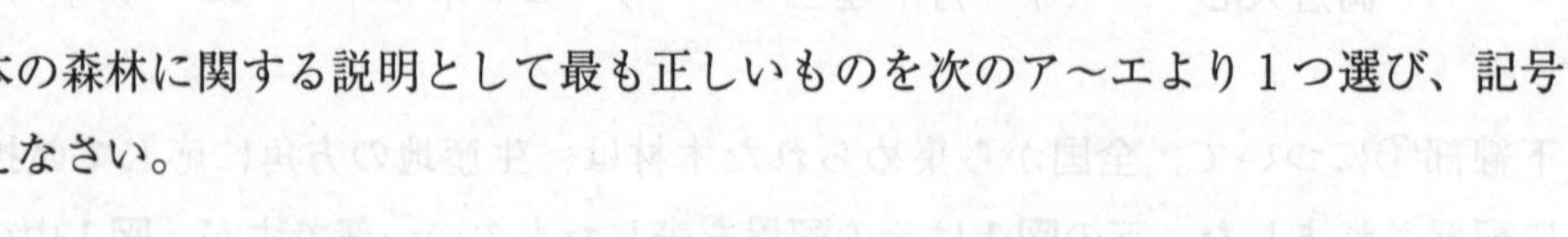

問８　下線部⑧について、次の問いに答えなさい。

（１）材木は、下の**写真**のように水に浮かべて保管されていました。その理由として**誤っているもの**を次のア～エより１つ選び、記号で答えなさい。

写真

（環境省「かおり風景 100 選　江東区新木場の貯木場」）

ア　地上に保管していた場合、もしも火事になったときに損害が大きいから。

イ　地上に保管していた場合、乾燥などでひび割れしやすくなるから。

ウ　水上に保管していた場合、さらに成長するので利用する量を増やせるから。

エ　水上に保管していた場合、陸上よりも負担が少なく移動させられるから。

（２）次の説明文の［　　］に入る川の名前を、解答らんに合わせて答えなさい。

新木場駅（東京都江東区）からJR京葉線で東側に出発し、大きな川にかかった鉄道用の橋である「［　　］川橋《きょう》梁《りょう》」を渡ると葛西臨海公園駅（東京都江戸川区）に着きます。さらに東に進むとまた川があり、その川を渡ると舞浜駅（千葉県浦安市）に着きます。

問９　下線部⑨について、次の**資料１**と**２**は、日本の木材価格と木材需要量の推移について調べたものです。これらをよく読み、あとの問いに答えなさい。

資料１

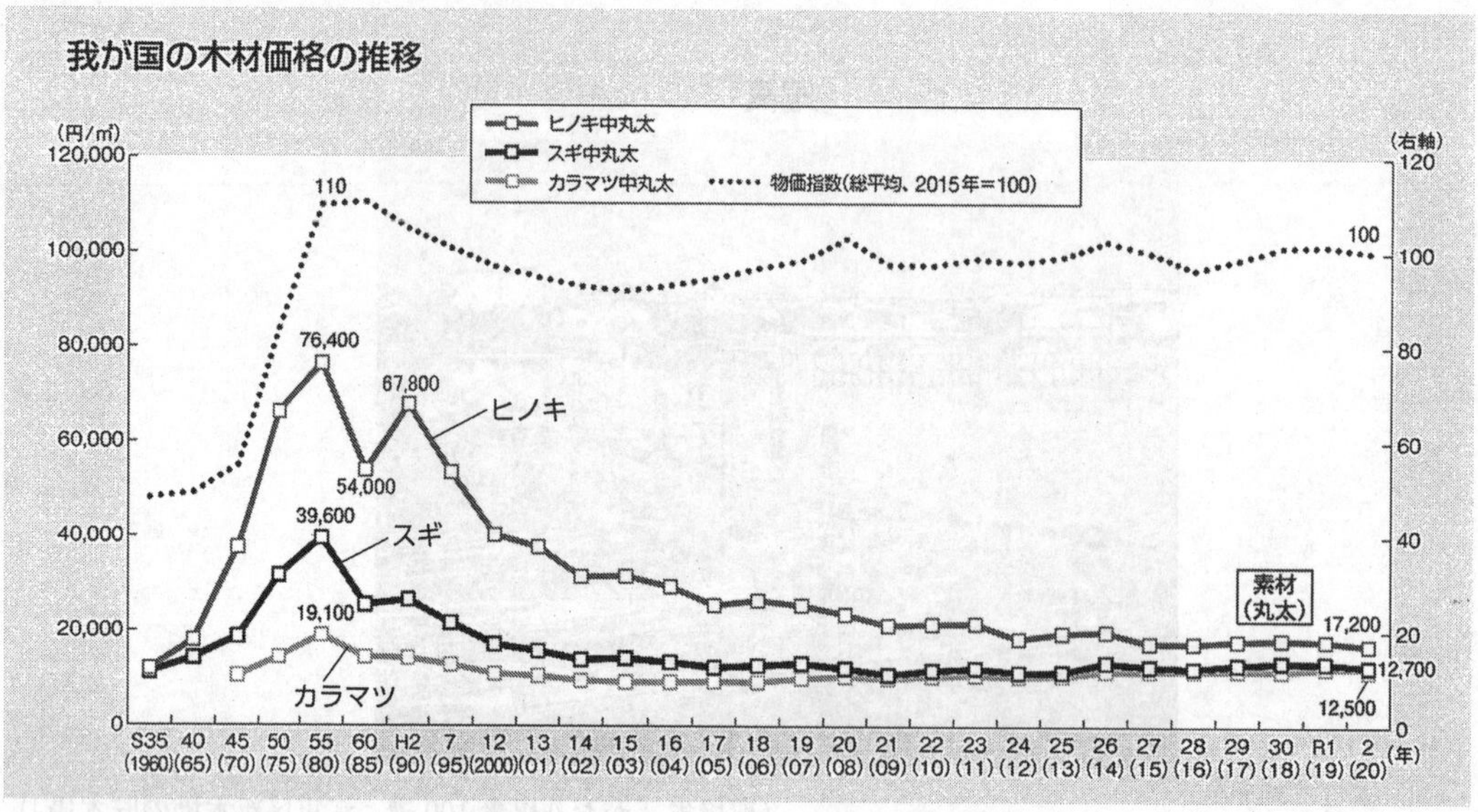

資料２

木材需要量の推移

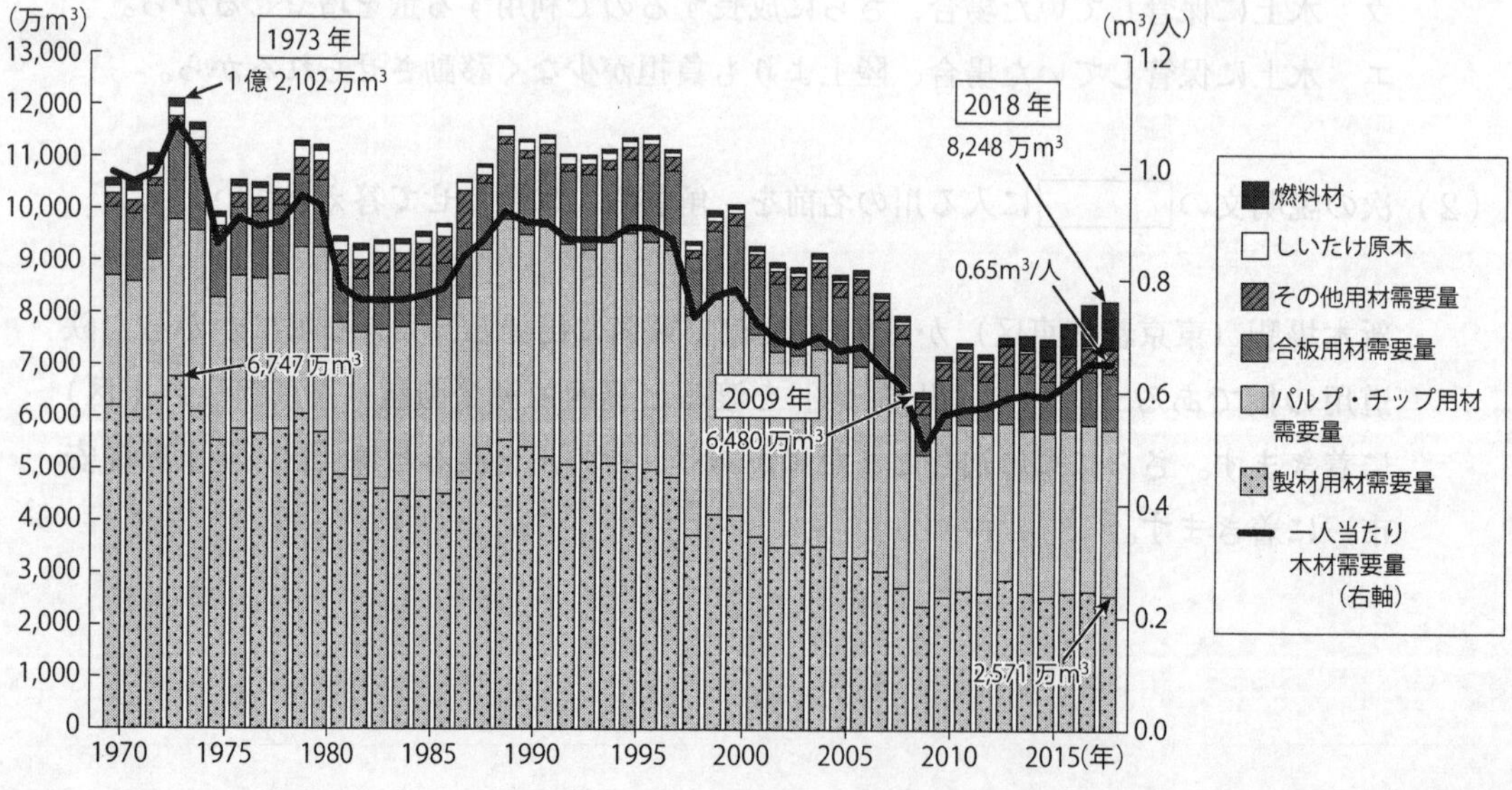

(林野庁「森林・林業白書」より作成)

（1）各時代の木材価格と需要量についての説明として、正しいものを次のア～エより1つ選び、記号で答えなさい。

ア　1975～1980年では、ヒノキ中丸太、カラマツ中丸太、スギ中丸太すべての価格が上昇しているが、それは1970年代のオイルショックによって不足した石油に代わって、燃料材としての木材需要量が増加したためである。

イ　1985～1990年では、主にバブル景気と呼ばれる好景気もあり、ヒノキ中丸太の価格は約14,000円/m^3上昇したが、1990年から2020年にかけて価格は約4分の1になった。

ウ　1960年～1980年では、物価指数（総平均）の変化を見ると約2倍に増えているが、このことは木材の値段にも影響しており、ヒノキ中丸太とスギ中丸太の値段もそれぞれ約2倍になっている。

エ　2010年～2015年では、物価指数（総平均）は約100前後でほとんど変化していないが、現代社会のライフスタイルの変化にともなって、一人当たり木材需要量は下降傾向にある。

（2）**資料2**を見ると、1990年ごろから木材需要量におけるパルプ・チップ用材需要量の割合が増加し、2018年を見ると最も高い割合となっていることが分かります。このパルプ・チップは、主に製紙に利用されてきましたが、近年では化石燃料を使わない発電の材料として注目されています。家畜の排泄《はいせつ》物、食品廃棄《はいき》物、木材のくずなど生物由来のものを使って行う発電をなんと言いますか。解答らんに合わせてカタカナで答えなさい。

2　有紗さんは、かえつ有明中学１年の社会科の授業で「建物からみる日本の歴史」というテーマでグループ学習を行いました。下のカードＡ～Ｈは、各時代の建物とそれに関連する歴史をまとめたものですが、カードの年代はバラバラになっています。これらをふまえて、次の問いに答えなさい。

カードＡ

右の写真は、東インド会社が平戸に建てたものである。鎖国中もこの建物などを通して、①一部の国とは交流があり、貿易や他国の情報収集を行っていた。

カードＢ

右の写真は、アメリカのニューヨークに位置する、②国際連合の本部である。1945年の成立から現在まで、国際平和と安全の維持、経済・社会・文化などに関する国際協力の実現を目標に、全加盟国が参加する総会や③常任理事国と非常任理事国が参加する安全保障理事会などの活動が行われている。

カードＣ

右の写真は、平氏が信仰したとされる神社であり、一族の繁栄を願った平家納経でも有名である。平清盛は日宋貿易などで平氏の最盛期を築いたが、④源平の合戦を経て平氏一族は滅亡へと追い込まれた。

カードＤ

右の写真は、⑤律令制に基づく政治が本格的に行われるようになった時代の建物である。この時代に橋の建設や土木事業で活躍した（　ａ　）は、聖武天皇の大仏造立に協力し、日本で初めて「大僧正」の位を与えられた。

カードＥ

右の写真は、⑥稲作が各地に広まった時代の建物である。この時代の人々は、水辺の低地にムラをつくり生活するようになった。

カードＦ

右の写真は、⑦狩猟採集を中心とした時代の人々の住まいである。この時代の住まいは、狩りがしやすいように日当たりが良く小高いところにつくられた。

カードＧ

右の写真は外国の権威ある人や外交官を接待するための社交場として使用されたものである。この時代の初期には、⑧新しい思想や仕組みなどが盛んに取り入れられて、人々の生活の様子も大きく変化した。

カードＨ

右の写真は、当時の将軍足利義政によって建立されたものである。義政の後継問題と守護大名の勢力争いが結びつき、11年にわたる⑨応仁の乱につながった。

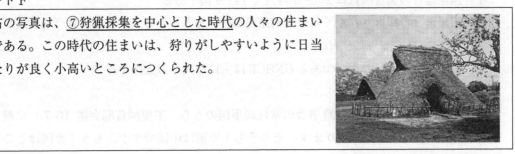

問１　下線部①について、当時交流のあった蝦夷地はのちに北海道へと改称されました。この地の先住民であるアイヌ民族の文化を復興・創造・発展させるための拠点として、2020年に北海道白老町に建設された「民族共生象徴空間」の愛称を答えなさい。

問２　下線部②に関する記述として**誤っているもの**を、次のア～エより１つ選び、記号で答えなさい。

ア　国際連合の総会の議決は全会一致でなければならない

イ　国際連合の加盟国数は2021年時点で193ヵ国である

ウ　国際連合で採択された「女子差別撤廃条約」をきっかけに、日本では「男女雇用機会均等法」が制定された

エ　国際連合の機関の１つであるUNHCRは主に難民への支援を行う

問３　下線部③について、安全保障理事会の常任理事国のうち、主要国首脳会議（Ｇ７）に**参加していない国**が、２カ国あります。そのうち１カ国は中国ですが、もう１カ国はどこか、答えなさい。

問４　下線部④について、源頼朝の挙兵から平氏滅亡にいたる戦いの順番として正しいものを、次のア～エより１つ選び、記号で答えなさい。

ア　一ノ谷の戦い　→富士川の戦い　→壇ノ浦の戦い

イ　平将門の乱　→壇ノ浦の戦い　→富士川の戦い

ウ　一ノ谷の戦い　→屋島の戦い　→壇ノ浦の戦い

エ　平将門の乱　→屋島の戦い　→富士川の戦い

問５　下線部⑤では、天皇のもとに二官八省を置いて政治を行いました。この二官八省の名称と主な業務の組み合わせとして**誤っているもの**を、次のア～エより１つ選び、記号で答えなさい。

ア　中務省－戸籍・税

イ　刑部省－裁判

ウ　大蔵省－財政

エ　宮内省－皇室の事務

問６　下線部⑥の時代の建物は床が地面から離れていますが、それは何のためですか。15字以内で答えなさい。

問７　下線部⑥と⑦の時代の遺跡に関する記述として適切なものを、次のア～エより１つ選び、記号で答えなさい。

ア　三内丸山遺跡は青森県に位置する縄文時代の遺跡であり、出土品1958点が重要文化財に指定された。
イ　大森貝塚は東京都に位置する縄文時代の遺跡であり、相沢忠洋によって明治時代に発見された。
ウ　板付遺跡は佐賀県に位置する弥生時代の遺跡であり、２重の濠を持つ国内最大級の環濠集落が発見された。
エ　吉野ヶ里遺跡は福岡県に位置する弥生時代の遺跡であり、日本で初めて弥生時代の水田跡が発見された。

問８　下線部⑧について、次の各問いに答えなさい。

（1）中江兆民の著作『民約訳解』は、あるフランスの思想家の著作『社会契約論』を翻《ほん》訳《やく》したもので、自由民権運動に影響を与えたことでも知られています。このフランスの思想家の名前を次のア～エより１つ選び、記号で答えなさい。

ア　モンテスキュー　　イ　シーボルト
ウ　クラーク　　エ　ルソー

（2）次の資料は、このころ定められた地租を記した地券を参考にして作成したものです。資料の空らんA、Bにあてはまる語句を数字に直したときに適切な組み合わせを下のア～エより1つ選び、記号で答えなさい。

地券

東京府江東区東雲二丁目十六之一

持主　有明太郎

代価　二十四円二十五銭

此《この》［　A　］金七十二銭八厘　地租

明治十年ヨリ

此［　B　］金六十銭六厘　地租

右検査之上授与之

明治十一年十月一日　東京府

ア　A：2%　　B：3.5%　　イ　A：2.5%　　B：3%

ウ　A：3%　　B：2.5%　　エ　A：3.5%　　B：2%

問9　下線部⑨の結果起きた出来事として**誤っているもの**を、次のア～エより1つ選び、記号で答えなさい。

ア　京都から地方に移り住んだ人々によって京の文化が地方に広められた。

イ　足利義昭は幕府の安定期を築き、子に将軍の座をゆずった。

ウ　実力で守護大名を倒す者も現れ、これを戦国大名と呼んだ。

エ　祇園祭は応仁の乱で中断したが、後に町衆の力で盛り返した。

問10（　a　）にあてはまる人物名を漢字で答えなさい。

問11　カードA～Hを年代順に並べ替えた場合に適切なものを、次のア～エより1つ選び、記号で答えなさい。

ア　F→E→C→D→H→A→G→B

イ　F→E→C→D→H→G→A→B

ウ　F→E→D→C→H→A→G→B

エ　F→E→D→C→H→G→A→B

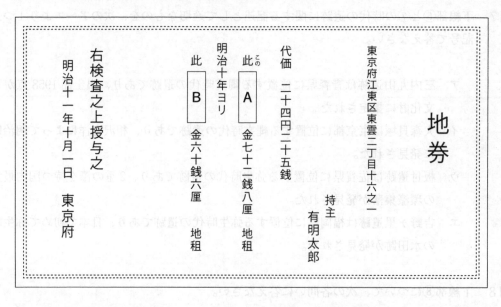

【理　科】〈２月１日午前試験〉（25分）〈満点：50点〉

1　黒板に使用されるチョークには、炭酸カルシウムが主成分の石灰石粉末を粘結剤《ねんけつざい》で固めたものや、炭酸カルシウムを主成分とするホタテの貝殻《かいがら》も利用されています。今回、炭酸カルシウムと濃度《のうど》の決まっている塩酸を用いて、二酸化炭素を発生させる２つの実験を行いました。

実験１

ビーカーに大さじ一杯《いっぱい》の炭酸カルシウムの粉末を入れ、これをすべてとかすのに十分な量の塩酸を加えました。そのとき二酸化炭素が発生し、(a)無色透明《とうめい》の液体が残りました。またこの(b)残った液体を蒸発皿に入れ、ガスバーナーで加熱すると白色の固体が得られました。この白色の固体を少量とって水にとかしBTBよう液を加えると緑色になりました。

（１）　下線部（a）の液体にBTBよう液を加えると何色に変化しますか。またそれは何性ですか。

（２）　下線部（b）で蒸発皿から複数の気体が発生します。その発生する気体のうち２つを答えなさい。

実験２

炭酸カルシウム、塩酸、二酸化炭素の量の関係を調べるために、次の操作①②を行いました。

操作①

異なる重さの炭酸カルシウムにある濃度の塩酸20cm^{3}を加えたとき、発生する二酸化炭素の重さを調べました。ただし、炭酸カルシウムはすべて二酸化炭素の発生に使われてなくなるものとします。

結果

炭酸カルシウムの重さ（g）	1	2	3	4
二酸化炭素の重さ（g）	0.44	0.88	1.32	1.76

操作②

炭酸カルシウム10gに操作①と同じ濃度の塩酸を異なる体積で加えたとき、発生する二酸化炭素の重さを調べました。ただし、塩酸はすべて二酸化炭素の発生に使われてなくなるものとします。

結果

塩酸の体積（cm^3）	5	10	15	20
二酸化炭素の重さ（g）	0.55	1.1	1.65	2.2

（３） 塩酸も炭酸カルシウムも残らずに二酸化炭素を発生させるには、塩酸20cm^3に炭酸カルシウム何g加えればよいですか。

（４） 炭酸カルシウム20gに塩酸を十分に加えたとき二酸化炭素は何g発生しますか。

2 次の８種類の生物（アサガオ　サクラ　イネ　マツ　メダカ　ハト　イルカ　トンボ）を図のようになかま分けしました。

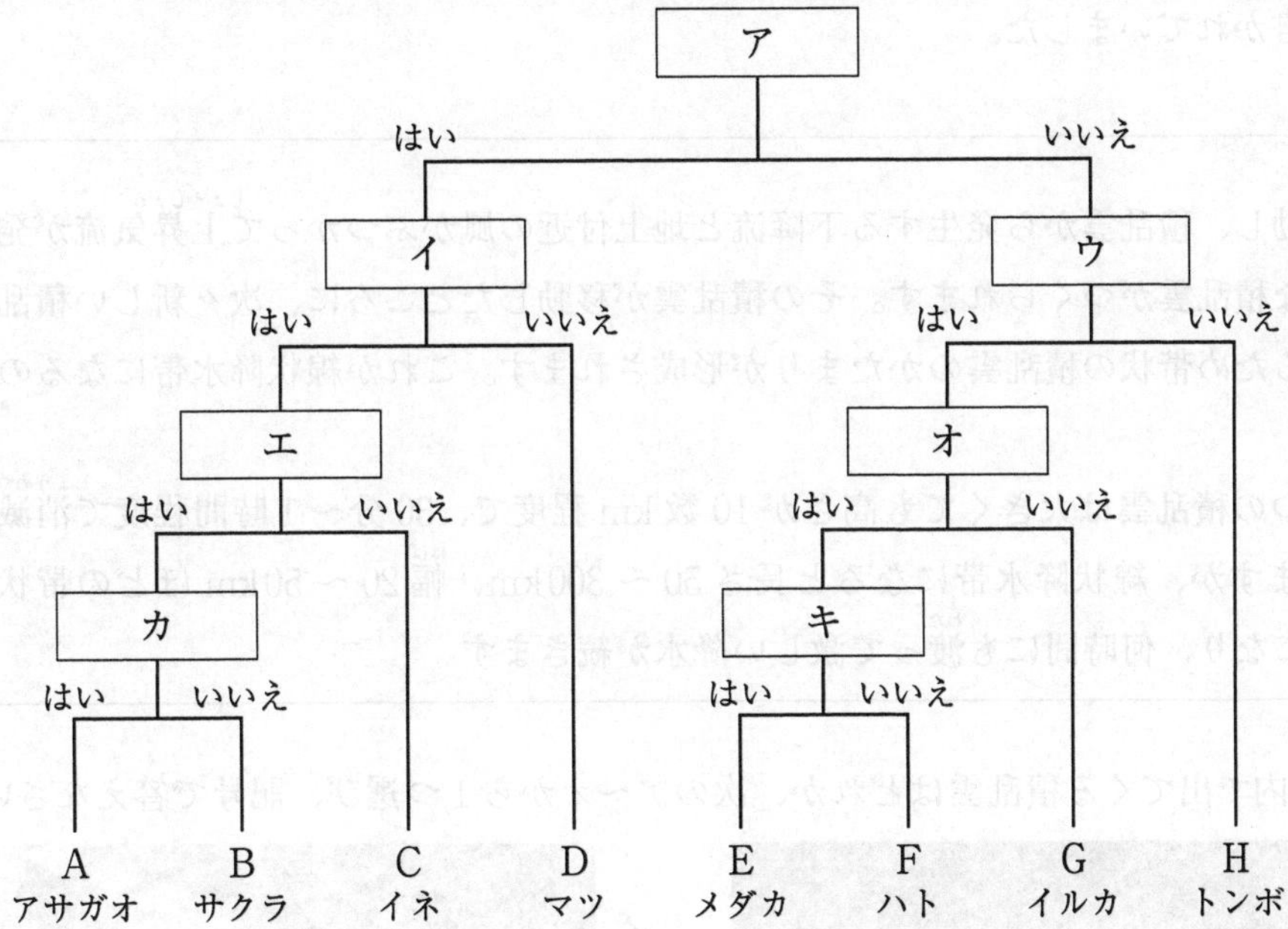

（1）ア～キにあてはまるなかま分けの条件を以下の１～11からそれぞれ１つずつ選び、番号で答えなさい。ただし、同じ番号は１度しか使うことはできません。

1　光合成をおこなう
2　卵を産み、なかまをふやす
3　分裂《ぶんれつ》し、なかまをふやす
4　胚珠《はいしゅ》が子房《しぼう》に包まれている
5　肺で呼吸する
6　えらで呼吸する
7　背骨がある
8　子葉が２枚ある
9　子葉が１枚ある
10　花びらがつながっている
11　花びらがバラバラに分かれている

（2）図のような方法でイカをなかま分けすると、A～Hのうちどこにあてはまりますか。

3　2023年の夏はますます全国的な猛暑《もうしょ》が続き、各地では大雨による被害《ひがい》が相次いで起こりました。大雨の原因として「線状降水帯《せんじょうこうすいたい》」という言葉をよく耳にするようになったので、「線状降水帯」について気象関係の本で調べてみたら、その本には次のように書かれていました。

【解説】

積乱雲《せきらんうん》が移動し、積乱雲から発生する下降流と地上付近の風がぶつかって上昇《じょうしょう》気流が発生し、新たな積乱雲がつくられます。その積乱雲が移動したところに、次々新しい積乱雲が発生するため帯状の積乱雲のかたまりが形成されます。これが線状降水帯になるのです。

通常、ひとつの積乱雲は大きくても高さが10数km程度で、30分～１時間程度で消滅《しょうめつ》してしまいますが、線状降水帯になると長さ50～300km、幅《はば》20～50kmほどの帯状のつらなりになり、何時間にも渡《わた》って激しい降水が続きます。

（１）**【解説】**内で出てくる積乱雲はどれか、次のア～オから１つ選び、記号で答えなさい。

ア

イ

ウ

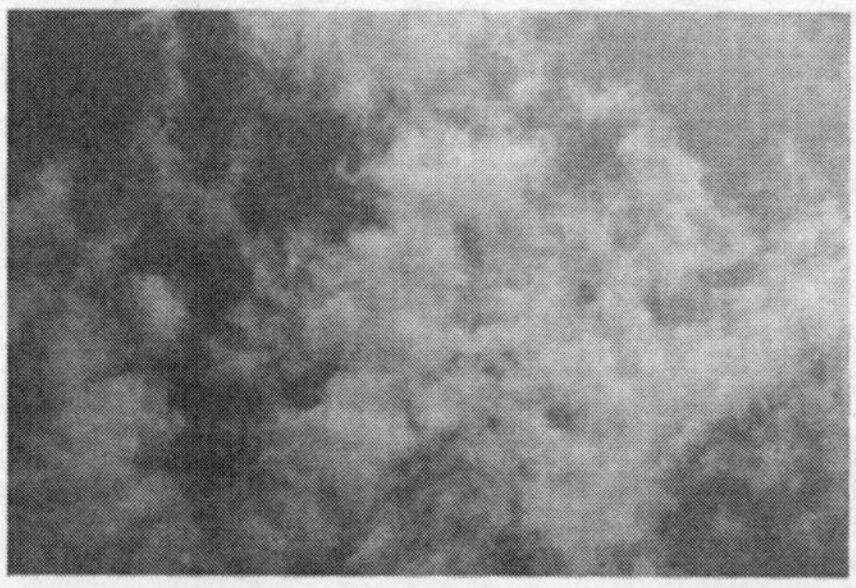

エ

オ

（２） 積乱雲の説明として誤っているものを次のア～エから１つ選び、記号で答えなさい。

ア　積乱雲は夏の午後から夕方に発生しやすく、鉛直《えんちょく》方向に発達した雲で高さは10km を超《こ》えるものもある

イ　積乱雲は「ひつじ雲」とも呼ばれ、個々の雲の塊《かたまり》が大きくなると、次第に天気が崩《くず》れるが、小さくなると晴れることが多いとされている

ウ　積乱雲は「入道雲」とも呼ばれ、雷《かみなり》、突風《とっぷう》、ときにはひょうや竜巻なども伴《ともな》うことがある

エ　地上付近の暖《あたた》かく湿《しめ》った空気が山の斜面に沿《そ》って上昇し、積乱雲になることがある

（３） 【解説】の内容を図で示してみました。解説をもっとも適切に表現できているものを次のア～エから１つ選び、記号で答えなさい。

ア

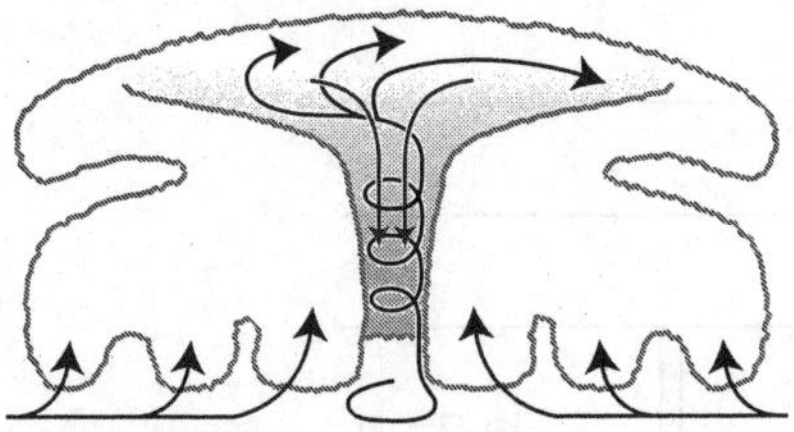

イ

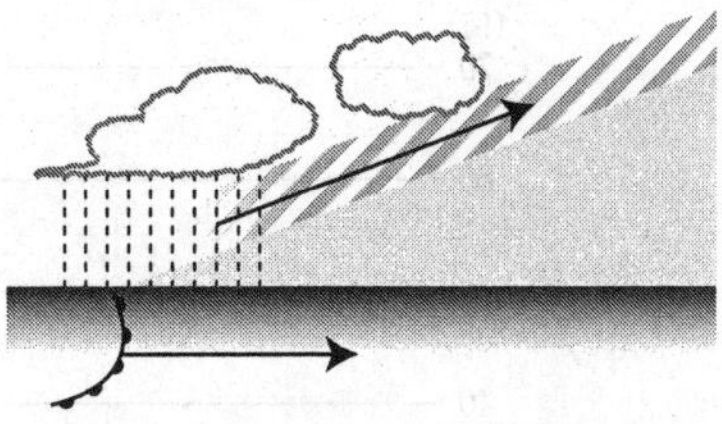

ウ

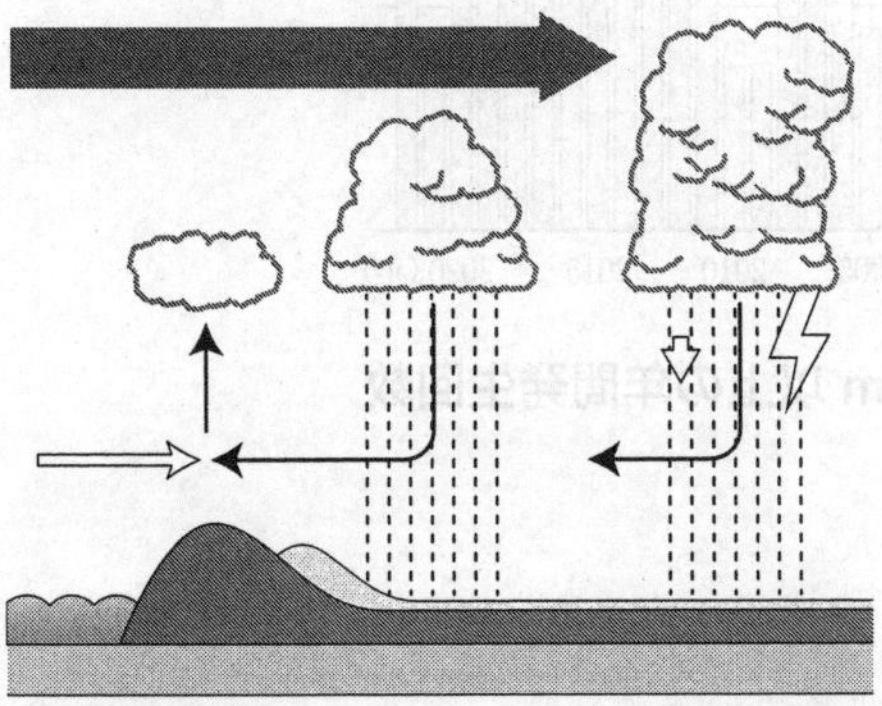

エ

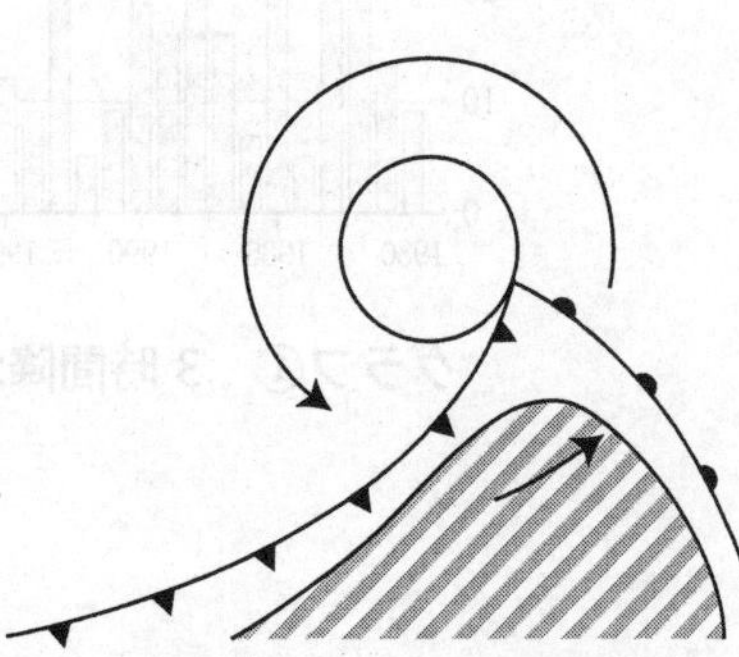

猛暑《もうしょ》日《び》と大雨の関係を調べるうちに、関係しそうないくつかのグラフや日本の夏の気候の説明文を見つけました。

グラフ①は3時間の降水量が150mm以上の年間発生回数、**グラフ②**は猛暑日の年間日数の最近の40年の推移を示しています。猛暑日とは最高気温が35度以上を記録した日のことです。また、3時間の降水量が150mmを超えると、川がはんらんしたり、土砂災害が起こったりする危険性が高まるほどの大雨になります。**グラフ③**は気温とほう和水蒸気量の関係を示しており、ほう和水蒸気量とは空気$1m^3$中に含むことができる水蒸気の量(g)の上限のことで、気温によってその上限は異なります。

【説明文】

本来、高気圧は空気が乾燥《かんそう》しているのですが、夏に日本を覆《おお》う太平洋高気圧の中心部は太平洋海上にあるため、海水からの水蒸気を大量に含む空気を日本列島に吹き出し、多湿にさせます。

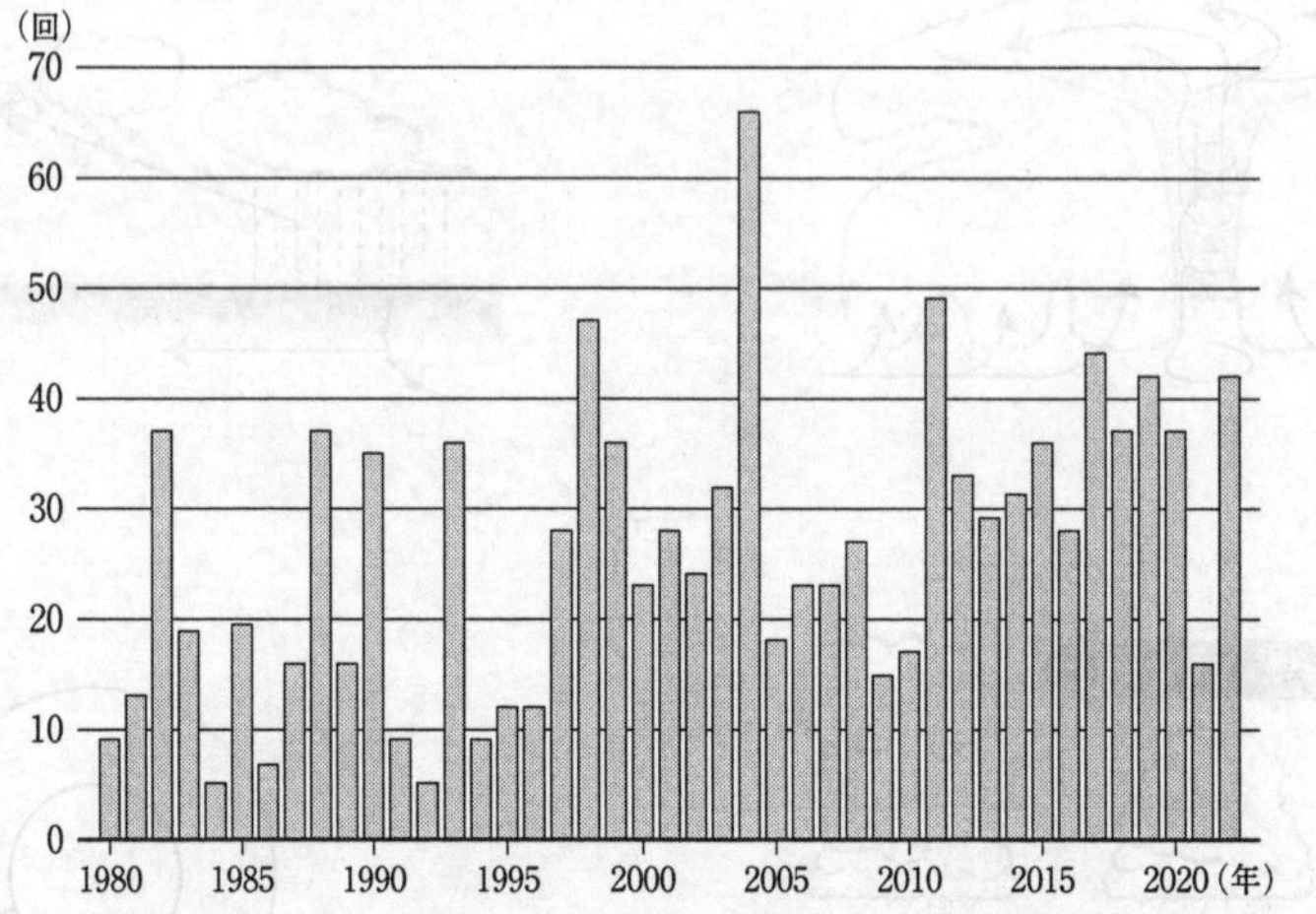

グラフ① 3時間降水量150mm以上の年間発生回数

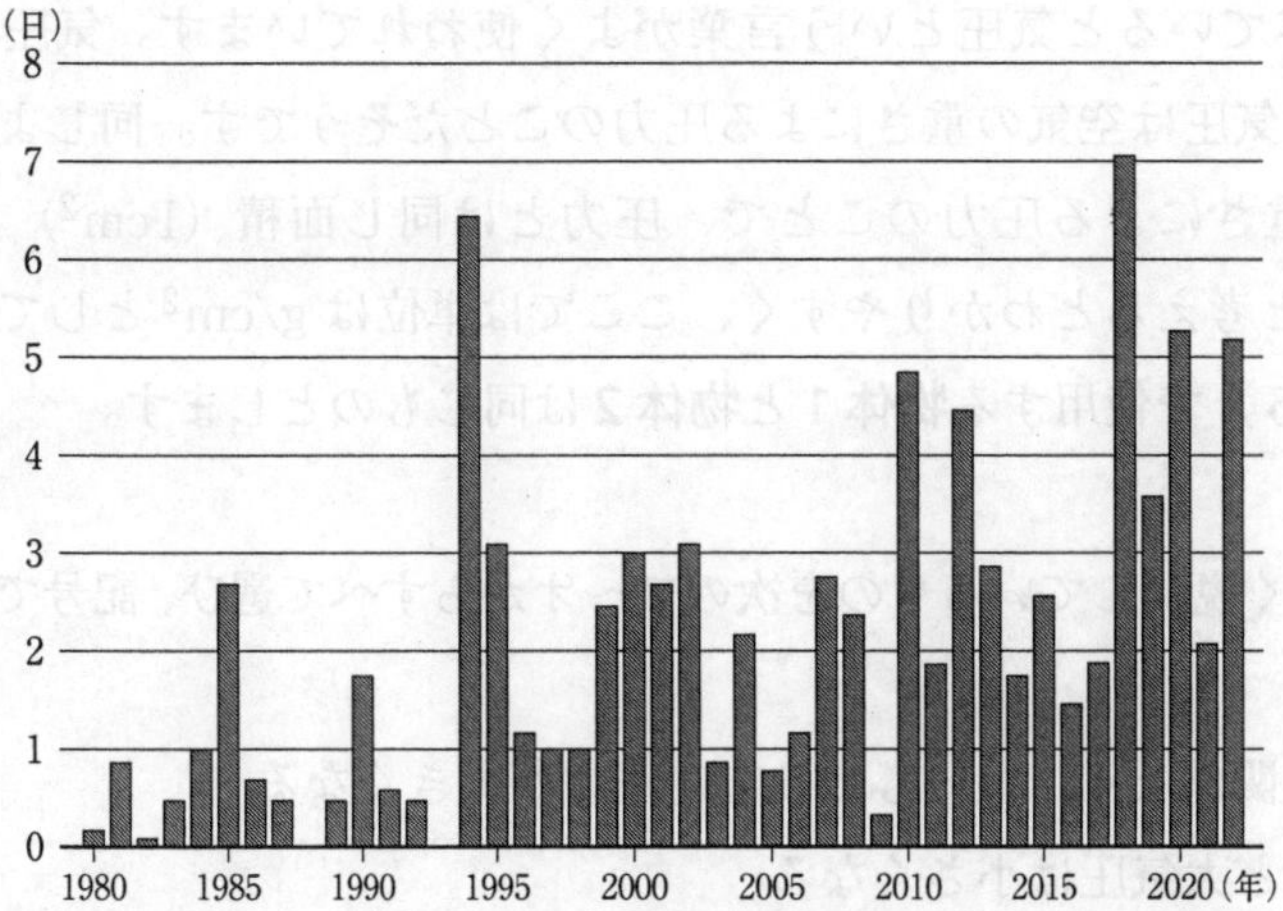

グラフ②　猛暑日（最高気温 35 度以上）の年間日数

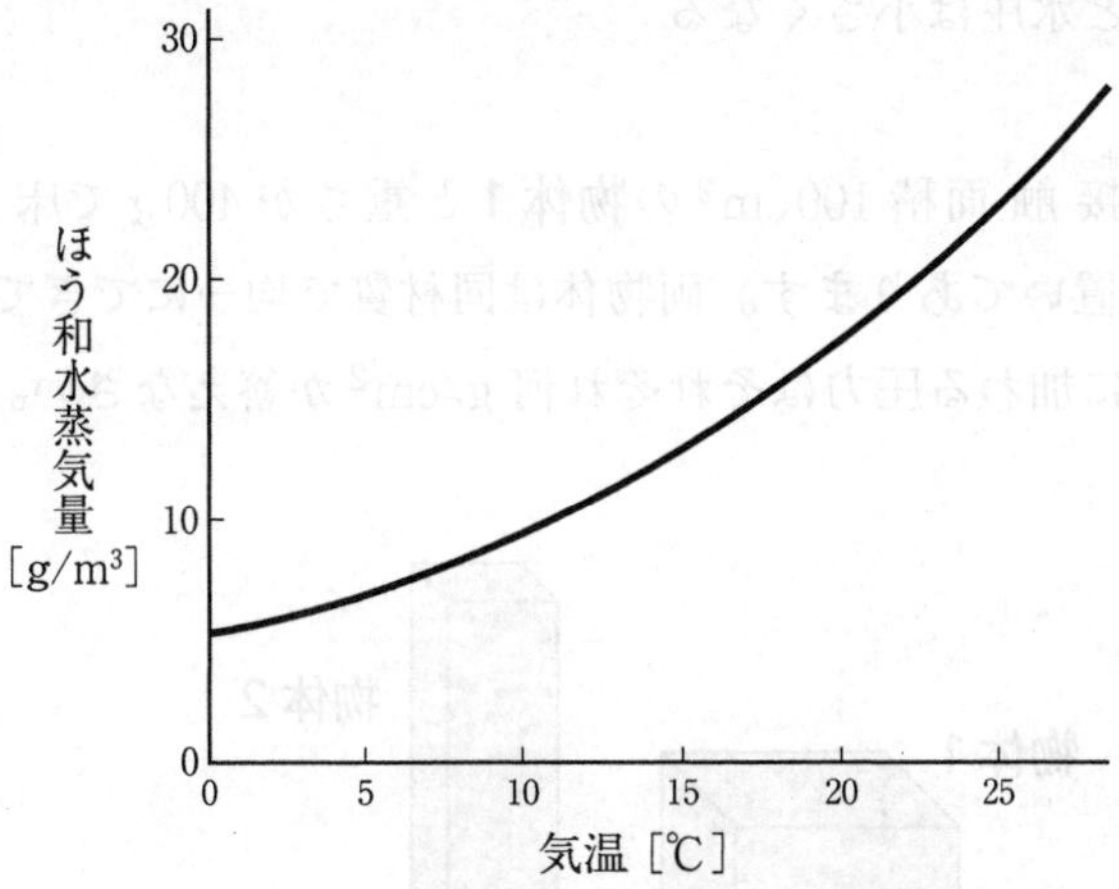

グラフ③　気温とほう和水蒸気量の関係

（4）　**グラフ①**における３時間降水量が150mm 以上の大雨の年間発生回数について「40年前ごろに比べると、２倍ほどになっている」と発言している気象の専門家がいます。このことが事実だとしたら、40 年前に比べ大雨の日が増加しているのはなぜでしょう。**【説明文】**の内容も参考《さんこう》にして理由を答えなさい。
ただし、理由の中に**グラフ②**、**グラフ③**それぞれから読み取れることを、必ず含むようにしなさい。

4 天気について調べていると気圧という言葉がよく使われています。気圧とは大気の圧力のことで、大気圧は空気の重さによる圧力のことだそうです。同じように、水圧というのは水の重さによる圧力のことで、圧力とは同じ面積（1cm^2）あたりの力（重さ）の大きさと考えるとわかりやすく、ここでは単位は g/cm^2 として考えます。また、（２）～（５）で使用する**物体１**と**物体２**は同じものとします。

（１） 圧力に関して正しく説明しているものを次のア～オからすべて選び、記号で答えなさい。

ア　接する面積に関係なく、重いものの方が圧力が大きくなる
イ　標高が高いほど大気圧は小さくなる
ウ　標高が低いほど大気圧は小さくなる
エ　水の深さが深いほど水圧は大きくなる
オ　水の深さが深いほど水圧は小さくなる

（２） 重さが400gで床《ゆか》との接触《せっしょく》面積100cm^2の**物体１**と重さが400gで床との接触面積25cm^2の**物体２**が床に置いてあります。両物体は同材質で均一にできています。**物体１**、**物体２**から床に加わる圧力はそれぞれ何 g/cm^2 か答えなさい。

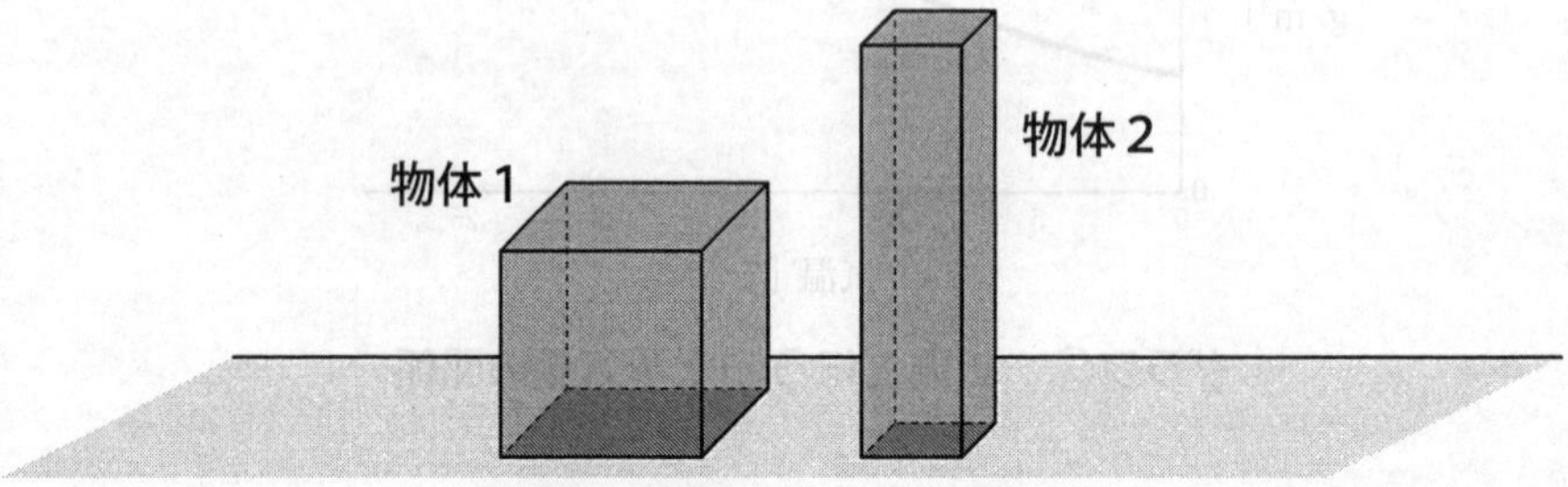

図１

（３） 床の上に置いてある**物体１**の上に**物体２**を置いたときに、**物体１**から床に加わる圧力は何 g/cm^2 か答えなさい。ただし、**物体１**の床との接触面積は100cm^2とする。

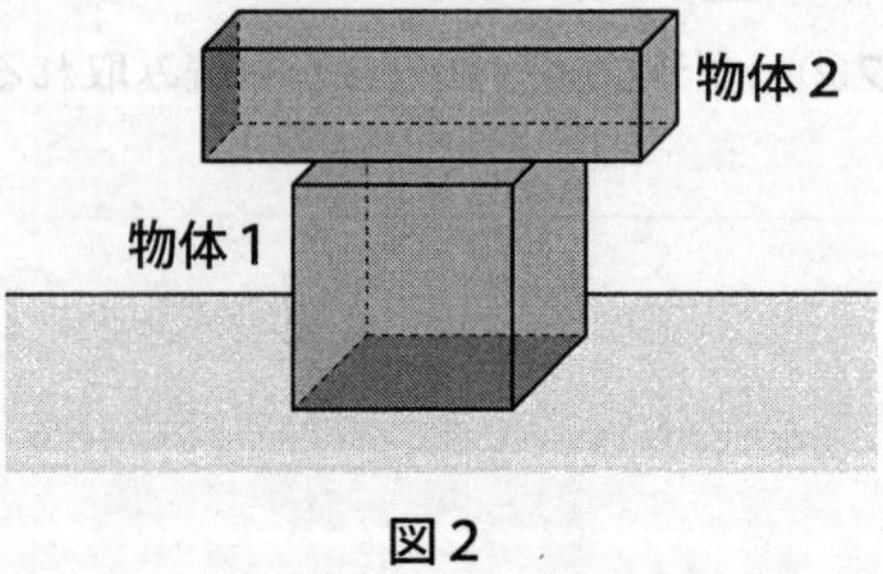

図２

（4） **図3**のように、**物体2**の上面にばねばかりをつなぎ、ばねばかりが200gを示すまでばねばかりに上向きの力を加えました。このとき、**物体2**が床に加える圧力は何g/cm^2か答えなさい。ただし、**物体2**の床との接触面積は$25cm^2$とする。

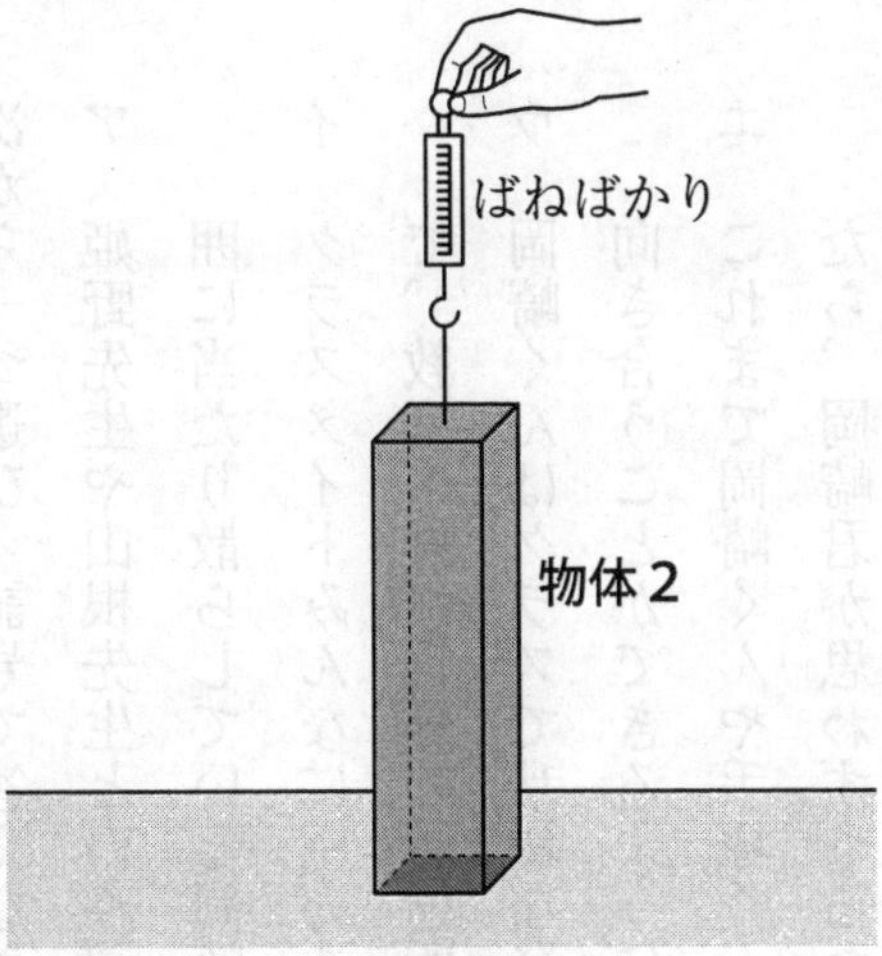

図3

（5） **図4**のように、**物体1**をそっと水に入れたところ、**物体1**が4.0cm沈《しず》んだところで静止しました。これは物体に浮力がはたらいているためで、物体がおしのけた水の重さの分だけ物体を浮かせようとします。**物体2**を**図5**のようにそっと水に入れたとき、物体の底面から水面までの高さは何cmになるか、答えなさい。このときの**物体1**の底面の面積は$100cm^2$とし、**物体2**の底面の面積は$25cm^2$とする。

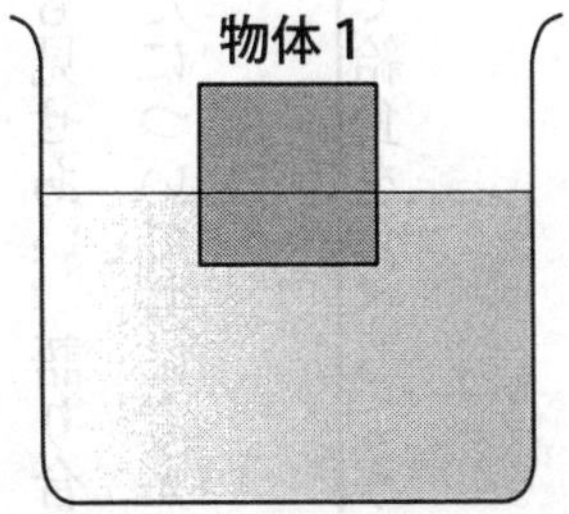

図4

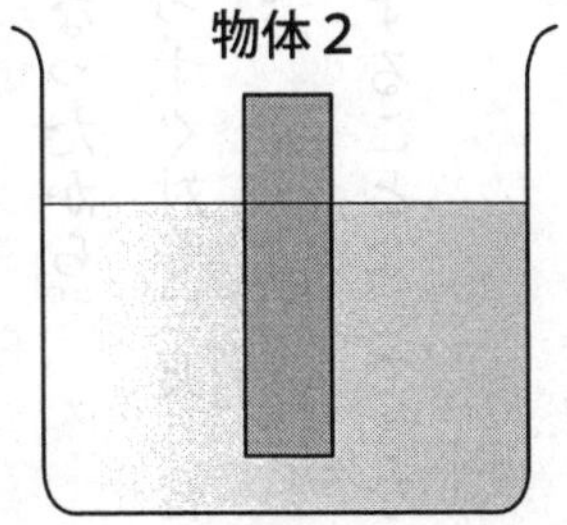

図5

問七　⑤こんなふうに話がしたくて　とは具体的にどういうことですか。もっとも適当なものを次から一つ選び、記号で答えなさい。

ア　子どもたちと対等な関係で、知ることの喜びや学ぶことの意味をわかちあうこと。
イ　自然と人間の関係について考えさせることで、生物の素晴らしさを伝えること。
ウ　教員としてでなく、一人の人間として互いに弱い部分も見せあい、語り合うこと。
エ　一冊の図鑑をきっかけに、地球の未来や人間のありかたについて共に考えること。

問八　⑥姫野先生に葉の手紙を託した次の日からぼくは、教室で給食を食べるようになった　とありますが、それはなぜですか。六十字以内で答えなさい。

問九　⑦岡崎くんは、ぼくが思っていたほど大きくはなかった　とありますが、それはなぜですか。もっとも適当なものを次から一つ選び、記号で答えなさい。

ア　姫野先生や山根先生という同じ趣味の人と出会って話を聞いてもらえたことで、自分の考えに自信を持ち、逆に周囲に当たり散らしている岡崎くんが幼く見えるようになったから。
イ　クラスメイトみんなに圧力をかけ続ける岡崎くんとまっすぐ対等に渡り合えなくても、苔の趣味にのめりこむことで、教室の外に自分の居場所を見つけて安心したから。
ウ　岡崎くんはクラスで乱暴な発言をしていて、対等に接することなどできなかったが、自分に自信を持ちまっすぐに向き合うことができるようになったから。
エ　これまで岡崎くんや手塚くんにそのつど反発してきたが、ためしに大きなどなり声で自分の気持ちをはっきり伝えたら、岡崎君が思わずうろたえてしまったから。

問三　[Ⅰ]～[Ⅲ]にあてはまる表現として適当なものを、それぞれ次から一つ選び、記号で答えなさい。

ア　ぐにゃりと曲がった　　イ　少しはにかんだ
ウ　喜びとさびしさがまじった　　エ　お天気お姉さんみたいにさわやかな
オ　造花みたいな

問四　②メンヘラって、どういう意味ですか　とありますが、「ぼく」はそれをどのように考えていますか。それが書かれている一文を探し、初めの十五字をぬき出しなさい。

問五　③一刻も早くミクジに会いたかった。ぼくの気持ちをわかってくれるのはミクジしかいない気がした　とありますが、「ミクジ」は「ぼく」にとってどのような存在として描かれていますか。文章全体を読んで、もっとも適当なものを次から一つ選び、記号で答えなさい。

ア　ミクジは神のようにあがめられている猫であり、いつもぼくが悩んでいる時にだけ突如《とつじょ》現れて、僕の行動を直接的に指し示し、守ってくれる存在。
イ　ミクジはぼくの気持ちを誰よりもわかってくれる理解者であり、ぼくが前へ踏み出すための勇気を与えて、いつでもそばにいてくれる存在。
ウ　ミクジは普段は姿をみせない猫であるが、ぼくの気持ちをいやしてくれるだけではなく、ぼくの行動の道しるべとなるヒントを与えてくれるような存在。
エ　ミクジは僕がつくりあげた精神世界の中の友人であり、ぼくがくじけそうになった時に現れて、ぼくを励まし続けてくれる指導者のような存在。

問六　④何も書かれていない葉っぱ。これはどういう意味なんだろう　とありますが、「ぼく」は「葉っぱ」についてどのようなことに気がつきましたか。文中から「～こと」につづく形で六字で答えなさい。

「なに？」

目に力を入れて、正面から岡崎くんを見る。岡崎くんの、まっすぐ真ん中を。

うつむいて縮こまっていたときはずっと上にあった岡崎くんの目が、ぼくの目と同じ高さになる。岡崎くんは急にうろたえて顔をそらし、「なにも」とぼくから手を離《はな》した。

こうしてちゃんと向かい合って並んでみると、⑦岡崎くんは、ぼくが思っていたほど大きくはなかった。

（青山美智子『猫のお告げは樹の下で』より）

＊エコロジー…生態学。人間と自然環境、また、人間と人間がうみ出した技術や社会環境との関係を、研究する学問。

問一 ……部Ａ～Ｄのカタカナは漢字に、漢字はひらがなに直しなさい。

問二 ①強烈な違和感がこみあげてきたのはなぜですか。次から適当なものを一つ選び、記号で答えなさい。

ア 元気そうだった山根先生が、急に救急車で運ばれて退職することになってしまったから。

イ 山根先生の容体が心配でならなかったのに、岡崎くんたちは、山根先生のことを笑いながら話していたから。

ウ 岡崎くんの言動には明らかに悪意があったのに、手塚くんをはじめ、クラスのみんながそれに同調しようとしたから。

エ 山根先生の状況をもっと詳しく知りたかったのに、牧村先生は用事を早口で伝えると、すぐに話題をかえてしまったから。

山根正《ただし》

元気でね。君のこと、決して忘れません。

ぼくはその手紙を三回繰《く》り返して読み、苔のポケット図鑑に大事に挟《はさ》んだ。お告げの葉っぱと一緒《いっしょ》に。

まだ昼休みは少し時間が残っている。ぼくはロッカーから、新しく図書室から借りてきた本を取り出して自分の席で広げた。

⑥姫野先生に葉の手紙を託《たく》した次の日からぼくは、教室で給食を食べるようになった。イヤになったらいつでも保健室に行けばいいって、そう思ったら心が強くいられた。

公文《くもん》には行かない。お母さんに「学校の授業をちゃんと聞いてるから、大丈夫《だいじょうぶ》だよ」と話した。その代わり、というのも違《ちが》うけど、日曜日に植物園でやってる苔玉づくりのチラシをぼくはお母さんに渡した。公民館のイベント案内コーナーに置いてあったのをもらったのだ。一緒《いっしょ》に作ろうよって言ったら、久しぶりにお母さんは嬉《うれ》しそうに笑った。

予鈴《よれい》が鳴る。ぼくは本を閉じて、ロッカーにしまうために席を立った。そこに岡崎くんが戻ってきた。

「うわ、フカビ、バイキンの本なんて読んでる！」

ぼくは無視してロッカーに向かう。腕に抱えている細菌《さいきん》の図鑑には、ドラマチックなことがたくさん書いてある。そんなに不気味がっているけど、岡崎くんのおなかにだって何億もいて、今この瞬間《しゅん》もすごい活躍《かつやく》してるよ。

ぼくがなんの反応もしないことが気に入らないらしく、岡崎くんが声を荒《あら》らげた。

「おい、フカビ。シカトすんなよ」

ぼくはフカビじゃない。だから返事をしない。

「おいっ！」

岡崎くんがぼくの腕をぐいっと引っ張った。

ぼくは低い声で平淡《へいたん》に言う。

深見和也《かずや》くんへ

葉っぱのお手紙を、どうもありがとう。本当に本当にうれしかったです。

カビの図鑑《かん》を見てくれたんだね。和也くんの言うとおり、カビはただの悪者じゃなくて、人間の味方になってくれる素晴らしい力を持っています。でも、カビは人間に感謝しろとは言わないし、逆に困らせてやるとか、迷惑《めいわく》をかけてごめんとも言いませんね。カビはただカビらしく生きているだけです。自然ってそこが一番偉大《いだい》で、人間がどうやっても勝てないところだと僕《ぼく》は思います。

地球にとって、もっとも悪なのは人間だという考え方もあって、最高のエコロジー*は人間が滅《ほろ》びることだっていう人もいる。そういう面も否定はできないけど、でも僕は、やっぱり人間も何か地球に役立っていることがあるように思います。地球が少しずつ変わって育っていく過程で、もしかしたらやがて本当にいなくなるかもしれない人間も、少なくとも今ここに存在している理由があるんじゃないかって。だって僕たち人間だって、自然の一部なんだから。

たとえば和也くんが苔の素晴らしさに感動したり、「カビは嫌なところだけじゃなくてすごいところもある」って知ることは、地球にとってとても意義のある進化のひとつだと思うのです。そういう気持ちがなんらかの形で地球を助けるような未来につながっているって、そんなふうに思えて仕方がありません。それがどんなことなのか、僕には解き明かせないけど。だからどうぞ、これからも、知らないことを知りたいとわくわくしたり、好きなことを好きだと思う正直な気持ちを大切にしてください。

突然《とつぜん》学校をやめることになって、ごめんなさい。求められるとおり望まれるとおりの教師であろうとして、おかしいなと思うことがあっても気づかないふりでごまかし続けていたら、何かが少しずつずれていって、最後には元の自分がわからなくなってしまいました。

だけど和也くんにお手紙をもらって、こうして返事を書いているうち、思い出したことがあります。

僕は、子どもと⑤こんなふうに話がしたくて、先生になったんだ。

どうもありがとう。少し休んで、僕がただ僕らしく生きられるような仕事を、これから見つけていきたいと思います。

姫野先生は何か言おうとした。でもすぐに口を閉じ、うなずいた。

「うん。書いてあるね」

「これね、ぼくへのお告げなんだって。だからずっと、真ん中に行くにはどうしたらいいんだろうって思ってたけど、やっぱり無理だった。ぼくは端《はし》っこがちょうどいいみたいだ。苔だってそうだもの。道路の縁《へり》とか、コンクリートの隙間《すきま》とか、花壇《かだん》の隅とかね。真ん中って、ぼくにはひどく疲《つか》れる」

姫野先生は「うん」と顎《あご》を引いた。それは肯定《こうてい》の「うん」ではなくて、ちょっと立ち止まるような疑問のうなりだった。

「道路の縁を端っこって感じるのは、人間だけじゃないか？　苔は自分が地球の中心だって思って生きてるのかも」

すとん、と何かが心の奥《おく》に着地した。ミクジがベンチから降りるときみたいに。

そうだ。苔はいつも、真ん中にいるんだ。

自分のいるところが真ん中。自分が本当に思うことが真ん中。自分の中の真ん中。それがこの世界の、真ん中だ。（中略）

それから三日たって、姫野先生が白い封筒《ふうとう》をくれた。山根先生からだった。

「もう退院したよ。実家の山形に帰るって」

姫野先生はぼくにそう言い残して、四年三組の教室から出ていった。昼休み、わざわざぼくのところに届けに来てくれたのだ。

男子の大半は、校庭に出て遊んでいる。女子が数人、教室の隅《すみ》にかたまっておしゃべりをしていた。

ぼくは自分の席について封筒をそうっと開いた。中には封筒と同じように白い横書きの便せんが入っていて、きちょうめんな細かい文字が並んでいた。

「ミクジにまた会えたんですか⁉　それはすごい、二回目があるなんて、千年に一度のことかもしれない」

「でも、何も書いていないんです。ぼくの鼻に自分の鼻をくっつけて、ミクジはすぐにまたいなくなっちゃいました」

「鼻チューまで……！　いいなあ」

おじさんは両手で口を押さえ、ぷるぷると体をゆすった。ぼくは葉をかざす。

「これ、ハガキの木ですよね」

「よくご存じですね。正式名称《めいしょう》はタラヨウですが、郵便局にも植えられてそう親しまれてますね」

「はい。前の学校でこれが配られて、そのときおばあちゃんにD暑中見舞《みま》いを……」

言いかけてぼくは、あっと思った。

ハガキの木の葉っぱ。手紙が書けるこの葉っぱ。

「また来ます！　ありがとうございました」

ぼくはベンチから飛び降り、おじさんにお礼を言って駆《か》け出した。

（中略）

葉の裏にコンパスの針で手紙を書き、次の日の給食の時間、姫野《ひめの》先生に相談した。山根先生に送りたいと言うと、姫野先生は「わかった。私が必ず届けるよ」と預かってくれた。

もっと伝えたいことがある気がしたけど、手のひらほどの葉には、小さい字で書いてもそれでいっぱいだった。

「タラヨウの葉で手紙を書くなんて、風流でいいね」

姫野先生が言った。

「ミクジっていう猫《ねこ》が教えてくれたんだ」

「猫？」

ぼくは苔の図鑑からミクジが最初にくれた葉を取り出し、姫野先生に見せた。

「ここに、マンナカって書いてあるでしょう」

ぼくはミクジの背中に向かって話す。

「せっかくカビのこと、教えてくれたのにな。ぼく、山根先生と話したいことがあったのに」

ミクジはぼくの胸に頭を強くこすりつけたあと、しっぽをぴんと立ててぼくの膝《ひざ》から降りた。抱っこに飽《あ》きたのかなと思ったら、ミクジはぼくのズボンのポケットから飛び出ている葉の先をすっとくわえた。

「え？　この葉っぱ、やっぱり何か書いてあった？」

ミクジはくわえた葉をぼくに差し出す。ぼくは受け取り、目をこらして葉を見た。

でも、どこをどう見ても何も書いていない。

ミクジはもう一度、ぼくのことをじいっと見た。ぼくもミクジにうんと顔を近づけて、見つめあった。するとミクジは逆三角形の小さな鼻をぼくの鼻にちょんっと押《お》しつけた。それはほんの一瞬《いっしゅん》のすてきな出来事で、ぽわんとしたあと、体じゅうがふわふわした。

ぼーっとしていると、ミクジはすとんとベンチから降りた。そして二メートルほど歩いたところで一度ぼくのほうを振り返り、そして流れ星みたいにさあっと走っていってしまった。

ぽつんとベンチに残されて、ぼくはまたさみしくなった。

いっちゃった。ミクジ。

④何も書かれていない葉っぱ。これはどういう意味なんだろう。

「おや、こんにちは」

手水舎《ちょうずしゃ》の向こうにある家みたいなところから、お掃除《そうじ》のおじさんが現れた。今日は首からタオルをかけ、バケツを持っている。ぼくの座っているベンチのところまで歩いてくるとバケツを下ろし、「この時間はまだまだ暑いですね」とタオルで顔を拭《ふ》いた。

「ミクジが今、また葉っぱをくれました」

ぼくが言うと、おじさんは「え、えええええ！」とすっとんきょうな声を上げた。

ぼくには難しいよ、ミクジ。

心が病んでるって、一生懸命《いっしょうけんめい》な人のことを笑ったり、誰《だれ》かが大切にしているものを平気で踏《ふ》みにじったりするやつのことだと思うんだ。

山根先生はぼくが持っていたぼろぼろの図鑑《ずかん》を、大事に読んでるからだってすぐわかってくれた。自然の中で光る苔《こけ》の美しさも、ちゃんと知ってた。山根先生の心は病んでなんかいない。誰よりも健康できれいじゃないか。

山根先生がどうして薬をいっぱい飲まなくちゃいけないの？　どうして学校を辞めなくちゃいけないの？　どうして真ん中からはじかれちゃうの？

ひらり、と葉が一枚、落ちてきた。それを拾って見上げると、樹の上にミクジがいた。あのB黄金色の瞳《ひとみ》で、ぼくを見ている。

「ミクジ！」

ぼくは立ち上がった。ミクジだ、ミクジ、会いたかった！

ミクジは樹の枝から器用にCミキを伝い、するすると降りてきた。華麗《かれい》なパフォーマンス・ショーみたいだ。

黒い体、白い足先、お尻《しり》の星。ミクジはぼくのすねに、体をすべらせるようにしてくっつけてくる。ミクジに手を伸《の》ばそうとして、葉っぱを持っていたことを思い出した。葉っぱには何も書かれていなかった。ただ落ちてきただけなのかもしれない。ぼくは葉っぱをズボンのポケットに入れ、ミクジを抱《だ》き上げた。そのままベンチに座りなおす。

ぼくの胸のあたりにミクジの頭があった。三角の耳が下を向いている。右手で額から背中にかけてさするようになでると、ぼくの左腕《うで》にちょこんと両足をのせたままミクジは目を閉じた。トクトクと、時計みたいに規則正しい鼓動《こどう》が伝わってくる。

毛並みのいい背中に顔をうずめたら、樹のにおいがした。

「山根先生がね、学校を辞めちゃったんだ」

「ああ」

ぼくから視線を外し、牧村先生は口ごもる。

「入院してるみたいよ。詳《くわ》しいことは知らないけど」

その質問は避《さ》けたいのか、先生は明るく話を切り替《か》えた。

「それより深見《ふかみ》くん、保健室では給食ちゃんと食べてる？　他に困ったことがあったら、なんでも先生に……」

「先生」

「ん？」

牧村先生の［　Ⅱ　］笑顔が傾《かたむ》く。ぼくは訊《たず》ねた。

「②メンヘラって、どういう意味ですか」

つくりものの花びらがぱらぱらと崩《くず》れ、［　Ⅲ　］笑みで先生は答えた。

「……心が病《や》んでるってことかな」

その日、学校が終わるとぼくは神社に行った。寄り道しちゃいけないってわかってたけど、③一刻も早くミクジに会いたかった。ぼくの気持ちをわかってくれるのはミクジしかいない気がした。

ランドセルをしょったまま、神社の中を歩き回る。

「ミクジー！」

他に人がいなかったので、ぼくは大声で叫《さけ》んでみた。

でもミクジは姿を見せない。

「どこにいるんだよ……」

ミクジと出会った赤いベンチに座りぼくは頭を抱《かか》えた。マンナカ。

二　次の文章を読んで、あとの問いに答えなさい。

週が明けて月曜日の朝、プリントが配られた。

「山根《やまね》先生が、退職されることになりました」

牧村《まきむら》先生が言い、教室はざわっと騒《さわ》がしくなった。プリントは保護者へのお知らせで、山根先生が体調不良で学校を辞めること、二組は副担任が担任になることが書かれていた。

「急な話で、挨拶《あいさつ》もできなかったことを山根先生も気にしてたみたいだけど、みんなあんまり心配しないでね」

早口でそれだけ伝えると、牧村先生は遠足の話題に移った。岡崎《おかざき》くんが後ろを向き、にやにやしながら手塚《てづか》くんに言う。

「メンヘラだぜ、ヤマネ」

手塚くんが「そうなの？」と話に乗る。

「薬いっぱい飲んで、救急車で運ばれたんだって。俺《おれ》の母さん、ＰＴＡの役員やってるんだ。だから確かな情報」

「えーっ、やばいじゃん」

手塚くんがAコウフン気味に言い、くくくっと笑った。

まただ。①強烈《きょうれつ》な違和感《いわかん》がこみあげてくる。なんでこういうことを嬉《うれ》しそうに話すのか、ぼくにはまったく理解ができない。

それで、山根先生はどうなったんだろう。救急車で運ばれるほどの大変な状態で、今はどうしているんだろう。山根先生の青白い顔が浮《う》かぶ。

一時間目が終わると、ぼくは廊下《ろうか》に出た牧村先生を追いかけた。

「先生」

牧村先生は戸惑《とまど》ったようにぼくを見たあと、すぐに「どうしたの」と［　Ｉ　］笑顔になった。

「山根先生、今どうしているんですか」

問七　④保護したアザラシを海へ帰すことは正しいことなのだろうか　について、次の問いに答えなさい。

(1)　筆者はアザラシをどのような存在だと考えていますか。二十一字で探し、初めの五字をぬき出しなさい。

(2)　④について六人が議論しています。筆者の意見とは**異なる意見**を述べている人を一人選び、記号で答えなさい。

Aさん　保護する必要があるほど弱っているアザラシなのだから、野生に復帰させたとしたらすぐ亡くなってしまうんじゃないかな。

Bさん　そうだね。たとえ生き残れたとしても、そういう個体が産んだ子孫も弱々しい個体だろうから、その群れ全体の存続が危ぶまれるよね。

Cさん　でも、やっぱりもともと住んでいた海に帰したほうが、アザラシにとっては幸せかもしれないね。センターで生き続けるよりも。

Dさん　発信器をアザラシにつけて海に帰せば、アザラシの生息環境の保全に役立つ情報が得られるかもしれないし、そういう長期的な視点も大事だよね。

Eさん　もし保護しているアザラシを海に帰すのであれば、各個体が衰弱して孤独にならないように、いくつかの個体をできるだけ同じタイミングでリリースするのがいいと思う。

Fさん　逆にアザラシを保護すると決めたならば、彼らに精一杯の愛情を注ぐとともに、一般の人にアザラシへの関心を持ってもらうのも良いよね。

問八　⑤保護活動のゴールはそこではない　とありますが、筆者の考える保護活動のゴールとはどのような環境を取り戻すことですか。文章全体から二つの要素を踏まえて、六十字以内で説明しなさい。

問五　③流氷はなくてはならない大切な存在だ　について、次の問いに答えなさい。

(1)　アザラシにとって流氷がなくてはならない大切な存在である理由を説明したものとして正しいものを次から二つ選び、記号で答えなさい。

ア　アザラシが餌を求めて流氷に乗って移動し、新たな生息地を開拓できるから。
イ　流氷の中に含まれる植物プランクトンをもとに、アザラシの餌となる魚が増えるから。
ウ　アザラシの赤ちゃんはすぐには泳げないので、ぶ厚い流氷上で安全に出産と子育てができるから。
エ　流氷が多い場所で死ぬと、他の生物の餌として生態系の一部となって生き続けられるから。
オ　流氷の上で生活することで、天敵の多い海での生活を回避することができるから。

(2)　アザラシにとっての流氷をたとえた表現を五字以内でぬき出しなさい。

問六　オホーツク海の流氷を含む海氷域面積の変動についてのグラフとして適当なものを次から一つ選び、記号で答えなさい。

ア

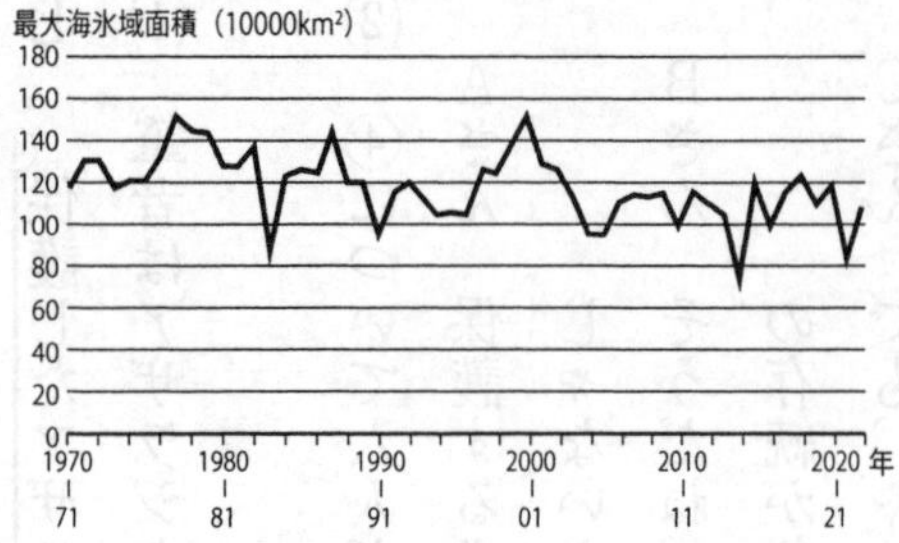

イ

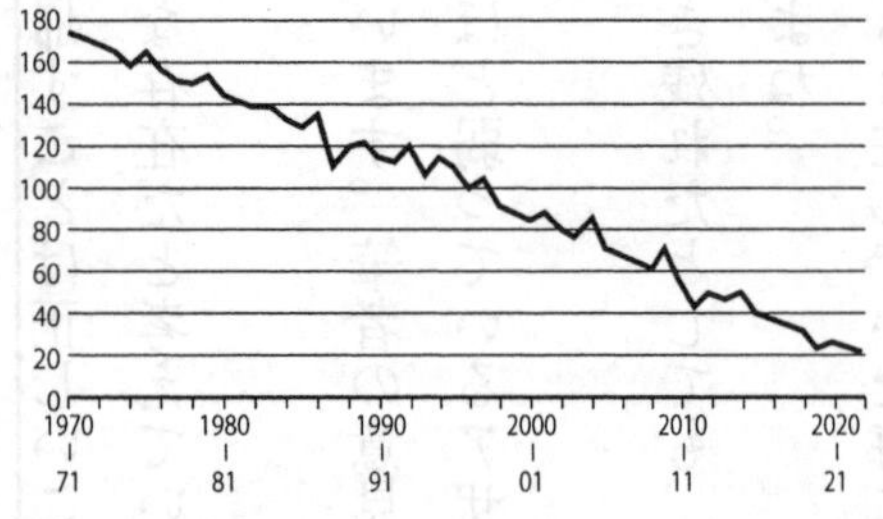

ウ

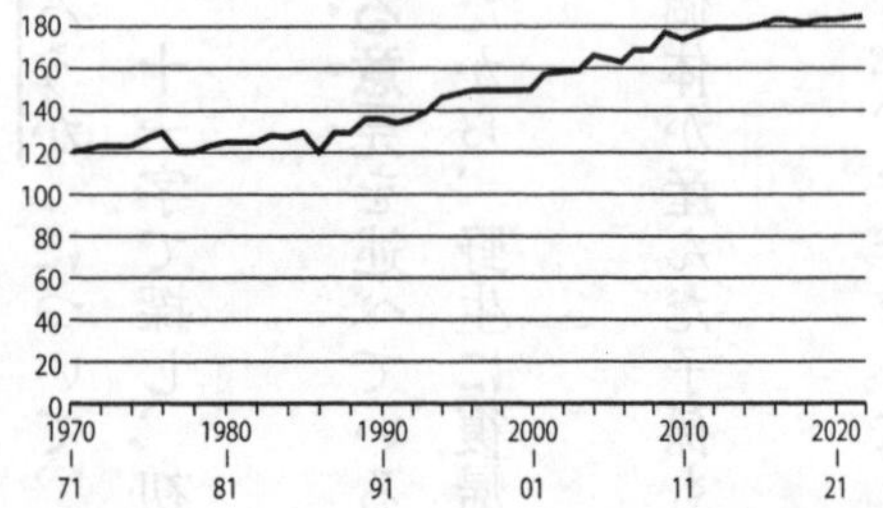

エ

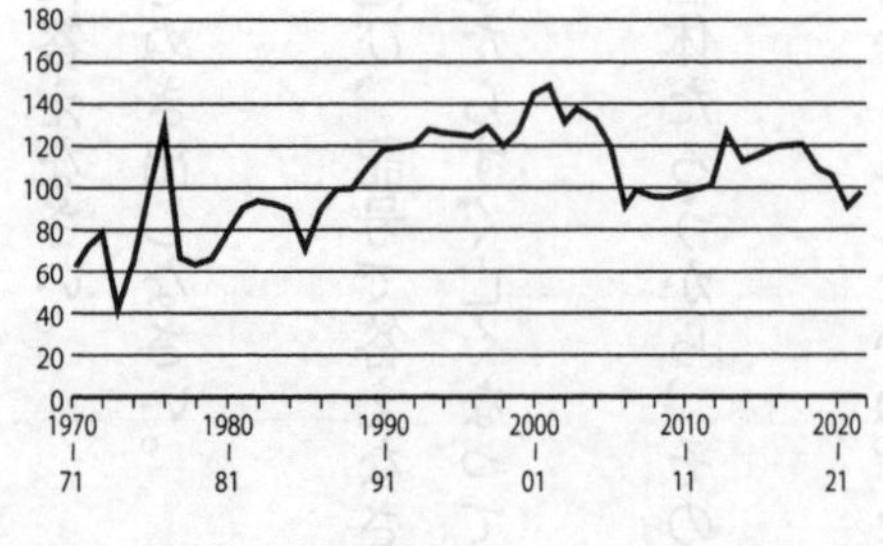

オホーツク海の最大海氷域面積

（2023年気象庁発表）

問一 ～～～部A～Dのカタカナは漢字に、漢字はひらがなに直しなさい。

問二 Ⅰ～Ⅳに入る語句として適当なものを、それぞれ次から一つ選び、記号で答えなさい。

ア 物理的　イ 現実的　ウ 印象的　エ 致命《ちめい》的　オ 客観的

問三 ①北海道アザラシ管理計画 とありますが、「管理」にはどのような行動がふくまれますか。次の中から**あてはまらないもの**を一つ選びなさい。

ア アザラシの生息個体数と漁業被害との関連を調べる。

イ 漁師の網に入るサケを食べるアザラシを保護する。

ウ 生態系に影響が出ない程度にアザラシを捕獲する。

エ アザラシの捕獲により水産資源の回復をうながす。

問四 ②このような現状のなか、アザラシの保護活動に賛否があることは事実であるし、重々承知もしている とありますが、「このような現状」とは何を指していますか。次の中からあてはまるものを一つ選び、記号で答えなさい。

ア アザラシが増えることで漁業被害が増加し、大量死にもつながるので保全の妨《さまた》げになる、ということ。

イ アザラシの餌となる魚を捕りすぎないよう、漁業活動のモニタリングをしている、ということ。

ウ アザラシの免疫力の低下による寄生虫によるウイルス感染により、保護の要請が増加している、ということ。

エ アザラシの保護や捕獲を積極的に進めているにもかかわらず、漁業被害の拡大が止まらない、ということ。

幸せだろう。発信器を背負って海に帰ることで、有益な情報を私たち人間にもたらし、自分たちの生息環境の保全に貢献《こうけん》できるかもしれない。

　私たちの保護活動は、まだまだ試行錯誤《さくご》の真っ只中《ただなか》である。それでも、とっかりセンターに保護されるアザラシたちは、みんな必死に生きようとしている。それだけは紛《まぎ》れもない事実である。そして回復すると、愛らしい眼差しで私たちをじっと見つめる。彼《かれ》らは、物質的な豊かさを求めすぎた人間活動の犠牲《ぎせい》者であるかもしれないのに、その不満や恨《うら》みなどは微塵《みじん》も感じさせず、無邪気《むじゃき》な姿を見せてくれる。そんな彼らの信頼《しんらい》には応えなければならないと、この活動への信念を思い出させてくれる。

　私たち飼育員がやるべきことは、海に帰る子たちには、厳しい野生の世界で生き残れるように最善を尽くすことだ。最適なリリース時期やリリース場所の検討、リリース時の適正体重はどれくらいなのか、それにより生存率はどう変化するのかなど、検討すべき課題はまだまだたくさんある。そして、とっかりセンターに残る子たちには精一杯《せいいっぱい》の愛情を注ぎ、とっかりセンターでの生活も悪くないと思ってもらえるよう、努めることである。

　とっかりセンターで生活する子たちを通してアザラシの魅力《みりょく》をお客様に伝え、まずはアザラシという生き物に興味をもってもらいたい。そして、それをきっかけに私たち人間やアザラシたちが抱《かか》えているさまざまな問題にも目を向けてもらえたら、この子たちの頑張《がんば》りも報われるだろう。

　しかし、⑤保護活動のゴールはそこではない。

（岡崎雅子『寝ても覚めてもアザラシ救助隊』より）

＊モニタリング…対象の状態を継続または定期的に観察・記録すること。

＊軋轢…人の仲が悪く争うこと。不和。

＊淘汰…生存競争によって環境に適応しない個体が死滅《しめつ》し、適応するものだけが残るということ。

たアザラシによる漁業被害の問題につながる。これら２つの問題は、決して無関係ではないのだ。

さて、アザラシを保護することは良いことなのか。まず、衰《すい》弱しているアザラシを見つけたら放っておくことができないから保護する。これが一般的な人の感覚だろう。ましてやアザラシは抜群《ばつぐん》に可愛い（鳥獣《ちょうじゅう》保護管理法の対象となる野生動物の捕獲や飼育は法律で禁止されているので、むやみに保護することはできない）。保護したアザラシが元気になっていく姿を見るのは嬉《うれ》しいし、この仕事の一番のやりがいである。

ただ、保護した翌日にとっかりセンターで亡くなる子を見ていると、自然のなかで死ねたら他の生物の餌となり、生態系の一部として生き続けられたのにと可哀想《かわいそう》に思うことがある。もちろん、保護する時は助けるつもりで保護しているのだから、これはあくまで結果論であり、仕方のないことなのだが。

それでは④保護したアザラシを海へ帰すことは正しいことなのだろうか。まずは、野生動物は本来の生息地で自由に暮らすのが幸せだという考え方があるだろう。これはたしかにそのとおりかもしれない。オランダのアザラシ保護施設《しせつ》では、この考え方に基づき、保護したアザラシはすべて野生復帰させている。盲目《もうもく》のアザラシや（アザラシは真っ暗な海の中でも、ヒゲで水の流れや獲物《えもの》の動きを感じとり、捕《と》らえることができる）、後肢《うしろあし》にケガをして外科手術により指を切断したアザラシも、すべてである。しかし、混獲個体ならともかく、子どもの時に衰弱して保護された個体を野生に帰すことが、はたして本当に良いことなのだろうか。言ってみれば、人間に発見されなければ、おそらく自然に*淘汰《とうた》されていた子たちである。発信器を付けてすぐに消息を絶った子たちのように、そもそも野生でやっていけないから、衰弱して保護されたのではないか。育ての親の私たちからすれば、海へ帰って死ぬよりも、センターで生き続けた方が幸せだったのではないかと思うこともある。また、野生復帰させたアザラシが運良く生き残ったとする。だが、その弱い個体が子孫を残すことによって、個体群全体のＤ弱体化を招く可能性はないのだろうか。

とっかりセンターでは、実際に保護したアザラシを海へ帰していなかった時期もある。何が正しいことなのかは、保護活動に携《たずさ》わっている私たちでさえ、まだ答えを出せていない。海でおなかいっぱい魚を食べることができたら、きっと彼らはのは大変危険な行為《こうい》であり、絶対にやめていただきたい。もしも流氷が割れて水温マイナス１・８℃の海に落ちたら、たとえ泳げる人でも自力で海から上がることができず、まず命はない。それは、流氷の上で子育てをするアザラシたちにとっても同じことだ。

流氷はその面積だけでなく、厚さや質も重要である。流氷の上で無事に出産することができたとしても、生まれた赤ちゃんが成長する前にそのゆりかごが溶《と》けてなくなってしまったら、赤ちゃんアザラシは冷たい海に放り出されて死んでしまう。沿岸に生息するゴマフアザラシであればそのような状況にも柔軟《じゅうなん》に適応し、適当な上陸場を見つけて出産するようになるかもしれない。しかし、そうなればますます人間との*軋轢《あつれき》が深まるという、別の問題が生まれてしまう。ましてや、ほとんど沿岸に近づかないクラカケアザラシにとっては、流氷減少や流氷の質の低下は[Ⅲ]である。実際、オホーツク海に生息する４種のアザラシのうち、個体数の増加が言われているのは、生息域を広げているゴマフアザラシだけである。

流氷はたくさんの栄養も運んでくる。春になって流氷が溶け始めると、流氷の中に生息していた植物プランクトンを餌として、動物プランクトンや底生生物が育つ。動物プランクトンを餌とする小魚が育つと、それを追う回遊魚もやってくる。

流氷の多い年は、漁模様が良いと言われている。オホーツク海の豊かな資源は流氷によってもたらされていると言ってもC カゴンではなく、その恩恵《おんけい》を受けているのは人間もアザラシも同じである。もしも流氷がなくなって、プランクトンや魚が十分に育たなくなってしまったらどうだろうか。

極論《きょくろん》になるが、人間は魚の代わりに肉を食べればいいかもしれない。しかし、アザラシたちはそうはいかない。餌が少なくなれば、痩《や》せて衰弱する個体が増え、それが原因で死亡する個体もいるだろう。餌を求めて新たな生息地を開拓《かいたく》したアザラシたちがそこで新たな問題を生むかもしれない。

特に漁業問題が深刻だと言われている日本海側にゴマフアザラシが増えた原因として、流氷減少によりオホーツク海から宗谷海峡《かいきょう》への移動が[Ⅳ]に容易になったことが言われている。アザラシは頭が良い。いい感じの休憩場所があって、餌も豊富で、天敵もいないとなれば、そこに棲《す》みつくのは容易に想像ができる。私たち人間が引《ひ》っ越《こ》しを考えた際、交通の便が良く、買い物に便利で、職場が近くて、夜は静かで、家賃が手ごろな物件を選ぶのと同じ感覚だろう。そして、それがまには、保護したあと、元気になったアザラシに何度も会いに来てくださる方もいる。こういう方々の思いには精一杯応えたいと思う。

幸い、オホーツク海は北海道のなかではアザラシによる漁業被害がまだ少ない方である（他の地域と比べて少ないというだけで、被害は確実にある。地元の漁師さんに話を聞くと、「アザラシは網に入って魚の美味しいところだけ食べる。あんなやつらいない方がいい」という声はもちろんある）。

また、もともとアザラシが回遊してくる地域のため、昔からアザラシは「いるのが当たり前」と考える人が多いのだろう。とっかりセンターの保護活動に協力してもらえるのも、このような地域の特性によるものだと感謝している。ただ、一般《いっぱん》の方が弱っているアザラシを発見した際、「元気になったら海へ帰れるのか?」と聞くのに対し、通報者が漁師さんの場合には「とっかりセンターに行ったら会えるのか?」と聞かれることが多い。やはり保護したアザラシは海へは帰さず、とっかりセンターで飼育し続けてほしいというのが本音なのかもしれない。

アザラシの保護活動は漁業関係者の理解なくしては成り立たない。アザラシが絶滅《ぜつめつ》の危機に瀕《ひん》することなく、アザラシがいても大漁が望める。もっと言えば、アザラシが海にいた方が漁師さんにとってメリットがある。素人の理想論かもしれないが、そんな海洋環境《かんきょう》を願わずにはいられない。

流氷減少がアザラシに与《あた》える影響《えいきょう》についてもお話ししたい。オホーツク海に生息するアザラシ４種（ゴマフアザラシ、ワモンアザラシ、アゴヒゲアザラシ、クラカケアザラシ）にとって、③流氷はなくてはならない大切な存在だ。というのも、この４種は流氷の上で出産・子育てを行うのだ。

流氷は現在、地球温暖化の影響を受けて減少していると言われている。一説によると、オホーツク海沿岸の平均気温はこの50年間で２℃上昇、流氷面積はこの40年間で20％減少しているという。

たしかに、紋別《もんべつ》に住んでいると「昔は流氷がすごかった」という話をよく耳にする。「流氷に乗って遊んでいたら沖《おき》まで流されてしまい、通りがかりの船に助けてもらった」などと昔のことをBブユウデンのように語る人もいるが、流氷に乗る北海道では「①北海道アザラシ管理計画」に基づきゴマフアザラシを捕獲《ほかく》している。「北海道アザラシ管理計画」は、アザラシ類による漁業被害の軽減および人とアザラシ類との共存を目的として策定された。２０１５年４月１日から始まり、現在は、第１期（２０１５年４月１日～２０１７年３月31日）および第２期（２０１７年４月１日～２０２２年３月31日）の目標達成状況《じょうきょう》をもとに見直された第３期（２０２２年４月１日～２０２７年３月31日）の取り組みが実施《じっし》されている。

この計画のなかで、アザラシの生息個体数や混獲《こんかく》頭数、漁業被害の実態や漁獲《ぎょかく》量などの＊モニタリングが行われ、科学的根《こん》拠《きょ》に基づくアザラシの適切な個体数管理（捕獲）が行われているのだ。２０１８年度には１０６頭のゴマフアザラシを捕獲しており、とっかりセンターがしばしば保護要請《ようせい》を受ける近隣《きんりん》の町でも３頭のゴマフアザラシを捕獲していた。

しかし、むやみにアザラシを捕獲しているわけではない。追い払《はら》いなどの対策により、計画が始まった２０１５年度以降、アザラシの捕獲頭数は年々減少傾向《けいこう》にある。また、冬や夏に北海道へ回遊してくる個体ではなく、北海道に周年定着している個体を捕獲の主な対象としたり、漁網に依存する個体を積極的に捕獲したりすることで、少ない捕獲頭数でより効果的な漁業被害の軽減および資源の回復を図っている。実際に、２０２０年度には個体数の管理目標を達成し、漁業被害額も減少傾向にある。しかし、依然《いぜん》として深刻な漁業被害が続いている地域があることも事実である。

私はアザラシが大好きだが、このような科学的根拠に基づくアザラシの捕獲に関しては反対の立場ではない。一部の地域でアザラシが増えすぎてしまうと、上陸場や餌の競争が激しくなり、アザラシの栄養状態が悪化してしまう可能性がある。それは、繁殖年齢《はんしょくねんれい》の高齢化や体のサイズの小型化、幼齢および高齢個体の死亡率の上昇《じょうしょう》、免疫《めんえき》力の低下による寄生虫やウイルス感染など、アザラシの大量死を引き起こす原因にもなり得るからだ。

②このような現状のなか、アザラシの保護活動に賛否があることは事実であるし、重々承知もしている。ただ、そんな漁業関係者のなかにも、保護活動に協力してくれる方々がいる。「こいつらは大人になると網の魚を食べるから困るけど、こっこ（北海道の方言で動物の子ども）のうちはめんこいもんな」と、衰弱《すいじゃく》したアザラシの幼獣《ようじゅう》を発見すると連絡をくれる。なか

2024年度 かえつ有明中学校

【国　語】〈二月一日午前試験〉（五〇分）〈満点：一〇〇点〉

（句読点、記号、符号はすべて一字として数えなさい。また、本文中には、問題作成のために省略や表現を変えたところがあります。）

一　次の文章を読んで、あとの問いに答えなさい。

近年、アザラシによる漁業被害《ひがい》は多くの人の知るところとなった。アザラシによる被害が原因で、漁自体が休業に追い込《こ》まれた事例もある。被害はサケの頭だけを食べる〝トッカリ食い〟にとどまらない。網《あみ》に入る前の魚をアザラシが狙《ねら》って食べているかもしれないし、アザラシが近くにいることで、魚が網に近づかなくなっているかもしれない。漁師さんが次世代への資源として残した幼魚を、アザラシたちが食べ尽《つ》くしてしまうことも考えられる。このような被害の実態をすべて把握《はあく》することは困難であるが、これらもアザラシによる漁業被害だといえるだろう。

北海道アザラシワークショップに出席した際には、アザラシによる漁業被害に苦しむ漁業関係者の悲痛な生の声を聴《き》き、とても「アザラシを保護しています」などと言い出せる雰囲気《ふんいき》ではなかった。［Ⅰ］だったのは、「さまざまな対策を講じているが、すぐに慣れたり覚えたりしてしまい、アザラシの学習能力の高さに苦労している」という話だ。アザラシの学習能力の高さは、私もよく知っている。漁業被害と比べれば全然たいしたことではないが、私自身、アザラシたちのいたずらに悩《なや》まされることがある。

この機会に、トッカリ食いの被害に遭《あ》った魚の有効利用について質問してみた。たとえば、被害に遭った魚をとっかりセンターでアザラシの餌《えさ》として購入《こうにゅう》・利用できれば、少しでも被害に遭った魚の商品価値を取り戻すことができるのではないかと考えたのだ。しかし、現実はそう簡単にはいかないらしい。トッカリ食いの被害にあった魚は網から揚《あ》げた時点で海に廃棄《はいき》しており、魚の選別やAユソウのコストを考えると［Ⅱ］ではないとのことだった。

2024年度

かえつ有明中学校　▶解説と解答

算　数　＜２月１日午前試験＞（50分）＜満点：100点＞

解　答

$\boxed{1}$ (1)　8　(2)　$9\frac{3}{7}$　(3)　0.02　(4)　$\frac{5}{14}$　(5)　$1\frac{3}{8}$　$\boxed{2}$ (1)　4100m^2　(2)　810円　(3)　時速４km　(4)　132度　(5)　47通り　$\boxed{3}$ (1)　毎秒20cm^3　(2)　100　(3)　$8\frac{2}{3}$cm　$\boxed{4}$ (1)　120秒後　(2)　**頂点**…Ｅ，**時間**…480秒後　$\boxed{5}$ (1)　38　(2)　15　$\boxed{6}$ (1)　40.56cm　(2)　162.24cm^2　(3)　$3\frac{36}{157}$回転

解　説

$\boxed{1}$ 四則計算，単位の計算，計算のくふう，逆算

(1)　$7-2\div\frac{1}{2}+5=7-4+5=8$

(2)　$\left\{2\frac{1}{2}+\frac{4}{5}\div\left(3-\frac{9}{10}\right)\right\}\times3\frac{3}{11}=\left(2\frac{1}{2}+\frac{4}{5}\div\frac{21}{10}\right)\times\frac{36}{11}=\left(2\frac{1}{2}+\frac{4}{5}\times\frac{10}{21}\right)\times\frac{36}{11}=\left(2\frac{1}{2}+\frac{8}{21}\right)\times\frac{36}{11}=\left(\frac{105}{42}+\frac{16}{42}\right)\times\frac{36}{11}=\frac{121}{42}\times\frac{36}{11}=\frac{66}{7}=9\frac{3}{7}$

(3)　$1\,\mathrm{m}^2=100\mathrm{cm}\times100\mathrm{cm}=1000\mathrm{mm}\times1000\mathrm{mm}=1000000\mathrm{mm}^2$だから，20000mm^{2}は，$20000\div1000000=0.02$(m^2)となる。

(4)　$\frac{1}{N\times(N+1)}=\frac{1}{N}-\frac{1}{N+1}$より，与《あた》えられた式の順番を入れかえると，$\frac{1}{6}+\frac{1}{12}+\frac{1}{20}+\frac{1}{30}+\frac{1}{42}=\frac{1}{2\times3}+\frac{1}{3\times4}+\frac{1}{4\times5}+\frac{1}{5\times6}+\frac{1}{6\times7}=\frac{1}{2}-\frac{1}{3}+\frac{1}{3}-\frac{1}{4}+\frac{1}{4}-\frac{1}{5}+\frac{1}{5}-\frac{1}{6}+\frac{1}{6}-\frac{1}{7}=\frac{1}{2}-\frac{1}{7}=\frac{5}{14}$

(5)　$\left\{\left(\frac{5}{4}+\square\right)-1\frac{7}{12}\right\}\times0.16=\frac{1}{6}$より，$\left(\frac{5}{4}+\square\right)-1\frac{7}{12}=\frac{1}{6}\div0.16=\frac{1}{6}\times\frac{25}{4}=1\frac{1}{24}$，$\frac{5}{4}+\square=1\frac{1}{24}+1\frac{7}{12}=1\frac{1}{24}+1\frac{14}{24}=2\frac{15}{24}=2\frac{5}{8}$　よって，$\square=2\frac{5}{8}-\frac{5}{4}=2\frac{5}{8}-1\frac{2}{8}=1\frac{3}{8}$

$\boxed{2}$ 単位の計算，辺の比と面積の比，割合と比，流水算，角度，場合の数

(1)　縮尺が5000分の１の地図上で1.64cm^{2}の場所は，実際には，$1.64\times5000\times5000$(cm^2)である。また，$1\,\mathrm{m}^2=100\mathrm{cm}\times100\mathrm{cm}=10000\mathrm{cm}^2$だから，求める面積は，$1.64\times5000\times5000\div10000=4100$(m^2)となる。

(2)　店内飲食では10％の消費税がかかるから，税ぬきの代金は，$825\div(1+0.1)=750$(円)である。よって，持ち帰りの税込《こ》み代金は，$750\times(1+0.08)=810$(円)とわかる。

(3)　この船が同じ距離《きょり》を下るのと上るのにかかる時間の比が２：３なので，下りと上りの速さの比は，$\frac{1}{2}:\frac{1}{3}=3:2$となる。そこで，下りの速さを$\boxed{3}$，上りの速さを$\boxed{2}$とすると，右の図１より，流れの速さは，$(\boxed{3}-\boxed{2})\div2=\boxed{0.5}$，静水時の速さは，$\boxed{2}+\boxed{0.5}=\boxed{2.5}$になる。よって，$\boxed{2.5}$が時速20kmにあたるから，流れの速さは時速，$20\times\frac{0.5}{2.5}=4$(km)とわかる。

図１

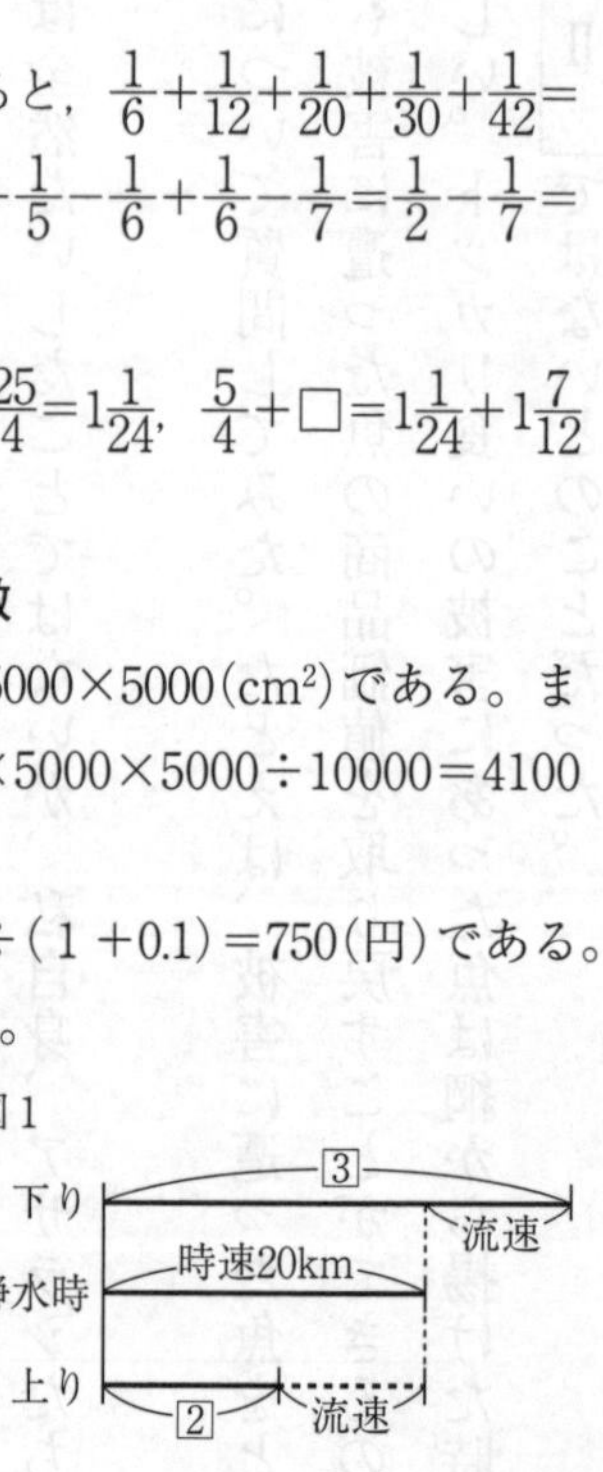

図２

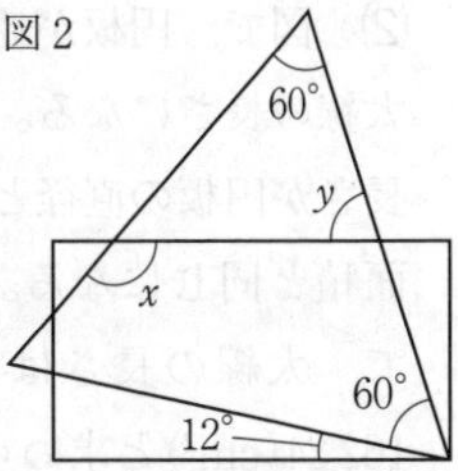

(4)　右の図２で，平行線の同位角は等しいから，角 y の大きさは，60＋12＝72(度)になる。すると，三角形の外角は，となり合わない２つの内角の和と等しくなるので，角 x の大きさは，60＋72＝132(度)とわかる。

(5)　100円玉と500円玉だけで支《し》払《はら》うことができる金額は，100円，200円，300円，500円，600円，700円，800円の７通りある。また，これらの金額に10円玉を１枚～５枚加えることで，さらに，７×５＝35(通り)の金額を支払うことができる。最後に，10円玉だけで支払うことができる金額は，10円～50円の５通りである。よって，全部で，７＋35＋５＝47(通り)と求められる。

3　グラフ―水の深さと体積

(1)　水そうの容積は，15×20×12＝3600(cm^3)で，おもりの体積は，10×10×10＝1000(cm^3)だから，水そうに入る水の体積は，3600－1000＝2600(cm^3)である。よって，問題文中のグラフより，満水になるまでに130秒かかったから，給水管からは毎秒，2600÷130＝20(cm^3)の水が入る。

(2)　水面の高さが10cmのときの水の体積は，15×20×10－1000＝2000(cm^3)である。よって，グラフのアの時間は，2000÷20＝100(秒)とわかる。

(3)　水そうに入っている水の体積は2600cm^3で，水そうの底面積は，15×20＝300(cm^2)だから，おもりを取り出したときの水面の高さは，$2600 \div 300 = \frac{26}{3} = 8\frac{2}{3}$(cm)になる。

4　図形上の点の移動，周期算

(1)　ＰとＱがはじめて重なるのは出発から，30×２÷(25－20)＝12(秒後)である。その後は，ＰがＱよりも，30×６＝180(cm)多く進むと再び重なるから，180÷(25－20)＝36(秒)ごとに重なることがわかる。同様に，ＱとＲがはじめて重なるのは出発から，30×２÷(20－18)＝30(秒後)であり，その後は，180÷(20－18)＝90(秒)ごとに重なる。よって，それぞれが重なる時間は右の表のようになるので，３点がはじめて重なるのは120秒後である。このときまでにＲは，18×120＝2160(cm)進み，正六角形を，2160÷180＝12(周)するから，３点がはじめて同時に同じ頂点を通過するのは120秒後であり，その頂点はＥとなる。

ＰとＱ(秒後)	12，48，84，120，…
ＱとＲ(秒後)	30，120，…

(2)　36と90の最小公倍数は180だから，３点がはじめて重なった後は180秒ごとに再び重なる。また，Ｒは180秒で，18×180÷180＝18(周)するから，３点が重なるときに通過する頂点はつねにＥになる。よって，３点が３度目に同時に同じ頂点を通過するのは，120＋180×(３－１)＝480(秒後)であり，その頂点はＥである。

5　約束記号

(1)　９◎２＝(９＋２)×２＝22だから，(９◎２)△３＝22△３＝(22－３)×２＝38と求められる。

(2)　17◎３＝(17＋３)×２＝40だから，□△13＝★とすると，40△★＝72になる。そこで，(40－★)×２＝72より，40－★＝72÷２＝36，★＝40－36＝４となる。よって，□△13＝４より，(□－13)×２＝４となり，□＝４÷２＋13＝15と求められる。

6　平面図形―図形の移動，長さ，面積

(1)　下の図で，円板の中心がえがく線は太線のようになる。このうち直線部分の合計は，８×２＋４×３＝28(cm)である。また，曲線部分を合わせると半径２cmの円になるから，その長さは，２×２×3.14＝12.56(cm)になる。よって，太線の長さは，28＋12.56＝40.56(cm)とわかる。

(2)　図で，円板が通る部分の内側の長さと外側の長さの平均が太線の長さになる。すると，円板が通る部分の面積は，たての長さが円板の直径と等しく，横の長さが太線と等しい長方形の面積と同じになる。よって，円板の直径は，２×２＝４(cm)で，太線の長さは40.56cmだから，その面積は，４×40.56＝162.24(cm^2)と求められる。

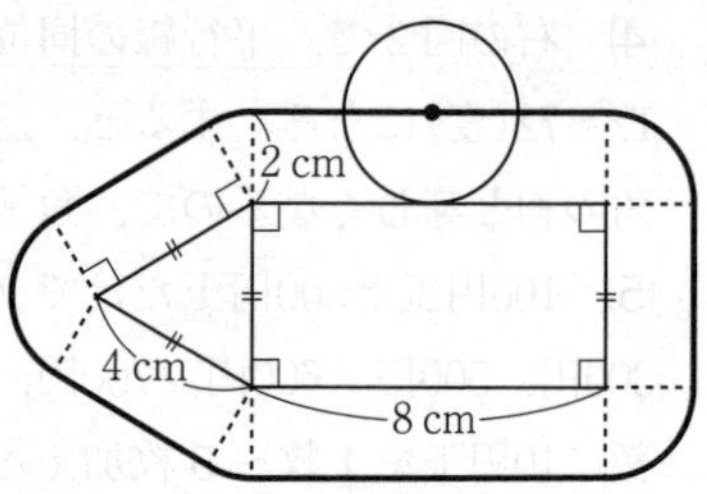

(3)　円板の周りの長さは，４×3.14＝12.56(cm)で，一周する間に図形とふれる長さの合計は，８×２＋４×３＝28(cm)だから，点Ｐは，28÷12.56＝$\frac{350}{157}$＝$2\frac{36}{157}$(回転)する。また，図形の周りを転がる間に円板自身が１回転するから，これを加えると全部で，$2\frac{36}{157}$＋１＝$3\frac{36}{157}$(回転)することがわかる。なお，(円の中心がえがく線の長さ)÷(円の周りの長さ)＝(回転数)より，40.56÷12.56＝$3\frac{36}{157}$(回転)と求めることもできる。

社　会　＜２月１日午前試験＞（25分）＜満点：50点＞

解　答

1　問１　エ　問２　エ　問３　(1)　ア　(2)　イ　問４　エ　問５　ウ　問６　(例)　火が燃え広がる延焼を防ぐ。(避難場所になる。)　問７　(1)　イ　(2)　エ　問８　(1)　ウ　(2)　荒　問９　(1)　イ　(2)　バイオマス　2　問１　ウポポイ　問２　ア　問３　ロシア(連邦)　問４　ウ　問５　ア　問６　(例)　ねずみなどから食料を守るため。　問７　ア　問８　(1)　エ　(2)　ウ　問９　イ　問10　行基　問11　ウ

解　説

1　有明体操競技場をもとにした問題

問１　地図の縮尺の分母は，(実際の距離)÷(地図上の長さ)で求められる。インターネット上の地図では，実際の距離が約624ｍで，それが画面上では16cmで表されているので，この地図の縮尺は62400(cm)÷16(cm)＝3900となるから，エの4000分の１が最も近い。

問２　針葉樹のカラマツは，日本では主に気温の低い北日本や標高の高い山間部などで生産されている。よって，比較的温暖なエの三重県が当てはまらない。

問３　(1)　写真は日本海側の豪雪地帯に見られる「がんぎ」で，家の軒《のき》を長くして大雪でも人が通れるようにする工夫である。なお，イのかまくらは雪をかまどのように盛り上げて中を空洞《くうどう》にしたもの，ウの合掌《がっしょう》造りは屋根のこう配を急にして雪が積もらないようにした建物のつくり，エのかんじきは雪道でも歩けるように足裏につける道具である。　(2)　1964年の東京オリンピックのためにつくられた代々木競技場は，丹下《たんげ》健三が設計した。丹下健三は建築家・都市計画家で，戦後の復興期から高度経済成長期に活躍《かつやく》し，広島記念公園や香川県庁舎など多くの設計を手掛け，現在の東京都庁舎も彼の手による。なお，アの岡倉天心は日本美術の復興に尽力した人物，ウのコンドルは鹿鳴館《ろくめいかん》を設計したイギリス人建築家，エのザハ・ハディッドはイギリス人建築家である。

問４　設問に「生産地の方角に応じて」とあるので，図１のＡは山形県，Ｂは秋田県，Ｃは青森県，

Ｄは岩手県，Ｅは宮城県と考えられる。

問５　持続可能な形で使用される木材や製品などにつけられる「森林認証マーク」は「FSCマーク」とも呼ばれ，マークはチェックマーク(✓)と木を組み合わせて図案化されている(ウ…○)。なお，アは「耳マーク」，イは「身体障害者標識(身体障害者マーク)」，エは「有機JASマーク」である。

問６　関東大震災《しんさい》(1923年)では，地震の発生した時間帯が昼ということもあって，各家庭が昼食の準備で火を使っていたため各所で火災が発生し，大火災による被害が甚大《じんだい》であった。そこで，震災後の復興では，火事が燃え広がる延焼を防ぐために，多くの公園を整備したり，幅の広い道路を建設したりした。公園はこのほか，避難場所としても利用できるという利点がある。

問７　⑴　日本の森林面積は，国土面積(約38万km²)の３分の２であり，これは北海道の面積(約８万km²)のほぼ３倍にあたる(ア…×，イ…○)。なお，ウについて，森林面積のうち，天然林は約54％，人工林は約40％である(2022年)。エについて，2010年から2020年にかけて森林面積はほとんど変化していない。　⑵　森林管理署(✱)の地図記号は，漢字の「木」を記号化したエが当てはまる。なお，アの(Λ)は針葉樹林，イの(ılı)は荒れ地，ウの(仐)は裁判所の地図記号である。

問８　⑴　写真のような丸太は，枝や葉，根がないので，これ以上生長しない(ウ…×)。　⑵　東京都の江東区と江戸川区の境には荒川が流れており，荒川に架かる橋は多数あり「荒川橋梁《きょうりょう》」と総称される。JR京葉線の新木場駅－葛西《かさい》臨海公園駅間は，首都高速の「荒川湾岸橋」に並行して設けられている。

問９　⑴　資料１の木材価格の推移を見ると，ヒノキ中丸太の１m³あたりの価格は，1985年には54000円，1990年には67800円となっており，13800円上がっている。しかし，その後は価格が下がり，2020年の17200円は1990年の67800円に比べ，約４分の１の値段になっている(イ…○)。なお，アについて，資料１で1975～1980年の木材価格が軒並み上昇しているが，資料２の木材需要《じゅよう》量の推移を見ると，この間に「燃料材」の量はほとんど変わっていない。ウについて，資料１で1960～1980年の木材価格は，「スギ中丸太」は４倍近く，「ヒノキ中丸太」は７倍以上になっている。エについて，資料２を見ると，2010～2015年の一人当たり木材需要量は上昇傾向《けいこう》にある。　⑵　家畜の排泄《はいせつ》物や食品廃棄《はいき》物，木材のくずなどの生物由来のものを燃料として発電する方法をバイオマス発電といい，再生可能エネルギーの１つである。

２　建物からみる日本の歴史についての問題

問１　アイヌ民族は北海道の先住民族であるが，明治時代以降の北海道の開拓が本格化するにともない，アイヌ固有の伝統や文化が失われていった。そこで，アイヌの伝統的な文化を継承・発展させるため，2020年に北海道の白老町に「民族共生象徴《しょうちょう》空間(ウポポイ)」が建設された。

問２　国際連合の総会は全ての加盟国で構成され，通常議案は過半数，重要議案は３分の２以上の賛成で採決される(ア…×)。

問３　安全保障理事会は世界の平和と安全を守る国際連合の主要機関で，常任理事国５か国と，総会で選出される非常任理事国10か国の，合計15か国で構成される。常任理事国はアメリカ，ロシア連邦，イギリス，フランス，中国(中華人民共和国)である。安全保障理事会では，大国一致の原則により，重要議案について常任理事国のうち１か国でも反対すると決議できない(常任理事国の拒否権)。一方，サミット(主要国首脳会議)は資本主義国の主要７か国(Ｇ７)が参加する首脳会議で，参加国はフランス，アメリカ，イギリス，ドイツ，日本，イタリア，カナダである。よって，安全保障理事会の常任理事国のうち，ロシア連邦と中国の２か国がサミットに参加していない。

問４　平安時代末の源平の争乱は，1180年に源頼朝が挙兵して石橋山の戦いで敗北した後，富士川の戦い，一ノ谷の戦い，屋島の戦いで勝利し，1185年の壇ノ浦の戦いで平氏を滅《ほろ》ぼして終結する。なお，平将門の乱は10世紀前半に起こった戦いで，源平の争乱ではない。

問５　律令制度における二官八省の二官は神祇《じんぎ》官と太政官で，太政官の下にある八省のうち，中《なか》務《つかさ》省は天皇の側近で臣下の上表を天皇へ伝達して詔勅《しょうちょく》を起草する最重要の省であり，戸籍や税を担当するのは民部省である(ア…×)。

問６　カードＥの写真は高床倉庫で，収穫《しゅうかく》した稲をたくわえる倉庫である。床が地面より高いのは，ねずみや害虫などによる被害を防いだり，水害や湿気《しっけ》を防いだりするためである。

問７　三内丸山遺跡(青森県)は縄文時代の大規模集落の遺跡である。出土品は土器・石器・土偶のほか，コハク・ヒスイ・漆器などもあり，1958点が国の重要文化財に指定されている(ア…○)。なお，イの大森貝塚(東京都)は縄文時代の遺跡で，明治時代にアメリカ人動物学者モースが発見した。相沢忠洋《ただひろ》が発見したのは旧石器時代の岩宿遺跡(群馬県)である。ウとエについて，板付遺跡(福岡県)は縄文時代末期から弥生時代初期の遺跡で，稲作の跡《あと》がうかがえる。吉野ヶ里遺跡(佐賀県)は弥生時代としては最大級の環濠《かんごう》集落の遺跡である。

問８　(1)　中江兆民は明治時代の思想家で，フランスのルソーの著書『社会契約論』を翻訳して『民約訳解』を著し，自由民権運動に影響《えいきょう》を与《あた》えた。なお，アのモンテスキューは『法の精神』で三権分立を説いたフランスの思想家，イのシーボルトは江戸時代後半に長崎のオランダ商館の医師として来日したドイツ人，ウのクラークは明治時代に来日して札幌農学校で教えたアメリカ人である。　(2)　資料の「地券」は明治時代の地租改正(1873年)で，政府が土地所有者に発行したもので，地租は地価の３％を現金で政府に納めさせた。しかし，税率は江戸時代の年貢をもとにしたため，農民の負担が大きく，地租改正反対一揆が起こったため，1877年に地価の2.5％に引き下げられた(ウ…○)。

問９　応仁の乱(1467～77年)は，室町幕府第８代将軍の足利義政の跡継ぎ問題などをきっかけとして起こった。足利義昭《よしあき》は第15代将軍で，1573年に織田信長に京都を追放され，室町幕府が滅んだ(イ…×)。

問10　行基は社会事業を行ったことで知られる奈良時代の僧で，聖武天皇の大仏造立《ぞうりゅう》に弟子とともに協力し，後に大僧正に任じられた。

問11　カードＡは江戸時代，カードＢは昭和時代，カードＣは平安時代，カードＤは奈良時代，カードＥは弥生時代，カードＦは縄文時代，カードＧは明治時代，カードＨは室町時代のことが書かれているので，時代の古い順にＦ→Ｅ→Ｄ→Ｃ→Ｈ→Ａ→Ｇ→Ｂとなる。

理　科　＜２月１日午前試験＞（25分）＜満点：50点＞

解　答

1　(1)　**色**…黄色　　**性質**…酸性　　(2)　(例)　水，塩化水素　　(3)　５ｇ　　(4)　8.8ｇ

2 ⑴ **ア** 1 **イ** 4 **ウ** 7 **エ** 8 **オ** 2 **カ** 10 **キ** 6 ⑵ H

3 ⑴ ア ⑵ イ ⑶ ウ ⑷ （例） グラフ③から，気温が高いほどほう和水蒸気量が多くなることがわかる。グラフ②で，40年前に比べ猛暑日が増加しているから，大気が含む水蒸気の量が増加し，積乱雲ができやすくなる。これによって，40年前より大雨の日が増えたと考えられる。 4 ⑴ イ，エ ⑵ **物体１**…４ g/cm^2 **物体２**…16 g/cm^2 ⑶ 8 g/cm^2 ⑷ 8 g/cm^2 ⑸ 16cm

解 説

1 二酸化炭素の発生についての問題

⑴ 炭酸カルシウムに塩酸を加えると，二酸化炭素が発生する。実験１では，炭酸カルシウムはすべてとけ，反応しなかった塩酸や発生した二酸化炭素が水にとけこんだ炭酸水が残っていると考えられるので，液体は酸性を示す。酸性の水よう液にBTBよう液を加えると，黄色に変化する。

⑵ 残った液体には，反応しなかった塩酸や発生した二酸化炭素がとけこんでいるので，加熱すると，塩酸に含《ふく》まれる塩化水素や，二酸化炭素が蒸発して出てくる。また，これらをとかしこんでいた水も，気体の水蒸気になる。

⑶ 操作②の結果から，塩酸$20cm^3$が炭酸カルシウムと反応すると，二酸化炭素が2.2ｇ発生することがわかる。操作①では，反応する炭酸カルシウム１ｇにつき二酸化炭素が0.44ｇ発生しているから，塩酸$20cm^3$とちょうど反応する炭酸カルシウムの重さは，$1\times\frac{2.2}{0.44}=5$（ｇ）である。

⑷ 操作①の結果から，炭酸カルシウム１ｇが塩酸と反応すると，0.44ｇの二酸化炭素が発生することがわかる。したがって，炭酸カルシウム20ｇに塩酸を十分に加えたときに発生する二酸化炭素の重さは，$0.44\times20=8.8$（ｇ）と求められる。

2 生物の分類についての問題

⑴ **ア** A～Dは植物，E～Hは動物なので，光合成をおこなうかどうかで分類する。 **イ** A～Cは被《ひ》子植物，Dのマツは裸《ら》子植物だから，胚珠《はいしゅ》が子房《ぼう》に包まれているかどうかを条件とするとよい。 **ウ** E～Gはセキツイ動物，Hのトンボは無セキツイ動物なので，背骨があるかどうかでなかま分けをする。 **エ** AのアサガオとBのサクラは子葉が２枚あるため，子葉が１枚のイネと区別できる。 **オ** Eのメダカは魚類，Fのハトは鳥類で，卵を産んでなかまをふやす。なお，Gのイルカはホニュウ類で，親とにた姿で子がうまれる。 **カ** Aのアサガオは花びらが１つにつながって，ろうとのような形になっているが，Bのサクラは５枚の花びらがバラバラに分かれている。 **キ** 魚類のメダカはえらで呼吸し，鳥類のハトは肺で呼吸する。

⑵ イカはなん体動物のなかまで，背骨をもたない無セキツイ動物に分類されるので，Hがあてはまる。

3 日本の夏の気候についての問題

⑴ アは積乱雲，イは高積雲（ひつじ雲），ウは巻積雲（いわし雲），エは積雲（わた雲），オは巻雲（すじ雲）と考えられる。積乱雲は高さが10数kmに達するひとかたまりの大きな雲で，鉛《えん》直方向（たて方向）に発達し，雲の上が平らになっていることが多い。

⑵ 積乱雲は，入道雲や雷《らい》雲とも呼ばれ，夏の夕方に発生すると，夕立の原因となる。また，激しい雨や雪を降らせ，雷《かみなり》や突《とっ》風，ひょうや竜《たつ》巻を伴《ともな》うこともある。また，積乱雲は，暖かく湿《しめ》っ

た空気が，冷たい空気や山の斜《しゃ》面にぶつかって上昇《しょう》気流となったときに発生しやすい。なお，「ひつじ雲」は高積雲のことで，高度2000～7000mほどに見られる小さな雲の集まりである。

⑶　解説によると，線状降水帯では，移動した積乱雲からの下降気流と地上付近の風がぶつかって，後ろに新しい積乱雲が発生することで，帯状の積乱雲のかたまりができる。したがって，積乱雲が列になっている，ウが適切である。

⑷　グラフ②によると，40年前に比べて猛《もう》暑日の日数が増加している。また，グラフ③から，気温が高いほど，空気中に含むことができる水蒸気量（ほう和水蒸気量）は多くなることがわかる。これにより，海上の空気が多くの水蒸気を含んだまま日本列島に上陸し，上昇気流となって大雨を降らす雲をつくると考えられる。

4 圧力と浮《ふ》力についての問題

⑴　ア　圧力は同じ面積あたりの重さの大きさなので，重さが同じなら接する面積が小さいほど，接する面積が同じなら物体が重いほど大きくなる。　イ，ウ　大気圧は空気の重さによる圧力なので，標高が高く上にのっている空気が少ないほど，気圧が低い。　エ，オ　水圧は水の重さによる圧力なので，水深が深いほど上にある水の重さが重いから，水圧も大きくなる。

⑵　**物体１**　圧力（面積１cm^2あたりの重さ）は，物体の重さを接触《しょく》面積で割ればよいので，400÷100＝４（g/cm^2）と求まる。　**物体２**　物体１と同様に求めると，物体２から床《ゆか》に加わる圧力は，400÷25＝16（g/cm^2）となる。

⑶　物体１と物体２の合計の重さが接触面積100cm^2に加わるので，物体１から床に加わる圧力は，（400＋400）÷100＝８（g/cm^2）とわかる。

⑷　物体２は，ばねばかりによって，200ｇの上向きの力を加えられているから，物体２が床をおす力は，400－200＝200（ｇ）である。物体２と床の接触面積は25cm^2なので，200÷25＝８より，物体２が床に加える圧力は８g/cm^2と求まる。

⑸　物体が水に浮《う》いて静止しているとき，物体にはたらく重力と浮力は同じ大きさでつりあっている。水１cm^3の重さが１ｇであるとすると，図４で物体１がおしのけた水の重さは，１×（100×４）＝400（ｇ）なので，浮力400ｇと物体１の重さ400ｇがつりあう。図５で，物体２の底面から水面までの高さを□cmとすると，１×（25×□）＝400が成り立つので，□＝16（cm）となる。

国語　＜2月1日午前試験＞（50分）＜満点：100点＞

解答

一　**問1**　A～C　下記を参照のこと。　D　じゃくたい　**問2**　Ⅰ　ウ　Ⅱ　イ　Ⅲ　エ　Ⅳ　ア　**問3**　イ　**問4**　ア　**問5**　⑴　イ，ウ　⑵　ゆりかご　**問6**　ア　**問7**　⑴　物質的な豊　⑵　Ｅ（さん）　**問8**　（例）　良質な流水が豊富で，アザラシが出産や子育てをしやすく，人間も大漁が望めるというお互い共存できる海洋環境を取り戻すこと。

二　**問1**　A，C　下記を参照のこと。　B　こがねいろ　D　しょちゅう　**問2**　イ　**問3**　Ⅰ　エ　Ⅱ　オ　Ⅲ　ア　**問4**　心が病んでるって，一生懸命な人　**問5**　ウ　**問6**　手紙が書ける（こと）　**問7**　ア　**問8**　（例）　ぼくは端っこにいると感じていたが，姫野先生から苔の話を聞くことで，自分の存在や本当の思いが世界の真ん中だと気づいたから。

問９　ウ

●漢字の書き取り

一 **問１**　A　輸送　B　武勇伝　C　過言　二 **問１**　A　興奮　C　幹

解　説

一 **出典：岡崎雅子《おかざきまさこ》『寝《ね》ても覚めてもアザラシ救助隊』。**アザラシの保護活動に取り組む筆者が，アザラシをめぐる漁業被害や管理計画，流氷減少の影響などの現状や，今後の課題について述べている。

問１　A　車や船，飛行機などの乗り物で，人や物資を運ぶこと。　B　勇ましさを発揮《はっき》して手がらを立てた話。無鉄砲《むてっぽう》さが引き起こした経験や腕力《わんりょく》をふるった事件などを，冷やかしていう語。　C　言い過ぎであること。　D「弱体化」は，組織や体制などが弱くなること。

問２　Ⅰ「アザラシによる漁業被害に苦しむ漁業関係者」から聞いたなかでも「アザラシの学習能力の高さに苦労している」という話は，筆者自身もその「学習能力の高さ」に悩《なや》まされた経験があったため，特に強く共感して記憶《きおく》に残ったと思われる。よって，心に残って忘れがたいようすをいう，「印象的」が合う。　Ⅱ「トッカリ食いの被害に遭《あ》った魚」をアザラシの餌《えさ》にできないかと筆者は提案したが，コスト面などから実現は難しいとされたのである。よって，現実に合っているさまを表す「現実的」を入れて，「現実的ではない」とするのがよい。　Ⅲ　アザラシの出産の場である流氷が減少したり，流氷の質が低下したりすることは，沿岸に近づくことがほとんどないので上陸して出産する可能性が低いクラカケアザラシにとって，出産場所の確保が難しくなることを意味し，個体数の減少などの危機につながる。よって，取り返しのつかない大きな損害や失敗で命にかかわるようすを示す，「致命的《ちめいてき》」がふさわしい。　Ⅳ「流氷減少」により，海を泳ぐときにじゃまになる流氷をよける手間がだいぶ省け，オホーツク海から宗谷海峡《かいきょう》への移動が「物理的」に容易になったはずである。「物理的」は，五感で認識できる物体の状態にかかわるようす，空間や重量などの数値に置きかえられる面からものごとをとらえるさま。

問３　続く二つの段落にあるように，「アザラシの生息個体数や混獲《こんかく》頭数，漁業被害の実態や漁獲量など」をモニタリングし，「科学的根拠《こんきょ》に基《もと》づくアザラシの適切な個体数管理（捕獲《ほかく》）」を行い，アザラシの「少ない捕獲頭数でより効果的な漁業被害の軽減および資源の回復を図っている」のだから，ア，ウ，エは合う。しかし，北海道が「漁師の網《あみ》に入るサケを食べるアザラシ」を特定して保護しているわけではないので，イは正しくない。

問４　筆者は，アザラシの保護活動に取り組んでいるが，問３でみたような「北海道アザラシ管理計画」による「個体数管理」や，漁業被害を減らすために「アザラシの捕獲」には反対していない。「管理計画」は実行されているが，「依然《いぜん》として深刻な漁業被害が続いている地域」はあり，アザラシが増えすぎると「漁業被害」が増加するだけでなく，「上陸場や餌の競争」が激しくなって，アザラシの「大量死」をまねくことにもなりかねない。ぼう線部②は，このようにアザラシが増えることの不利益が問題視されるなかで保護活動を行うことへの賛否について書かれているので，漁業関係者と保護する側の両者からみた「不利益」がまとめられたアがよい。

問５　⑴　直後の文に，オホーツク海に生息するアザラシ４種にとって，流氷は「出産・子育てを行う」場所だと書かれている。三つ後の段落にも，赤ちゃんアザラシは冷たい海では生きられないので，アザラシの出産も子育ても頑丈《がんじょう》で良質な流氷の上でなければならないとある。また，五つ後の段落には，流氷の中の植物プランクトンをもととする食物連鎖《れんさ》により，アザラシの餌となる魚が増えることが示唆《しさ》されている。これらの内容から，イとウが選べる。　(2)　ぼう線部③の三つ後の段落で，アザラシが出産し，赤ちゃんアザラシを育てる流氷が「ゆりかご」にたとえられている。

問６　ぼう線部③の次の段落に「流氷面積はこの40年間で20％減少している」とあるので，増加傾向を示しているウとエは合わない。40年間でおよそ７分の１にまで急激に減少しているイもふさわしくない。

問７　(1)　最後から四番目の段落で，筆者は，とっかりセンターで保護したアザラシを「物質的な豊かさを求めすぎた人間活動の犠牲者《ぎせいしゃ》」かもしれないとしている。　(2)　ぼう線部④と同じ段落にＡさんやＣさんと，次の段落にＢさんと，二つ後の段落にＤさんと同じ考えが書かれている。最後から三番目と二番目の段落にはＦさんと同じ意見が述べられているが，Ｅさんと同じ考えは読み取れない。

問８　筆者たちのようなとっかりセンターの飼育員がやるべきことは，アザラシに興味を持ってもらい，「人間やアザラシたちが抱《かか》えているさまざまな問題」に目を向けてもらうよう人々に働きかけることである。だが，それが「保護活動」の最終目的ではない。現在は流氷が減少しつつあるが，「オホーツク海の豊かな資源は流氷によってもたらされている」のである。質の良い流氷が豊富であれば，アザラシにとっては出産や子育てがしやすく，人間にとっては豊かな漁場が確保できる。つまり，筆者が望んでいるのはこうした環境《かんきょう》である。ぼう線部②の三つ後の段落でも，筆者は，アザラシがいても大漁が望める，アザラシと人間が共存できる「海洋環境」が理想だと述べているので，これらの内容をまとめるとよい。

二　出典：青山美智子《あおやまみちこ》『猫《ねこ》のお告げは樹《き》の下で』。山根先生の退職に心がゆれる「ぼく」は，神社に現れるミクジがくれる「葉っぱ」や姫野《ひめの》先生の言葉から，自分や自分の本当の思いが世界の真ん中だと気づく。

問１　**Ａ**　強い感情や興味をいだいて，気持ちが高ぶること。　**Ｂ**　黄金の色である，赤みをおびた輝《かがや》く金色。　**Ｃ**　音読みは「カン」で，「根幹」などの熟語がある。　**Ｄ**　暦《こよみ》の上で，一年で最も暑さが厳しいとされる期間。

問２　ぼう線部①の直後に，「なんでこういうことを嬉《うれ》しそうに話すのか，ぼくにはまったく理解ができない」とあるように，山根先生の退職の知らせを受け，岡崎くんたちが山根先生のことを笑いながら話していることに「ぼく」は「強烈《きょうれつ》な違和感《いわかん》」を持つ。次の段落にあるとおり，「ぼく」は山根先生の容体を心配しており，イがよい。クラス全員が岡崎くんに同調しようとしたわけではないので，ウは誤り。

問３　Ⅰ　牧村先生は，教室で山根先生のことを早口で短く伝えるだけであまりふれようとせず，「ぼく」の質問に答えた後にもすぐ話を切り替《か》えたことから，わざと平静をよそおおうとしているようすがうかがえる。よって，呼び止められて戸惑《とまど》った後，「お天気お姉さんみたいにさわやかな」笑顔を見せてとりつくろったと考えられる。　Ⅱ　この後，「ぼく」が「メンヘラ」の意味をたずねると，先生の笑顔に変化が表れたことが「つくりものの花びらがぱらぱらと崩《くず》れ」と表現されている。よって，Ⅱには先生の笑顔を「つくりものの花」にたとえた「造花みたいな」が合う。

Ⅲ　「ぼく」の質問によって「造花みたいな笑顔」が崩れた後の，先生の内心の動揺《どうよう》をふくんだ笑みを表す表現が入るので，「ぐにゃりと曲がった」がよい。

問４　牧村先生は「メンヘラ」とは「心が病《や》んでる」ということだと説明してくれたが，「ぼく」は，学校帰りに寄り道した神社で，「心が病んでるって，一生懸命な人のことを笑ったり，誰《だれ》かが大切にしているものを平気で踏《ふ》みにじったりするやつのことだと思うんだ」と考えている。

問５　ミクジは「猫」だと「ぼく」は姫野先生に言っている。お掃除《そうじ》のおじさんがミクジに二回会えることはめったにないとおどろいているので，ふだんミクジは姿を見せないとわかる。また，鼻を「ぼく」にくっつけて気持ちをいやしたり，葉っぱを差し出して行動のヒントをくれたりしたので，ウがあてはまる。

問６　ミクジがくれた葉っぱについておじさんと話していた「ぼく」は，その葉っぱが「ハガキの木」と呼ばれる木のもので，「手紙が書ける」ことに気づいた。

問７　山根先生は「ぼく」に手紙の返事を書いているうちに，「僕は，子どもとこんなふうに話がしたくて，先生になったんだ」と思い出したとある。先生の返事からは，「ぼく」が先生からすすめられたカビの図鑑《ずかん》を見たことや苔《こけ》に感動したことを手紙に書いたとわかり，先生は，知ることや学ぶことの意義や楽しさについて書いている。また，心を病んで学校をやめることになったいきさつも，子どもである「ぼく」に対して，かんたんではあるが率直《そっちょく》に打ち明けている。よって，アがふさわしい。

問８　ミクジが最初にくれた葉っぱのお告げには「マンナカ」とあったが，自分には苔と同じ「端《はし》っこがちょうどいいみたいだ」と「ぼく」は姫野先生に話した。だが，「苔は自分が地球の中心だって思って生きてるのかも」という先生の言葉から，「ぼく」は，「自分のいるところ」や「自分が本当に思うこと」が世界の真ん中だと気づいた。そして，「ぼく」は自分らしく生きようと心に決めたことで，教室で堂々と給食を食べられるようになったと考えられる。

問９　岡崎くんが「ぼく」に対して，「声を荒《あら》らげ」て「腕《うで》をぐいっと引っ張」るなどしていることから，彼《かれ》がふだんから乱暴なふるまいをしていることがうかがえる。「ぼく」が背筋をのばして，「正面から」向かい合って岡崎くんを見られたのは，自分に自信を持つことができたからであり，ウがふさわしい。最初の場面で，岡崎くんは手塚《てづか》くんに「にやにやしながら」話しかけており，いつも「周囲に当たり散らしている」，あるいは「クラスメイトみんなに圧力をかけ続け」ているとはいえない。よって，アとイは合わない。また，最後の場面で「ぼく」は岡崎くんに「低い声で平《へい》淡《たん》に」反応しており，「大きなどなり声」はあげていないので，エも合わない。

2024年度 かえつ有明中学校

【算　数】〈２月１日午後試験〉（50分）〈満点：100点〉

（6(2)(3)は解答らんに考え方や途中の式も書きなさい。円周率は3.14とします。）

1　次の□にあてはまる数を求めなさい。

（１）　$30 - 18 \div 6 \times 3 - 2 = \square$

（２）　$\frac{3}{4} \div 4 \times 2.5 \times 3\frac{1}{2} \div 2.1 \times 0.8 = \square$

（３）　3.14，$\frac{22}{7}$，$\frac{335}{113}$のうち，最も大きい数は□です。

（４）　$(45 \times 45 - 1) \times \left(\frac{6}{11} - \frac{11}{22} - \frac{1}{23} \right) = \square$

（５）　$\frac{512}{5 \times \square - 16} = 128$

2　次の問いに答えなさい。

（１）　下の図の四角形ＡＢＣＤは１辺の長さが４cmの正方形で，点Ｅは辺ＡＤを５：３に分ける点，点Ｆは辺ＤＣを１：３に分ける点です。また，三角形ＥＧＨは辺ＥＧと辺ＥＨの長さが等しい二等辺三角形です。このとき，影《かげ》をつけた部分の面積は何cm^2ですか。

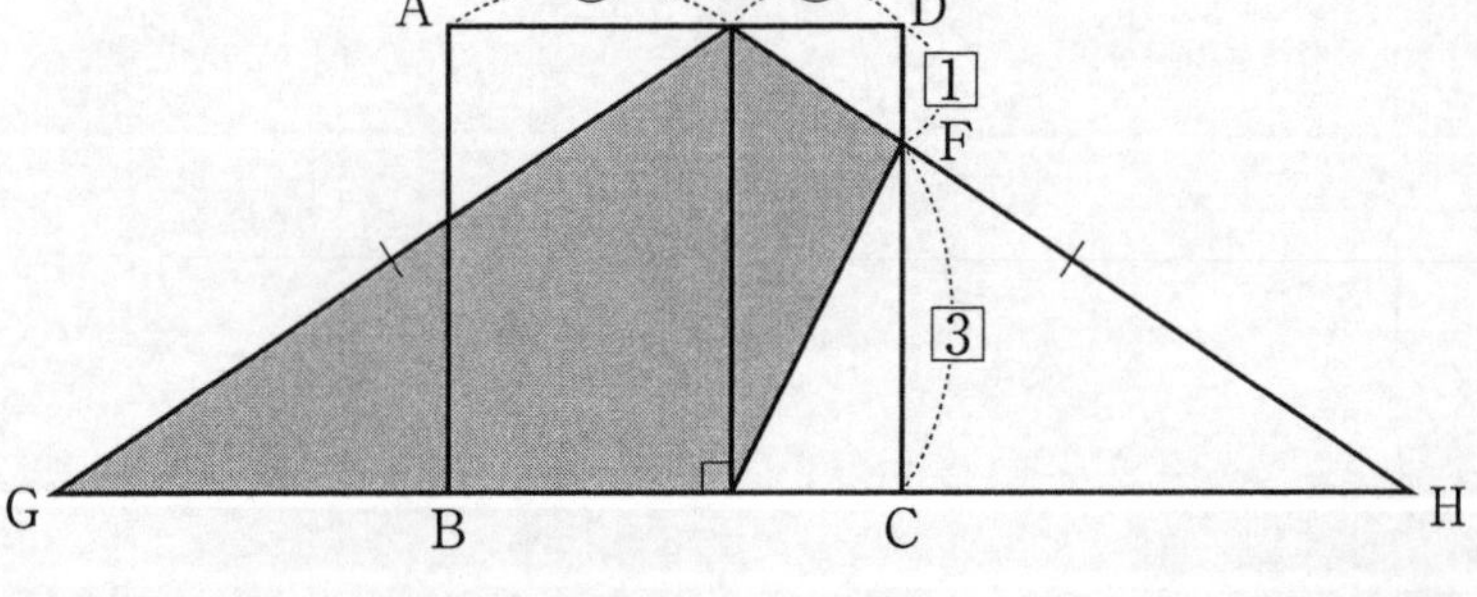

（２）何本かの木があります。この木を円形の池の周りに植えます。木の間隔《かんかく》を２ｍになるように植えると２本足りず，木の間隔を３ｍになるように植えると２本余ります。このとき，池の周りの長さは何ｍですか。

（３）５で割ると３余り，11 で割ると７余る整数のうち，2024 に最も近い数は何ですか。

（４）かえつ有明中学校の１年生 204 人に電車，バス，自転車のうちどの交通手段で通学しているかのアンケートをとったところ，電車を利用している人が 134 人，バスを利用している人が 44 人，自転車だけを利用している人が 33 人，自転車を利用せず電車とバスの２つを利用している人が 10 人，３つとも利用している人が３人でした。電車，バス，自転車のいずれも利用せずに登校している人は何人ですか。

（５）Ａさんが１人でやると 30 日，Ｂさんが１人でやると 75 日，Ｃさんが１人でやると 100 日かかる仕事があります。この仕事をＡさん，Ｂさん，Ｃさんの３人で始めましたが，途中《とちゅう》Ａさんが１日，Ｂさんが５日，Ｃさんが９日休みました。また，３人全員が同時に休むことはありませんでした。この仕事が終わるまで全部で何日かかりましたか。

3　Ａさんとお兄さんが一緒に駅に向かいます。家から駅までの道のりは下の図のようになっています。

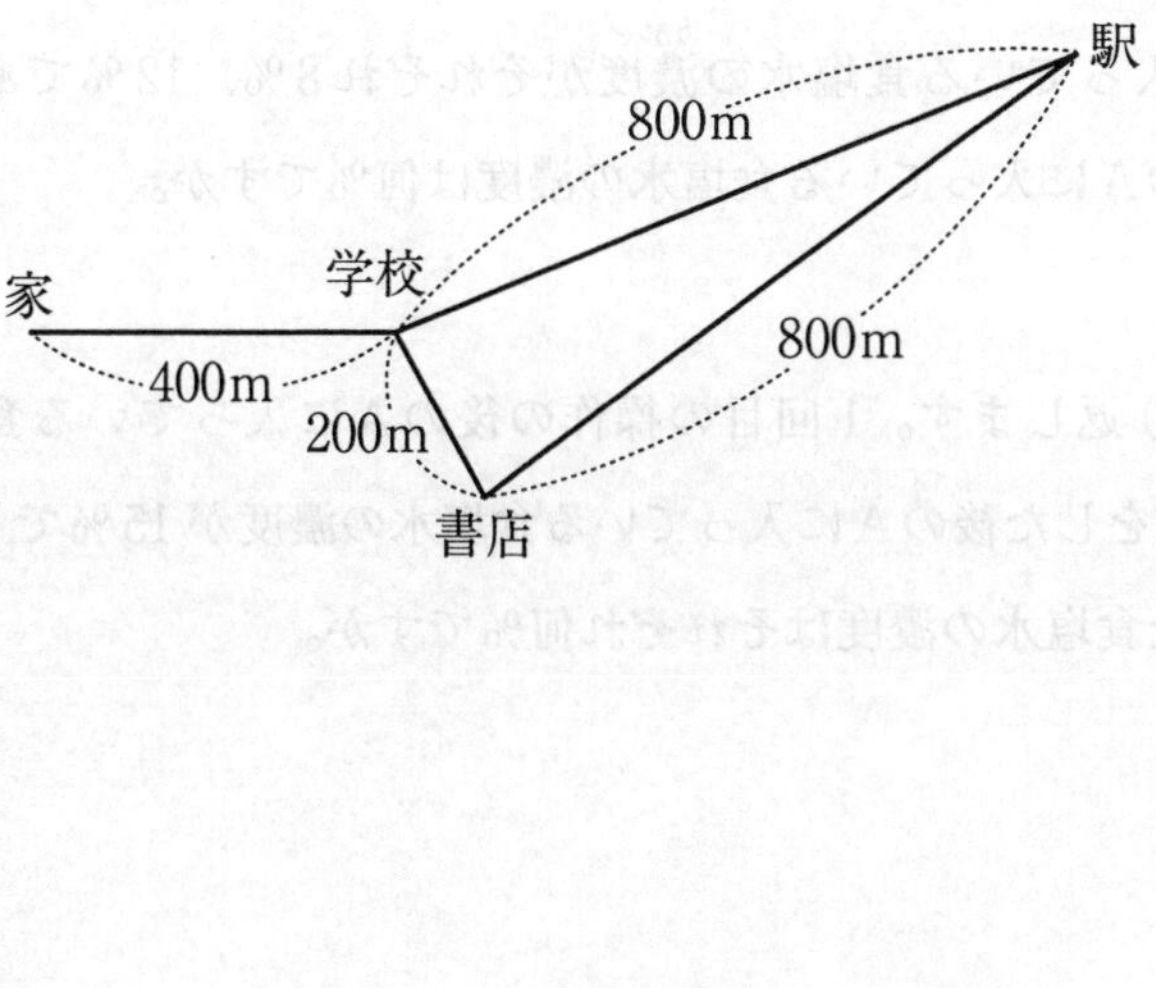

一緒に家を出て，学校の目の前に着いたときにＡさんは忘れ物があることに気が付きました。Ａさんは忘れ物を取りに家まで走って戻ることにして，お兄さんは書店に寄り道をしてから駅に向かうことにしました。
２人の歩く速さはともに分速80ｍで，走る速さはその２倍とします。また，Ａさんが家に戻って忘れ物を取ってから再び家を出るまでの時間を１分間とします。このとき，次の問いに答えなさい。

（１） Ａさんは家で忘れ物を取ってから駅まで寄り道をせずに走って向かいました。
Ａさんが駅に着くのは学校から家に戻り始めたときの何分後ですか。

（２） Ａさんが（１）のように走っている間，お兄さんは歩いて書店に向かい，書店で３分間買い物をしました。書店から駅に向かう道の途中から走って駅に向かったところ，Ａさんとお兄さんは同時に駅に着きました。お兄さんが走り始めたのは駅の何ｍ手前ですか。

4 容器Ａ，Ｂにそれぞれ400ｇ，200ｇの食塩水が入っています。この２つの食塩水に次の操作をすることを考えます。

操作：Ａから食塩水を200ｇ取り出し，Ｂに移してよくかき混ぜます。
その後，Ｂから食塩水を200ｇ取り出し，Ａに移してよくかき混ぜます。

このとき，次の問いに答えなさい。

（１） はじめのＡ，Ｂに入っている食塩水の濃度《のうど》がそれぞれ８％，12％であるとき，この操作を１回した後のＡに入っている食塩水の濃度は何％ですか。

（２） この操作を２回繰《く》り返します。１回目の操作の後のＡに入っている食塩水の濃度が16％，２回目の操作をした後のＡに入っている食塩水の濃度が15％でした。はじめにＡ，Ｂに入っていた食塩水の濃度はそれぞれ何％ですか。

5　下の図の五角形ＡＢＣＤＥは正五角形です。五角形ＡＢＣＤＥの中にある図形は，この五角形の各頂点から円の中心Ｏに引いた直線すべてについて，その直線を軸《じく》として線対称《たいしょう》な図形です。このとき，次の問いに答えなさい。ただし，図の＞が書かれている３本の直線はたがいに平行です。

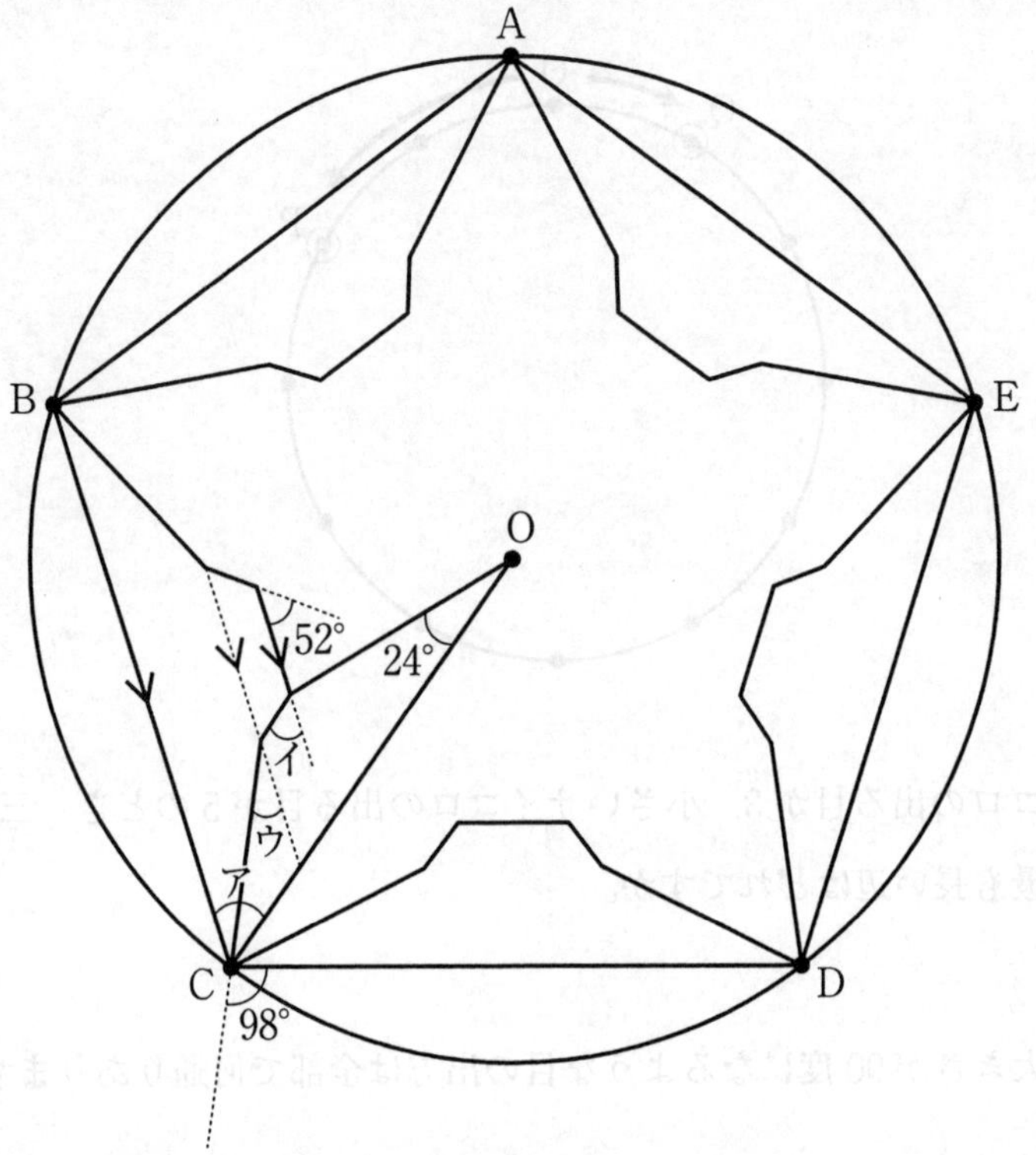

（１）　角アの大きさは何度ですか。

（２）　角イの大きさは何度ですか。

（３）　角ウの大きさは何度ですか。

6　下の図のように，円周上に12個の点が等間隔にあります。はじめ，点P，Qは点O上にあり，点Pは時計回りに，点Qは反時計回りに，円周上を点から点へと移動します。大小2つのサイコロを同時に1回振《ふ》り，点Pは大きいサイコロの出た目の数だけ，点Qは小さいサイコロの出た目の数だけ隣《となり》の点に移動するとき，次の問いに答えなさい。

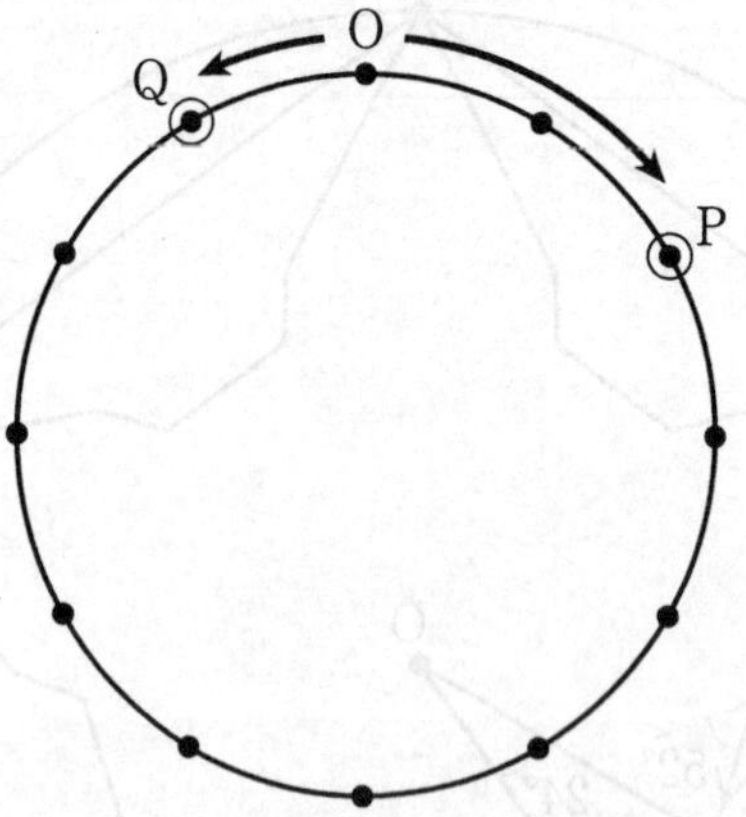

（1）　大きいサイコロの出る目が3，小さいサイコロの出る目が5のとき，三角形ＯＰＱの辺のうち，最も長い辺はどれですか。

（2）　角ＰＯＱの大きさが90度になるような目の出方は全部で何通りありますか。

（3）　三角形ＯＰＱが二等辺三角形になるような目の出方は全部で何通りありますか。

【社　会】〈2月1日午後試験〉（25分）〈満点：50点〉
（人名・地名や社会科で学習する用語は，漢字で答えなさい。）

1　次の文章を読み、あとの問いに答えなさい。

日本は、国土の75％ほどが山地であり、その影響で①河川も非常に多いことで知られています。また、「地震大国」とも呼ばれるほどに地震が頻発《ひんぱつ》しており、全世界の0.25％の国土面積しか持たないにも関わらず、②世界の地震の約10％が日本近辺で起きています。地球が起こす自然現象の1つである地震は、日本列島に住む私たちにとって避《さ》けられない現象です。

1923年9月1日に③関東大震災が発生したため、その後日本では9月1日は「防災の日」と定めました。地震発生時がお昼時であったことから、家屋の倒壊が出火につながり、④火災による被害が大きかったことが特徴として挙げられます。特に東京都では10万人あまりの人が命を落とし、200万人あまりの人の住む場所が奪われました。この時、火《か》災旋風《さいせんぷう》と呼ばれる竜巻状で炎を含むうずが発生しました。当時、この火災旋風の被害を最も大きく受けたのは、⑤陸軍の軍服を製造していた工場（被服廠《ひふくしょう》）で、3万人以上が亡くなるほどの被害が記録されています。この震災をきっかけに、⑥多数の人々が郊外《こうがい》へ移住しましたが、その受け入れ体制の整備が遅れ、混乱も起きました。現在、内閣府は、南海トラフ地震のような首都直下型地震が起こると想定しており、現在は木造建築が減ってきたとはいえ、火災旋風が発生する可能性は無視できません。その危険性を知り、注意しておくことが求められるでしょう。

関東大震災後、当時内務大臣だった後藤新平を中心に、東京と神奈川周辺の復興都市計画が立てられました。この都市計画では、都市基盤の形成や公共施設の整備など、経済や⑦産業の回復と並行して人々の暮らしを安定させることを主な目的としました。また、スラム問題や衛生問題など震災後に発生する課題に対する対応も求められました。

21世紀以降、日本で大きな被害をもたらした災害の1つとして、東日本大震災があります。その特徴として、関東大震災とは異なり津波による被害が大きかったことや⑧原発の事故など副次的な被害もあったことが挙げられます。原発事故は日本の⑨電力問題やエネルギー問題を考えるきっかけともなり、現在になってもその議論は続けられています。東日本大震災が発生してから、電力問題はもちろん、緊急事態にどのように対応するのかという⑩法整備の課題にも直面しました。経済においては、⑪1ドル70円代になるなどの影響もありました。こうした傾向は、1995年に発生した⑫阪神淡路大震災の時も同様で、災害が発生した時、政府は様々な事態への対応が求められます。国民の私たちはその対応が適切かどうか監視することも必要です。

問１　下線部①について、次の**図１**は、世界の主な河川の傾きの度合いを示しています。これについて述べたあとの文章の空らん（　１　）～（　３　）にあてはまる語句の組み合わせとして正しいものを、下のア～クから１つ選び、記号で答えなさい。

図１　世界の主な河川の傾きの度合い

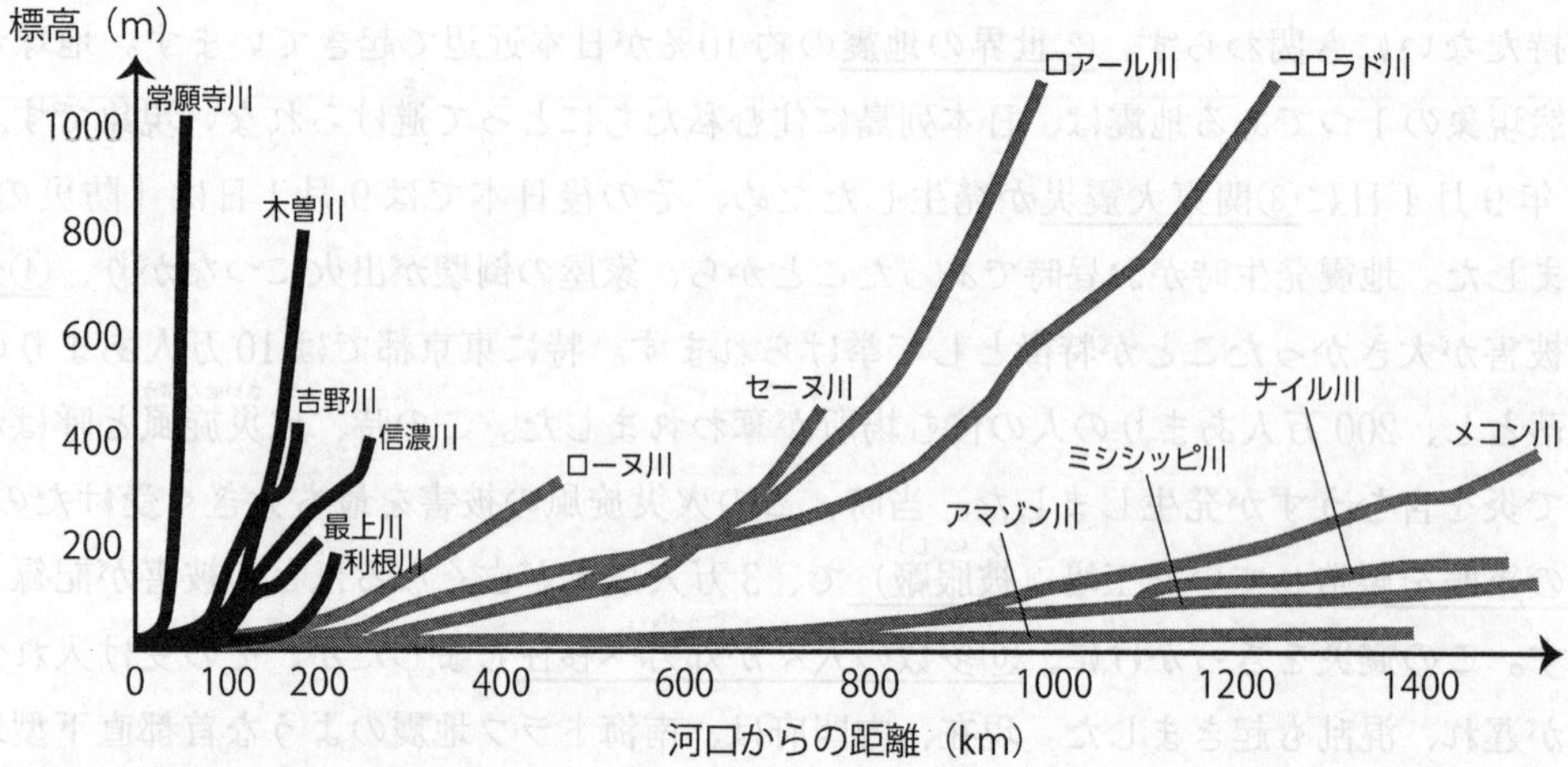

日本の河川の長さは（　１　）、川の勢いは（　２　）ことが予想される。また、日本は山脈が多く、河川の作用によってできる扇状地などの（　３　）平野が多くある。

ア　１：長く　　２：強い　　３：浸食
イ　１：長く　　２：ゆるやかな　　３：浸食
ウ　１：長く　　２：強い　　３：堆積
エ　１：長く　　２：ゆるやかな　　３：堆積
オ　１：短く　　２：強い　　３：浸食
カ　１：短く　　２：ゆるやかな　　３：浸食
キ　１：短く　　２：強い　　３：堆積
ク　１：短く　　２：ゆるやかな　　３：堆積

問２　下線部②について、次の**図２**は、世界の地震の発生地の分布図であり、**図３**は1960年から2011年にかけての日本付近で発生した地震の分布と震源の深さを表しています。これについて述べた下の文章の空らん（　Ａ　）、（　Ｂ　）にあてはまる語句を答えなさい。

図２　世界の地震の発生地の分布図（地図上の点および帯状になっているところ）

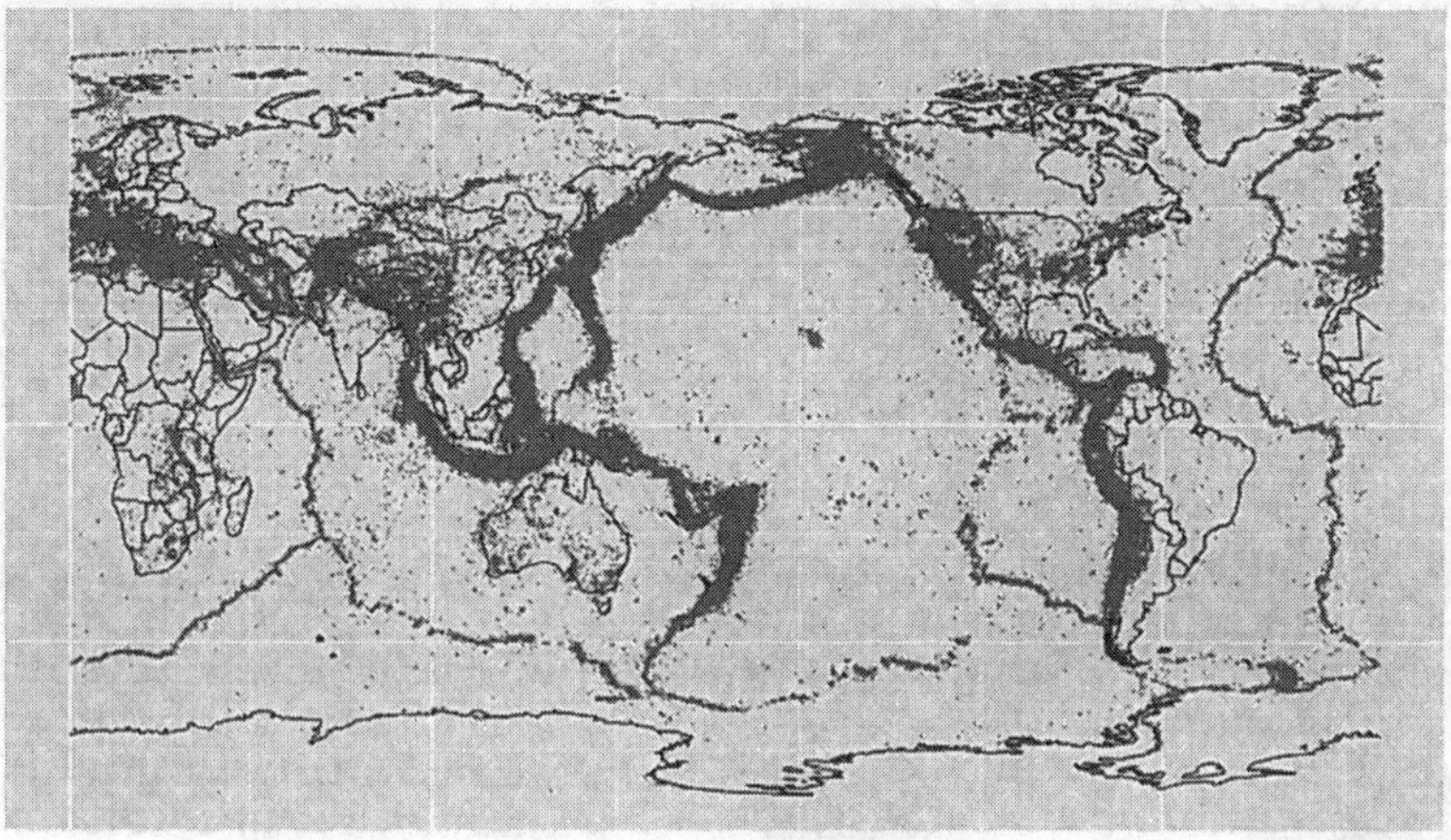

（気象庁ウェブサイトより）

図３　1960年から2011年にかけての日本付近で発生した地震の分布と震源の深さ

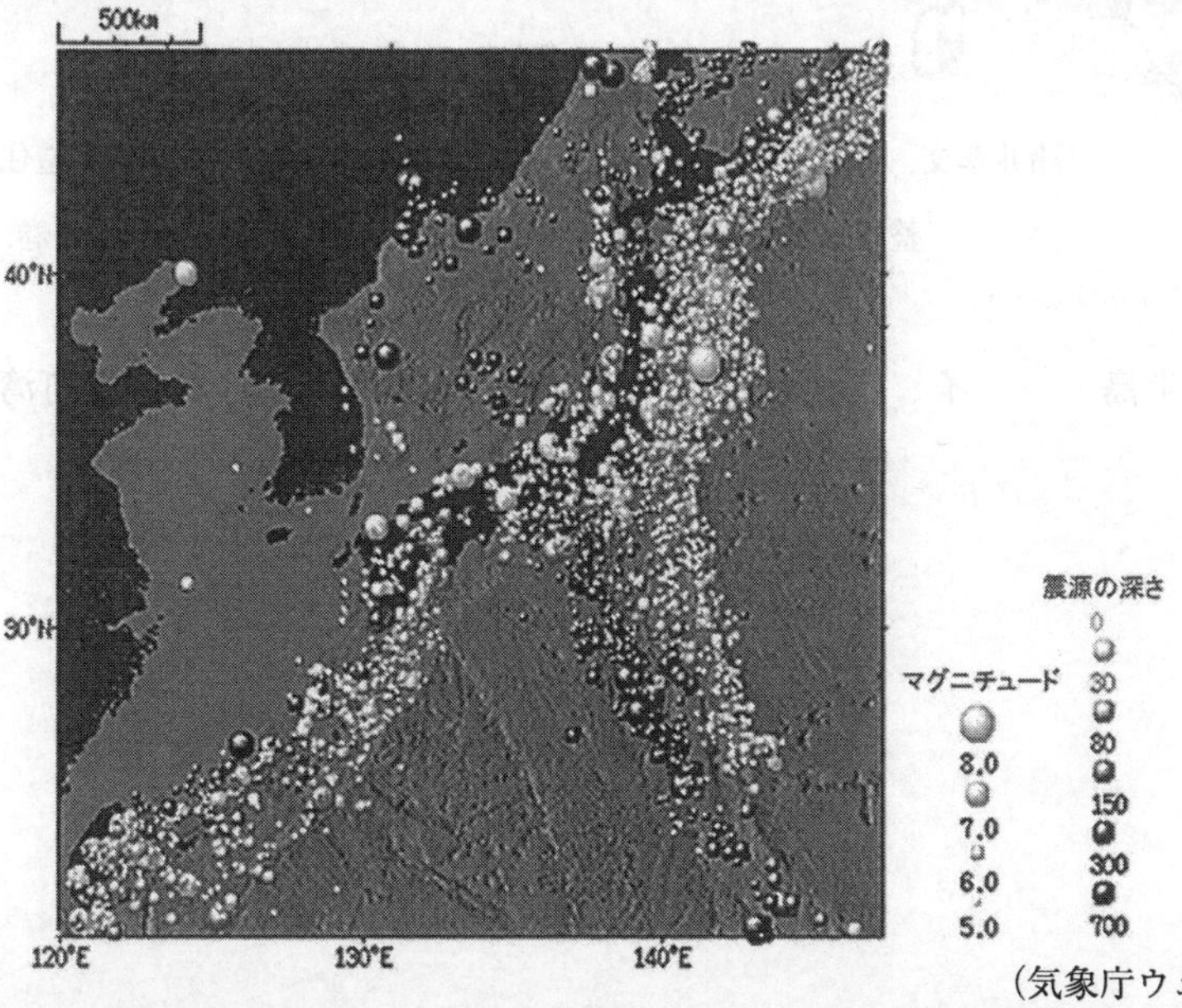

（気象庁ウェブサイトより）

図２を見ると、新期造山帯であるアルプス・ヒマラヤ造山帯や（　Ａ　）造山帯に多く分布していることがわかります。これは、造山運動が盛んな地域において、プレートとプレートの境界付近で地震が発生していることを示しています。**図３**を見ると、太平洋プレート、（　Ｂ　）海プレート、北アメリカプレート、ユーラシアプレートという４つのプレートの境界付近で、地震が多発していることがわかります。

問3　下線部③について、次の**図4**は、関東大震災における住家全潰《ぜんかい》率と震度を示しています(色が濃くなるにつれて全潰率が高い)。この図を参考に、関東大震災の震源と予想される場所として最も正しいものを、下のア～エより1つ選び、記号で答えなさい。

図4　関東大震災の住家全潰率と震度

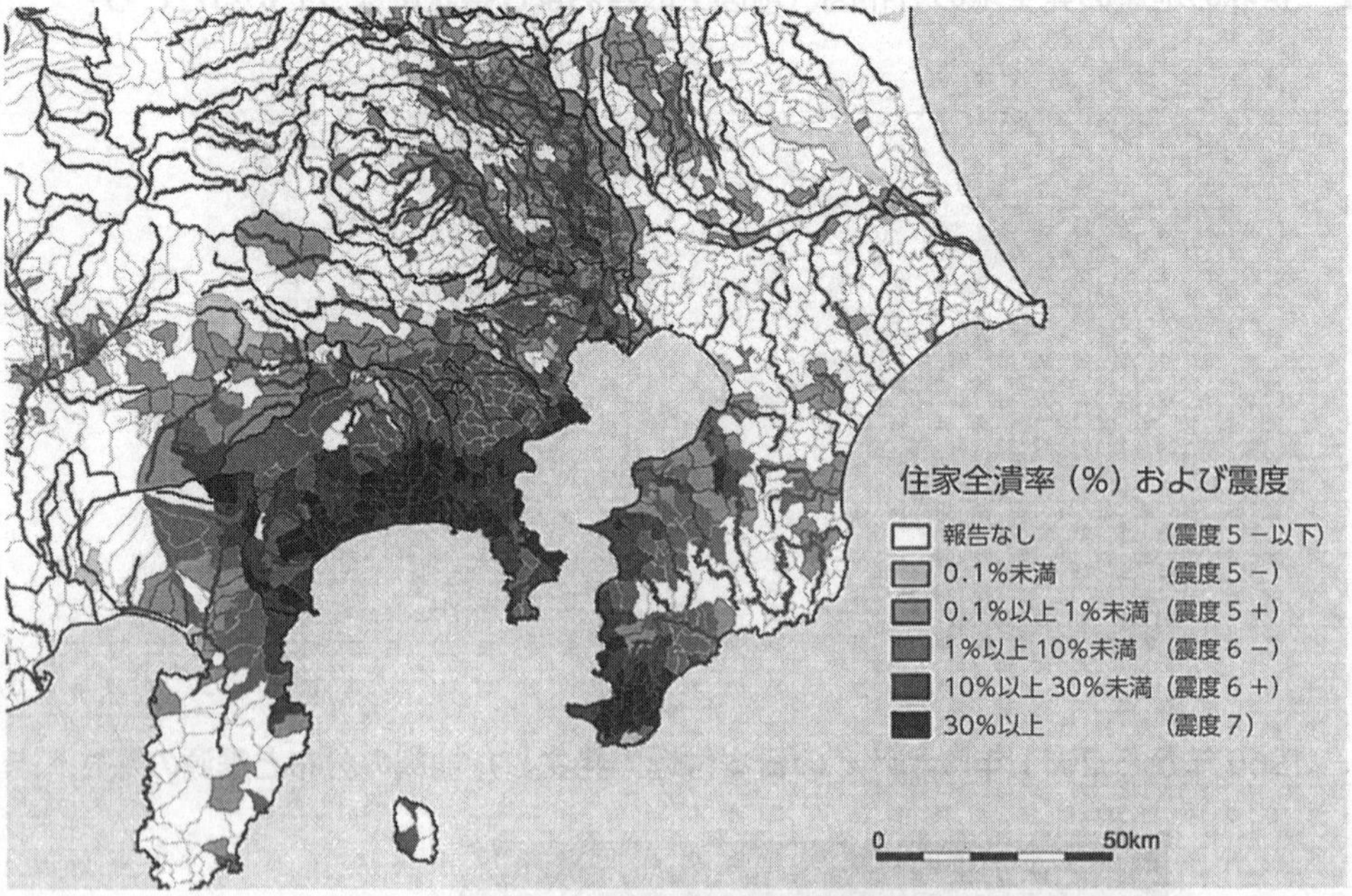

(諸井孝文　武村雅之『関東地震(1923年9月1日)による木造住家被害データの整理と震度分布の推定』日本地震工学会論文集　第2巻，第3号，2002)

ア　伊豆半島　　イ　武蔵野台地　　ウ　相模湾　　エ　駿河湾

問４　下線部④について、次の**図５**は、関東大震災における東京都の死者の分布と延焼《えんしょう》範囲を示してます。これについて、現在の上野公園や皇居周辺が延焼被害にあっていない理由を地理的特徴から考え、説明しなさい。

図５　関東大震災における東京都の死者の分布と延焼範囲

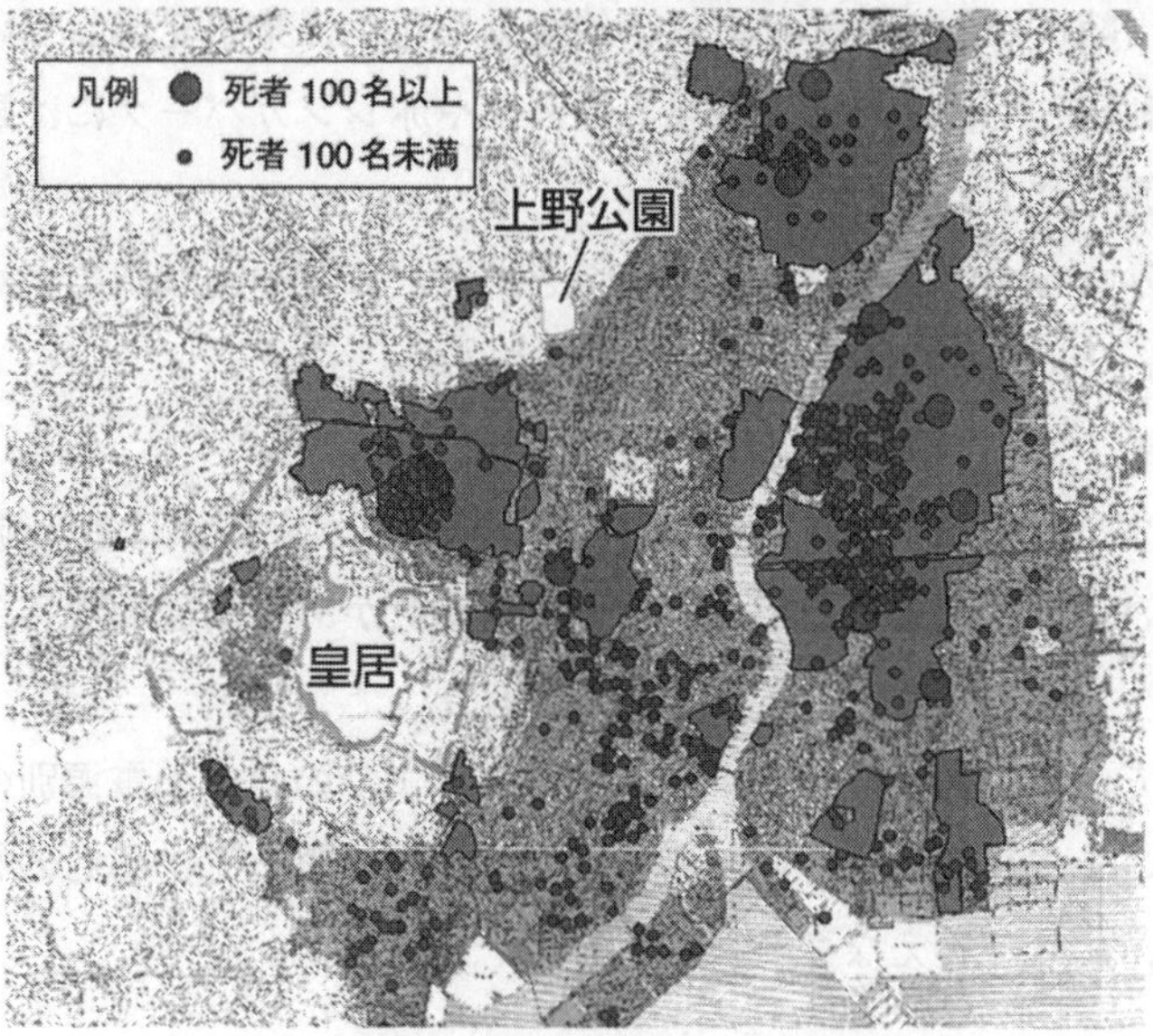

＊■の範囲が最終的な焼失地域、
■の部分は、９月１日17時までの延焼範囲

（内閣府発行「ぼうさい」No.40より）

問５　下線部⑤について、次の文章は、川端康成による小説の一節で、人々が被服廠に訪れ追《つい》悼《とう》している場面です。文中の（　Ａ　）にあてはまる語句を、下のア～エより１つ選び、記号で答えなさい。その際、問４の**図５**を参考にすること。

> 十一時五十八分にあらゆる交通機関は、一分間車輪を止め、全市民が黙祷《もくとう》した。横浜あたりからも集まって来た蒸気船は、（　Ａ　）のここかしこから被服廠岸へ往復した。自動車会社は先きを争って被服廠前へ出張した。各宗教団体や、赤十字病院や、キリスト教女学校は、式場へ救護班を設けた。

（川端康成『掌の小説』「金銭の道」より引用）

ア　隅田川　　　イ　多摩川　　　ウ　江戸川　　　エ　利根川

問６　下線部⑥について、都心の居住人口が減少し、郊外の居住人口が増加する現象のことを何というか答えなさい。

問7　下線部⑦について、東京都と神奈川県を中心とする京浜工業地帯の説明として**誤っているもの**を、次のア～エより1つ選び、記号で答えなさい。

ア　横浜港など製品の輸出入に便利な湾港が整備されており、出荷額では日本最大である。

イ　横浜市、川崎市などの臨海部では、鉄鋼業や化学工業が発達している。

ウ　埋立地を利用して作られたお台場海浜公園や赤レンガパークには観光施設や商業施設が整備されている。

エ　沿岸部のみならず内陸部にも工業地帯を広げたことや、印刷業が盛んなことに特徴がある。

問8　下線部⑧について、2023年7月に原子力発電所の処理水を海洋に放出する計画が国際基準に合致しているとされました。この原子力発電所がある都道府県名を答えなさい。

問9　下線部⑨について、次の**図6**は2003年から2012年までの日本の電源別の発電量とその構成比を示しています。これについて述べた文章として**誤っているもの**を、あとのア～エより1つ選び、記号で答えなさい。

図6　2003年から2012年までの日本の電源別の発電量とその構成比

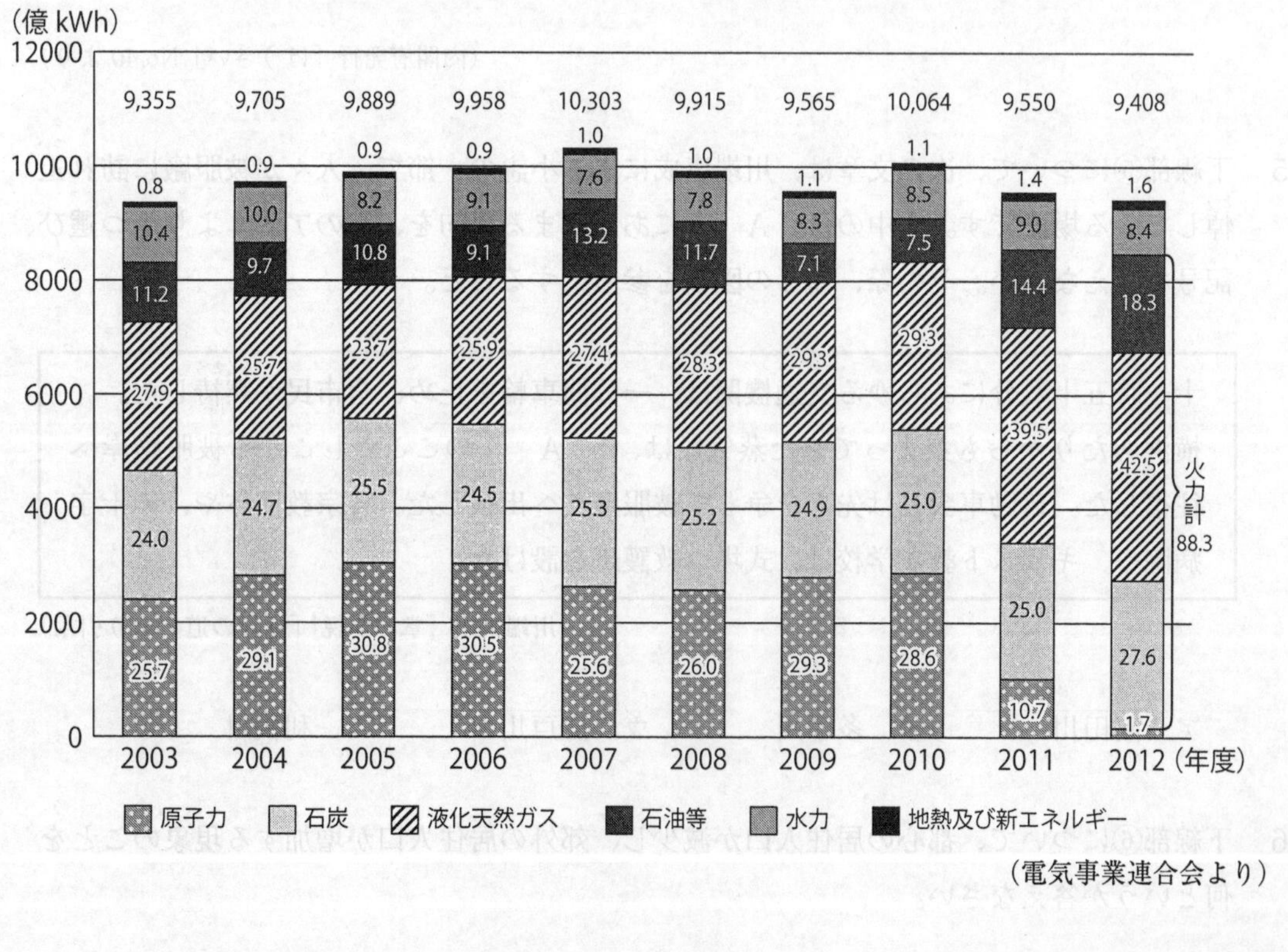

(電気事業連合会より)

ア　日本は火力発電の割合が最も高く、どの年でも５割以上を占めているとわかる。

イ　石油の割合を水力の割合が上回った年はこの表の中では３回ある。

ウ　2009年と2010年の液化天然ガスによる発電量は同じである。

エ　東日本大震災が発生した年の火力発電の割合は、前年より15％以上増えている。

問10　下線部⑩について、日本の法律の制定過程についての説明として**誤っているもの**を、次のア～エより１つ選び、記号で答えなさい。

ア　法律案の議決が衆議院と参議院で異なった場合、衆議院の優越が認められる。

イ　法律案は立法機関である国会でのみ立案可能で、議論されたのちに制定される。

ウ　裁判所は、法律案などが憲法に反していないかを確認する違憲立法審査権を持っている。

エ　内閣は、国会で制定された法律などをもとに政治を行う行政権を持っている。

問11　下線部⑪について説明した次の文中（　Ａ　）、（　Ｂ　）にあてはまる語句の組み合わせとして正しいものを、下のア～エより１つ選び、記号で答えなさい。

為替《かわせ》レートで１ドル70円の状態は、１ドル100円の時と比較して（　Ａ　）であり、一般的には（　Ｂ　）が減少すると言われています。

ア　Ａ：円安　Ｂ：輸出　　　イ　Ａ：円高　Ｂ：輸出

ウ　Ａ：円安　Ｂ：輸入　　　エ　Ａ：円高　Ｂ：輸入

問12　下線部⑫について、阪神淡路大震災について説明した文中（　Ａ　）にあてはまる数字を答えなさい。

平成７年(1995年)１月17日(火)午前５時46分、北緯34度36分、東経（　Ａ　）度02分の淡路島北部を震源地とする地震が発生。東北地方から九州地方まで広い範囲で揺れを観測し、国内で史上初めてとなる「震度７」を観測した。死者・行方不明者は6400人を超え、全半壊など被害を受けた住宅は約63万棟にのぼる。この年の２月、政府は「阪神・淡路大震災」という呼称を決めた。

(NHK「阪神・淡路大震災特集サイト」より作者一部編集)

2　次の文章を読み、あとの問いに答えなさい。

今年度（2023年度）は、関東大震災が起こってからちょうど100年目でした。この100年間に①阪神淡路大震災・東日本大震災など多くの地震による災害が起こりました。

地震は、地下で起きる岩盤の「ずれ」により発生する現象ですが、②江戸時代の庶民の間では、地下に大鯰《おおなまず》がいてそれが暴れることで地震が起こると考えられていました。そのため大鯰の頭と尻尾を要石《かなめいし》で抑え、暴れるのを鎮《しず》めようとしました。実際に、茨城県の鹿島神宮には大鯰の頭を、千葉県の香取神宮には尻尾を押さえるためにそれぞれ要石があり、これらの地域には大地震がないとさえ言われています。③1855年に江戸をおそった安政江戸地震の直後、地震の様子を伝える瓦版《かわらばん》が発行されました。この時、瓦版に鯰を描いた④鯰《なまず》絵《え》が多く出回りました。

また、鯰と地震の関係については、⑤奈良時代の「日本書紀」にもその記述をみることができます。さらに、安土桃山時代に⑥豊臣秀吉が伏見城を築城する時に家臣にあてた手紙に「鯰による地震にも耐える丈夫な城を立てるように」と記されていて、この時代にも鯰と地震の関連性があったと思われます。

その他、記録に残っている地震の歴史を次の年表にまとめました。

大宝地震（⑦701年）	丹波国で発生（京都府）
⑧天平地震（745年）	美濃国を中心に発生（岐阜県）
貞観三陸地震（869年）	陸奥国沖で発生、仙台から多賀城付近で津波（宮城県）
鎌倉大地震（1293年）	関東地方南部で発生
明応地震（1498年）	東海道沖で発生、東海地方に大津波被害
天正地震（1586年）	越中・飛騨国で発生（富山県・岐阜県）
⑨慶長地震（1596年9月1日～9月4日）	
	慶長伊予地震（愛媛県）
	慶長豊後地震（大分県）
	慶長伏見地震（京都府）
⑩昭和地震（1933年）	昭和三陸地震（三陸沖）
（1944年）	昭和東南海地震（熊野灘－遠州灘沖）
（1946年）	昭和南海地震（紀伊水道－土佐湾沖）

いつの時代も地震により津波が発生するなど、大きな被害を受けてきました。そのため防波堤の建築が進められてきましたが、それを越えるような津波の被害が繰り返されてきました。これらの歴史を踏まえ、今後も地震に対しては、常日頃から防災の意識を高め、万全の対策がとれるように準備をしていきたいと思います。

問1　下線部①について、この地震の対応にあたった当時の政府は、自由民主党・日本社会党・新党さきがけの3党による連立政権で、日本社会党の党首が総理大臣でした。この人物を、次のア～エより1人選び、記号で答えなさい。

ア　中曽根康弘　　イ　村山富市　　ウ　小泉純一郎　　エ　田中角栄

問2　下線部②について、この時代の庶民の間では、人々のくらしや風景などを描いた浮世絵が人気を集めました。次のA～Dの作品の作者にあてはまる人物の組み合わせとして正しいものを、下のア～エより1つ選び、記号で答えなさい。

A

B

C

D

ア　A：歌川広重　　B：葛飾北斎　　C：菱川師宣　　D：喜多川歌麿
イ　A：歌川広重　　B：葛飾北斎　　C：喜多川歌麿　　D：菱川師宣
ウ　A：葛飾北斎　　B：歌川広重　　C：菱川師宣　　D：喜多川歌麿
エ　A：葛飾北斎　　B：歌川広重　　C：喜多川歌麿　　D：菱川師宣

問3　下線部③について、この前年にペリーが再び来航したので、幕府は日米和親条約を結び、開港しました。この時開港した港を右の地図中ア～カより2つ選び、緯度の高い順に記号で答えなさい。

問4　下線部④について、次の鯰絵を見てあとの問いに答えなさい。

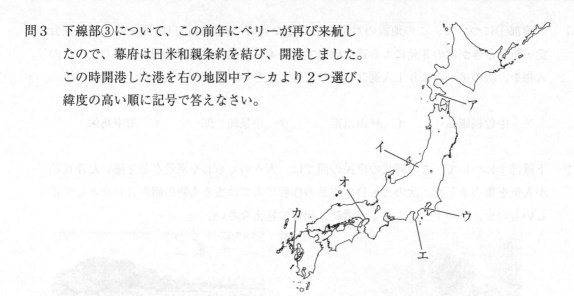

（1）次の文章はこの絵の説明です。空らん（　あ　）（　い　）に入る言葉の組み合わせとして正しいものを、下のア～エより１つ選び、記号で答えなさい。

> （　あ　）大明神の意志を受けた要石に扮《ふん》した役者が、鯰の（　い　）を押さえつけている。鯰を取り囲んでいるのは、大地震で被害を被《こうむ》った人々で武器などを持って懲《こ》らしめている。

ア　あ：鹿島　い：頭　　　イ　あ：香取　い：頭
ウ　あ：鹿島　い：尻尾　　エ　あ：香取　い：尻尾

（2）この絵の左上には、鯰には手を出さずに控《ひか》えているいろいろな職業の人達がいます。なぜかれらは鯰を懲らしめないのでしょうか。かれらの持ち物などに注目し、職業を１つ答え、また懲らしめない理由を説明しなさい。

問５　下線部⑤について、日本書紀は朝廷が国の成り立ちを国の内外に示すため、古くから伝わる伝承・記録をまとめた歴史書です。日本書紀と同時期に編さんされた朝廷の歴史書を、次のア～エより１つ選び、記号で答えなさい。

ア　古事記　　イ　万葉集　　ウ　風土記　　エ　貧窮問答歌

問６　下線部⑥について、豊臣秀吉は伏見城以外にも石山本願寺のあとに城を築きました。その城の名称を答えなさい。

問７　下線部⑦について、701年に大宝律令が制定され、律令という法律にもとづいた政治が行われるようなりました。大宝律令のおもな内容として**誤っているもの**を、次のア～エより１つ選び、記号で答えなさい。

ア　朝廷では天皇のもとに太政官が中心として政治を担当した。
イ　地方は国・郡・里に分けられ、国司には地方の有力な豪族が任命された。
ウ　朝廷は６年ごとに戸籍をつくり、６歳以上の男女に口分田を与えた。
エ　成年男子には都で警備をする衛士、九州を守る防人などの負担があった。

問８　下線部⑧について、この時期は地震以外にも、貴族の争い、天然痘《とう》という伝染病の流行など社会が不安定でした。この時の天皇を、次のア～エより１人選び、記号で答えなさい。

ア　桓武天皇　　イ　天武天皇　　ウ　聖武天皇　　エ　天智天皇

問９　下線部⑨について、この時、短期間に大きな地震が続いたため、慶長と元号が改元されました。慶長のひとつ前の元号を、次のア～エより１つ選び、記号で答えなさい。

ア　元禄　　イ　応仁　　ウ　文禄　　エ　建武

問10　下線部⑩について、あとの問いに答えなさい。

（１）次のＡ～Ｄは、昭和三陸地震～昭和東南海地震の間に起こった出来事です。Ａ～Ｄを時代の古い順に並べ替えた時に正しいものを、下のア～カより１つ選び、記号で答えなさい。

Ａ　太平洋戦争の開始　　Ｂ　日中戦争の開始
Ｃ　日独伊三国同盟の締結　　Ｄ　日ソ中立条約の締結

ア　Ｂ→Ｃ→Ａ→Ｄ　　イ　Ｂ→Ｄ→Ｃ→Ａ　　ウ　Ｃ→Ｄ→Ａ→Ｂ
エ　Ｂ→Ｃ→Ｄ→Ａ　　オ　Ｂ→Ｄ→Ａ→Ｃ　　カ　Ｃ→Ｂ→Ａ→Ｄ

（２）昭和南海地震の1946年に日本国憲法が公布され、翌年に施行《しこう》されました。その時、文部省は中学１年生の社会科の教科書として「あたらしい憲法のはなし」を発行しました。次のア～エは、いずれも「あたらしい憲法のはなし」の挿絵《さしえ》です。これらの挿絵のうち、日本国憲法の基本となる３つの柱として**誤っているもの**を、次のア～エより１つ選び、記号で答えなさい。

ア

イ

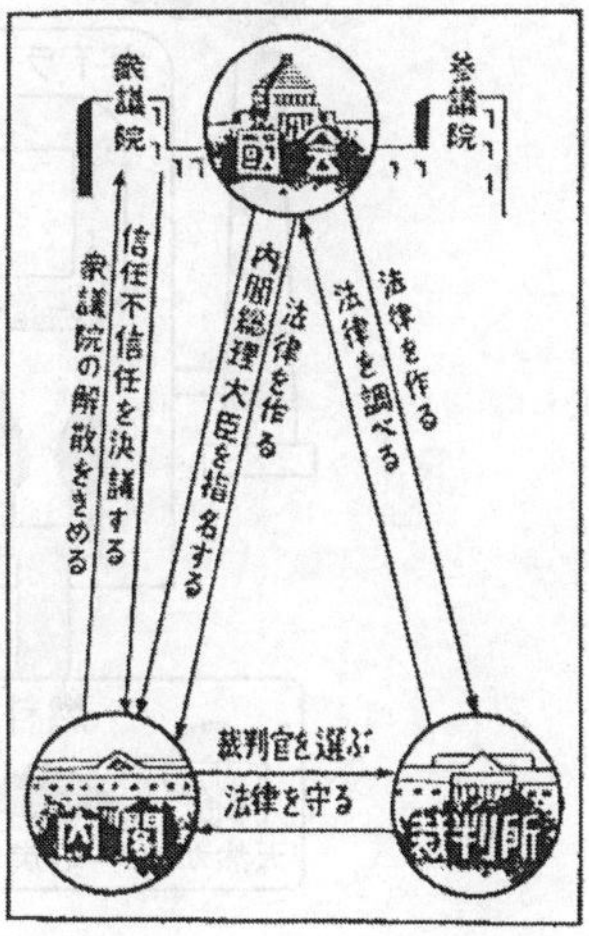

ウ

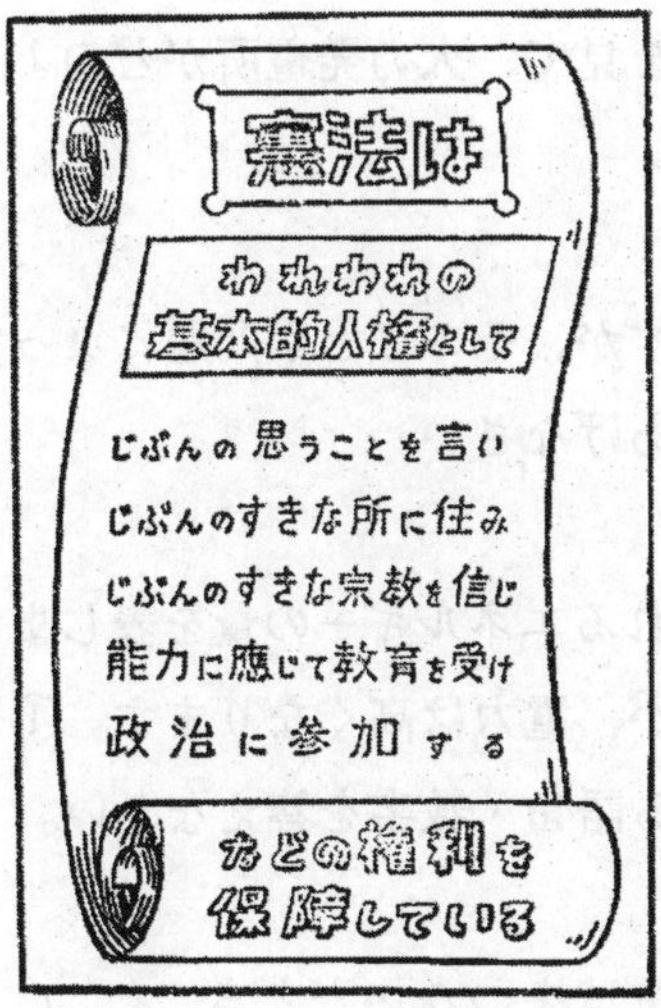

エ

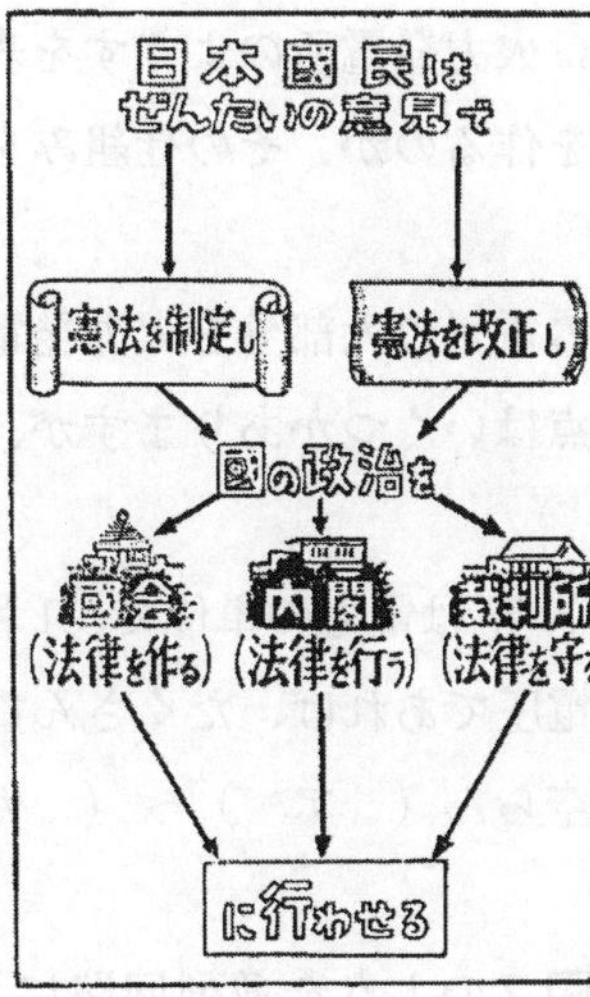

【理　科】〈２月１日午後試験〉(25分)〈満点：50点〉

1　わたしたちは、エネルギーという言葉をよく目にしたり、耳にしたりします。エネルギーとは、ものを動かしたり、熱や光、音を出したりする能力のことをいいます。そのエネルギーにはいろいろな種類があります。エネルギーは目に見えるものではありませんが、その量を数字で表すことはできます。次の問いに答えなさい。

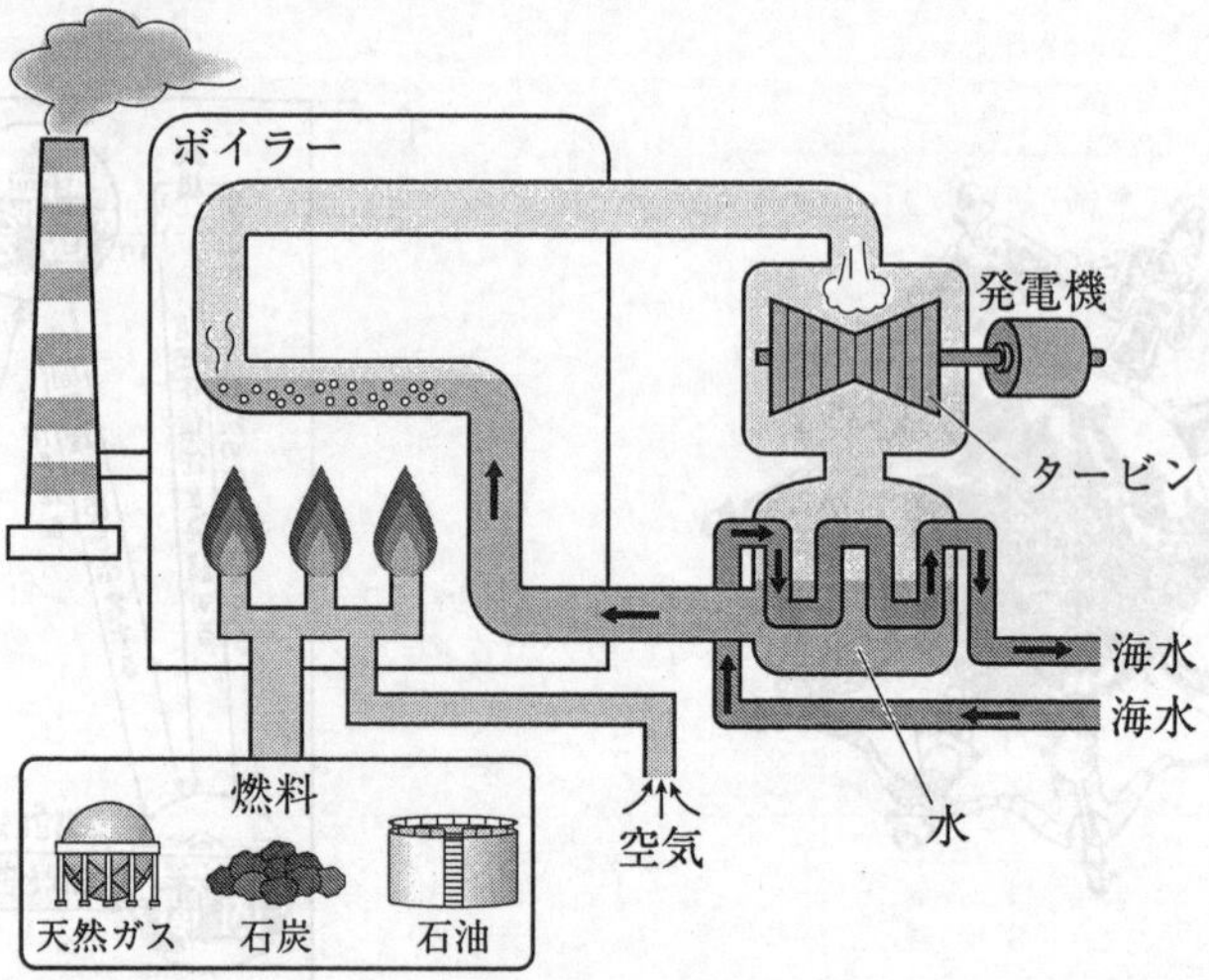

図１

(１)　**図１**は火力発電所のようすを表しています。図を見て、火力発電所がどのようにして電気を作るのか、その仕組みを説明しなさい。

(２)　日本の電気の大部分を火力発電にたよっていますが、そのことが問題になっています。問題点はいくつかありますが、問題点の一つをあげなさい。

(３)　ワットＷは電力の単位で、１秒あたりに消費されるエネルギーの量を表します。また、同じ電圧であれば、たくさん電流が流れたほうが、電力は高くなります。①～③の文中の空らん(　ア　)～(　カ　)にあてはまる語句・数字を答えなさい。

①　**図２**のような並列回路に60Ｗと100Ｗの電球をつないだとき、(　ア　)Ｗの電球のほうが、(　イ　)が小さいので、電流がたくさん流れるため明るい。

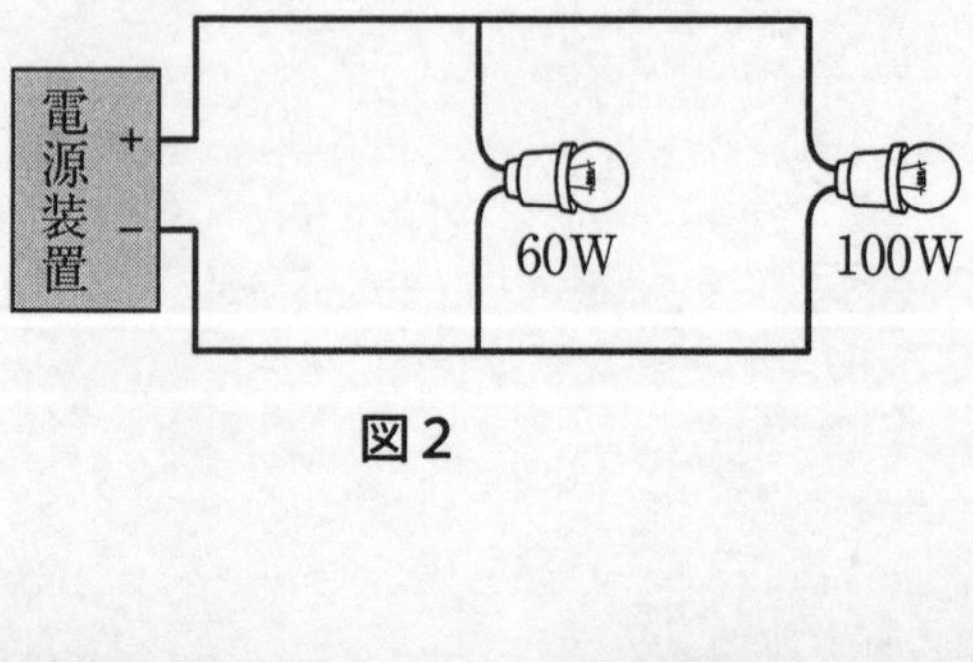

図２

② **図３**のような直列回路に60Ｗと100Ｗの電球をつないだとき、（　ウ　）が同じなので、抵抗《ていこう》の大きい（　エ　）Ｗの電球のほうが、そこにかかる（　オ　）が大きいので明るい。

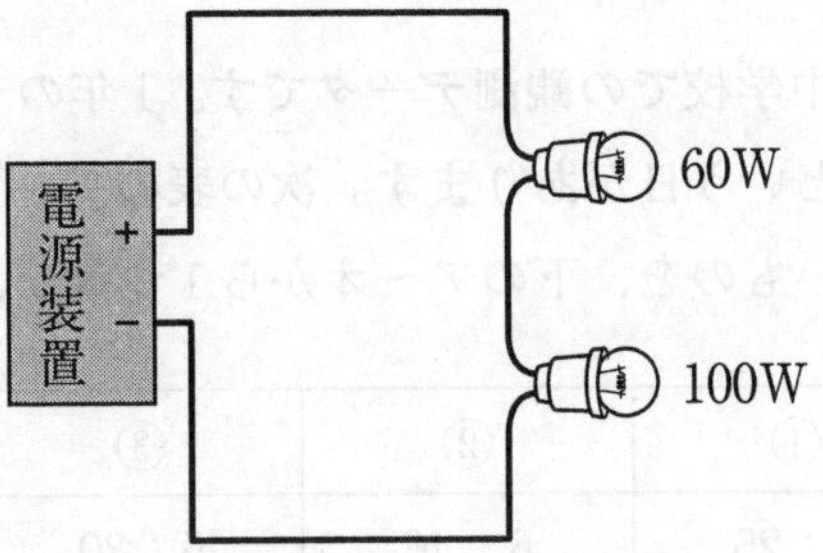

図３

③ 電子レンジ調理可能な冷凍《れいとう》食品の裏の表示を見ると、**図４**のように書いてありました。（カ）に入る600Ｗの調理時間の目安は約何分何秒か答えなさい。

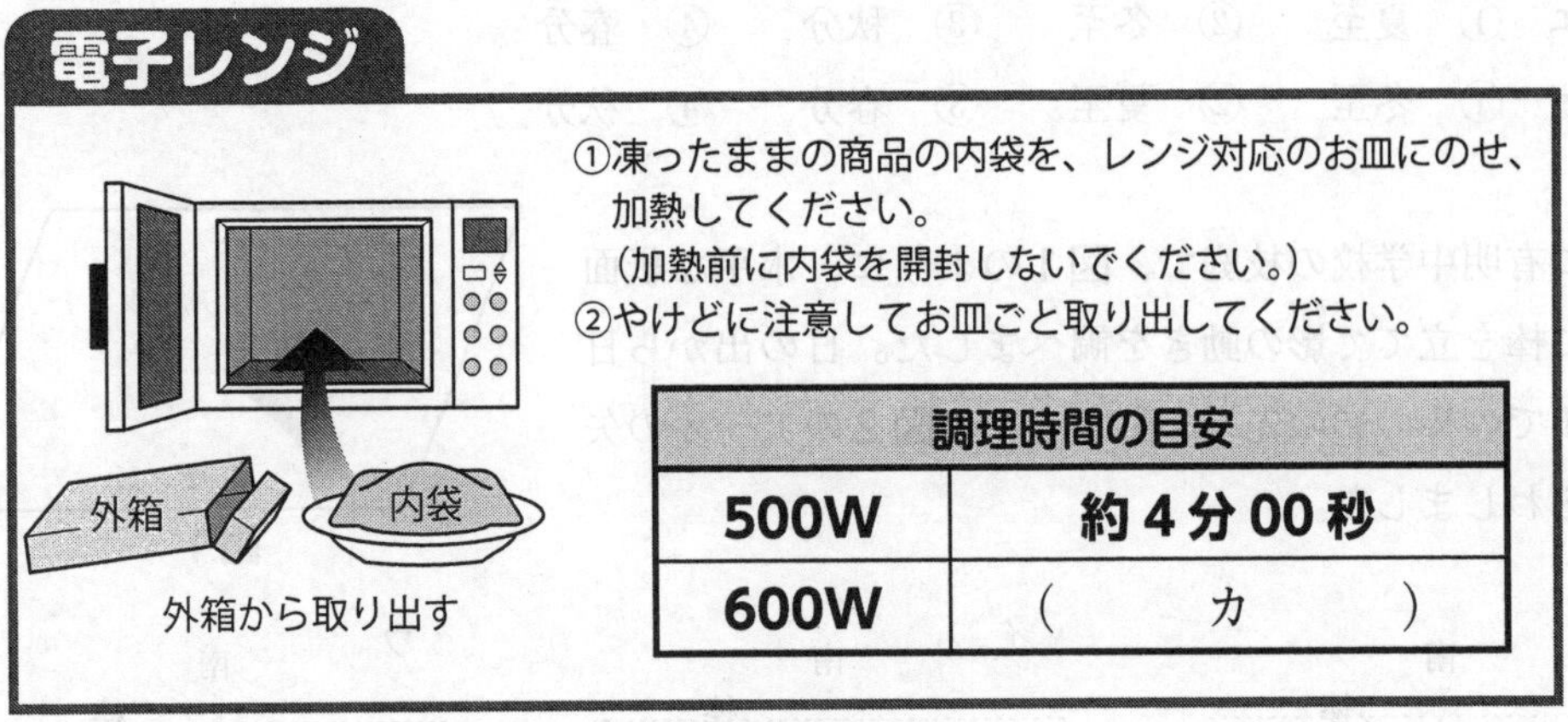

図４

2 太陽に関する次の問いに答えなさい。

（1） 経度が１度ちがうと南中時刻はおよそ何分ずれますか。

（2） 次の表は、かえつ有明中学校での観測データです。１年のうち「春分の日」、「秋分の日」、「夏至」、「冬至」という日があります。次の表の①～④がそれぞれどの日なのか、組み合わせとして正しいものを、下のア～オから１つ選び、記号で答えなさい。

	①	②	③	④
日の出	4：25	6：46	5：30	5：44
日の入	19：00	16：31	17：38	17：53

ア ① 春分 ② 秋分 ③ 夏至 ④ 冬至
イ ① 春分 ② 夏至 ③ 秋分 ④ 冬至
ウ ① 夏至 ② 秋分 ③ 冬至 ④ 春分
エ ① 夏至 ② 冬至 ③ 秋分 ④ 春分
オ ① 冬至 ② 夏至 ③ 春分 ④ 秋分

かえつ有明中学校の校庭で、**図１**のように、水平な紙面の中央に棒を立てて影《かげ》の動きを調べました。日の出から日の入りまでの棒の影の先端《せんたん》の動きを下の**図２**のア～オの矢印であらわしました。

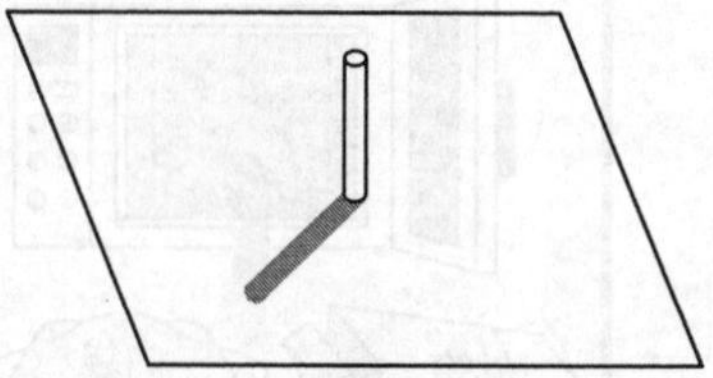

図１

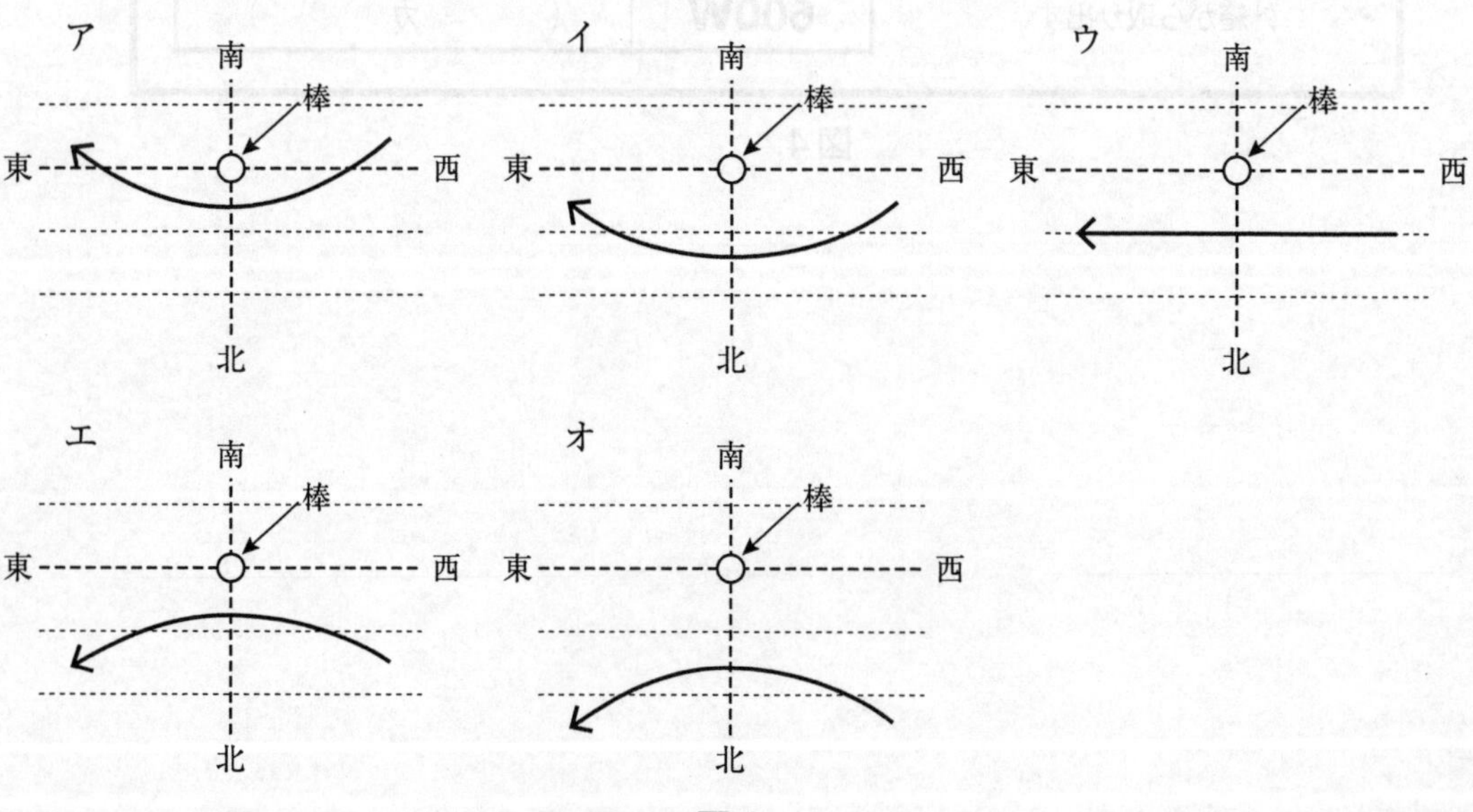

図２

（３） 夏至の日の影の動きはどれか、**図２**のア～オから１つ選び、記号で答えなさい。

（４） 冬至の日の影の動きはどれか、**図２**のア～オから１つ選び、記号で答えなさい。

（５） 秋分の日の影の動きはどれか、**図２**のア～オから１つ選び、記号で答えなさい。

（６） 赤道上で透明《とうめい》半球を使って夏至の日と冬至の日の太陽の動きを観測したとき、図として正しいものを、次の**図３**のア～カからそれぞれ１つずつ選び、記号で答えなさい。

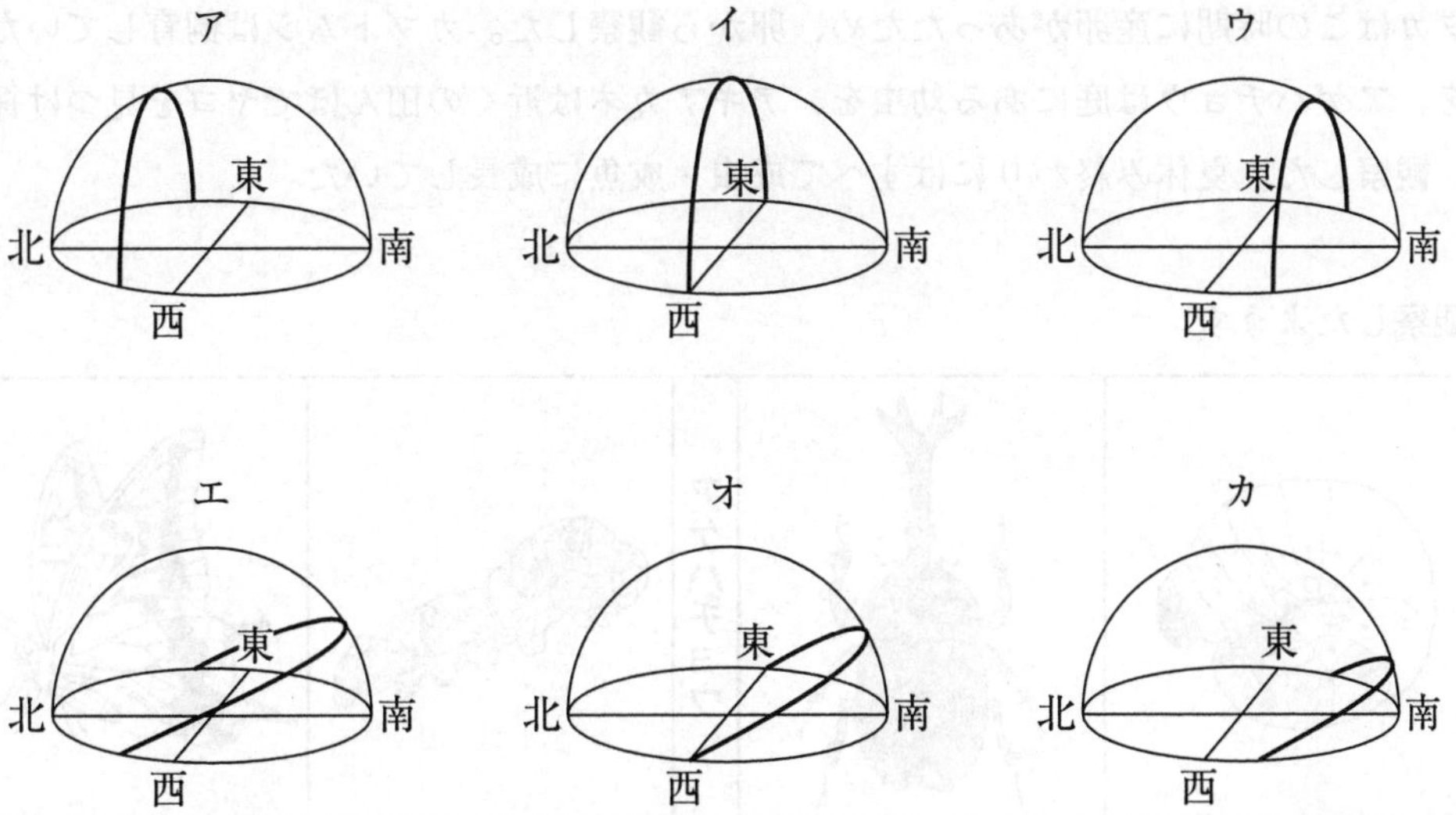

図３

3 あきらさんは、夏休みの自由研究で、飼育しているカブトムシやメダカ、庭や近くの田んぼで見つけたアゲハチョウ、アキアカネを扱《あつか》うことにしました。下記は、そのときに探究したものをまとめた自由研究ノートです。次の問いに答えなさい。

〈自由研究ノート〉

Ⅰ．自由研究のテーマ

カブトムシ、メダカ、アゲハチョウ、アキアカネの成長のちがいを調べる。

Ⅱ．観察方法

メダカはこの時期に産卵があったため、卵から観察した。カブトムシは飼育していた幼虫を、アゲハチョウは庭にある幼虫を、アキアカネは近くの田んぼでヤゴを見つけ採取し、観察した。夏休み終わりにはすべて成虫・成魚に成長していた。

Ⅲ．観察したようす

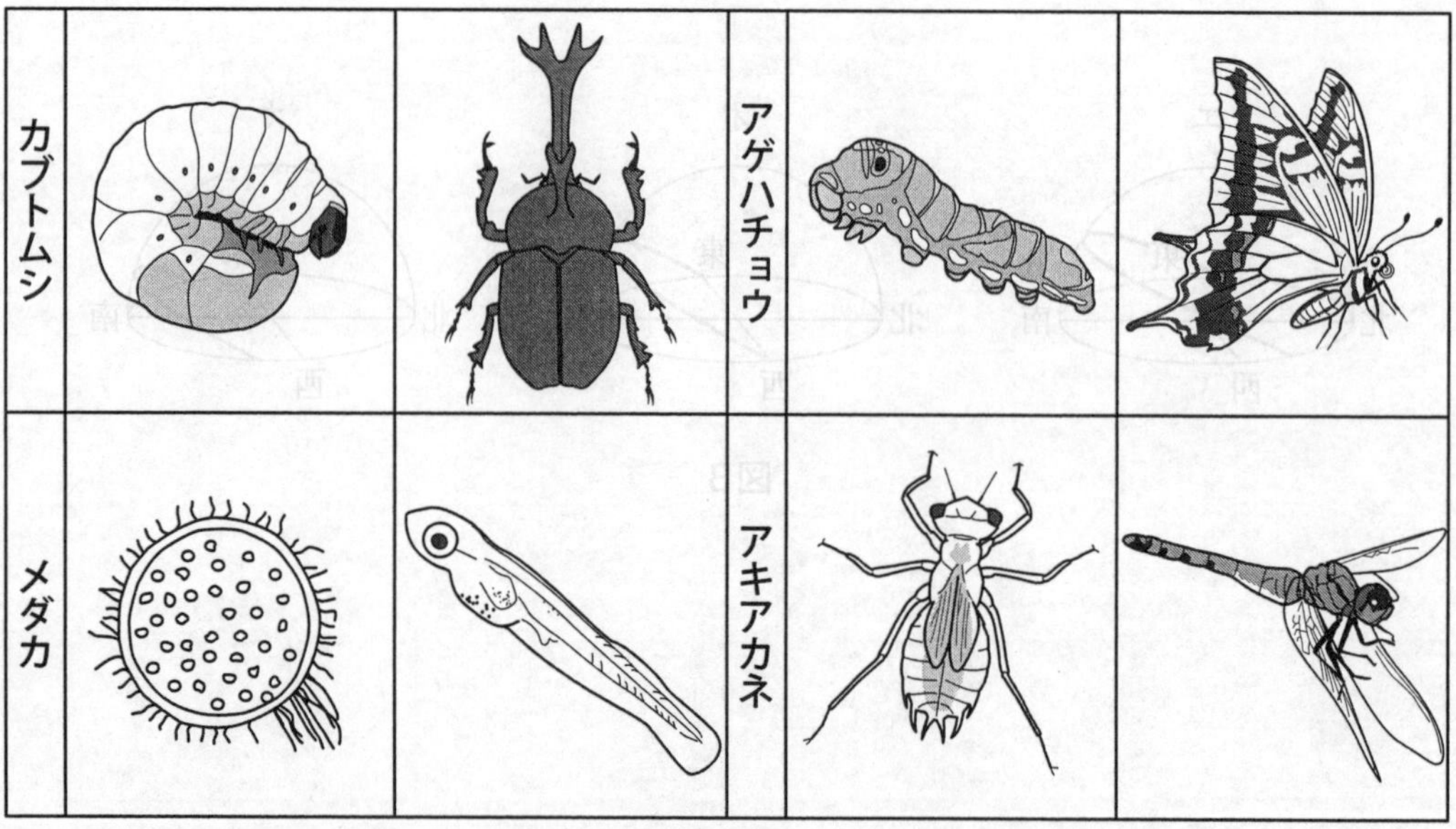

Ⅳ．観察した結果から、調べてわかったこと

①同じ昆虫《こんちゅう》でも成虫になる過程《かてい》が違う。

②卵の大きさはアキアカネは約0.6mm、アゲハチョウ約1mm、メダカ約1mm、カブトムシ約1～3mmであった。調べるとヒトの卵《らん》が約0.14mmであったため、これら4つの卵の大きさはヒトより大きいことがわかった。

（１） メダカの卵の成長を観察するために、**図１**のそう眼実体けんび鏡を使いました。その操作方法が①～④で示されています。操作手順として適切なものを、下のア～エから１つ選び、記号で答えなさい。

〈操作方法〉

①接眼レンズのはばを目のはばに合わせる。

②両目で見て見えにくい場合、左目でのぞきながら、視度調節リングを調節する。

③見るものをステージにのせる。

④右目でのぞきながら調節ねじを回して、ピントを合わせる。

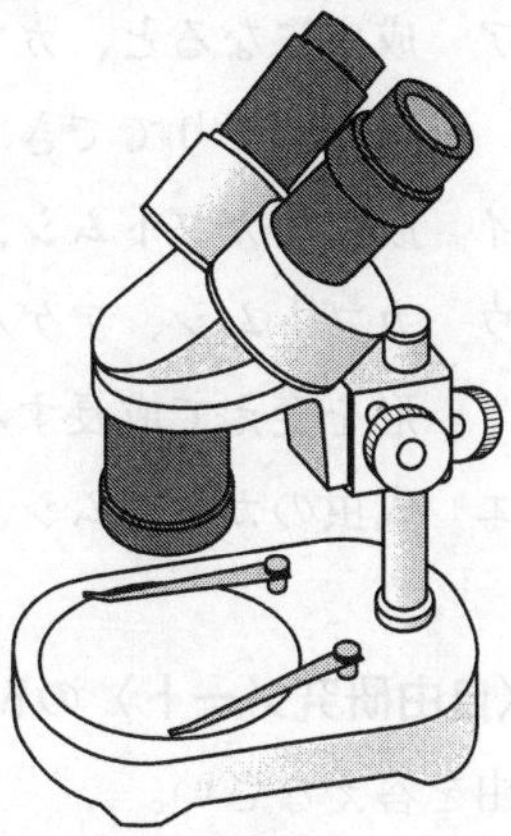

図１

ア　①→②→④→③　　イ　③→①→②→④

ウ　③→①→④→②　　エ　①→③→②→④

（２） メダカの卵は、メスが産んだ卵にオスが出す精子が結びつくと育ち始めます。このとき、卵に精子が結びつくことを何といいますか。

（３） メダカの観察したスケッチを**図２**に示しました。このとき、卵が育つ順番として適切なものを、下のア～エから１つ選び、記号で答えなさい。

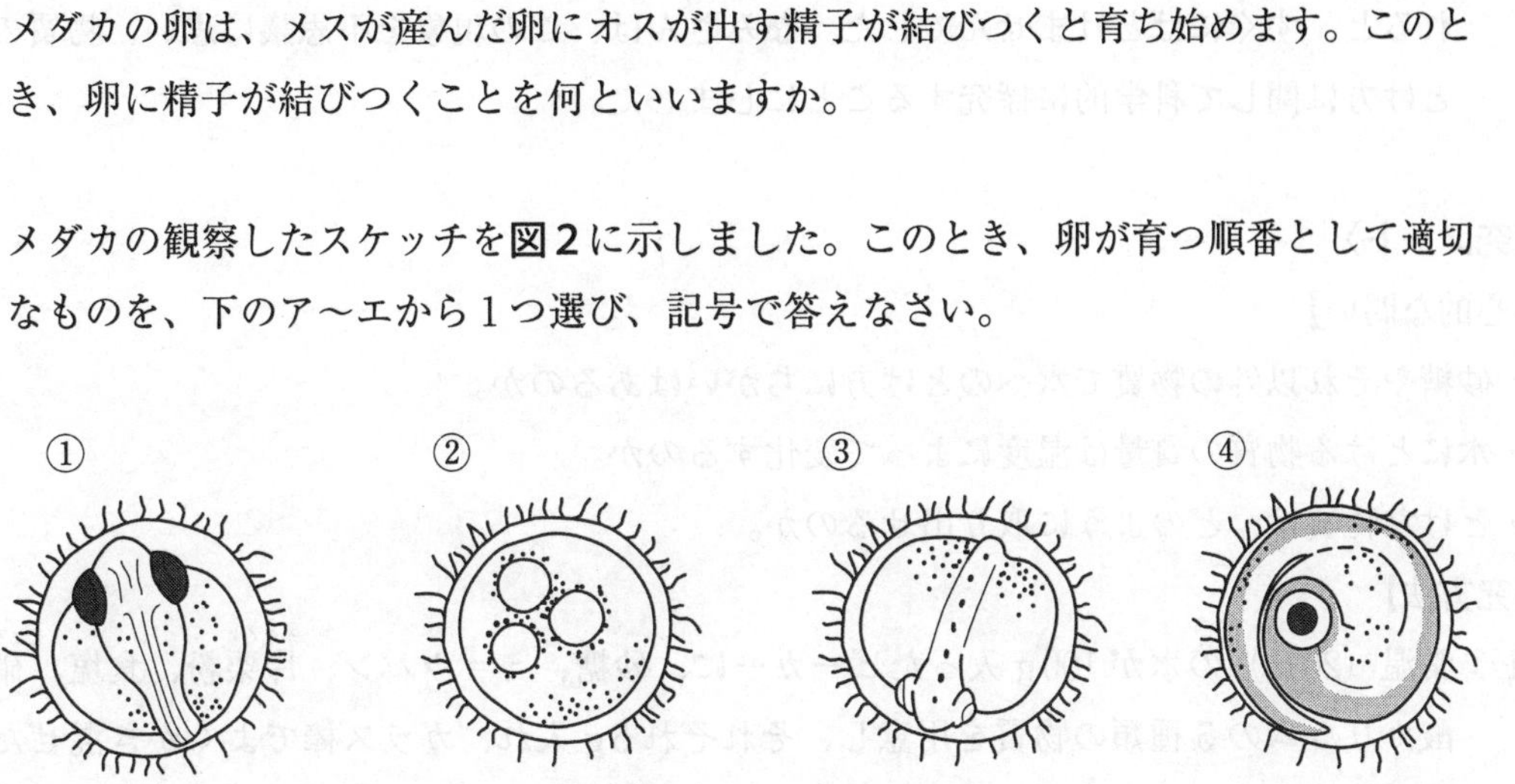

図２

ア　②→③→④→①　　イ　③→②→④→①

ウ　③→④→①→②　　エ　②→③→①→④

（４） カブトムシ、アゲハチョウ、アキアカネについて説明している文章として誤っているものを、次のア～エから１つ選び、記号で答えなさい。

ア　成虫になると、カブトムシ、アゲハチョウ、アキアカネ、いずれも頭、むね、はらのつくりでできている

イ　成虫のカブトムシ、アゲハチョウ、アキアカネのむねに、６本の脚《あし》がついている

ウ　カブトムシ、アゲハチョウ、アキアカネは、卵、幼虫、さなぎ、成虫とからだの形を変えて成長する

エ　成虫のカブトムシ、アゲハチョウ、アキアカネの足にはふしが見られる

（５） **〈自由研究ノート〉**のⅣの②にありますが、ヒトの卵よりメダカの卵の方が大きい理由を答えなさい。

４　あたたかい紅茶に砂糖を入れるとすぐに水にとけるのに対し、冷たい紅茶に砂糖を入れると、すぐにはとけませんでした。なみさんは、この現象を不思議に思い、物質のとけ方に関して科学的に探究することにしました。

〈探究ノート〉

【中心的な問い】

・砂糖やそれ以外の物質で水へのとけ方にちがいはあるのか。

・水にとける物質の質量は温度によって変化するのか。

・とけた物質は、どのように取り出せるのか。

【探究方法】

Ⅰ：常温（20℃）の水が100g入ったビーカーに、砂糖、ミョウバン、片栗《かたくり》粉、食塩、硝《しょう》酸《さん》カリウムの５種類の物質を用意し、それぞれ5g入れ、ガラス棒でよくかき混ぜた。その後、しばらく時間を置いた。

Ⅱ：Ⅰの実験でとけた４種類の物質を70gずつ用意し、40℃、60℃、80℃の水100gに入れ、温度によるとけ方のちがいを調べた。本で調べたところ、**図１**のような100gの水にとける物質の質量と温度との関係を表すグラフを見つけた。

Ⅲ：Ⅱで用いたビーカーをすべて、**図２**のように氷水を使って、もとの温度よりそれぞれ20℃低くなるように、40℃は20℃まで、60℃は40℃まで、80℃は60℃まで冷やした。ただし、この実験で、冷やす前に沈《ちん》でんが生じていた場合、すべて取り除いてから、冷やすものとする。

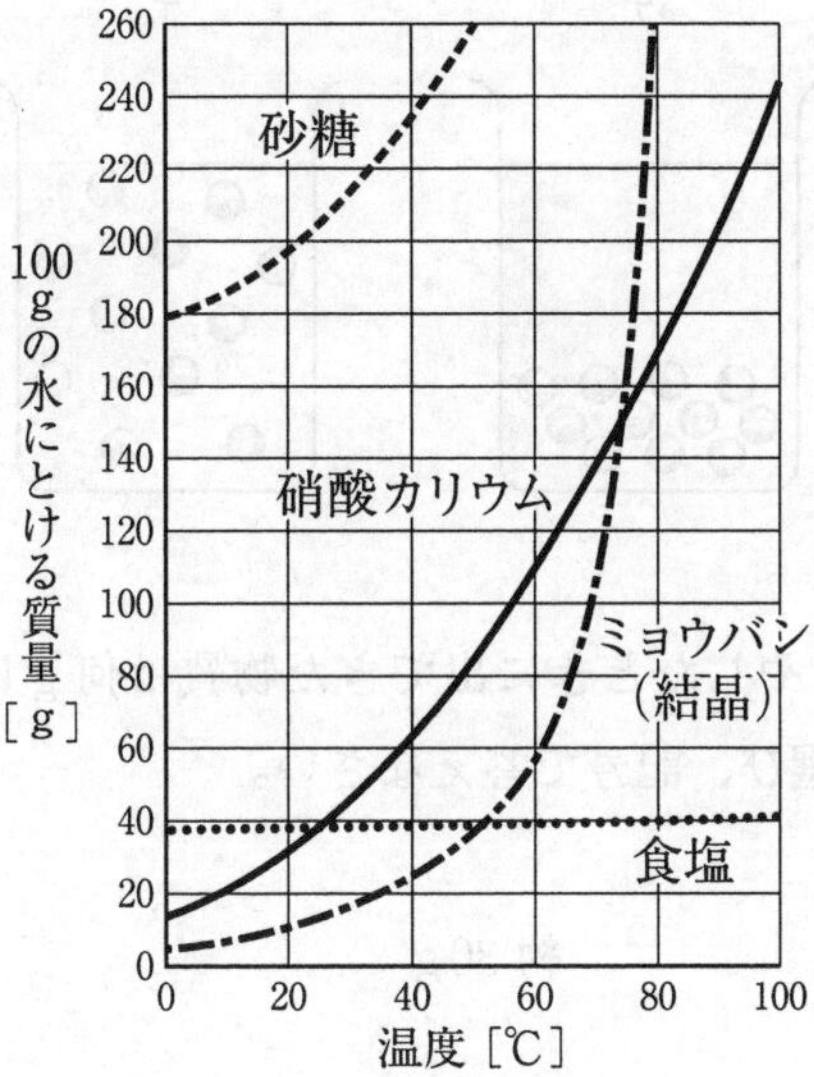

図１

図２

【結果】

実験Ⅰの結果では、１種類だけ水にとけない物質があり、ビーカーの底に沈殿していた。

実験Ⅱ・Ⅲの結果では、物質がビーカーにとけ残っている場合は×、すべてとけている場合は○としてまとめた表を下記に示した。ただし、冷やすことによって物質が出てきた場合もとけ残っている場合と同様に×とする。また、とけた４種類の物質が何の物質をとかしたか、わからなくなってしまったため、**a**～**d**で示すことにした。

	実験Ⅱ			実験Ⅲ		
	40℃	60℃	80℃	40℃⇒20℃	60℃⇒40℃	80℃⇒60℃
a	×	○	○	×	×	○
b	○	○	○	○	○	○
c	×	×	○	×	×	×
d	×	×	×	×	×	×

【考察】

①砂糖は、非常に水にとけやすい物質であることがわかり、温度が高くなるとさらにとけやすくなることがわかった。

②実験Ⅲより、水にとけた物質を冷やすことによって物質がまた出てくることがわかった。

（1）　実験Ⅰで、砂糖、片栗粉における水にとかしたときのようす（模式図）として適したものを、次のア～エからそれぞれ１つずつ選びなさい。●はそれぞれの粒を表しています。ただし、粒の大きさは問わないものとします。

ア　　イ　　ウ　　エ

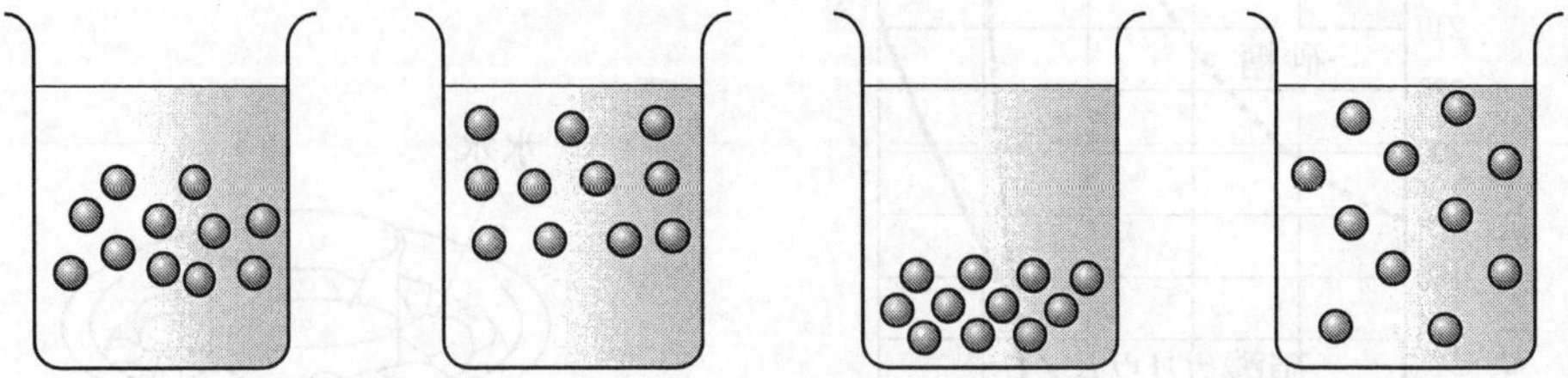

（2）　物質ｃの実験Ⅲにおいて、80℃から60℃に冷やしたときに出てきた物質は何ｇになりますか。適するものを次のア～エから１つ選び、記号で答えなさい。

ア　約２ｇ　　イ　約10ｇ　　ウ　約20ｇ　　エ　約30ｇ

（3）　物質**ａ**～**ｄ**は、実験結果と**図１**のグラフから何であると考えられますか。その組合せとして適するものを、次のア～エから１つ選び、記号で答えなさい。

ア　**ａ**：硝酸カリウム　**ｂ**：砂糖　**ｃ**：ミョウバン　**ｄ**：食塩
イ　**ａ**：ミョウバン　**ｂ**：砂糖　**ｃ**：硝酸カリウム　**ｄ**：食塩
ウ　**ａ**：ミョウバン　**ｂ**：食塩　**ｃ**：硝酸カリウム　**ｄ**：砂糖
エ　**ａ**：硝酸カリウム　**ｂ**：食塩　**ｃ**：ミョウバン　**ｄ**：砂糖

（4）　物質**ｂ**のように、水にとけた物質を冷やしても取り出せない場合は、どのように取り出すか、その方法を答えなさい。

問五　④よかった。ほんとうに　とありますが、「はるちゃん」がこのように思うのはなぜですか。もっとも適当なものを次から一つ選び、記号で答えなさい。

ア　おじいちゃんの家のあじさいを、お母さんが覚えているのではないかと感じたから。
イ　はるちゃんの好きなものと、お母さんの好きなものが重なり、共有できた感覚があったから。
ウ　お母さんにとって嫌な記憶がつきまとうであろう青いあじさいを、好きでいてくれたから。
エ　お母さんにとっての実家の思い出が刻まれていることを信じられるようになったから。

問六　⑤「好き」　とありますが、「好き」な様子をあらわす慣用句として**適当でないもの**を次から一つ選び、記号で答えなさい。

ア　目がない　　イ　心にかかる
ウ　胸をこがす　　エ　熱にうなされる

問七　⑥さっきよりさらに安堵した様子で言った　とありますが、「ふうちゃん」は何に安堵したのですか。「〜に安堵した。」に続くように文中から二十字以内でぬき出しなさい。

問八　[Ⅰ]・[Ⅱ]にあてはまる体の一部を表す漢字一字をそれぞれ答えなさい。

問九　(Ⅰ)ふうちゃんは間違いなくわたしの母親で、わたしたちは十四年ぶりに会えて、これが最後の対面になるはずなのに、心がぴくりとも動かない　(Ⅱ)かすれた弱々しい声は、いずれは記憶が薄れ、どんな声だったかあいまいになって、最後は忘れてしまうだろう。かまわない。「はるちゃん」は、もう、わたしから離れない　とありますが、この二つの表現から「わたし」の心情にどのような変化があったことが読みとれますか。六十字以内で答えなさい。

問一　――部Ａ～Ｄのカタカナを漢字に直しなさい。

問二　①緊張が一気に高まって、歩いていても体の重みが感じられない　とありますが、それはなぜだと考えられますか。適当なものを次から一つ選び、記号で答えなさい。

ア　初めて訪れる病院の張りつめた雰囲気に飲まれてしまったから。
イ　寝たきりの母の体調が想像していたよりも深刻かもしれないから。
ウ　記憶があいまいなころに別れた母といよいよ対面するから。
エ　数回にわたる母との対面が今回で最後となるかもしれないから。

問三　②わたしが醒めてしまうしかない理由も、きっと、そこ　とありますが、「そこ」とはどのようなことですか。もっとも適当なものを次から一つ選び、記号で答えなさい。

ア　母親とは十四年ぶりの再会となるが、幼少期の記憶は残っていなくてなつかしさを感じなかったこと。
イ　母親とは最後の対面になりそうだが、最後に何を話すべきかわからなくなってしまったということ。
ウ　十四年ぶりに再会した母親は、はるちゃんの悲しみや怒りを思い切りぶつけられるような状態ではなかったこと。
エ　母親は、はるちゃんの幼い時の記憶があいまいになっていて、過去の話をすることはできなかったということ。

問四　③部屋に入るまでは「お母さん」と呼ぶつもりだった　とありますが、「はるちゃん」はどういう気持ちで病室を訪れたと考えられますか。もっとも適当なものを次から一つ選び、記号で答えなさい。

ア　今まで呼びたくても呼べなかった「お母さん」を口にしたいという気持ち。
イ　形式的にでも「お母さん」と呼ぶことで、満足させてあげたいという気持ち。
ウ　「お母さん」と呼ぶことで、幼いころの記憶を呼び起こしたいという気持ち。
エ　「お母さん」と呼んだら、どのような顔をするかを見てみたいという気持ち。

ああ、溶けた、とわかったのだ。

ふうちゃんの口にする「はるちゃん」は、胸の奥の奥の、ここから染み込んで、わたしの中で溶けていく。わたしの一部になってしまったから、もう取り出すことはできない。でも、確かに、間違いなく、ふうちゃんの呼んでくれた「はるちゃん」はわたしの中にある。

はるちゃん――。

目を閉じたまま、何度も呼んでもらった。立てつづけに呼ぶ体力は、もうない。「はるちゃん」と「はるちゃん」の間には、息継《いきつ》ぎよりも長い間が空いてしまう。

大輔さんは壁際にあった椅子《いす》をベッドの横に持ってきて、わたしを座らせてくれた。わたしも素直に従った。自分のために、というより、立ったままだと、ふうちゃんをあせらせてしまうかもしれないから。

大輔さんはさらに、スマホのボイスメモの画面をわたしに見せた。録音しておこうか、と訊いてくれたのだ。そうすれば、ふうちゃんの声はずっと――亡くなったあとも、残る。

でも、首を横に振った。記録に残さなくてもだいじょうぶ。「はるちゃん」は、しっかりと、わたしに染みた。わたしの一部になった。(Ⅱ)かすれた弱々しい声は、いずれは記憶が薄れ、どんな声だったかあいまいになって、最後は忘れてしまうだろう。かまわない。「はるちゃん」は、もう、わたしから離れない。

勉強でなにかを覚えるというのは、頭の中の整理棚《だな》に並べるようなものだ。高校受験のときに読んだ参考書に書いてあった。すぐに取り出せるように並べ方を工夫しておきなさい、と。

思い出も同じだと思っていた。頭の中に整理棚があって、わたしたちは「あのとき、あんなことがあったよね」と思い出せるように、無意識のうちに日付順に並べたり、場所やメンバーでタグ付けしたりしているんだと思い込んでいた。

だけど、いま、わかった。

自分の中に溶けてしまった思い出は、もう思いだせない。でも、ある。絶対にある。

(重松清『はるか、ブレーメン』より)

かった。

「いま、名前、呼んでくれましたよね」

目を伏《ふ》せたふうちゃんに「違います、怒ってるんじゃなくて」と笑って、続けた。

「もう一回呼んでもらっていいですか」

ふうちゃんは「え？」とわたしを見た。

「いまは、名前を呼ばれても、正直言って全然なつかしくないです。でも、あとでいつかなつかしくなると思うし、なります。絶対に。だから、名前、呼んでください」

何度でも、と付け加えた。

はるちゃん——。

親しい人や仲良しの友だちはみんな、わたしをそう呼んでいる。わたしもすっかり慣れていて、「小川さん」や「遥香さん」よりもずっと［Ⅱ］に馴染《なじ》んで、自分自身との距離も近く感じられる。

でも、ふうちゃんがまた目をつぶって繰り返してくれた「はるちゃん」は、ほかの誰の「はるちゃん」とも違っていた。喉がからからに渇いたときに飲むスポーツドリンクみたいに、耳から胸まで、すうっと流れていく。最後は、胸の奥の奥、「え、胸ってこんなに深かったっけ？」と言いたくなるようなところまで届いて、なにも余りものを残さずにきれいに染み込んで、消える。

すごい。

ただし、感動や感激とは、ちょっと違う。そもそも、昔のふうちゃんが呼んでいた「はるちゃん」を、わたしはまったく思いだせない。昔の声に戻って呼んでくれたら、もしかしたら記憶がよみがえるかもしれないけど、死が目前に迫った声では、初対面の人に初めて名前を呼ばれたのと変わらない。

でも、やっぱり、すごい。

です」

ふうちゃんは目を閉じたまま、ふふっと笑い、⑥さっきよりさらに安堵《あんど》した様子で言った。

ありがとう、よかった。

ささやくよりもさらに細く、淡《あわ》く、霞《かす》んだような声だった。大輔さんがわたしに目配せする。もっと近くで聞いてやってくれ、と身振りで伝え、自分はあとずさって、場所を空けてくれた。

わたしはためらいながらベッドに一歩近づいて、耳をすました。

「……よかった」

ふうちゃんは繰り返した。目はまだ閉じている。わたしはベッドに身を乗り出して、ふうちゃんとの距離《きょり》をさらに詰めた。

「好きな、ものが、たくさん……あって、ほんとう、に……よかった」

息が浅いせいで、声は途切れ途切れになってしまう。耳に届くというより、口から出たらすぐにこぼれ落ちてしまう声を拾い集めて聞いているような感じだった。

ふうちゃんは肩のDニを下ろしたのだろうか。わたしがいま幸せなのを知って、我が子を捨てた罪悪感から救われて——よかった、と繰り返しているのだろうか。

違った。ふうちゃんは力を振り絞るように息を深く吸い込んで、さらに言った。

「好きなもの、これからも増やして……好きなものがいっぱいあると、楽しいから……よかった……はるちゃん、よかったね……」

安堵したのは、わたしのことだった。わたしに好きなものがたくさんあることを、ふうちゃんは、わたし自身のために、喜んでくれていたのだ。

わたしの名前も呼んだ。うんとひさしぶりのはずなのに、声の響《ひび》きは自然だった。ずっと呼び慣れていて、ついさっきも I にしたばかりの名前のように。

ふうちゃんは目を開けた。わたしの顔が近くにあったので少し驚《おどろ》いた様子だったけど、もう、窓のほうを向くことはな目のまわりの翳《かげ》りが、かえって際立ってしまったようにも見える。

でも、わたしを見つめる表情は、確かに笑顔だった。

「もっと教えて」

笑顔のまま、言った。

「あなたの好きなもの、もっと教えて」

唐突《とうとつ》な問いかけだった。でも、わたしの答えは、自分でも驚《おどろ》くほどすんなりと、そう問われるのを待っていたかのように、口をついて出てきた。

「学校の勉強は、国語の、古文が好きです」

うん、うん、とふうちゃんはうなずいて、続きを目でうながした。

「アイドルとかお笑いにはそんなに興味ないけど、動物の動画を観るのは好きです。特に猫のやつが好きかな」

好きなものは、ほかに——。

「スイーツはショコラ系ならなんでも好きだし、ごはんは、一週間連続でパスタでも全然オッケーです」

細かい⑤「好き」を思いつくまま並べ上げるときりがないから、大きな「好き」について伝えることにした。

「一番好きな人は、おばあちゃんで、二番目がおじいちゃんです。二人とも亡くなったけど、いまでも好きな人のトップはおばあちゃんで、二番目がおじいちゃんで、これからもずっと同じだと思います」

ふうちゃんはゆっくりとうなずいた。ほっとしたようなしぐさだった。

「二階の窓から周防の街をぼーっと見てるのが好きで、夜になって新幹線が行ったり来たりするのを見るのが、特に好きです」

ふうちゃんの目は、いつのまにか閉じていた。眠くなったのだろうか。目を開ける体力すらなくなっているのかもしれない。でも、ふうちゃんはわたしの話をちゃんと聞いている。間違いなく。絶対に。理屈《りくつ》抜きで確信があった。

「好きなもの、たくさんあります。ありすぎて、どこから話したらいいかわからないし、いつまでたっても終わらないほどてる、それだけ」

「……好きなんですか、あじさい」

また意外そうな顔になって、すぐにまた無表情に戻り、「まあ、好きだけど」と言う。

「わたしも、あじさい、好きです」

ふうん、そう、とうなずいたふうちゃんに、わたしはさらに訊《き》いた。

「あさがおと、あじさい、どっちが好きですか？」

今度はあきれたように短く笑って、「あじさい」と言う。

よかった。わたしは「じゃあ――」と続けた。「桜とあじさいは？」

ちょっとうんざりした様子のため息のあと、また「あじさい」と答えた。

④よかった。ほんとうに。おばあちゃんは喜ぶだろうか。逆に怒ってしまうだろうか。おじいちゃんとおばあちゃんの位牌《いはい》は、キャリーケースの中に入ったままだ。ここで出すのは、やっぱり、「なし」だろう。

代わりに、わたしは質問を重ねた。

「あじさいの花、赤いのと青いのとでは、どっちが好きですか」

今度はもう、返事をしてくれなかった。かまわない。伝えたいことは、あと少しだけ。

「わたしは、青が好きです」

いま窓の外に咲いているあじさいも、青。そして――。

「周防《すおう》のウチの庭のあじさい、青いんです」

ふうちゃんは、息を深く吐《は》いてから、「覚えてる」と言った。「あなたを置いて行ったときも、咲いてた」

まなざしが、やっと、わたしに向いた。

ふうちゃんは微笑《ほほえ》んでいた。げっそりとやつれているので、笑顔にやわらかさはない。頬が動いたせいで、落ちくぼんだ

「……積もる話、なくて、ごめんね」

謝った相手は、大輔さんではなく、わたしなのだろう。

「ものごころつく前に別れたら、思い出もできないから」

そう。②わたしが醒めてしまうしかない理由も、きっと、そこ。

「怒《おこ》っていいわよ」

目は向けなくても、わたしに語りかけた。

「恨んでもいいし、憎んでもいいし……忘れてもいいから」

わたしは黙って首を横に振った。そうしようと思ったわけではないのに、体が――そして心が、勝手にそのしぐさを選んだ。

そのまま、しばらく間が空いた。ふうちゃんはあいかわらず窓の外を見つめ、大輔さんも困り果てた挙げ句黙り込んでしまった。

ほんとうは、すぐに話を続けたかった。でも、ふうちゃんへの呼びかけの言葉が出てこない。

③部屋に入るまでは「お母さん」と呼ぶつもりだった。実際には一度も口にしたことのない呼び方だ。三歳までのわたしは、ふうちゃんを「ママ」と呼んでいたらしい。記憶《きおく》には残っていないけど、大輔さんが教えてくれた。

現実では使わなかった呼び名なら、冷静に道具扱《あつか》いできると思っていた。これはお芝居《しばい》のキャラの名前で、「お母さん」という役名の人と会っているつもりで呼べばいいんだから……。

甘かった。「お母さん」は強い。強すぎる。キャラの名前として割り切ることは、やっぱり、無理だった。かと言って、十四年ぶりに「ママ」と呼ぶのは、いかにも取って付けたような――お芝居の「お母さん」よりさらにつくりものめいてしまう気がする。

しかたなく、呼びかけなしで言った。

「……あじさい、見てるんですか」

ふうちゃんは一瞬《いっしゅん》だけ意外そうな顔になったけど、すぐに無表情に戻って「見えるからね」と言った。「見えるから、見感Bキワまって涙《なみだ》声になった大輔さんをよそに、ふうちゃんはまだこっちを見ない。がりがりに痩《や》せている。腕《うで》や脚《あし》は枯れ枝みたいだったし、目のまわりも、影ができるぐらい落ちくぼんでいる。細いだけではなくて、体ぜんたいが薄《うす》い。潤《うるお》いや張りがなく、顔も首筋も手の甲《こう》も、パジャマで隠《かく》せないところはすべて、くすんだ色をしている。おばあちゃんが亡くなる直前もそうだった。生きるために必要なものは、もう体の隅々《すみずみ》までは行き渡《わた》っていないのかもしれない。

そこまでは覚悟《かくご》していたけど、ふうちゃんがそっぽを向いているとは思わなかった。具合が悪すぎて、大輔さんの声が聞こえないのか、それとも、もう来客に気づくことすらできないのだろうか。

窓の外は裏庭だった。あじさいが咲《さ》いていた。前庭よりずっと狭《せま》くても、植《う》え込《こ》みはきちんと手入れされていて、あじさいの花の青い色は、むしろ前庭よりも鮮《あざ》やかだった。

ふうちゃんは、そんな裏庭を見つめたまま黙《だま》っていた。最初は「え？　なんで？」と困惑《こんわく》していたわたしも、しばらくたつと、冷静になれた。正確には、醒《さ》めてしまった。

なつかしくない。

(I)ふうちゃんは間違《まちが》いなくわたしの母親で、わたしたちは十四年ぶりに会えて、これが最後の対面になるはずなのに、心がぴくりとも動かない。

いまのふうちゃんは、まだ死んでいない遺体のようなものだ。昔をなつかしんだり、捨てられたことを恨《うら》んだりするには、もっと元気でいてほしかった。

「おい、ふう……なんだよ、なに照《て》れてるんだよ……」

さすがに大輔さんも、ふうちゃんのCハンノウの鈍《にぶ》さにあせって、「せっかく会えたんだ、積もる話もいろいろあるだろ？」と言って、わたしにも目配せした。はるちゃんが話しかけてみろよ——わかるよ、わかるけど、なつかしくないんだから……。

ふうちゃんがやっと、窓の外を見つめたまま、ささやくように言った。

二　次の文章は、三歳《さい》で突然母「ふうちゃん（史恵《ふみえ》）」に捨てられた「はるちゃん（遥香《はるか》）」が、叔父《おじ》の「大輔《だいすけ》」を通じて、病気で入院している「ふうちゃん」から「会いたい」と連絡を受け、悩んだ末に「ふうちゃん」と会う決意をして、病院を訪れた場面です。次の文章を読んであとの問いに答えなさい。

部屋はホテルやワンルームマンションのようなつくりだった。玄関《げんかん》を入るとすぐにクローゼットや洗面所やトイレがあって、短い廊下《ろうか》を進んだ先に居室がある。

ベッドは水回りの陰《かげ》なので、戸口からは死角になって、ふうちゃんの様子をすぐには見ることができなかった。

「ふう、俺《おれ》だ、兄ちゃんだ」

大輔さんは戸口から声をかけた。廊下を歩きながら「はるちゃん、来てくれたぞ」と続け、わたしには身振りで、ここでストップだ、と伝えた。

「よかったな、間に合った、うん、間に合ったんだ……」

大輔さんは居室に入って足を止め、ベッドのほうに体を向けた。

「具合どうだ？　しゃべれるか？」

返事はなかったけど、大輔さんはわたしにちらりと目をやって、いいぞ、こっちに来て、とAテマネきした。

①緊張《きんちょう》が一気に高まって、歩いていても体の重みが感じられない。

大輔さんはベッドの脇《わき》に立っていた。わたしはその隣《となり》に立って――やっと、ふうちゃんと会えた。

ふうちゃんはベッドを起こし、窓のほうに顔《かお》を向けていた。

「はるちゃんが来てくれたぞ」

大輔さんがあらためて声をかけると、ふうちゃんは無表情に窓の外を見つめたまま、顎《あご》を小さく動かした。聞こえている。気づいている。でも、こっちを振《ふ》り向かない。

「よかったな、ずっと会いたがってたんだもんな……間に合ってよかった……ほんとうに、よかった……」

問七　②そう の指す内容としてもっとも適当なものを次から一つ選び、記号で答えなさい。

ア　平野でも方位の判断がすぐにできる感覚を持つこと。

イ　地図上の方位を日本語以外にも翻訳して表現できること。

ウ　時間をかけないと方位の判断ができないこと。

エ　地図に対する考え方の癖は直せないとあきらめていること。

オ　広い場所でも正しい方位を判断するために工夫して覚えること。

問八　（　Ｙ　）にあてはまることばを、文中から三字でぬき出しなさい。

問九　（　Ｚ　）にあてはまることわざを次から一つ選び、記号で答えなさい。

ア　二兎を追うものは一兎をも得ず　　イ　あとは野となれ山となれ

ウ　木を見て森を見ず　　エ　灯台下暗し

問十　③問題の処理 をするうえで有効に「見当をつける」ためにはどのようにすることが必要ですか。六十字以内でまとめなさい。

問二　[Ⅰ]・[Ⅱ] にあてはまる語句として適当なものを、それぞれ次から一つ選び、記号で答えなさい。

ア　たとえば　　イ　つまり　　ウ　ところが
エ　むしろ　　オ　あるいは

問三　①内からの仕掛けと周囲からの情報を合わせて、だいたいの時間経過を判断 について、ⅰ「内からの仕掛け」・ⅱ「周囲からの情報」の具体例としてもっとも適当なものを、それぞれあとから一つ選び、記号で答えなさい。

ⅰ「内からの仕掛け」
ア　緊張するとお腹が痛くなる　　イ　夏になると汗をかく
ウ　夜になると眠くなる　　エ　走ると呼吸が速くなる

ⅱ「周囲からの情報」
ア　日影に入るとすずしい　　イ　晴れた日は気分が良くなる
ウ　リラックスすると眠くなる　　エ　春になると桜が咲く

問四　（　X　）にあてはまることばを、文中からぬき出しなさい。

問五　━━部1〜4の「地図」から、「地形が描かれ、目で見ることのできる地図」をすべて選び、番号で答えなさい。

問六　「時間」や「空間」について見当をつける話題から次の話題に移り始める段落はどこですか。その初めの六字をぬき出しなさい。

見当をつけるためには４地図が必要です。

地図は点ではなく、面から出来ています。たくさんの地点がそれぞれに関係を持っているのが地図です。仕事をどのくらいで仕上げるかという見当も、この試験ではどこが重要かという見当も、仕事にからむ周辺の知識、あるいはその試験についての授業全体の知識、つまり面の知識が作り上げられていないと、つけようがありません。

見当づけはヤマカンとは違います。ヤマカンは面の知識なしで、エイヤッと目的地点に達しようとするわけですから、うまくゆくわけがありません。たとえうまくいったとしても、その時かぎりで後には何も残りません。

人生の節目節目で、われわれはいろいろな選択《せんたく》や決断を迫《せま》られますが、その決断も複数ある選択肢《し》のどれでもいいや、箸《はし》の倒《たお》れた方向へ行こう、という選択や決断ではうまくゆきません。そんなやりかたは試験のヤマカンと一緒《いっしょ》です。自分は何をしたいと思っているのか、どの程度のことをしたいと思っているのか、あるいは今選ぼうとしていることが自分の性格に合っているのかどうか、その方向を選べばその後の生活はどのような方向へ向かうのか、それで後悔《こうかい》しない方向なのかどうか、などということについてあらかじめある程度の考えを持っていないと、見当をつけられません。

見当をつける、というのは扱《あつか》っている問題を一度手元から離《はな》して、遠い距離《きょり》から眺《なが》め、他の問題とのかかわりがどうなっているのかという大枠《おおわく》を知ることです。全体像を摑《つか》むことです。英語ではパースペクティブと言います。日本には大局観という言葉があります。また、英語から輸入され、日本でも定着していることわざに、「（　　Z　　）」というのがあります。あるいは「井の中の蛙《かわず》、大海を知らず」ともいいます。細部にこだわって見当をつけられない愚《おろ》かな状態のことを笑っているのです。部分的な、狭《せま》い知識だけでは全体がどうなっているのかは判断出来ません。大きな立場から見ると、それまで見えていなかったことが見え、わからないこともわかるようになります。

（山鳥重『「わかる」とはどういうことか―認識の脳科学』より）

問一　～～～部A～Dのカタカナを漢字に直しなさい。

える必要があります。しばらく何を考えているかというと、子供の時に自宅の縁側《えんがわ》に腰《こし》掛けて座っている自分を思い出しているのです。この時の正面が南で、左手が日が昇《のぼ》ってくる東の方、右手が日が沈《しず》む西の方と思い出し、だからこっちが西かなどと考えるので、時間がかかってしまいます。Ⅱ、子供の頃にしっかり焼き付けられた方向感覚を一回一回今の状《じょう》況《きょう》に重ねないと、判断が出来ないのです。地図を読むときも東西南北を考える時、この種の翻訳《ほんやく》をやっている自分に気がつきます。もちろんこんな面倒《めんどう》なことをしないで、見ただけで東西南北がわかる方がいいのですが、考え方の癖《くせ》みたいなもので、今はあきらめています。もともとこの手の能力がないのでしょう。

筆者の仲間は案外います。3地図をみても仙台《せんだい》は東京の東北方向、などと考えられず、東京の上でちょっと右のほう、などと覚えている人たちが②そうです。南半球のオーストラリアのことを、イギリスやアメリカでは「下のほう down under」と呼ぶのだそうです。

ま、いずれにしても、時間の見当がつけられ場所の見当もつけられるから、われわれは安心して暮らせています。おおげさに言えば、時空間の広大な世界にしっかりと錨《いかり》を下ろして自分という船を停泊《ていはく》させている、その錨みたいに自分の心を安定させる働きが（　Y　）には備わっています。

大きな広がりの中で、正しく見当をつけるということの大切さは、時間や空間に限りません。自分がこれからやらなければならない③問題の処理にこそ最もよく表れます。

たとえば何かの仕事を抱《かか》え込《こ》んだ時、だいたいこの程度のペースとこの程度のCシリョウを読めばだいたいいけそうだ、という見当がうまくつけられて、たいしてあせらずに余裕《よゆう》で仕上げることの出来る人がいるかと思えば、その仕事にどれくらいのエネルギーを注ぎ込めばよいのかまったく見当がつけられずに、というか見当をつけようともせずに、こんなものすぐ出来るとたかをくくって遊びほうけ、Dマギワになってあせりまくって、結局何も出来ずに終わってしまう人もいます。

試験でも、ここは先生がかなり熱を入れて授業していたな、大事なところに違《ちが》いない、という見当がつく人と、つかない人がいます。授業の内容だけでなく、その重要さの程度を教師の態度と合わせて、大きな立場から眺《なが》められるから、見当がつくのです。

普通《ふつう》はあまり考えなくても、だいたいの見当がつきます。深い洞窟《どうくつ》にこもって夜昼の情報を遮断《しゃだん》し、時計もなしで自由に暮らさせると、だいたい二四時間から二五時間の間くらいのリズムで寝起きするようになる、という実験があります。脳にはおおよそ一日のリズムを測る仕掛《しか》けがあるのです。もう少し短い時間経過についてはいわゆる「腹時計」もBケッコウ役に立っています。

普段《ふだん》われわれは、このような①内からの仕掛けと周囲からの情報を合わせて、だいたいの時間経過を判断しています。この判断が出来なくなると、一日の行動は基準を失い、まとまりを欠くものになってしまいます。

自分の居場所を知るのも大切な能力です。

この力も地図や磁石や標識（言語）に頼るようになって、だんだん（　X　）してはいますが、大脳の基本的な能力のひとつです。

アフリカのブッシュマンは獲物《えもの》を追って時には二日も三日も草原の中を移動することがあるそうですが、ちゃんと自宅へ戻《もど》ってきます。別に1地図を持っているわけではありません。太陽や星の位置から東西南北を判断し、手掛《が》かりになる地形や樹木などを記憶《きおく》することで頭の中にしっかり地図を作り上げているのです。

大脳ソンショウでは街の中で自分がどこにいるのかまったくわからなくなり、自宅へも戻れなくなってしまうことがあります。建物は見えているのですが、見えているだけで、方向を知る手掛かりにならなくなってしまうのです。普通は別に考えるほどのこともなく、自転車屋があれば左へ曲がり、パン屋があれば右へ曲がり、内科医院の横を入り、という感じで歩いてゆきます。頭の中に地図が出来上がっていて、それに合わせて移動しているのです。この2地図が壊《こわ》れてしまうと、建物は建物としてしか見えず、方向や道順を判断する手掛かりとはならなくなってしまいます。

東西南北の感覚も頭の中の地図を描《か》く上で重要な助けになります。街に住んでいる場合は文字情報がいくらでもありますから、この感覚なしでも移動可能ですが、広い平原など手掛かりが少ないところではどうしても必要です。この感覚は子供の時の記憶が重要です。今、南を向いているとします。そうすると、右手は西で、左手は東、背中が北になります。あたりまえですが、この判断がすぐ出来る人と、少し時間をかけなければ出来ない人があります。筆者などは後者で、しばらく考

2024年度 かえつ有明中学校

【国語】〈二月一日午後試験〉（五〇分）〈満点：一〇〇点〉

（句読点、記号、符号はすべて一字として数えなさい。また、本文中には、問題作成のために省略や表現を変えたところがあります。）

一 次の文章を読んで、あとの問いに答えなさい。

われわれは時間や場所についていつもだいたいの見当をつけることができます。専門的には時間についてだいたいの見当をつける能力は時間の見当識、場所について見当をつける能力は場所の見当識といいます。

人類は時計や暦《こよみ》を発明してこのような見当をつける能力を道具に頼《たよ》るようになり、その分その力を退化させていますが、それでも必要になればだいたいのことはわかります。

ところが、大脳がAソンショウを受けると、時間の見当がつけられなくなることがあります。このような人は季節がわからず、冬であっても、夏です、と答えたりします。夏にそんな服着ますか？　と本人のセーター姿を指摘《してき》しても、すぐにはピンときません。

あるいは午前か午後かがはっきりしなくなることもあります。時間を尋《たず》ねると、朝の一一時頃《ごろ》なのに、午後三時頃、などと答えます。

一日二四時間のうち、だいたい今はどのあたりか、一月《ひとつき》三〇日（三一日）のうち、だいたい今はどのあたりか、一年三六五日のうち、だいたい今はどのあたりか、などというおおよその見当がつかなくなるのです。

［Ⅰ］時間の経過がはっきりしなくなる場合もあります。

目が覚めると必ず、朝だ、と思ってしまう人がいました。たとえ昼寝《ね》の後でも、目が覚めると、朝ご飯を食べると言い張って奥《おく》さんを困らせるのです。

2024年度

かえつ有明中学校 ▶解説と解答

算　数　＜２月１日午後試験＞（50分）＜満点：100点＞

解　答

[1] (1) 19　(2) $\frac{5}{8}$　(3) $\frac{22}{7}$　(4) 4　(5) 4　[2] (1) 15cm²　(2) 24m
(3) 1998　(4) ６人　(5) 21日　[3] (1) 11分後　(2) 720m　[4] (1) ９％
(2) A…20％，B…４％　[5] (1) 54度　(2) 52度　(3) 26度　[6] (1) 辺OQ
(2) ５通り　(3) ９通り

解　説

[1] 四則計算，分数の性質，逆算

(1) $30-18\div 6\times 3-2=30-9-2=19$

(2) $\frac{3}{4}\div 4\times 2.5\times 3\frac{1}{2}\div 2.1\times 0.8=\frac{3}{4}\times\frac{1}{4}\times\frac{5}{2}\times\frac{7}{2}\times\frac{10}{21}\times\frac{4}{5}=\frac{5}{8}$

(3) $\frac{22}{7}=22\div 7=3.142\cdots$，$\frac{335}{113}=335\div 113=2.964\cdots$より，最も大きい数は$\frac{22}{7}$とわかる。

(4) $(45\times 45-1)\times\left(\frac{6}{11}-\frac{11}{22}-\frac{1}{23}\right)=(2025-1)\times\left(\frac{1}{22}-\frac{1}{23}\right)=2024\times\frac{1}{506}=4$

(5) $512\div(5\times\square-16)=128$より，$5\times\square-16=512\div 128=4$，$5\times\square=4+16=20$　よって，$\square=20\div 5=4$

[2] 辺の比と面積の比，植木算，約数と倍数，集まり，仕事算

(1) $4\times\frac{3}{5+3}=1.5$(cm)より，右の図１のようになる。図１で，三角形EFDと三角形HFCは相似であり，相似比は，FD：FC＝１：３なので，CHの長さは，$1.5\times\frac{3}{1}=4.5$(cm)となる。すると，IHの長さは，$1.5+4.5=6$(cm)だから，IGの長さもIHと等しく6cmとわかる。よって，三角形EGIの面積は，$6\times 4\div 2=12$(cm²)，三角形EIFの面積は，$4\times 1.5\div 2=3$(cm²)だから，影《かげ》をつけた部分の面積は，$12+3=15$(cm²)になる。

図１

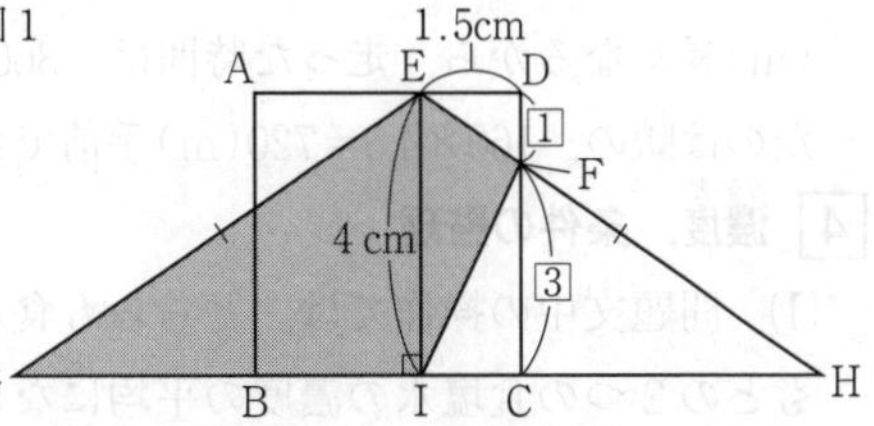

(2) 木の間隔《かんかく》を２mにするときと３mにするときで，必要な木の本数の比は，$\frac{1}{2}:\frac{1}{3}=3:2$になる。この比の差の，$3-2=1$にあたる本数が，$2+2=4$(本)だから，間隔を２mにするときに必要な木の本数は，$4\times 3=12$(本)とわかる。よって，このとき間隔の数も12になるから，池の周りの長さは，$2\times 12=24$(m)と求められる。

(3) ５で割ると３余る整数は小さい順に，３，８，13，18，…となり，11で割ると７余る整数は小さい順に，７，18，…となる。そこで，共通する最も小さい数は18であり，その後は５と11の最小公倍数の55ずつ大きくなる。よって，$(2024-18)\div 55=36$余り26より，2024に近い数は，$18+55\times 36=1998$と，$1998+55=2053$になり，$2024-1998=26$，$2053-2024=29$から，最も近い数は1998とわかる。

⑷　右の図２のように整理すると，アとイの人数の合計は，134－(10＋３)＝121(人)になる。そこで，バスを利用している人が44人，バスを利用せずに電車か自転車を利用している人が，121＋33＝154(人)だから，電車，バス，自転車のいずれかを利用している人は全部で，44＋154＝198(人)となる。したがって，いずれも利用していない人は，204－198＝６(人)とわかる。

図２

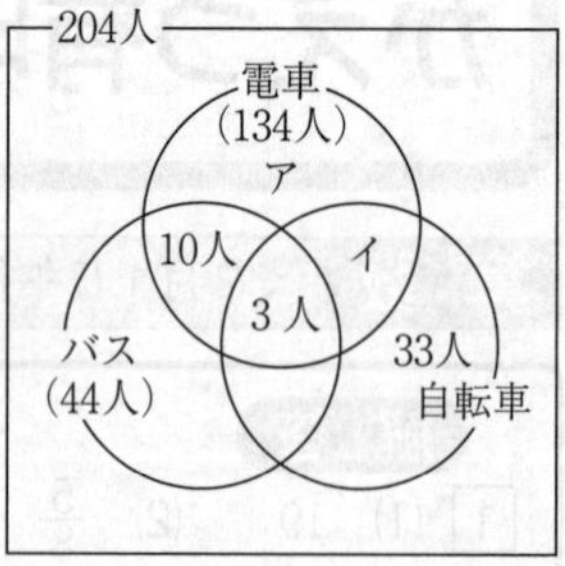

⑸　この仕事全体の量を，30，75，100の最小公倍数の300とすると，Ａさん，Ｂさん，Ｃさんが１日にできる仕事量はそれぞれ，300÷30＝10，300÷75＝４，300÷100＝３になる。また，Ａさんが１日，Ｂさんが５日，Ｃさんが９日でできる仕事量の和は，10×１＋４×５＋３×９＝57だから，３人が休んだ日も仕事をしたとすると，全部で，300＋57＝357の仕事をしたことになる。よって，仕事が終わるまでにかかった日数は，357÷(10＋４＋３)＝21(日)とわかる。

３　速さ，つるかめ算

⑴　Ａさんが家に戻《もど》り始めてから駅に着くまでに走った道のりの合計は，400＋400＋800＝1600(m)である。すると，走る速さは分速，80×２＝160(m)だから，走った時間の合計は，1600÷160＝10(分)となる。よって，家にいた１分間を加えると，駅に着いたのは家に戻り始めてから，10＋１＝11(分後)とわかる。

⑵　お兄さんが学校から駅まで進んだ道のりの合計は，200＋800＝1000(m)である。また，書店にいた３分間を除くと，お兄さんが進んだ時間の合計は，11－３＝８(分)となる。ここで，お兄さんが８分歩いたとすると，進んだ道のりは，80×８＝640(m)になり，実際よりも，1000－640＝360(m)短くなる。歩く時間を１分減らして走る時間を１分増やすと，進む道のりは，160－80＝80(m)長くなるから，走った時間は，360÷80＝4.5(分)とわかる。したがって，お兄さんが走り始めたのは駅の，160×4.5＝720(m)手前である。

４　濃度《のうど》，条件の整理

⑴　問題文中の操作では，どちらも食塩水を200ｇずつ混ぜるから，混ぜてできた食塩水の濃度は，もとの２つの食塩水の濃度の平均になる。そこで，はじめにＡから200ｇ取り出してＢに混ぜると，Ｂに入っている食塩水の濃度は，(８＋12)÷２＝10(％)になる。次に，Ｂから200ｇ取り出してＡに混ぜると，Ａに入っている食塩水の濃度は，(８＋10)÷２＝９(％)となる。

⑵　それぞれの操作でできた食塩水の濃度を右の表のように表すと，(16＋㊤)÷２＝15(％)より，㊤＝15×２－16＝14(％)となる。同様に考えると，(16＋㋒)÷２＝14(％)より，㋒＝14×２－16＝12(％)，(㋐＋12)÷２＝16(％)より，㋐＝16×２－12＝20(％)，(20＋㋑)÷２＝12(％)より，㋑＝12×２－20＝４(％)とわかる。よって，はじめにＡに入っていた食塩水の濃度は20％，Ｂに入っていた食塩水の濃度は４％である。

	はじめ	１回目にＡからＢに移した後	１回目にＢからＡに移した後	２回目にＡからＢに移した後	２回目にＢからＡに移した後
Ａ	㋐％	㋐％	16％	16％	15％
Ｂ	㋑％	㋒％	㋒％	㊤％	㊤％

５　平面図形―角度

⑴　問題文中の図の一部を拡大すると，下の図のようになる。角COBの大きさは，360÷５＝72

(度)であり，三角形OBCは二等辺三角形だから，角アの大きさは，(180－72)÷２＝54(度)とわかる。

⑵　正五角形の各頂点から中心Ｏに引いたすべての直線を軸《じく》として線対称《せんたいしょう》になるという条件から，三角形OIGと三角形OHFは二等辺三角形になる。そこで，FGとHIをのばした直線が交わる点をＪとすると，三角形JIGもJI＝JGの二等辺三角形になることがわかる。よって，角IGJの大きさは52度だから，対頂角の角イの大きさも52度となる。

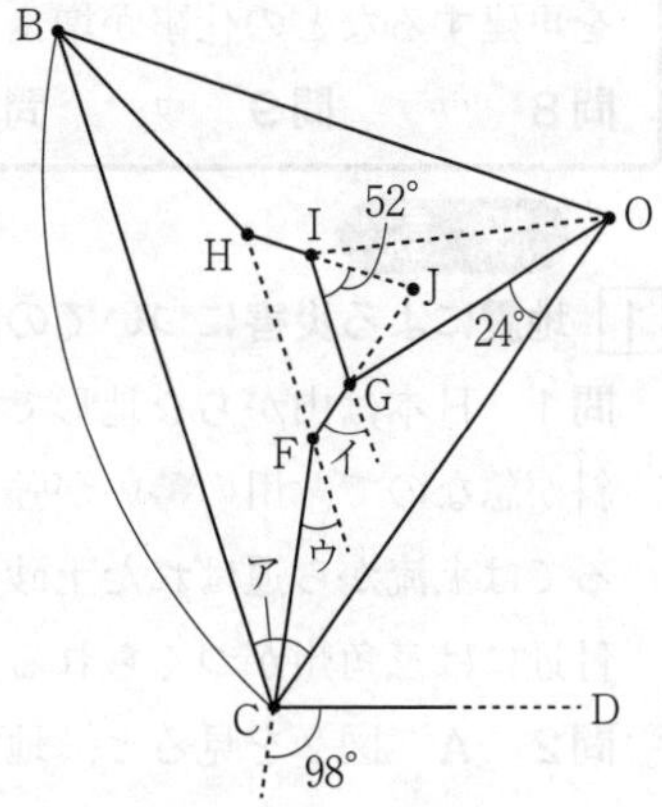

⑶　正五角形の１つの外角は，360÷５＝72(度)なので，角BCDの大きさは，180－72＝108(度)になる。また，角OCDの大きさは，108－54＝54(度)で，角FCDの大きさは，180－98＝82(度)だから，角FCOの大きさは，82－54＝28(度)とわかる。よって，角BCFの大きさは，54－28＝26(度)であり，BCとHFは平行だから，角BCFとさっ角の角ウの大きさも26度となる。

６　場合の数，調べ

⑴　(大，小)＝(３，５)のときにできる三角形OPQは下の図１のようになる。図１で，それぞれの辺の長さを点と点の間の数で考えると，OP＝３，PQ＝４，OQ＝５になるから，最も長い辺はOQとわかる。

⑵　角POQの大きさが90度のとき，下の図２のようにPQが円の直径になる。このとき，PQの長さは６になるから，OPとOQの長さの合計は，12－６＝６となる。つまり，２つのサイコロの目の和が６になるので，(大，小)＝(５，１)，(４，２)，(３，３)，(２，４)，(１，５)の５通りある。

⑶　⑴，⑵と同様に考えると，３つの辺の長さの組み合わせが，{１，１，10}，{２，２，８}，{３，３，６}，{４，４，４}，{５，５，２}のときに，三角形OPQが二等辺三角形になる(正三角形も二等辺三角形にふくむものとする)。よって，下の図３より，全部で，１＋１＋３＋１＋３＝９(通り)ある。

図１

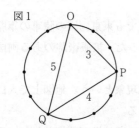

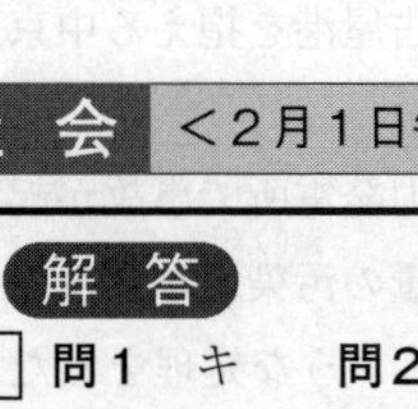

図２

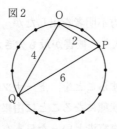

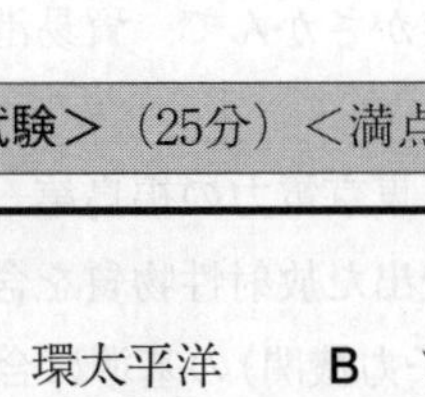

図３

組み合わせ	(大，小)
{１，１，10}	(１，１)
{２，２，８}	(２，２)
{３，３，６}	(３，３)，(３，６)，(６，３)
{４，４，４}	(４，４)
{５，５，２}	(２，５)，(５，２)，(５，５)

社会　＜２月１日午後試験＞（25分）＜満点：50点＞

解答

１　**問１**　キ　**問２**　Ａ　環太平洋　Ｂ　フィリピン　**問３**　ウ　**問４**　(例)　それぞれ高台になっているから。(周囲に池や堀があるから。)　**問５**　ア　**問６**　ドーナツ化

問７　ア　**問８**　福島県　**問９**　ウ　**問10**　イ　**問11**　イ　**問12**　135　**2**　**問１**　イ　**問２**　エ　**問３**　ア，エ　**問４**　(1)　ア　(2)　(例)　大工／地震でこわれた家を再建するなどの仕事が増えたから。　**問５**　ア　**問６**　大阪城(大坂城)　**問７**　イ　**問８**　ウ　**問９**　ウ　**問10**　(1)　エ　(2)　イ

解説

1　**地震による災害についての問題**

問１　日本は山がちな地形であるため，図１のように，外国に比べて河川の長さが短い。また，傾《けい》斜《しゃ》が急なので，川の勢いが強く，土砂《どしゃ》を下流に押し流す力も強い。しかし，川の勢いが弱まるところでは上流から運ばれた土砂が堆積《たいせき》するので，川が山地から平地に出たところには扇状地が，河口付近には三角州がつくられる。

問２　**A**　図２を見ると，地震の発生地が新期造山帯であるアルプス・ヒマラヤ造山帯と環《かん》太平洋造山帯に多く分布していることがわかる。アルプス・ヒマラヤ造山帯は，おおむね東南アジアからヒマラヤ山脈を経てヨーロッパのアルプス山脈に至る造山帯である。環太平洋造山帯は，太平洋を囲むようにのびる造山帯で，日本列島もこの中に含《ふく》まれる。　**B**　日本列島は，海洋プレートである太平洋プレートとフィリピン海プレート，大陸プレートである北アメリカプレートとユーラシアプレートの４つのプレートの境界付近に位置していて，これらのプレートが動くことで地震が起こる。図３を見ると，こうした境界付近で地震の多くが発生していることがわかる。

問３　図４において，住家全潰《ぜんかい》率30％以上で震度７の地域は，神奈川県南部の相模《さがみ》湾の沿岸地域と千葉県房総半島南部の相模湾側に分布している。よって，震源地が相模湾であると推定できる(ウ…○)。なお，アの伊豆半島は相模湾の西部に位置する半島，イの武蔵野《むさしの》台地は東京都と埼玉県にかけて広がる台地，エの駿河《するが》湾は伊豆半島の西部に広がる湾である。

問４　図５において，関東大震災(1923年)の延焼範囲を見ると，皇居と上野公園の間やその東側の地域，隅田川流域の低地の，人口や木造家屋が密集した地域に集中している。皇居は旧江戸城で，堀《ほり》と石垣《いしがき》で囲まれたところであり，上野公園は丘陵《きゅうりょう》地で不忍《しのばず》池があることから，延焼をまぬがれたと考えられる。

問５　関東大震災では，10万人以上の死者・行方不明者を出したが，中でも東京両国の陸軍の軍服などをつくる被服廠《ひふくしょう》の跡地《あとち》での死者が約４万人と，被害が最も大きかった。被服廠跡のある両国には隅田川が流れている。

問６　都心の人口が減少し，郊外《こうがい》の人口が増加することを，ドーナツ化現象という。地図上で人口の分布を表すと，穴の空いたドーナツのような状態になることに由来する。

問７　京浜工業地帯には，横浜港(神奈川県)や東京港といった日本有数の貿易港が整備されているが，製造品出荷額等が最大であるのは自動車工業がさかんで，貿易港の名古屋港を抱える中京工業地帯である(2020年)。

問８　東日本大震災(2011年)では，福島県にある東京電力の福島第一原子力発電所で事故が起こった。発電所の原子炉は廃炉《はいろ》されるが，その過程で出た放射性物質を含む大量の汚染《おせん》水が，多くのタンクにためられていた。そこで，IAEA(国際原子力機関)の基準に合致するような処理をした水については，2023年８月から海洋放出が開始された。

問９　図６において，2009年と2010年の液化天然ガスの割合は29.3％と同じであるが，2009年と2010年の総発電量が異なるので，液化天然ガスによる発電量は同じではない(ウ…×)。

問10　法律案は，国会議員と内閣が各議院の議長に提出できる(イ…×)。

問11　為替レートで１ドル＝100円の交換比率が１ドル＝70円になることを，円の価値が高まることから円高という。円高のときに外国で商品を販売《はんばい》して得たドルを円に交換すると，円安のときよりドルと交換できる円が減ることから，日本からの輸出が不利になる(イ…○)。

問12　阪神・淡路大震災(1995年)は，東経135度の経線が通る淡路島(兵庫県)北部を震源とする大地震による災害である。東経135度の経線は，日本標準時子午線として知られる。

２　地震の歴史を題材にした問題

問１　阪神・淡路大震災が発生したときの内閣は，日本社会党・自由民主党・新党さきがけの３党による連立内閣で，内閣総理大臣は日本社会党党首の村山富市であった。なお，アの中曽根康弘とエの田中角栄はこれ以前，ウの小泉純一郎はこれ以後の内閣総理大臣である。

問２　Ａは葛飾北斎《かつしかほくさい》の『富嶽《ふがく》三十六景』，Ｂは歌川広重の『東海道五十三次』，Ｃは喜多川歌麿の『ポッピンを吹《ふ》く女』，Ｄは菱川師宣《ひしかわもろのぶ》の『見返り美人図』である。

問３　日米和親条約(1854年)では，アの箱館(函館)と，エの下田(静岡県)の２港が開港された。なお，イは新潟，ウは横浜(神奈川県)，オは神戸(兵庫県)，カは長崎で，日米修好通商条約(1858年)で開港した(このとき下田は閉鎖《へいさ》されることになった)。

問４　(1)　文章の第２段落に「茨城県の鹿島神宮には大鯰《なまず》の頭を，千葉県の香取神宮には尻尾を押さえるためにそれぞれ要石」があるとあり，資料の「鯰絵」では要石が鯰の頭を押さえていることから，鹿島大明神の要石に扮《ふん》した役者が鯰の頭を押さえているとわかる。　(2)　資料の「鯰絵」の左上に描《えが》かれている人々は，大工などの建設業者やその関係者で，地震で被災した武家屋敷や町屋の再建で仕事が増えるので，鯰の懲《こ》らしめには参加しないと考えられる。

問５　『古事記』は奈良時代の712年に編さんされた建国神話で，稗田阿礼《ひえだのあれ》の口承を太安万侶《おおのやすまろ》が筆録した。720年に舎人《とねり》親王らが編さんした『日本書紀』とともに「記紀」と呼ばれる(ア…○)。なお，イの『万葉集』は現存する日本最古の和歌集，ウの『風土記』は地理書，エの「貧窮《ひんきゅう》問答歌」は万葉集に収録されている山上憶良《おくら》の長歌。

問６　豊臣秀吉は，石山本願寺のあとに大坂城(大阪城)を築き，全国支配の根拠《こんきょ》地とした。

問７　律令制度の下で，地方は国・郡・里に分けられ，国を治める国司は中央から貴族が派遣され，郡を治める郡司や里を治める里長には地方の有力者が任命された(イ…×)。

問８　奈良時代には，地震による災害のほか，貴族どうしの争いや天然痘《とう》という伝染病が流行するなど社会不安が高まった。そこで，聖武天皇は仏教の力で国家を治めようと考え，国ごとに国分寺や国分尼《に》寺を建立《こんりゅう》させ，都の平城京には東大寺大仏を造立した(ウ…○)。なお，アの桓武天皇は平安京遷都《せんと》(794年)を行った天皇，イの天武天皇は壬申の乱(672年)に勝って即位した天皇，エの天智天皇は大化の改新(645年)を行い後に即位した天皇である。

問９　「慶長」の前の元号は「文禄」で，豊臣秀吉による２度の朝鮮出兵は文禄の役・慶長の役という。なお，アの「元禄」は江戸時代前半，イの「応仁」は室町時代後半，エの「建武」は室町時代初めに使用された元号である。

問10　(1)　Ａの太平洋戦争の開始は1941年12月，Ｂの日中戦争の開始は1937年，Ｃの日独伊三国同盟の締結は1940年，Ｄの日ソ中立条約の締結は1941年４月であるので，年代の古い順にＢ→Ｃ→Ｄ→Ａとなる。　⑵　日本国憲法は，国民主権，基本的人権の尊重，平和主義を三大原則にしている。「あたらしい憲法のはなし」の挿絵《さしえ》のうち，アは平和主義，イは三権分立，ウは基本的人権の尊重，エは国民主権を表していると読み取れる（イ…×）。

理　科　＜２月１日午後試験＞（25分）＜満点：50点＞

解　答

1　⑴　（例）　燃料を燃やして湯をわかし，そのときに出てくる蒸気の力で発電機のタービンを回して電気をつくる。　⑵　（例）　二酸化炭素のはい出量が多い。　⑶　①　**ア**　100　**イ**　ていこう　②　**ウ**　電流　**エ**　60　**オ**　電圧　③　約３分20秒　2　⑴　４分　⑵　エ　⑶　ア　⑷　オ　⑸　ウ　⑹　**夏至の日**…ア　**冬至の日**…ウ　3　⑴　ウ　⑵　受精　⑶　エ　⑷　ウ　⑸　（例）　メダカの卵には，受精してから卵から出てくるまでに必要な栄養分が入っているため。　4　⑴　**砂糖**…エ　**片栗粉**…ウ　⑵　イ　⑶　ア　⑷　（例）　水を蒸発させる。

解　説

1　発電と電気エネルギーについての問題

⑴　図１にあるように，火力発電所では，おもに天然ガス，石炭，石油のような化石燃料を燃やすことで水を熱している。水は液体から気体に変化するときに，体積が約1700倍になるため，熱せられた水は高温・高圧の水蒸気となって発電機につながっているタービンを回し，これによって電気のエネルギーを得ている。

⑵　火力発電所では，大量の化石燃料を燃やして電気のエネルギーを作り出している。化石燃料のほとんどは輸入にたよっていて，その生産量には限りがある。また，化石燃料を燃やすことで地球温暖化の原因物質である二酸化炭素がはい出されたり，二酸化いおうや二酸化ちっ素をふくんだはい気ガスが酸性雨の原因になったりすることなども問題点としてあげられる。

⑶　①　**ア，イ**　家庭で使用するときと同じように並列につないだとき，ワット数が大きい電球の方が明るくつく。これは，100Ｗの電球の方がていこうが小さく，同じ電圧がかかるときに，流れる電流の大きさが大きいからである。　②　**ウ**　電球を直列につなぐと，電球に流れる電流の大きさは等しくなる。　**エ**　60Ｗの電球の方がていこうが大きく，同じ大きさの電流が流れたときに消費する電力も大きい。　**オ**　消費電力は流れる電流の大きさと電圧に比例する。流れる電流の大きさが同じとき，ていこうが大きい60Ｗの電球の方が，100Ｗの電球よりもかかる電圧が大きくなる。　③　冷凍《とう》食品を調理するのに必要な電気のエネルギーは，（ワット数）×（使用した秒数）で求められる。そのため，500Ｗで４分00秒加熱したときの電気エネルギーを，600Ｗで加熱して得るためには，500×（60×４）÷600＝200（秒），200÷60＝３余り20より，３分20秒の調理時間が必要であると考えられる。

2　太陽の動きについての問題

⑴　地球は１日に１回自転しているため，太陽が東から西へ，24時間で360度動いて見える。日本

では，兵庫県明石市(東経135度)で太陽が南中したときを正午としているが，たとえば，これより１度東(東経136度)の地点では，24×60÷360＝４(分)だけ南中時刻が早くなる。

(2)　それぞれの日の昼の長さを求めると，①は，19：00－４：25＝14時間35分，②は，16：31－６：46＝９時間45分，③は，17：38－５：30＝12時間08分，④は，17：53－５：44＝12時間09分となる。このうち，昼の長さが最も長い①が夏至の日，最も短い②が冬至の日，ほぼ12時間の③と④が春分か秋分の日にあたる。よって，エが選べる。

(3)　夏至の日は，真東より北寄りから太陽がのぼり，真西より北寄りに太陽がしずむので，日の出や日の入りごろの棒の影《かげ》は，南側にできる。また，南中高度が１年で最も高いので，南中時の影の長さが短い。以上のことから，アが適当である。

(4)　冬至の日は，真東より南寄りから太陽がのぼり，真西より南寄りに太陽がしずむので，棒の影は，１日中北側にできる。また，南中時の太陽高度が１年で最も高く，影が短いことから，オが選べる。

(5)　春分の日や秋分の日の，棒の先たんの影の動きは，直線をえがく。したがって，ウの図を選ぶ。

(6)　**夏至の日**…赤道上では，太陽は地平線に対して直角にのぼり，直角にしずむ。夏至の日の太陽は，北の空を通るので，アが正しい。　　**冬至の日**…冬至の日の赤道上で太陽は，真東より南側から，地平線に対して直角にのぼり，真西より南側に，地平線に対して直角にしずむ。したがって，ウが適当である。

3 動物のたんじょうと成長についての問題

(1)　そう眼実体けんび鏡は，日光が直接当たらない，明るく水平なところに置く。まず，観察したいものをステージにのせたら(③)，接眼レンズを目のはばに合うように調節し(①)，左右の視野が重なって１つに見えるようにする。つぎに，右目でのぞきながら調節ねじを回してピントを合わせる(④)。さらに，左目でのぞきながら，視度調節リングを回して両目で見えやすいように調節する(②)。

(2)　メスが産んだ卵と，オスが出した精子が結びついて１つになることを受精という。受精が起こると卵の中の細胞《さいぼう》が分裂《ぶんれつ》をくりかえしてふえ，からだがつくられていく。

(3)　受精直後の卵では，細かい油のつぶがたくさん見られるが，じょじょに大きなつぶにまとまり(②)，ふくらんだ部分が見られるようになる。ふくらんだ部分の中心に背骨のようなものができたあと(③)，目ができて(①)，からだの形がはっきりしてくる(④)と，卵の中でさかんに動くようになる。やがて，卵から出てきた子メダカには，はらに養分が入っているふくらみがある。

(4)　アキアカネはトンボのなかまで，さなぎの時期がない不完全変態の育ち方をするこん虫である。

(5)　ヒトの卵《らん》は，受精したあと子宮に着床《ちゃくしょう》し，たいばんを通して母親から養分をもらって成長するため，卵にたくわえられている栄養分は少なく，卵の大きさも小さい。いっぽう，メダカは受精してから成長してふ化するまでの栄養分を卵の中にたくわえておく必要があり，卵の大きさが大きくなっている。

4 もののとけ方についての問題

(1)　**砂糖**…実験Ⅰでは，片栗《かたくり》粉以外の４種類の物質は完全にとけている。砂糖などが水にとけると，こさはどこも同じで，とうめいな液体になる。このとき，砂糖の小さなつぶは，液体の中にまんべんなく散らばっている。したがって，エが適当である。　　**片栗粉**…水にとけない片栗粉はビーカーの底にしずむので，ウを選ぶ。

⑵　70ｇの物質ｃは，80℃の水100ｇにはすべてとけているが，60℃ではとけ残っている。よって，図１から，物質ｃはミョウバンとわかる。60℃の水100ｇにとけるミョウバンの質量は，およそ60ｇと読み取れるので，80℃の水100ｇにとかしたミョウバン70ｇのうち，およそ，70－60＝10(ｇ)が固体となって出てくる。

⑶　水100ｇに対して，物質ａ70ｇは，40℃のときにはとけ残るが，60℃と80℃ではすべてとけるので，物質ａは硝《しょう》酸カリウムとわかる。また，物質ｂは，40℃，60℃，80℃ですべてとけているから，砂糖である。物質ｃは，⑵よりミョウバン，40℃，60℃，80℃のどの温度でもとけ残りがあった物質ｄは，食塩とわかる。

⑷　食塩のように，温度が変化してもとける質量がほとんど変わらない物質は，とかした水よう液を冷やしても，取り出すことができないことがある。この場合，水にとかすことができる物質の質量が，水の重さに比例することを利用するとよい。つまり，加熱して水を蒸発させれば，食塩をとかしている水が減るので，とける食塩の質量も減って，食塩の固体を取り出すことができる。

国　語　＜２月１日午後試験＞（50分）＜満点：100点＞

解　答

一　問１　下記を参照のこと。　問２　Ⅰ　オ　Ⅱ　イ　問３　ⅰ　ウ　ⅱ　エ　問４　退化　問５　１，３　問６　大きな広がり　問７　ウ　問８　見当識　問９　ウ　問10　（例）　問題について周辺のことも含めた知識があり，事前にある程度の考えを持ち，距離をとって大きな立場から全体を眺めること。　二　問１　下記を参照のこと。　問２　ウ　問３　ア　問４　イ　問５　ア　問６　エ　問７　わたしに好きなものがたくさんあること(に安堵した。)　問８　Ⅰ　口　Ⅱ　耳　問９　（例）　最初は母と会えたことに感動も何もなかったが，自分の幸せを願う母の思いにふれ，再会の喜びが体の隅々にまで行き渡っている。

●漢字の書き取り

一　問１　Ａ　損傷　Ｂ　結構　Ｃ　資料　Ｄ　間際　三　問１　Ａ　手招(き)　Ｂ　極(まって)　Ｃ　反応　Ｄ　荷

解　説

一　**出典：山鳥《やまどり》 重《あつし》『「わかる」とはどういうことか―認識の脳科学』**。医師で脳科学者の筆者が，人の認識についてのメカニズムを説明しながら，問題を処理するうえで大切な「正しく見当をつけるということ」や，そのためにはどうするべきかについて述べている。

問１　Ａ　こわれたり，傷ついたりすること。　Ｂ　それなりに十分であるようす。かなり。　Ｃ　勉強や研究，調査などのもとになる情報や材料。　Ｄ　ものごとがまさに行われようとするとき。すぐ前。

問２　Ⅰ　直前の三段落では，「大脳が損傷を受けると，時間の見当がつけられなくなること」があると，具体例とともに述べられている。この後には，「大脳が損傷を受け」た結果として，「時間の経過がはっきりしなくなる場合」もあると続いているので，同類のことがらを並べて，いろいろな場合があることを表す「あるいは」が入る。　Ⅱ「東西南北の感覚」は「子供の時の記憶が重要」だが，方角を判断するのに少し時間がかかる筆者は，昔の自分の体験を思い出して判断していると前にある。後ではこれを，子どものころに得た「方向感覚を一日一回今の状況《じょうきょう》に重ねないと，判断が出来ない」と言いかえている。よって，前の内容を後でまとめて言いかえるときに用いる「つまり」が合う。

問３　ⅰ「内からの仕掛《しか》け」の直前には「このような」とあり，直前の段落で説明された，時計なしでも約24時間から25時間の間で寝起きできるという，脳にある「おおよそ一日のリズムを測る仕掛け」，あるいは「腹時計」を指すとわかる。よって，ウがよい。　ⅱ　前の段落で説明された実験では，一日中，日光が届かない洞窟《どうくつ》の中で「夜昼の情報を遮断《しゃだん》」していたため，空が明るくなったから朝だ，太陽が沈《しず》んだから夜である，といった判断ができなかった。このように，ぼう線部①の「周囲からの情報」とは，時間の経過を判断できるものなので，エがふさわしい。

問４　最初から二番目の段落に，人類は時計や暦《こよみ》といった道具を発明して頼《たよ》るようになり，時間について「見当をつける能力」を「退化させ」たとある。場所についてだいたいの見当をつけて「自分の居場所を知る」能力も，磁石や標識に頼るようになって「退化」してきたと考えられる。「退化」は，能力などがおとろえること，進歩が止まってもとの状態に戻《もど》ること。

問５　草原を数日間移動した後のブッシュマンや，近所を歩いている私たちが自宅へ戻れるのは，「頭の中にしっかり地図を作り上《あ》げている」おかげで，目で見ることのできる地図を持っているからではないので，１は選べるが２は合わない。仙台《せんだい》は「東京の上でちょっと右のほう」と考えるときに見ているのは，目で見られる地図なので，３もよい。４は，仕事にかかる時間や試験で重要な点の見当をつけるための「全体の知識」のことで，目で見られる地図を指しているわけではないので，ふさわしくない。

問６「大きな広がりの中で～」で始まる段落には，最初の文に「正しく見当をつけるということの大切さは，時間や空間に限りません」とあるとおり，これ以後は「問題の処理」に関して見当をつける話題へと移っていく。

問７　ぼう線部②は，直前の文にある「筆者の仲間」を指す。ここでの「筆者の仲間」とは，一つ前の段落に書かれているように，筆者と同様，少し時間をかけないと東西南北の方位の判断ができない人のことなので，ウが選べる。

問８　Ｙをふくむ文は「おおげさに言えば」で始まり，前の文の言いかえになっている。私たちが安心して暮らせるのは，「時間の見当がつけられ場所の見当もつけられるから」だと書かれているので，本文最初の段落にある，時間や場所について「見当をつける能力」である「見当識」が入る。

問９　Ｚには「井の中の蛙《かわず》，大海を知らず」に似た，「細部にこだわって見当をつけられない愚《おろ》かな状態」を笑う内容のことわざが入るので，「木を見て森を見ず」が合う。「二兎を追うものは一兎をも得ず」は，“欲張って二つのものを同時に得ようとすれば，失敗してどちらも得られない”という意味。「あとは野となれ山となれ」は，“目先のことが解決できれば，後はどうなってもかまわない”という意味。「灯台下暗し」は，“人は身近なことには案外気がつかない”という意味。

問10　ぼう線部③をふくむ段落より後の部分からまとめる。筆者は，あつかっている問題をいったん「遠い距離《きょり》」から大きな立場で眺《なが》め，大枠《おおわく》を知り，「全体像を掴《つか》むこと」が「見当をつける」ということであると述べている。そのためには，周辺のこともふくめて問題全体についての知識があることや，あらかじめある程度の考えを持っていることが必要だと書かれているので，これらの内容をまとめるとよい。

二 **出典：重松《しげまつ》清《きよし》『はるか，ブレーメン』**。高校生の「わたし（遥《はる》香《か》）」は，幼いころに別れて顔も覚えていない母と久しぶりに再会し，病気で死が近い母が，自分の幸せを願ってくれていると知って心がゆさぶられる。

問１　**A**　「手招き」は，こちらへ来るように手で合図すること。　**B**　音読みは「キョク」「ゴク」で，「極地」「極楽」などの熟語がある。　**C**　働きかけを受けて生じる変化のこと。　**D**　音読みは「カ」で，「出荷」などの熟語がある。「肩《かた》の荷を下ろす」は，“大きな負担や責任から解放されてほっとする”という意味。「肩の荷が下りる」ともいう。

問２　「わたし」が三歳《さい》で捨てられて以来，会っていなかった母といよいよ再会する場面で，極端《きょくたん》に緊張《きんちょう》していると思われるので，ウがふさわしい。

問３　ぼう線部②の「そこ」は，母が言ったように，「わたし」があまりに小さいときに母と別れてしまったために思い出もないということを指す。波線部（Ⅰ）の前にも，母と会った「わたし」が「醒《さ》めてしまった」理由として「なつかしくない」ことがあげられているので，アが選べる。

問４　前の部分から，ふうちゃんの死が近いと感じた大輔《だいすけ》さんは，妹の望みをかなえてやろうと「わたし」を病室に呼んだとわかる。ぼう線部③の次の段落にあるように，「わたし」も，死が間近にせまった母を喜ばせるため，現実では使わなかったので冷静に言えそうな「お母さん」という呼び名で話しかけようと考えたことが読み取れる。よって，イが合う。

問５　ぼう線部④の直後に「おばあちゃんは喜ぶだろうか」とあり，「わたし」は，母が両親や実家のことを忘れていなかったら祖母はどう思うだろうか，祖父母の位牌をここで出したら祖母に怒られるだろうかと考えをめぐらせている。この後，「わたし」は質問を重ね，おじいちゃんたちが住んでいた「周《す》防《おう》のウチの庭のあじさい，青いんです」と言うと，母は「覚えてる」と答えた。「わたし」は，やはり母が実家のあじさいを覚えているのではないかと感じて話を続けたのだから，アがふさわしい。

問６　「目がない」は，分別をなくすほど好きなようす。「心にかかる」は，“好意があり，気になって心から離《はな》れない”という意味。「胸をこがす」は，“思いがつのってせつなくなる”という意味。「熱にうなされる」は，高熱が出てうわごとを言う，夢中になる状態を表す「熱にうかされる」の誤用で，「うなされる」は，“思わず苦しそうな声を出してしまう”という意味。よって，ここではエが選べる。

問７　空らんⅠをふくむ段落の前の段落に「安《あん》堵《ど》したのは，わたしのことだった」とあるように，ふうちゃんは，十四年ぶりに再会した「わたしに好きなものがたくさんあること」に胸をなで下ろし，自分自身ではなく「わたし」のために喜んでくれていたのだと，「わたし」は気づいたのである。

問８　Ⅰ　「はるちゃん」と呼んだ母の声は自然な響《ひび》きで，「ずっと呼び慣れて」きたもののようだったと直前に書かれているので，“言う”“話す”を意味する「口にする」という表現が合う。

Ⅱ　同じ段落に，「わたし」は周囲から「はるちゃん」と呼ばれているとあり，“聞き慣れている”という意味の「耳に馴《な》染《じ》む」が使われていると判断できる。

問９　前後に「醒めてしまった」「なつかしくない」とあることからも，波線部(Ⅰ)では，久しぶりの母との再会に全く感動しなかったことがわかる。だが，この後「わたし」に好きなものがたくさんあることを母が喜び，自分の幸せを願ってくれていると知った「わたし」は，自分の名前を母に何度も呼んでもらって記憶《きおく》に残そうとした。そして，母の「はるちゃん」という呼びかけは，胸の奥底《おくそこ》まで「染《し》み込《こ》んで，わたしの中で溶《と》け」て「わたしの一部になって」しまい，たとえ記憶が薄《うす》れても「わたし」から離れることはなくなった。波線部(Ⅱ)では，母の愛情と再会の喜びが「わたし」の体の隅々《すみずみ》にまで行き渡っていることが読み取れるので，これらの内容を整理して書くとよい。

Dr.福井の
入試に勝つ！ 脳とからだのウルトラ科学

寝る直前の30分が勝負！

みんなは，寝る前の30分間をどうやって過ごしているかな？　おそらく，その日の勉強が終わって，くつろいでいることだろう。たとえばテレビを見たりゲームをしたり――。ところが，脳の働きから見ると，それは効率的な勉強方法ではないんだ！

実は，キミたちが眠っている間に，脳は強力な接着剤を使って海馬《かいば》（脳の，知識をためる倉庫みたいな部分）に知識をくっつけているんだ。忘れないようにするためにね。もちろん，昼間に覚えたことも少しくっつけるが，やはり夜――それも“寝る前”に覚えたことを海馬にたくさんくっつける。寝ている間は外からの情報が入ってこないので，それだけ覚えたことが定着しやすい。

もうわかるね。寝る前の30分間は，とにかく勉強しまくること！　そうすれば，効率よく覚えられて，知識量がグーンと増えるってわけ。

では，その30分間に何を勉強すべきか？　気をつけたいのは，初めて取り組む問題はダメだし，予習もダメ。そんなことをしても，たった30分間ではたいした量は覚えられない。

寝る前の30分間は，とにかく「復習」だ。ベストなのは，少し忘れかかったところを復習すること。たとえば，前日の勉強でなかなか解けなかった問題や，１週間前に勉強したところとかね。一度勉強したところだから，短い時間で多くのことをスムーズに覚えられる。そして，30分間の勉強が終わったら，さっさとふとんに入ろう！

ちなみに，寝る前に覚えると忘れにくいことを初めて発表したのは，アメリカのジェンキンスとダレンバッハという２人の学者だ。

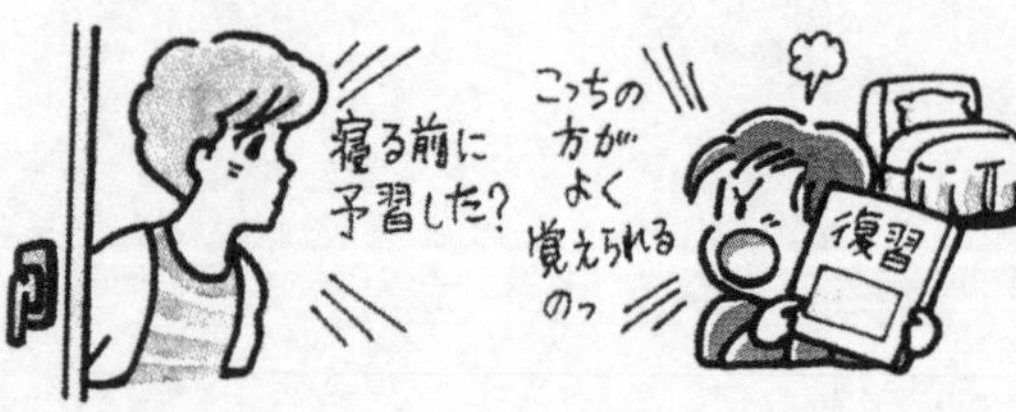

Dr.福井（福井《ふくい》一成《かずしげ》）…医学博士。開成中・高から東大・文Ⅱに入学後，再受験して翌年東大・理Ⅲに合格。同大医学部卒。さまざまな勉強法や脳科学に関する著書多数。

2023年度 かえつ有明中学校

【算　数】〈２月１日午前試験〉（50分）〈満点：100点〉

1　次の□にあてはまる数を求めなさい。

（１）　$6 + 18 \div 3 \times 2 = \square$

（２）　$17 \times 119 - 7 \times 187 - 11 \times 63 = \square$

（３）　$0.9 \times \frac{4}{7} - 0.7 \times \frac{2}{7} = \square$

（４）　0.85日＝□時間□分

（５）　$5 \div \left\{\left(20 - \square\right) \div \frac{4}{5}\right\} + 1 = 3$

2　次の問いに答えなさい。

（１）　ハワイは日本にだんだん近づいています。1年間に8cm移動しているとすると，12m近づくのには何年かかりますか。

（２）　右の図のように，半径の長さが12cm，中心角が60°のおうぎ形があり，半径3cmの円がこのおうぎ形のまわりをすべらないように回転して1周します。このとき，円の中心がえがく線の長さは何cmですか。ただし，円周率は3.14とします。

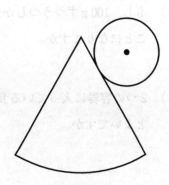

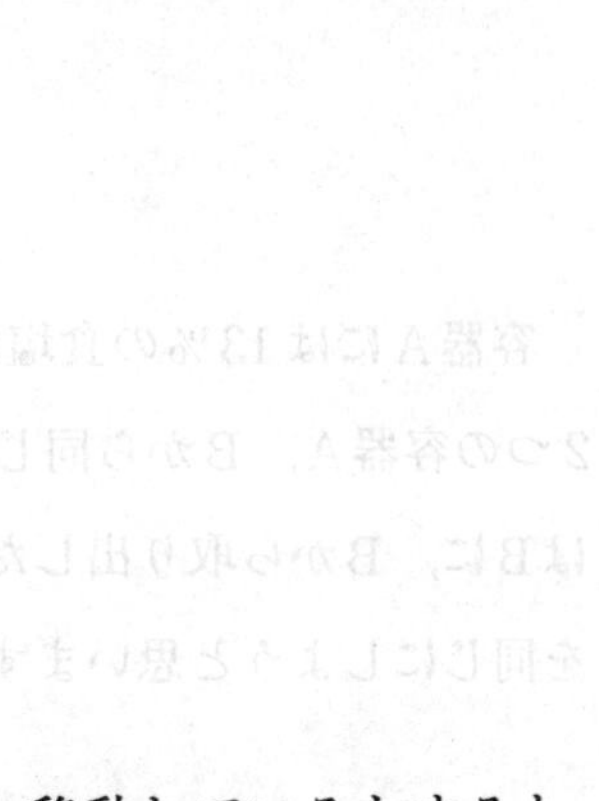

（3） 50 km離れた上流のA地点と下流のB地点の間を船が往復しています。A地点からB地点までは1時間かかり，B地点からA地点までは1時間40分かかります。このとき，静水時の船の速さは時速何kmですか。ただし，川の水は一定の速さで流れているものとします。

（4） 3人が毎日8時間ずつ働いて5日間かかって完成する仕事があります。この仕事を4人で毎日5時間ずつ働くと何日間で完成しますか。

（5） Aさんはお小づかいをもらってお祭りにでかけました。Aさんは最初にお小づかいの$\frac{1}{3}$を使って焼きそばを買い，次に300円を使ってかき氷を買い，最後に残りの金額の4割を使って綿あめを買いました。すると，Aさんが持っている金額は最初にもらったお小づかいの$\frac{1}{4}$になりました。このとき，Aさんが最初にもらったお小づかいは何円ですか。

3 容器Aには13％の食塩水が300 g，容器Bには7％の食塩水が700 g入っています。2つの容器A，Bから同じ重さの食塩水を同時にくみ出して，Aから取り出した食塩水はBに，Bから取り出した食塩水はAにうつして2つの容器に入っている食塩水の濃《こ》さを同じにしようと思います。このとき，次の問いに答えなさい。

（1） 同じになるときの食塩水の濃さは何％ですか。

（2） もし，100 gずつうつしかえたとすると，容器Aの食塩水にふくまれる食塩は何g減ることになりますか。

（3） 2つの容器に入っている食塩水の濃さを同じにするためには，何gずつうつしかえるとよいですか。

4 ある品物を１個250円で20個仕入れました。仕入れ値の６割の利益を見込んで定価をつけて売りに出しましたが，いくつか売れ残ってしまいました。そこで，売れ残った分を定価の２割５分引きで売りに出しましたが，それでも７個売れ残りました。計算したところ，売れ残った７個を捨てたときの全体の利益はちょうど０円で，得も損もしないことが分かりました。このとき，次の問いに答えなさい。

（１） 最後に売れ残った７個を定価の５割引ですべて売ったとき，全体の利益は何円になりますか。

（２） 定価で売れた個数は何個ですか。

5 下の図のような，縦５本，横５本の道を，地点Ａから地点Ｂまで進みます。ただし，図の上の方向か右の方向どちらかにしか進めません。図中の×印は，チェックポイントを表します。このとき，次の問いに答えなさい。

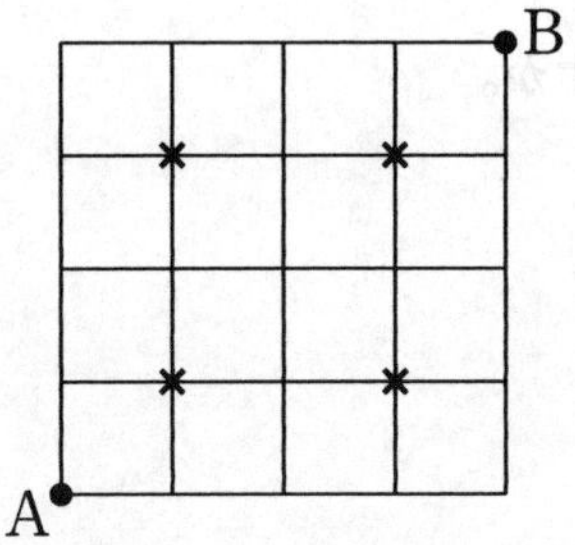

（１） チェックポイントを通らずに地点Ａから地点Ｂまで行く方法は，全部で何通りありますか。

（２） チェックポイントを３つ通って地点Ａから地点Ｂまで行く方法は，全部で何通りありますか。

6 図１で色のついた三角形の部分を直線ℓを軸《じく》として１回転させてできる立体を考えます。図２はその立体の展開図です。このとき，次の問いに答えなさい。ただし，円周率は3.14とします。なお，円すいの体積は「底面積×高さ×$\frac{1}{3}$」で求められます。

図１

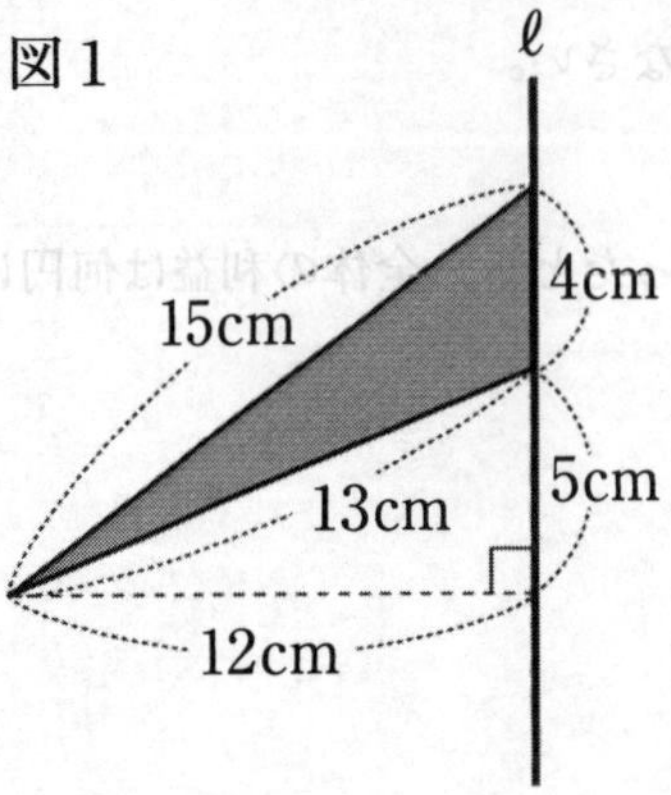

図２

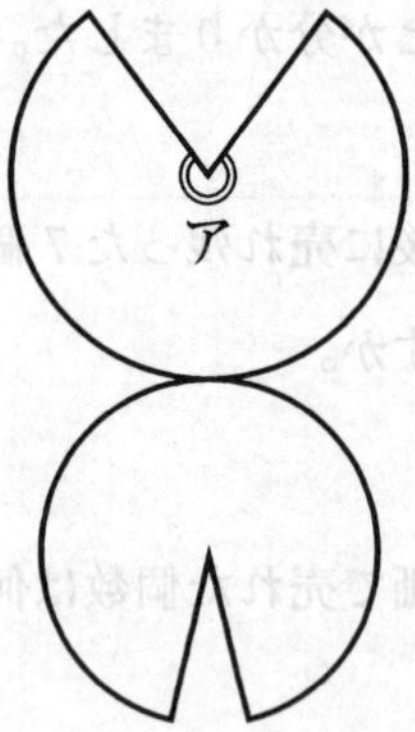

（1） この立体の体積は何cm^{3}ですか。

（2） 図２の角アの大きさは何度ですか。

（3） この立体の表面積は何cm^{2}ですか。

【社　会】〈2月1日午前試験〉（25分）〈満点：50点〉

（人名・地名や社会科で学習する用語は，漢字で答えなさい。）

1　次の文章**A**と**B**は、有子さん、明さん、学さんと先生の会話です。よく読んであとの問いに答えなさい。

A

有子：やっと授業が終わった！　でもいまの「社会」の時間に①日本の人口が減っていると先生が言ってたけど、本当なのかな。うちのマンションにはたくさん子どもがいるよ。

学　：きっと日本全体では減っているけど東京は増えているんじゃない？　②保育所が足りないってよく聞くよ。だから子どもは増えているとおもう。

先生：ふたりとも自分たちの経験からよく考えているね。パソコンからこの③**資料1**を見てごらん。

資料1「出生数と合計特殊出生率の全国平均の推移」

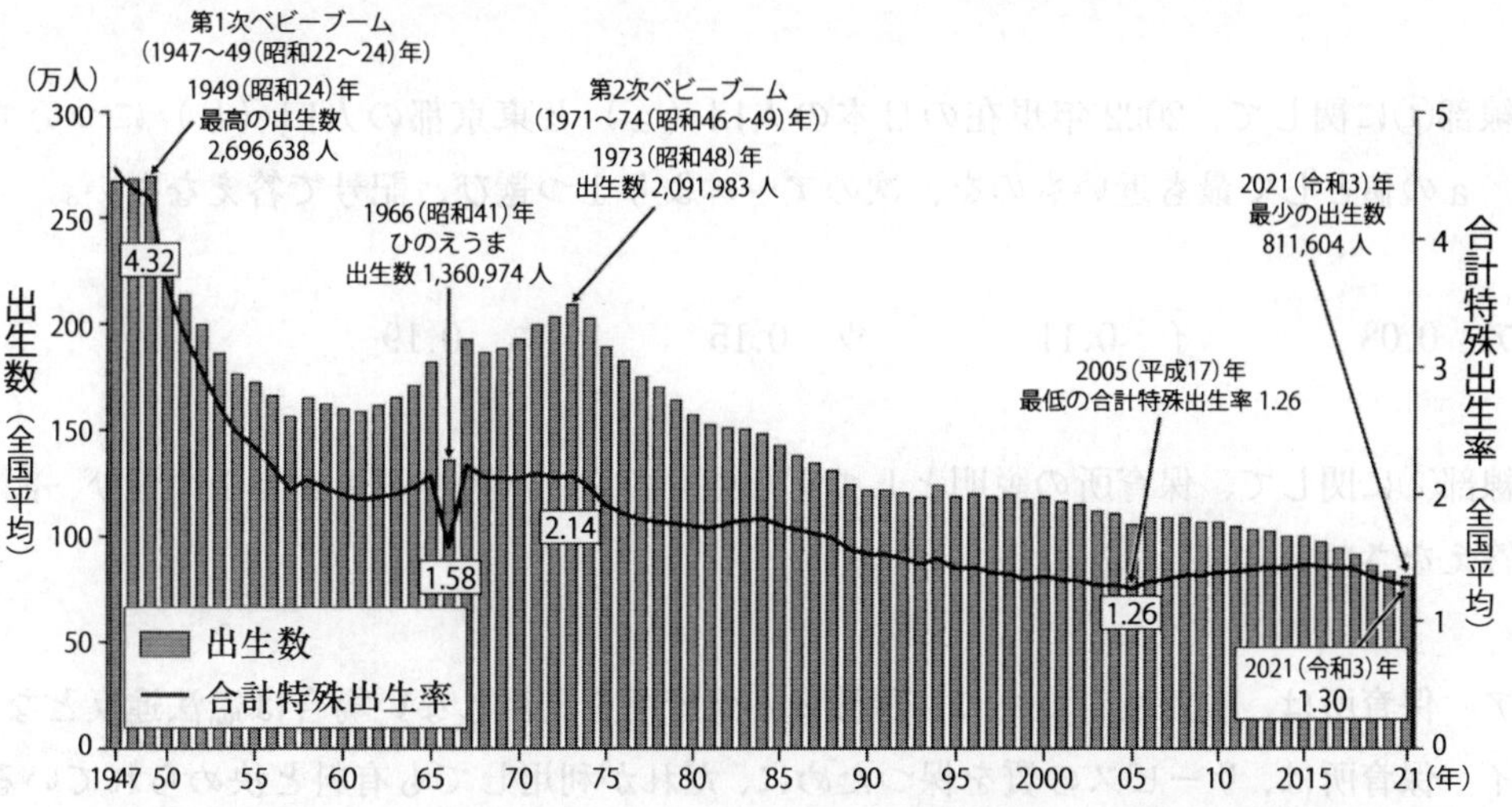

（人口動態統計 2021、厚生労働省ウェブサイトより）

明　：うわ、こういうの苦手だな。でも④ベビーブームは聞いたことがある。有子さん、グラフ読める？

有子：横の軸が西暦、縦の軸が出生数と⑤合計特殊出生率(注)だっていうことはわかるよ。

学　：なるほど、折れ線グラフと棒グラフでそれぞれ2つの情報が同時にわかるのか。でも⑥「ひのえうま」ってなんだろう。

先生：いろんなところに気が付いてるね。でも⑦**資料1**だけだと東京のことはわからないから**資料2**も見てみよう。合計特殊出生率に注目すると、実は2021年では東京都は全国最低なんだ。一方、沖縄は全国最高だよ。

資料２　合計特殊出生率

都道府県名	北海道	東京	神奈川	愛知	大阪	福岡	沖縄	全国平均
2015年	1.31	1.24	1.39	1.57	1.39	1.52	1.96	1.45
2021年	1.20	1.08	1.22	1.41	1.27	1.37	1.80	1.30

（人口動態統計 2015，2021 より作成）

明　：えー、なんだか不思議。東京は都道府県で一番人口が多いのに。

学　：沖縄は合計特殊出生率が最高かぁ。そういえば2022年に沖縄返還［　X　］周年だって授業でやってたね。

有子：沖縄のこと知りたいな。先生、パソコンで検索していいですか？

（注）合計特殊出生率とは、「一人の女性が一生の間に生む子どもの数」（厚生労働省）です。

問１　下線部①に関して、2022年現在の日本の人口（ａ）と東京都の人口（ｂ）について、ｂ／ａの値として最も近いものを、次のア～エより１つ選び、記号で答えなさい。

ア　0.08　　　イ　0.11　　　ウ　0.15　　　エ　0.19

問２　下線部②に関して、保育所の説明として正しいものを、次のア～エより１つ選び、記号で答えなさい。

ア　保育所は、義務教育であり、保護者が保育所を利用しない場合は憲法違反となる。
イ　保育所は、サービスの質を保つために、だれが利用しても有料と決められている。
ウ　保育所は、保護者の仕事と子育てを支援するために、０歳から利用できる。
エ　保育所は、子どもの面倒を見られる保護者がいる場合、利用してはならない。

問３　下線部③に関して、**資料１**の読み取りとして正しいものを、次のア～エより１つ選び、記号で答えなさい。

ア　1949年を見ると、出生数は最多であり、合計特殊出生率も最高となっている。
イ　阪神淡路大震災や東日本大震災のような大きな災害が起きた年を見ると、合計特殊出生率にもすぐに大きく影響することがわかる。
ウ　第２次ベビーブーム以降、出生数が前年度よりも上がったことは一度もない。
エ　2005年の合計特殊出生率は最低であるにもかかわらず、出生数に関しては2021年よりも高い。

問4　下線部④に関して、第1次ベビーブームの世代が約25歳前後に集中して結婚・出産するタイミングで第2次ベビーブームが起きましたが、もし次も全く同じタイミングなら第2次ベビーブームの世代が25歳前後になった1995～1998年ごろ第3次ベビーブームが起きているはずです。しかし、**資料1**を見るとベビーブームは起きておらず、ようやく35歳前後になった2005年から徐々に合計特殊出生率が上昇している程度です。なぜこのようなことになるのか、理由を考えて書きなさい。

問5　下線部⑤に関して、人口が増加するためには合計特殊出生率が少なくともいくつ以上でなければなりませんか。最も近いものを次のア～エより1つ選び、記号で答えなさい。

ア　1.3　　　イ　1.7　　　ウ　2.1　　　エ　2.5

問6　下線部⑥に関して、1966年に「ひのえうま(注)」の年になっていることがわかります。次に「ひのえうま」になるのは西暦何年か答えなさい。
ちなみに、「ひのえうま」は「ひのえ」と「うま」が組み合わせてつくられており、「ひのえ」は10年ごとの周期で現れ、その周期ごとに「うま、さる、いぬ、ね、とら、たつ」と順に組み合わせていく決まりです。

注：ひのえうま（丙午）の年に生まれた女性は気性が荒く、結婚できなかったり、家庭を不幸にしたりすると信じられていた。

問7　下線部⑦に関して、**資料2**から、または**資料1**と**2**の比較から読み取れることとして最も適切なものを、次のア～エより1つ選び、記号で答えなさい。

ア　**資料2**を見ると、2015年と2021年の合計特殊出生率の数値の差は、沖縄より東京の方が大きいことがわかる。

イ　**資料2**を見ると、2021年の合計特殊出生率は各都道府県の人口が多ければ多いほど低くなっていることがわかる。

ウ　**資料1**と**2**を見ると、2021年の出生数（全国平均）は2020年から1.3倍になっていることがわかる。

エ　**資料1**と**2**を見ると、2005年の合計特殊出生率（全国平均）は、2021年の大阪の合計特殊出生率よりも低いことがわかる。

問8　空らん［　X　］に入る数字を答えなさい。

B

先生：沖縄の合計特殊出生率や⑧基地問題を考えることもすごく重要だけど、そもそもどんな山や川があるか、地理について考えたことはある？

学　：そういえば、⑨県庁所在地ぐらいしかわかっていないかもしれません。

明　：実際に沖縄本島に行くと、山や谷が多くて移動が大変だったよ。

先生：そうだね。実際に高低差がわかる**資料３**を見てみよう。ほとんどが薄い色つまり高地になっていて、平地を表す濃い色がほとんどないことがわかるかな。

資料３

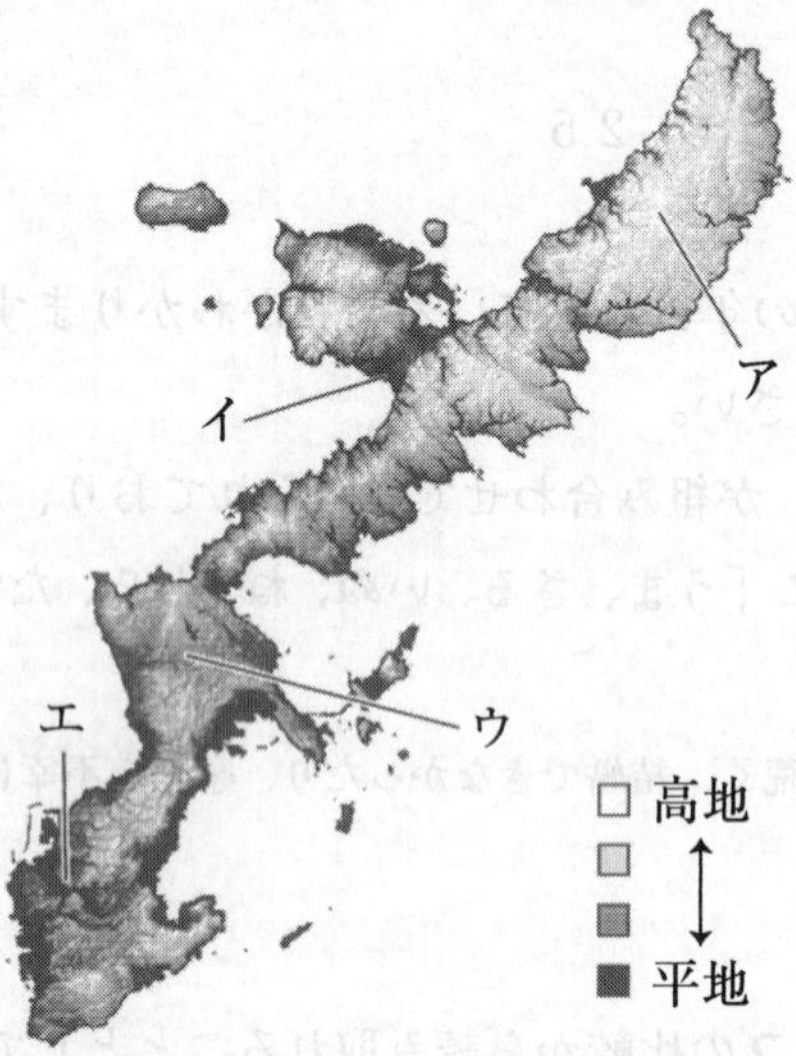

（国土地理院「地理院地図」より作成）

資料４

建物の屋上のタンク

有子：こう見ると、沖縄本島って⑩天然の要塞《さい》みたいですね。交通網《もう》をつくるのも大変そう。

先生：だからこそ独特の生活があるよ。明さん、沖縄に行ったのならビルの屋上などにこのようなタンクが置かれているのを見なかった？（**資料４**）

明　：あ、見ました。何かのってるなと思ったんですが、タンクだったんですね。⑪中身は何ですか？

先生：沖縄の地理がわかれば、答えがわかるよ。ちょっと考えてみようか。

問９　下線部⑧に関して、市街地にある普天間《ふてんま》飛行場の移転先として選ばれた辺野古《へのこ》では、大浦湾の埋め立てがはじまっています。この大浦湾に住む絶滅危惧《きぐ》種のうち国の天然記念物として指定されているものを、次のア～エより１つ選び、記号で答えなさい。

ア　カワウソ　　イ　ジュゴン　　ウ　ヤンバルクイナ　　エ　マングース

問 10　下線部⑨に関して、沖縄県の県庁所在地がある場所を、**資料３**のア～エより１つ選び、記号で答えなさい。

問 11　下線部⑩に関して、沖縄本島のあちこちに「ガマ」と呼ばれる洞窟があり、沖縄戦でも使われました。沖縄本島は、もともと海中のサンゴ礁《しょう》が隆起してできた部分が多く、雨で石灰岩（サンゴ）が溶かされて空洞化した部分などがガマになると考えられます。このように石灰岩が雨や地下水によって浸食されてできた地形を一般になんと言いますか。次のア～エより１つ選び、記号で答えなさい。

ア　鍾乳洞　　イ　カルデラ　　ウ　扇状地　　エ　河岸段丘

問 12　下線部⑪に関して、このタンクの中身は何か、理由と共に正しく説明しているものを、次のア～エより１つ選び、記号で答えなさい。

ア　中身は太陽光発電機　―　梅雨がない沖縄県では、晴天を利用した太陽光発電が盛んであるから。

イ　中身は水（雨水）　―　沖縄県は雨が降っても短い川からすぐ海に流れ出してしまうため、水不足対策として雨水をためているから。

ウ　中身は米　―　気温が高く平地の少ない沖縄県では稲作ができないため、どの家庭もききん対策として米をためているから。

エ　中身は砂糖　―　沖縄県の特産品のサトウキビからつくられた砂糖は、太陽光で温めながら純度を高めていくことでさらに甘くなるから。

2 次のものは、ある生徒が「祈《いの》り」をテーマにして歴史をまとめるためにつくったメモです。よく読んで、あとの問いに答えなさい。

【縄文時代】
- 土偶がつくられた。不思議な顔や形。宗教的な①儀式《ぎしき》や祈りに使われた？
- 国宝「合掌《がっしょう》土偶」…祈る姿とも出産の姿ともいわれている。
- 昔は病院のベッドじゃなくて座って出産するみたい。

「合掌土偶」

（八戸市ウェブサイトより）

【弥生時代】
- 邪馬台国の男性は「黥面文身《げいめんぶんしん》」（顔と体のいれずみ）をしていて、これは危険をさけるまじないの意味があったと②記録されている。
- ③医学が発達した今でも「アマビエ」のお札に頼ったりするから、今もまじないは身近だ。

【古墳時代】
- 埴輪がつくられた。土偶とはまた違った特ちょう。
- ６世紀には④仏教が伝来した。祈りのかたちも変わっていく。
- 国宝「腰掛《こしか》ける巫女《みこ》」…合掌土偶と同じ女性像だが祈りの姿は異なる。

「腰掛ける巫女」

（国立博物館ウェブサイトより）

【飛鳥時代】
- 聖徳太子（厩戸皇子《うまやとのおうじ》）や⑤蘇我氏の影響で仏教が大きな影響を持つ。

【奈良時代】
- 仏教の力を用いて国家を治めようとする天皇も現れた。
- 宗教と政治の関係が深まった。

【平安時代】
- 初期は遣唐使が持ち帰った最先端の仏教が取り入れられた。
- 後期は仏教の力がおとろえる時代がくるという考えが広まり、⑥貴族を中心に浄土教が流行した。
- ⑦仏教がさまざまな信仰と結びつくことも見られた。

【鎌倉時代】

▪貴族だけではなく⑧庶民《しょみん》の救済もうたった仏教がうまれた。

▪政治の実権を得た武士たちの間には⑨禅宗が広まった。

【室町時代～安土桃山時代】

▪海外との貿易などによって⑩キリスト教が伝わったが、しだいに弾圧されるようになった。

【江戸時代】

▪街道が整備され、安全に旅行がしやすくなった。経済的に豊かになった庶民は伊勢神宮、熊野神社、⑪善光寺などに参拝《さんぱい》するために長期間の旅に出ることができるようになった。

【明治時代～大正時代】

▪新政府は⑫宗教との関係を整理し、国民を統率《とうそつ》しようとした。しかし、内藤鑑三などはキリスト教徒の立場から政府を批判した。

【昭和時代～現代】

▪戦後になると、私たちの祈りは国家の定める宗教によってではなく、個人の精神の自由に基づいてなされるものになった。

〈まとめ〉日本の歴史の中にはいつも祈りや宗教があり、多くの人が宗教を気にせずに生きている今は、⑬日本の歴史全体からするとめずらしい時代なのだということに気が付いた。

問１　下線部①に関して、縄文時代の儀式や祈りに関する説明として**誤っているもの**を、次のア～エより１つ選び、記号で答えなさい。

ア　縄文人の頭蓋《ずがい》骨には、意図的に歯が抜かれたものが見られる。
イ　貝塚からは、人骨や犬の骨やまだ使える土器なども発見される。
ウ　縄文人は死者の魂を信じず、埋葬《まいそう》を行わなかったと考えられる。
エ　縄文土器は、日常の使用だけでなく儀式用にも使われたと考えられる。

問２　下線部②に関して、この記録として正しいものを、次のア～エより１つ選び、記号で答えなさい。

ア　魏志倭人伝　　イ　漢書地理志　　ウ　後漢書東夷伝　　エ　隋書倭国伝

問３　下線部③に関して、これまで祈るしかなかった病気に対して、医学の力で克服した例として正しいものを、次のア～エより１つ選び、記号で答えなさい。

ア　野口英世は、当時多くの人が感染していた結核の治療法を開発した。
イ　北里柴三郎は、放射線の研究を行い、レントゲン写真の撮影に成功した。
ウ　山中伸弥は、再生医療などに応用できるiPS細胞の作成方法でノーベル賞を受賞した。
エ　本庶佑は、ヒト免疫不全ウイルス（HIV）の新薬をつくり、ノーベル賞を受賞した。

問４　下線部④に関して、仏教のように当時の渡来人が伝えたとされるもののうち**誤っているもの**を、次のア～エより１つ選び、記号で答えなさい。

ア　儒教　　イ　漢字　　ウ　養蚕　　エ　前方後円墳

問５　下線部⑤に関して、仏教を取り入れるかどうかについて蘇我稲目・馬子と対立した最大の一族の名前を解答らんに合わせて答えなさい。

問６　下線部⑥に関して、浄土教（浄土信仰）についての説明として正しいものを、次のア～エより１つ選び、記号で答えなさい。

ア　浄土宗の影響を受けて成立し、裕福な貴族の間に流行した。
イ　民衆の中に入り込んで浄土教を伝えようとした人に、空也がいる。
ウ　民間での浄土教の流行に対抗し、藤原氏は平等院を建立して真言宗の力を示した。
エ　浄土教は非常に流行したが、京都周辺以外では受け入れられなかった。

問７　下線部⑦に関して、世界遺産「富士山—信仰の対象と芸術の起源」にも示されるように、山岳への信仰と仏教などが結びついた思想がうまれました。とくに山へこもって悟りを得ようとする宗教はなんと呼ばれるか、正しいものを、次のア～エより１つ選び、記号で答えなさい。

ア　修験道　　イ　国学　　ウ　朱子学　　エ　鬼道

問８　下線部⑧に関して、「南無阿弥陀仏」と唱えることで救われると説く宗派として正しいものを、次のア～エより１つ選び、記号で答えなさい。

ア　密教　　イ　浄土真宗　　ウ　曹洞宗　　エ　日蓮宗

問９　下線部⑨に関して、臨済宗を日本に伝え、鎌倉幕府に重用された人物に最も関係の深いものを、次のア～エより１つ選び、記号で答えなさい。

ア　鉄砲　　　イ　蘭学　　　ウ　法華経　　　エ　茶

問10　下線部⑩に関して、キリスト教に対する日本側からの対応Ａ～Ｃを時代順に並べるとどうなるか、正しいものを、下のア～エより１つ選び、記号で答えなさい。

Ａ　キリスト教の広がりを警戒して、伴天連追放令が出された。
Ｂ　キリスト教を保護し、安土などにセミナリヨが建てられた。
Ｃ　キリスト教を広めないと約束したオランダには、当時の幕府との貿易を許した。

ア　Ａ→Ｂ→Ｃ　　　イ　Ｂ→Ａ→Ｃ
ウ　Ｃ→Ａ→Ｂ　　　エ　Ａ→Ｃ→Ｂ

問11　下線部⑪に関して、このような場所を中心に発展した町を何と呼ぶか、正しいものを、次のア～エより１つ選び、記号で答えなさい。

ア　門前町　　　イ　城下町　　　ウ　環濠集落　　　エ　宿場町

問12　下線部⑫に関して、この時代に具体的にどのようなことが行われたか、正しいものを、次のア～エより１つ選び、記号で答えなさい。

ア　神仏分離令により、キリスト教の信仰が可能になった。
イ　江戸時代から続く仏教による民衆の管理が、さらに強化された。
ウ　廃仏《はいぶつ》毀釈《きしゃく》運動が起き、民衆は新しい仏教を信じるよう強要された。
エ　天皇を中心として国民を統合しようとする国家神道が整理された。

問13　下線部⑬に関して、「日本」の歴史を『日本書紀』が成立した720年から数えた場合、2023年までの歴史の中で、憲法の中で信教の自由が認められている期間は約何％ぐらいといえますか。生徒のメモをよく読んで、正しいものを、次のア～エより１つ選び、記号で答えなさい。

ア　２％　　　イ　６％　　　ウ　10％　　　エ　14％

【理　科】〈２月１日午前試験〉（25分）〈満点：50点〉

1　あいなさんが大好きなサンマについて、「サンマが今年も不漁で、サンマの資源量が減っているのではないか？」というニュースを見て、将来食べられなくなったり、高級魚となってしまうのか心配になり、サンマがどのように生活しているか探究することにしました。下記の探究レポートをもとに、あとの問いに答えなさい。

〈探究レポート〉

【問い】：サンマは海の中でどのように生活し、他の生物との関係はどのようになっているのか。

【調べた結果】：

サンマの生活環境《かんきょう》とそこで関わりのある生物を調べると、サンマは太平洋を反時計回りに回遊し、成長して日本近海に近づくことがわかった。そのときに、①サンマが食べているのは、主にアミ類などの動物プランクトンであり、逆に、カツオやマグロにも食べられることもわかった（もちろん、ヒトをふくむ）。その関係を図１に示した。ただ、サンマが水中の小さな生物とまちがえて、②小さいプラスチック（大きさ５mm以下）を食べてしまったり、それを取り込んだＢグループの動物プランクトンを食べて間接的に体内に取り込むことも課題になっていることがわかった。サンマの資源量には水温が関係しており、地球温暖化の影響《えいきょう》も、資源量が減少している要因の一つと言われている。

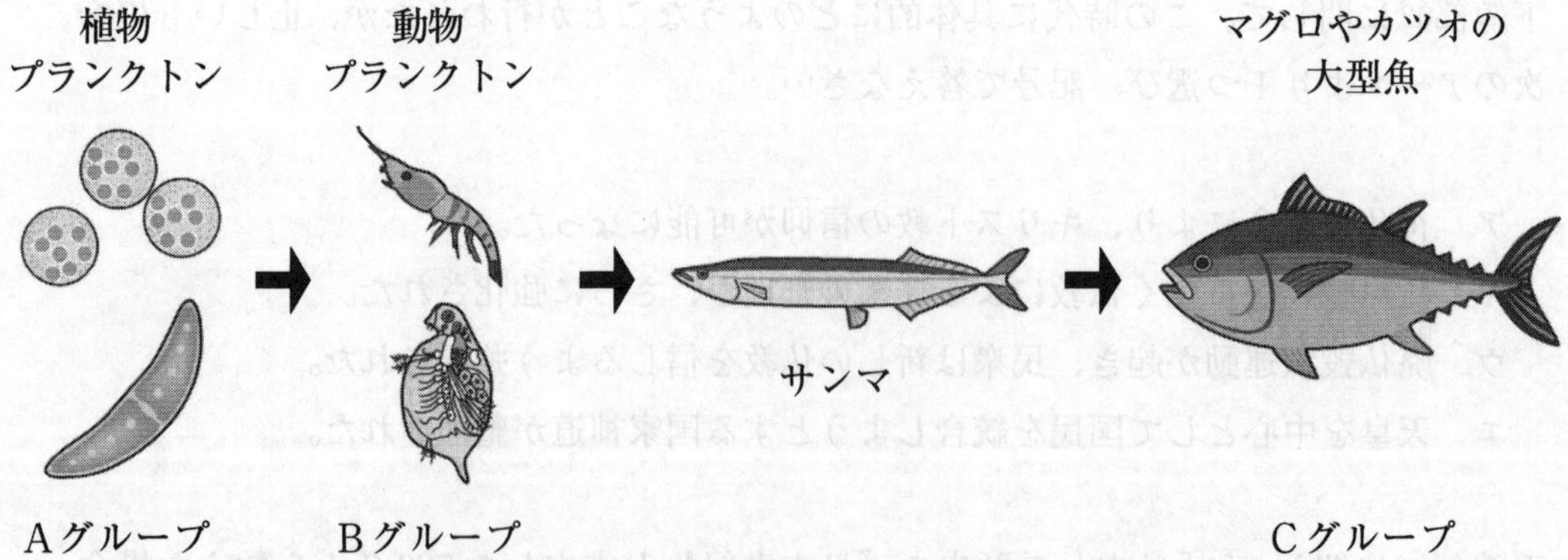

図１

（1） 海の中で生活しているサンマの呼吸について説明している文章として、適切なものを次のア～エから１つ選び、記号で答えなさい。

ア　肺で、酸素を取り入れ、二酸化炭素を排出《はいしゅつ》している。
イ　肺で、二酸化炭素を取り入れ、酸素を排出している。
ウ　えらで、酸素を取り入れ、二酸化炭素を排出している。
エ　えらで、二酸化炭素を取り入れ、酸素を排出している。

（2） 探究レポートの下線部①にあるような、生物どうしの食べる・食べられる関係を何といいますか。

（3） サンマの資源量が減った場合、**図1**のＢとＣのグループの生物の数はどのようになりますか。適切なものを、次のア～ウからそれぞれ１つずつ選び、記号で答えなさい。

ア　増える　　　イ　減る　　　ウ　変わらない

（4） 下線部②の小さいプラスチック（大きさ5mm 以下）を何といいますか。また、その課題となっている理由について、下記に記しました。（　　　　）にあてはまる言葉として、適切なものを次のア～エから１つ選び、記号で答えなさい。

小さいプラスチックが体内に入ると、（　　　　）しないため、体に残ってしまう。体外に排出されにくく蓄積《ちくせき》してしまうため、食べる・食べられる関係により、サンマやＣのグループになると、その濃度《のうど》が非常に高まるため、体内への影響が心配されている。

ア　蒸発　　　イ　呼吸　　　ウ　運ぱん　　　エ　消化

2 **図1**のように、1Lの水の入った容器を台ばかりにのせ、その水の中に、体積30cm^3のおもりを、ばねばかりにつるしたまま沈《しず》めると、ばねばかりは40g、台ばかりは1220gを示しました。ただし、水は1cm^3あたり1gとし、ひもの体積、重さは考えないものとします。プールに入るとからだが浮くように、液体中の物体には、そのまわりの液体から押し上げる力がはたらきます。その力の大きさは、その物体が押しのけた液体の重さに等しいことがわかっています。

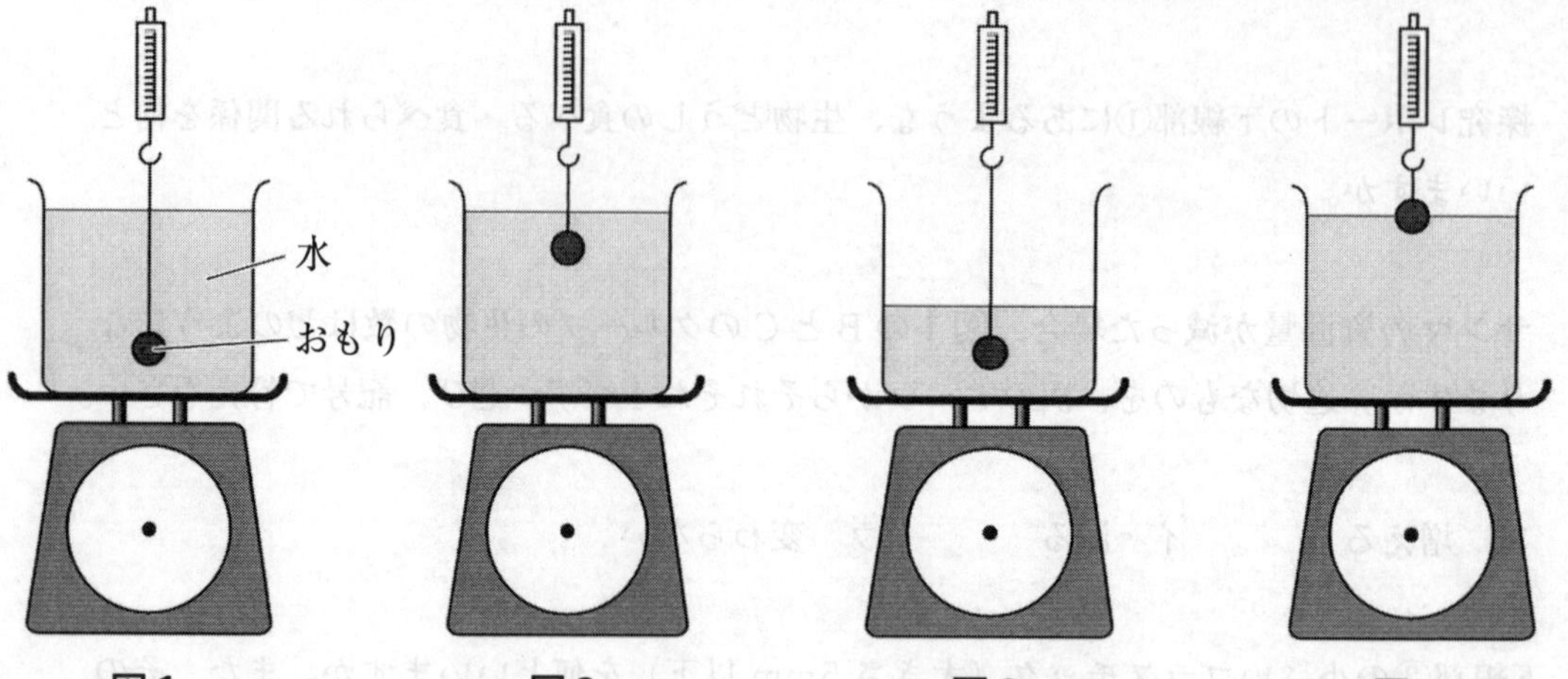

図1　**図2**　**図3**　**図4**

（1）　ばねばかりの示した値40gは、おもりの重さとくらべると何gちがいますか。

（2）　1Lの水の重さと容器の重さとおもりの重さをすべて足すと何gになりますか。

（3）　容器は何gですか。

（4）　次に、**図2**のように、おもりをつるしてあるひもの長さを短くすると、ばねばかりと台ばかりの値は**図1**のときとくらべてそれぞれどうなりますか。次のア～ウからそれぞれ1つずつ選び、記号で答えなさい。

ア　増える　　　イ　減る　　　ウ　変わらない

（5）　次に、**図3**のように、水の量を半分にすると、ばねばかりと台ばかりの値は**図1**のときとくらべてそれぞれどうなりますか。次のア～ウからそれぞれ1つずつ選び、記号で答えなさい。

ア　増える　　　イ　減る　　　ウ　変わらない

（6） 次に、**図4**のように、おもりが水面から半分出ている状態にすると、ばねばかりと台ばかりの値は**図1**のときとくらべてそれぞれどうなりますか。次のア～ウからそれぞれ1つずつ選び、記号で答えなさい。

ア　増える　　　　イ　減る　　　　ウ　変わらない

3　空気1m³中にふくむことができる水蒸気の量には限度があり、その量をほう和水蒸気量といいます。ほう和水蒸気量は、下図のグラフのように気温が高いほど大きくなります。また空気中にふくまれている水蒸気の量が、そのときの温度におけるほう和水蒸気量の何％にあたるかを表したものをしつ度といいます。次の問いに、グラフを見て答えなさい。

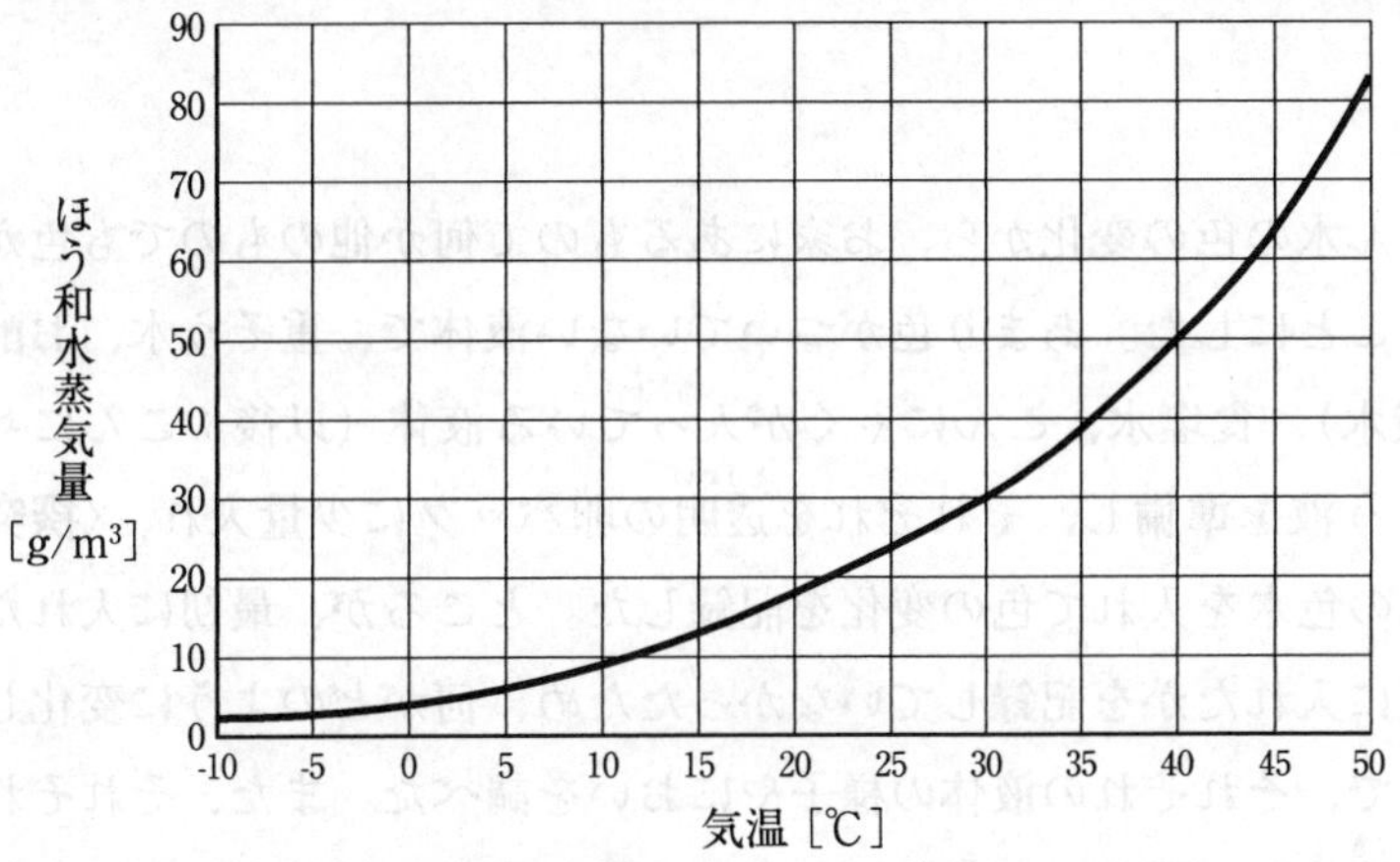

（1） 気温30℃で、しつ度70％の空気50m³中には、水蒸気は何gふくまれていますか。

（2） 気温40℃で、空気1m³中に35gの水蒸気をふくんでいる空気のしつ度は何％ですか。

（3） （2）のときの空気の温度が25℃に下がると、1m³あたり何gの水てきができますか。

（4） ある日の明け方にきりが発生しました。前日の明け方には、きりは発生しませんでした。それぞれの前日の夜の同時刻の温度、しつ度はともに同じであったことから、どういったことが考えられるか解答らんの書き出しに続ける形で答えなさい。ただし、夜から明け方までの空気中の水蒸気の量は変わらないものとします。

4 小学６年生のたすくくんは、夏休みに学校で育てていた紫《むらさき》色のアサガオを使って、何か探究したいと考え、下記の**探究Ⅰ**・**Ⅱ**を行いました。このとき、あとの問いに答えなさい。

〈探究Ⅰ〉

１年生のころに紫色のアサガオの花を冷凍《れいとう》してとっておき、それをビニール袋《ぶくろ》に入れてもみ出すと、紫色のきれいな色水になったことを思い出した。そこで、同じように作ってみることにした。アサガオを入れる前に、ビニール袋の中が汚れていたので、せっけんで洗った。それから、アサガオを入れ、水を入れてもみ出したところ、最初は紫色が出てきたが、青色に変化した。この色の変化を見て、たすくくんは、次の問いが浮《う》かんだ。
「アサガオの紫色の色水が、なぜに青色になったのか。」
たすくくんは、この問いを調べるために、実験をした。
実験した結果、青色に変化させたのは、せっけんが残っていたからであることがわかった。

〈探究Ⅱ〉

たすくくんは、せっけん水の色の変化から、お家にあるもので何か他のものでも色が変化しないか、実験してみることにした。あまり色がついていない液体で、重そう水、お酢《す》、市販の強炭酸（以後：炭酸水）、食塩水、こんにゃくが入っている液体（以後：こんにゃく水）、砂糖水の６種類の水よう液を準備し、それぞれを透明《とうめい》の卵パックに少量入れ、**〈探究Ⅰ〉**で用いたアサガオの紫色の色水を入れて色の変化を記録した。ところが、最初に入れた重そう水以外、何をどの場所に入れたかを記録していなかったため、何がどのように変化したかわからなくなった。そこで、それぞれの液体の様子やにおいを調べた。また、それぞれを少量取り、フライパンに数滴《てき》入れて弱火で加熱して、変化を見た。その結果を下記の表にまとめることで、仮で設定したＡ～Ｅの水よう液がそれぞれ何であるかわかってきた。

	重そう水	A	B	C	D	E
見た目	何もない	何もない	あわが出ている	何もない	何もない	何もない
におい	なかった	なかった	なかった	なかった	少しつんとするにおい	なかった
加熱後	白い固体が残った	白い固体が残った	何も残らなかった	黒い固体が残った	何も残らなかった	白い固体が残った
色	緑色	紫色	うすい赤色	紫色	赤色	黄緑色

（１）〈探究Ⅰ〉の「アサガオの紫色の色水が、なぜに青色になったのか。」の問いに対して、下線部のように、せっけんが青色に変化させた要因であることを証明するために、たすくくんは何を準備する必要がありますか。その組み合わせとして適するものを次のア～エから１つ選び、記号で答えなさい。ただし、せっけん水とはこのときに使用したせっけんを水にとかしたものです。

ア　紫色の色水だけをしばらく置いて色の変化を見た。
イ　紫色の色水にせっけん水を入れた場合のみの色の変化を見た。
ウ　紫色の色水のみと、紫色の色水にせっけん水を入れた場合の色の変化を比較《ひかく》した。
エ　紫色の色水のみと、紫色の色水に衣類用洗剤を入れた場合の色の変化を比較した。

（２）〈探究Ⅱ〉において、Ａの水よう液で、加熱後の白い固体とは何であると考えられますか。適切なものを次のア～エから１つ選び、記号で答えなさい。

ア　砂糖　　　イ　重そう　　　ウ　片栗《かたくり》粉　　　エ　食塩

（３）〈探究Ⅱ〉において、Ｂの水よう液をリトマス紙で変化を見ようとすると、どうなりますか。適切なものを次のア～エから１つ選び、記号で答えなさい。

ア　青色のリトマス紙だけが赤色に変化する。
イ　赤色のリトマス紙だけが青色に変化する。
ウ　青色のリトマス紙は赤色に、赤色のリトマス紙は青色に、どちらも変化する。
エ　青色、赤色のどちらの色のリトマス紙も変化しない。

（４）（３）の変化からＢの水よう液の性質は、何になりますか。適切なものを次のア～ウから１つ選び、記号で答えなさい。

ア　酸性　　　イ　中性　　　ウ　アルカリ性

（５）〈探究Ⅱ〉において、Ａ～Ｅの水よう液はそれぞれ何になりますか。その組み合わせとして適切なものを、次のア～オから１つ選び、記号で答えなさい。

	A	B	C	D	E
ア	砂糖水	炭酸水	食塩水	お酢	こんにゃく水
イ	砂糖水	お酢	食塩水	こんにゃく水	炭酸水
ウ	食塩水	お酢	砂糖水	炭酸水	こんにゃく水
エ	食塩水	炭酸水	砂糖水	お酢	こんにゃく水
オ	こんにゃく水	炭酸水	砂糖水	お酢	食塩水

問七　Ⅳ　にはどのようなセリフが入ると考えられますか。十字以内で答えなさい。

問八　⑤干からびた虫の死骸から「瑛介」は「壮太」のどのような思いを感じましたか。「という思い。」につながる形で、六十字以内で答えなさい。

問九　⑥これ以上ない暑い夏が、今、始まろうとしているとありますが、この表現からどのような心情が読み取れますか。その説明として**適当でないもの**を次から一つ選び、記号で答えなさい。

ア　快適な温度に管理された室内での不自由な生活が終わり、虫も干からびるような体温と同じ気温の屋外での自由な日々が来ることに対し、期待が高まっている。

イ　病気でも悲観していない壮太に出会えたことで、これからの人生に希望を見出したとともに、退院してから壮太と遊ぶことに大きな期待がふくらんでいる。

ウ　干からびたバッタによってかつてない猛暑が続いている事実を目の当たりにし、退院後はこれまでできなかった屋外の遊びを存分に楽しもうと、気持ちが高ぶっている。

エ　猛暑の象徴のような干からびたバッタにふれて、情報としてしか知らなかった夏の暑さを実感し、自分がこれから実際に体感する夏に心をおどらせている。

オ　壮太からの手紙を読むことで初めて今年の夏が異常な暑さだと知り、さらに自分は自分のままでよいと思うことができた今、第二の人生が始まると感じている。

問四 ［Ⅰ］・［Ⅱ］・［Ⅲ］に入るものを次から一つずつ選び、それぞれ記号で答えなさい。

ア だけど、一週間か二週間、まだここでの日々は続くのだ。

イ 毎日変化のないだだっ広い終わりのない時間が目の前にある。

ウ ぼくら子どもにとっての一日を、大人の感覚で計算するのはやめてほしい。

エ 病院の中では、自分の気持ちをどう動かすのが正解なのか、どんな感情を持つことが正しいのか、よくわからなくなってしまう。

問五 ③真っ暗な中、音が出ないようマットに向かっておもちゃ箱をひっくり返す　とありますが、それはなぜですか。もっとも適当なものを次から一つ選び、記号で答えなさい。

ア 自分の気持ちの整理がつかず、何かしないと爆発しそうな思いを抑えきれないから。

イ 夜に一人で遊ぼうとしているのが見つかると、看護師さんたちに怒られてしまうから。

ウ 自分がおもちゃをひとり占めにしたいということを、他人には知られたくなかったから。

エ 他の患者に迷惑をかけるという理由で、おもちゃへの乱暴な扱いは禁止されているから。

問六 ④三つ目のおもちゃ箱をひっくり返し、あれ、と思った　とありますが、「瑛介」は何を見つけて、どのように感じましたか。もっとも適当なものを次から一つ選び、記号で答えなさい。

ア たくさんの紙飛行機を見つけ、明日から一つ一つ飛ばすのが楽しみになった。

イ カラフルな紙飛行機を見つけ、その独特のすがたや形のとりこになってしまった。

ウ 壮太からの手紙を見つけ、自分への本当の思いに胸がしめつけられた。

エ 壮太からの手紙を見つけ、自分が一人ぼっちではなかったとうれしくなった。

楽しませることができる。壮太はとにかく最高なんだ。壮太が壮太なら、小さくたっていい。そう。小さくたって全然《ぜんぜん》いいのだ。

干からびたバッタを横に置いて、ぼくはベッドの上の小さな机の上で手紙を書いた。

⑥これ以上ない暑い夏が、今、始まろうとしている。

（瀬尾まいこ『夏の体温』より）

問一　……部Ａ～Ｄのカタカナは漢字に、漢字はひらがなに直しなさい。

問二　①ただなんとなく笑った　とありますが、このとき「瑛介」はどのように考えていますか。もっとも適当なものを次から一つ選び、記号で答えなさい。

ア　声に出すと勝手になみだが出そうになり、落ちこんでいる気持ちをどうにかごまかしたい。

イ　自分はさみしい気持ちでいっぱいになっているが、「壮太」も自分と同じかどうかは自信がない。

ウ　「壮太」との別れはつらいが、何かにせき止められたかのように言葉がうまく出てこなくてはがゆい。

エ　本当は「壮太」と少しでも話したかったが、親たちの前で別れのあいさつを手短にするのは難しい。

問三　②だけど、どうしても確認したくて、「一週間ですか？　二週間ですか？」とぼくは聞いた　とありますが、それはなぜですか。もっとも適当なものを次から一つ選び、記号で答えなさい。

ア　母に心配をかけたくないので、少しでも早く退院したいと考えていたから。

イ　退院できるかできないかよりも、あと何日一人で過ごすのかを知りたかったから。

ウ　退院の時期についてはあいまいにごまかされ、いつも納得がいかなかったから。

エ　自分の時間は限られているので、なによりも時間を大事なものだと考えていたから。

てきたのだろうか。早く読みたい、早く壮太の文字を見たいと封筒の中身を取り出して、ぼくは「うえ」と悲鳴を上げた。中からは、⑤干《ひ》からびた虫の死骸《しがい》が出てきた。茶色くなってパリパリになった死骸は、不気味でしかたない。おいおい、どんないやがらせだよと、手紙を読んでみる。

えいちゃんへ

２日間だったけど、超《ちょう》楽しかったよな。ありがとう。また遊べたらなーってそればっかり考えてる。チビは最悪だけど、えいちゃんと会えたし、チビでもいいことあるなって思ったよ。

えいちゃん、「外はどれくらい暑いんだろうな」って言ってたけど、マジでやばいぜ。毎日たおれそう。昨日おれの家の前でバッタがひからびてたから送る。な。本当に丸こげになるだろう。

壮太

ああ、壮太。ぼくもだ。もう一度遊べたらなってそればっかり考えてる。病気になってよかったことなど何もないけど、壮太と出会えたこと、それだけはラッキーだった。

それにしても、外は本当にすごい暑さなんだ。干しエビみたいに干からびたバッタの死骸はかわいそうだけど、暑さはよくわかる。いくらテレビで映像を見ても、気温を知らされてもわからなかったのに、このバッタを見ているだけで、頭の上が熱くなって喉がカラカラになりそうだ。

ぼくはお母さんが帰ってくるのを待てず、看護師さんに言って封筒と便箋《びんせん》をもらった。壮太にすぐに伝えたいことがあった。

壮太といる間、何度か「小さくたっていいじゃん」そう口にしようとした。遊びを考える天才で、みんなを笑わせることができる。壮太のその力は、背の低さなんて余裕《よゆう》でD補えてるって思ってた。でも、壮太を傷つけたらと不安で、言えなかった。

だけど、壮太は病院にいるぼくに、この夏の暑さを伝えることができる。いなくなった後も、プレイルームのぼくたちを

「すごいね」

「だろう？　全部、顔も名前もあるんだよ」

「これ、変な顔」

男の子はおみそれ号をつかんで、少し笑った。

「こっちは『ずっこけ号』。もっと変な顔してるだろう？」

「うん」

男の子は「飛ばしていい？」と母親に聞く。母親がお兄ちゃんに聞いてごらんと言う前に、

「［　Ⅳ　］」

とぼくは男の子に言った。

「じゃあ、ここからね。せーので飛ばそう」

「うん」

男の子が飛ばしたおみそれ号もぼくのずっこけ号も、ひょろひょろと少し飛んだだけでそのまま床《ゆか》に落ちた。

「だめだねー」

「本当だな。よし、じゃあ次、もっと飛びそうなの探そう」

ぼくが男の子と話していると、

「瑛介君、手紙来てるよ」

とプレイルームに入ってきた看護師さんに封筒《ふうとう》を渡《わた》された。

「手紙？」

なんだろうと封筒を見てみると、田波《たなみ》壮太と書かれている。ああ、壮太だ。名前を見ただけで壮太の顔と声が一気に頭の中によみがえった。

ぼくは男の子に「好きなだけ遊んでいいよ」と紙飛行機の箱を渡すと、大急ぎで部屋に戻った。いったい壮太は何を書い

布の箱から、がさっと何かが落ちた。硬《かた》いプラスチックのおもちゃの音とはちがう。暗い中、目を凝《こ》らしてみると、紙飛行機だ。

ぼくは慌《あわ》てて電気をつけた。

壮太だ……。赤青黄緑銀金、いろんな色の折り紙で作った紙飛行機は、三十個以上はある。片手に管を刺《さ》して固定していたから、使いにくい手で折ったんだろう。形はCブカッコウだ。それでも、紙飛行機には顔まで描《えが》かれていて、「おみそれ号」「チビチビ号」「瑛ちゃん号」「またね号」と名前まで付いている。

壮太は、知っていたんだ。ぼくが夜にプレイルームでおもちゃ箱をひっくり返していたことを。そして、壮太がいなくなった後、ぼくがどう過ごせばいいかわからなくなることも。

明日から、一つ一つ飛ばそう。三十個の紙飛行機。これを飛ばしている間、少しは時間を忘れることができそうだ。

土日の病院はしんとしていた。週末は低身長の検査の子もいないし、三園さんも休みだし、看護師さんの数も少ない。静まり返るってこういうことだよな。ぼくは誰《だれ》もいないプレイルームで紙飛行機を飛ばしたり、漫画を読んだりして過ごした。紙飛行機は似顔絵が書かれた「三園さん号」が一番よく飛んだ。

「なんだよ、壮太。瑛ちゃん号がよく飛ぶように作ってくれたらいいのにさ」

ぼくは一人でそう笑った。

月曜日の朝には、四歳《さい》くらいの男の子が低身長の検査入院でやってきた。母親の手を握《にぎ》って、不安そうにプレイルームに入ってくる。

「いろいろおもちゃあるよ」

ぼくが話しかけると、ほんの少しだけ解《ほど》けた顔をしてくれたけど、まだ母親の手を離さないままだ。

「そうだ、紙飛行機する？」

ぼくは箱いっぱいに詰《つ》め込《こ》んだ壮太作の紙飛行機を見せた。

「そこは今回の検査結果を見てからかな」

先生はそう答えた。

「はあ」

「どっちにしても一、二週間で帰れると思うよ」

先生は、「よくがんばったからね」と褒《ほ》めてくれた。
一、二週間。ひとくくりにしてもらっては困る。一週間と二週間では、七日間も違《ちが》うのだ。七日後にここを出られるのか、十四日間ここで過ごすのかは、まるで違う。ここでの一日がどれほど長いのかを、壮太のいない時間の退屈《たいくつ》さを、先生は知っているのだろうか。［　Ⅰ　］
お母さんは診察室を出た後も、何度も「よかったね」と言った。ぼくは間近に退院が迫《せま》っているのに、時期があやふやなせいか、気分は晴れなかった。明日退院できる。それなら手放しで喜べる。［　Ⅱ　］
がっかりしながらも、病室に戻る途中《とちゅう》に西棟《とう》の入り口が見えて、ぼくは自分が嫌《いや》になった。何をぜいたく言っているのだ。遅《おそ》くとも二週間後にはここから出られるし、ここでだって苦しい治療《ちりょう》を受けているわけじゃない。西棟には、何ヶ月も入院している子だっているのだ。それを思うと、胸がめちゃくちゃになる。［　Ⅲ　］
就寝《しゅうしん》時間が近づいてくると、やっぱり気持ちが抑《おさ》えきれなくなってプレイルームに向かった。③真っ暗な中、音が出ないようマットに向かっておもちゃ箱をひっくり返す。三つの大きな箱の中身をぶちまけるのだ。ただそれだけの行為《こうい》が、ぼくの気持ちをBタモってくれた。悪いことだとはわかっている。でも、こうでもしないと、ぼくの中身が崩《くず》れてしまいそうだった。いつも、翌朝にはおもちゃは片付けられ、きれいにプレイルームは整えられている。きっと、お母さんか三園《みその》さんが直してくれているのだろう。それを思うと、ひどいことをしてるよなと申し訳ない。だけど、何かしないと、おかしくなりそうで止められなかった。
④三つ目のおもちゃ箱をひっくり返し、あれ、と思った。

壮太たちがいなくなると、

「フロアの入り口まで見送ればよかったのに。Aアンガイ二人ともお別れはあっさりしているんだね。ま、男の子ってそんなもんか」

とお母さんは言った。

お母さんは何もわかっていない。あれ以上言葉を発したら、泣きそうだったからだ。きっと壮太も同じなのだと思う。もう一言、言葉を口にしたら、あと少しでも一緒にいたら、さよならができなくなりそうだった。口や目や鼻。いろんなところがじんと熱くなるのをこらえながら、ぼくは「まあね」と答えた。

壮太がいなくなったプレイルームには行く気がせずに、午後は部屋で漫画《まんが》を読んだ。時々、壮太は本当に帰ったんだな、もう遊ぶことはないんだなと気づいて、ぽっかり心に穴が空いていくようだった。これ以上穴が広がったらやばい。そう思って、必死で漫画に入り込もうとした。

二時過ぎからは診察《しんさつ》があった。この前の採血の結果が知らされる。

「だいぶ血小板が増えてきたね」

先生は優しい笑顔をぼくに向けると、さもビッグニュースのように、

「あと一週間か二週間で退院できそうかな」

と言った。

「よかったです。ありがとうございます」

お母さんは頭を下げた。声が震《ふる》えているのは本当に喜んでいるからだろう。

やっとゴールが見えてきた。ようやく外に出られる。それはうれしくてたまらない。②だけど、どうしても確認したくて、

「一週間ですか？　二週間ですか？」

とぼくは聞いた。

二 次の文章を読んで、あとの問いに答えなさい。

昼ごはんを食べ終えて歯を磨《みが》いた後、壮太《そうた》が母親と一緒《いっしょ》にぼくの病室にやってきた。壮太の母親は大きなバッグを持ち、壮太もリュックを背負っている。

「いろいろお世話になりました」

壮太の母親は、ぼくとぼくのお母さんに頭を下げた。

「ああ、退院ですね。お疲《つか》れさまでした」

ぼくのお母さんが言った。

「瑛介《えいすけ》君に仲良く遊んでもらって、入院中、本当に楽しかったみたいで」

「うちもです。壮太君が来てくれてよかったです」

お母さんたちがそんな話をしている横で、ぼくたちはお互《たが》い顔を見合わせて、かといって今この短い時間で話す言葉も見当たらず、①ただなんとなく笑った。

「行こうか。壮太」

母親に肩《かた》に手を置かれ、

「瑛ちゃん、じゃあな」

と壮太は言った。

「ああ、元気でな」

ぼくは手を振《ふ》った。

壮太は、

「瑛ちゃんこそ元気で」

そう言ってくるりと背を向けると、そのまま部屋から出て行った。

問七　⑤山の上まで登ってゆく　とありますが、次の問いに答えなさい。

(1)　ここで使われている表現方法を次から一つ選び、記号で答えなさい。

ア　倒置法　　イ　擬《ぎ》人法　　ウ　直喩《ゆ》　　エ　体言止め

(2)　どのようなようすを表現していますか。もっとも適当なものを次から一つ選び、記号で答えなさい。

ア　セイダカアワダチ草が生き生きと成長しているようす
イ　セイダカアワダチ草が繁茂の勢力を広範囲に拡大していくようす
ウ　セイダカアワダチ草が高所に適用できるように進化しているようす
エ　セイダカアワダチ草が環境の変化に合わせて姿を変えていくようす

問八　⑥蓼食う（　）も好きずき　とありますが、このことわざの（　）に入る語句を漢字一字で答えなさい。

問九　⑦雑草を通しても今の日本人の精神や文化のありかたや姿がいくらか見透せるのではなかろうか　とありますが、雑草界の近代化が今の日本人の精神や文化のありかたに通じているのはどのような点だと考えられますか。二点にまとめて六十字以内で答えなさい。

問四　②そのころはたぶんどんな草もみんな雑草といってよかった　とありますが、それはなぜですか。もっとも適当なものを次から一つ選び、記号で答えなさい。

ア　原始に近いころは、自然に生える草木のすべてを種類によって区別することなく食用としていたから。
イ　原始に近いころは、身の周りに生存するすべての草木を食用の対象として見ていなかったから。
ウ　原始に近いころは、どんな草木も自然に生えるもので、人間が栽培したものではなかったから。
エ　原始に近いころは、自然の恵みは人間が独占するものではなく、全ての生物に分け与えられていたから。

問五　③アフリカのサバンナ地帯では　とありますが、ここで書かれている事例は、筆者のどのような意見を述べるために挙げられているのですか。もっとも適当なものを次から一つ選び、記号で答えなさい。

ア　栽培植物なのか、雑草であるのか、その区別は地域や文明度によって異なるということ。
イ　ただの雑草だったものが、数千年を経過するうちに栽培植物となることもあるということ。
ウ　子供の遊び道具にしかならない雑草でも、工夫して栽培することで、大切な食料となるということ。
エ　雑草は繁殖力旺盛なので、厳しい気候の中でも育てやすく、主食に宛てることができるということ。

問六　④日本在来の雑草がいたく減って、そのかわり、舶来種がいたるところでのさばっているのである　とありますが、その原因として次の二つがあげられています。次の空らんにあてはまる言葉を入れなさい。

・舶来種が［ア（五字）］なため
・日本の農業の［イ（十字）］ため

本文化や精神の世界は雑草と同じではないとはいえ、まったく無関係とはいえない。⑦雑草を通しても今の日本人の精神や文化のありかたや姿がいくらか見透せるのではなかろうか。

(『自然のちから』所収　杉浦明平「雑草世界の近代化」より)

＊愛玩《あいがん》…大切にしてかわいがること。
＊劃然《かくぜん》…はっきりと区別がついているさま。
＊猖獗《しょうけつ》…好ましくないものがはびこって勢いが盛んであること。

問一　------部A～Dのカタカナは漢字に、漢字はひらがなに直しなさい。

問二　〜〜〜部1・2の語句の意味としてもっとも適当なものを、それぞれあとから一つ選び、記号で答えなさい。

1　へりくだった
ア　丁寧にいうこと　　イ　取りつくろうこと
ウ　けんそんすること　　エ　遠慮すること

2　濡れぎぬを着せられた
ア　無実の罪を負わされたこと　　イ　悪いうわさをたてられたこと
ウ　評判をおとされたこと　　エ　だまされたということ

問三　①人間どもが自分の都合に従って、勝手に付けた名前にすぎないとありますが、筆者はどのようなものを「雑草」と定義していますか。文中から一文で探し、最初の五字をぬき出しなさい。

おこすというのは真実ではなく、あらぬ2濡《ぬ》れぎぬを着せられたのだが、ただこの草の強力無比な繁殖力の前にはかの鉄道草さえたじたじと後退したことはたしかである。アワダチ草は、ただそこらの空地を占領《せんりょう》しただけでなく、スカイラインなどの開発に伴って⑤山の上まで登ってゆく。コカコーラ並みの普及《ふきゅう》ぶりといってよい。

　このように外国原産の雑草がはびこっているということは、反対に日本産の雑草がほろんでしまうというほどでないにしても、衰退して片隅に押し込められたことを意味しよう。

　そのDゲンショウは、わたしの耕作している二反五畝の畑にもはっきりあらわれている。さきにふれたエノコログサをはじめチカラシバやメヒシバのようなイネ科の雑草は、繁殖力旺盛でしつこくて今もわたしを苦しめてやまぬけれど、それでも舶来のイタリアン・ライグラスがそばで茂りだすと、国産雑草中の強剛《きょうごう》たちもまったく影が薄くなってしまう。もう一種、土にへばりついて葉腋《ようえき》ごとに根を張って草取りに苦労させるが、春には美しい瑠璃《るり》色の花を日のように開いてみせるイヌノフグリも小型の日本種はほとんど消えうせて、外国渡来の大イヌノフグリがもっぱら縄張《なわば》りをひろげているし、⑥蓼《たで》食う（　イ　）も好きずきと諺《ことわざ》にまでうたわれたタデも草むらからすっかり姿をひそめて、そのかわりにかなり早く渡来したイヌタデが猛威《もうい》をたくましくしていると思ったら、この数年来、新しい舶来種で巨大な大イヌタデが進出してきた。そのためにかつて畑に少なくなかったスミレやホトケノザのひなびた可憐《かれん》な花はめったに見かけられなくなった。

　じっさい、畑や道端の雑草の六十〜七十パーセントは舶来の雑草によって占められている。種類の数ではなく、その占拠《せんきょ》する面積の比率である。

　こういうことになったのは、舶来種がたくましく繁殖力旺盛なためだけではなく、農業のいわゆる近代化が急激に進んだせいでもあろう。農薬が相対的には小さくてひよわな日本の雑草を根絶やしにしたうえ、トラクター等による深耕によってちっぽけなスミレやホトケノザ等々は土の底深く根ごと葉ごと埋められてしまうが、二十センチ三十センチの深い土を押し分けて地上に芽を出すだけの力をもっていない。従来の鋤《すき》や鍬《くわ》による耕起《こうき》なら、しかるべき季節となれば、かぶった土をわけて芽を日光の下に出すことができたのに、トラクターにかかっては永遠の闇の中で根も葉も朽《く》ちはてる以外の運命はない。

　このように雑草の世界では大きな変化がほぼ完了しようとしているが、これを雑草界の近代化と名づけてよいだろう。日昭和もはじめまで、山村では、まだヒエを栽培するところが少なくなかった。が戦時中、配給制度ができて、米があらゆる山奥までゆきわたるとともにヒエの栽培は急速に衰退《すいたい》していって、戦後十数年でほぼ完全に消滅したらしい（今では観光客相手にヒエ飯を食べさせるところがある由《よし》）。栽培はやめになっても、ヒエそのものが消滅したわけではない。ヒエは稲田に潜入《せんにゅう》、稲のための肥料をたんまり吸って、植えた稲のあいだでたくましく育つようになった。田草取りの中でも主要な敵はヒエであったこと、田をつくったことのある人々はみんなご承知のとおりである。ということは、ヒエは穀物の地位を追われて雑草仲間に身をおとしたということにほかならない。

このように雑草と野菜等々栽培植物との間には入れ替えがしょっちゅうおこなわれている。

そういう意味では、すべての雑草は栽培植物の候補者であり、今作られている野菜等々もいつ雑草におとされるかわからない。もっとも一度人手にかかり改良された植物はひよわになっていて、雑草として生きのびる力をもっておらず、たいてい滅び去るものだが、改良種の中にも牧草類のごときは栽培によって一段とたくましさを増したようだ。牧草のイタリアン・ライグラスやオーチャード・グラスは、主として厩《うまや》堆肥にまじって牧草畑以外の一般の畑にも進出しているが、しなやかで牛でなくても食べたいような葉だなあとC油断していると、たちまち白い根をまわり一めんに張りめぐらして巨大な株になり、手で引っぱったくらいではぜんぜんお感じがなく、備中鍬《びっちゅうぐわ》を振って根こそぎにしようとすれば、鍬のさきがへなへなとまがってしまう。ススキの草むらみたいなものだ。こういう草なら自分の畑から脱出しても、雑草として堂々と胸を張って生きてゆけるであろう。

とはいうものの、畑や道端で、雑草の栄枯盛衰《えいこせいすい》を見ているうちに、一つの傾向がはっきり感じとれる。というのは、④日本在来の雑草がいたく減って、そのかわり、舶来種《はくらいしゅ》がいたるところでのさばっているのである。春の七草はまだよいけれど、秋の七草ともなれば尾花（ススキ）とクズを除いては、野山からほとんど姿を消して、むしろ山野草ブームの中で庭で栽培されているのを見かける方が多い。そして空地には、一むかし前は舶来の雑草で鉄道草とか貧乏草とか渾名《あだな》のついているヒメムカシヨモギが繁茂《はんも》するならわしだったのに、今では黄いろの房穂をいちめんにつけて二メートル以上にそびえ立つセイダカアワダチ草が*猖獗《しょうけつ》をきわめていること、すべての人がご存じのとおりである。セイダカアワダチ草の花粉が喘息《ぜんそく》をひきされていたであろうか。もちろん、いなである。

大むかし、原始に近いころ、人間は野山に自然に生える草木の実や葉や根を採集して食べていたことはどんな簡単な人類史においても述べられている。②そのころはたぶんどんな草もみんな雑草といってよかった。がそれらの自然生えの草の中から実の多く大きくつく種類のもの、やわらかで甘味や辛味や特別のにおいのあるものを選んで、種子を蒔《ま》いたり、植えたり、すなわち栽培するようになった。それより数千年が経過するうちに稲や麦のように栽培植物として固定したものもあるけれど、ある雑草は穀類、野菜に引きあげられたが、好みの変化や新しい栽培品種の開発などのために耕地から追い出されて、元の雑草に舞いもどったものも少なくない。そうかと思えば、③アフリカのサバンナ地帯では、今でも湿地にひとりでに生えて実を結ぶ原始的な稲の穂を刈り集めるのはまだしも、エノコログサに似たイネ科の草の実を採集して主食に宛《あ》てているという。その草をじっさいに見た人の話によると、まったく日本のエノコログサそっくりで、その実の粒はエノコログサの粒よりもっとこまかいが、それでも丹念《たんねん》に集めて主食にしているというのである。雑草から穀物用の草に出世する途上にあるよい一例といえよう。

ついでにいえば、エノコログサはネコジャラシともいって、麦に似た穂で毛が生えているから、一昔まえは子供たちがその穂で相手の首や頬《ほお》を撫《な》でてくすぐったがらせ合ったものだが、雑草として生き強く繁殖力旺盛《おうせい》で、畑作りには今でも難物の一つである。しかし種類も多く、穂もかなり大きいから、ひどい食糧難でもおこったら、その小粒の実の中から澱粉《でんぷん》だけを取り出して食べることにならないとはいえない。もっとも他の穀類の品種改良が大いに進んでいるから、今さらエノコログサでもあるまいが、雑草と栽培植物の A境は地域や文明度によって異なるのである。

反対にごく近年穀物《こくもつ》から除名されたものとしてヒエをあげよう。ヒエははるかな大昔から重要な穀物の一つで、稲の育たぬ田や麦のできぬ山畑でひろく栽培された。モチビエという改良種までつくり出されたことが作物としての重要性を何よりもよく示している。(中略)

ヒエはきわめて強い穀物で、かなり悪条件の気候の B下でもよく成長し、よく結実したから、いわゆる救荒植物の第一に位していたのである。

2023年度 かえつ有明中学校

【国　語】〈二月一日午前試験〉（五〇分）〈満点：一〇〇点〉

（句読点、記号、符号はすべて一字として数えなさい。また、本文中には、問題作成のために省略や表現を変えたところがあります。）

一　次の文章を読んで、あとの問いに答えなさい。

雑草のようなという形容詞がある。雑草のような人間といえば、まずまともな人間社会から脱落したとまでいえないとしても、かなり低い地位にあるものを指すとともに、下積みながら踏《ふ》みにじられてもしいたげられても、じっと耐《た》えて生きぬいてゆく人々をも思い浮かべるのではなかろうか。雑草という二字の中には邪魔《じゃま》っけで役に立たぬという軽蔑《けいべつ》とともにうるさくて手ごわくて厄介《やっかい》だという若干《じゃっかん》恐れ憚《はばか》る気持ちとがまじっている。

それではその雑草とは何か、といえば、人間が食用、衣料、*愛玩《あいがん》用等に栽培《さいばい》する草以外の草、つまり人間にとって役に立たぬ草のことである。（中略）

しかし、雑草といっても、その草じしんが「私は雑草でございます」と名乗ったわけでないこと、むかし最も安い魚だったニシン、カズノコが最高級の魚に見なされるようになったのに、イワシやサバが依然《いぜん》として大衆魚としてとどまっているけれど、ニシンが「私は高級魚に変身しました」と宣言し、イワシ、サバが「私は大衆魚のままでけっこうです」とみずから1へりくだったせいでないことと同然であろう。魚じしん、草じしんが「大衆魚」、「雑草」と自ら称《しょう》したのではなく、①人間どもが自分の都合に従って、勝手に付けた名前にすぎない。魚も草もそれじたいとしてはすべて平等で、雑草と野菜、大衆魚と高級魚との差別などありはしない。

わたしたちは畑に植えられている草を見ると野菜と思い、はぐれて生えている草を雑草と見なしている。庭の草花についてもほぼ同様であろう。しかし野菜、草花もしくは庭木や綿のような栽培植物と雑草とは、大昔からそのように*劃然《かくぜん》と区別

2023年度

かえつ有明中学校 ▶解説と解答

算 数 ＜２月１日午前試験＞（50分）＜満点：100点＞

解 答

1 (1) 18 (2) 21 (3) $\frac{11}{35}$ (4) 20時間24分 (5) 18 2 (1) 150年 (2) 55.4cm (3) 時速40km (4) ６日間 (5) 1200円 3 (1) 8.8％ (2) ６ｇ (3) 210ｇ 4 (1) 1400円 (2) 11個 5 (1) ６通り (2) ８通り 6 (1) 602.88cm^3 (2) 288度 (3) 1055.04cm^2

解 説

1 四則計算，計算のくふう，単位の計算，逆算

(1) ６＋18÷３×２＝６＋６×２＝６＋12＝18

(2) $A\times B-A\times C=A\times(B-C)$となることを利用すると，17×119－７×187－11×63＝17×７×17－７×17×11－11×７×９＝７×(17×17－17×11－11×９)＝７×(289－187－99)＝７×(102－99)＝７×３＝21

(3) $A\times C-B\times C=(A-B)\times C$となることを利用すると，$0.9\times\frac{4}{7}-0.7\times\frac{2}{7}=\frac{9}{10}\times2\times\frac{2}{7}-\frac{7}{10}\times\frac{2}{7}=\left(\frac{18}{10}-\frac{7}{10}\right)\times\frac{2}{7}=\frac{11}{10}\times\frac{2}{7}=\frac{11}{35}$

(4) １日＝24時間，１時間＝60分より，0.85日は，24×0.85＝20.4(時間)となり，0.4時間は，60×0.4＝24(分)だから，0.85日＝20時間24分である。

(5) $5\div\left\{(20-\square)\div\frac{4}{5}\right\}+1=3$より，$5\div\left\{(20-\square)\div\frac{4}{5}\right\}=3-1=2$，$(20-\square)\div\frac{4}{5}=5\div2=\frac{5}{2}$，$20-\square=\frac{5}{2}\times\frac{4}{5}=2$　よって，□＝20－２＝18

2 正比例，図形の移動，長さ，流水算，仕事算，相当算

(1) １ｍ＝100cmより，12ｍ＝1200cmになるので，1200÷８＝150(年)かかる。

(2) 円の中心がえがく線は，下の図１の太線部分になる。直線部分の長さの和は，12×２＝24(cm)である。また，半径３cmのおうぎ形３つの中心角は，アの大きさが，360－90×２－60＝120(度)で，イとウの大きさがそれぞれ90度だから，これらの和は，120＋90×２＝300(度)となる。よって，これらのおうぎ形３つの弧《こ》の長さの和は，$3\times2\times3.14\times\frac{300}{360}=5\times3.14$(cm)になる。さらに半径が，12＋３＝15(cm)で，中心角が60度のおうぎ形の弧の長さは，$15\times2\times3.14\times\frac{60}{360}=5\times3.14$(cm)とわかる。したがって，求める長さは，24＋５×3.14＋５×3.14＝55.4(cm)となる。

(3) 50kmを下るのに１時間かかるので，下りの速さは時速，50÷１＝50(km)になり，50kmを上るのに１時間40分，つまり，$40\div60=\frac{2}{3}$(時間)より，$1\frac{2}{3}$時間かかるから，上りの速さは時速，$50\div1\frac{2}{3}=30$(km)になる。よって，下の図２のように表すことができるので，静水時の船の速さは時速，(50＋30)÷２＝40(km)と求められる。

(4) １人が１時間に働く仕事量を１とすると，この仕事の仕事量は，１×３×８×５＝120になる。

よって，この仕事を４人で毎日５時間ずつ働くと完成するのにかかる日数は，120÷（１×４×５）＝６（日間）とわかる。

⑸　下の図３で，最初にもらったお小づかいの$\frac{1}{4}$が，かき氷を買った残りの，１－0.4＝0.6にあたるから，かき氷を買った残り（[1]）は最初にもらったお小づかいの，$\frac{1}{4}$÷0.6＝$\frac{5}{12}$となる。よって，300円は最初にもらったお小づかいの，１－$\frac{1}{3}$－$\frac{5}{12}$＝$\frac{1}{4}$にあたるので，最初にもらったお小づかい（①）は，300÷$\frac{1}{4}$＝1200（円）と求められる。

図１

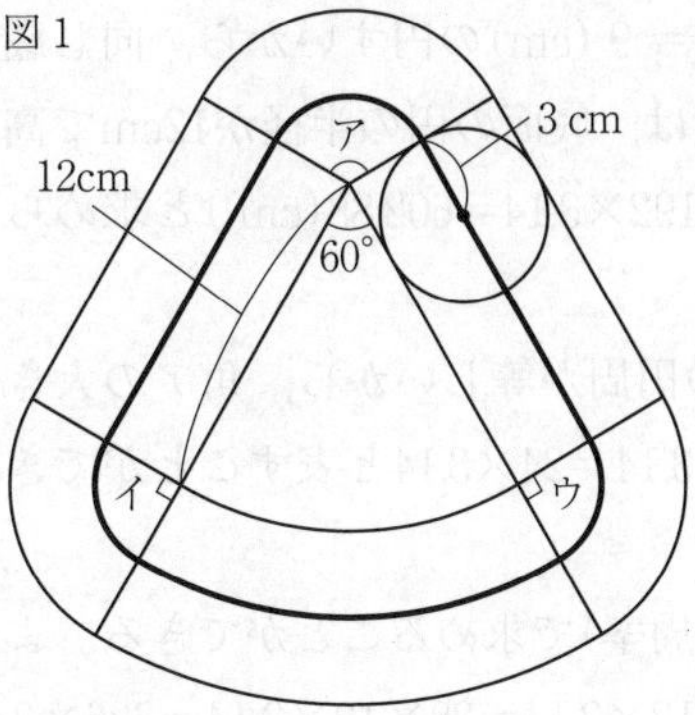

図２

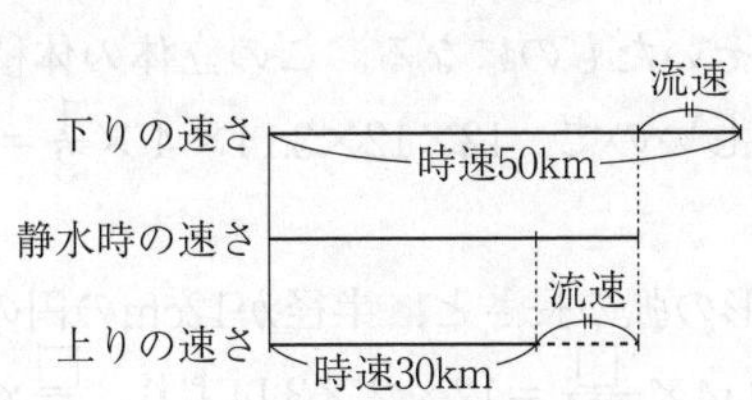

図３

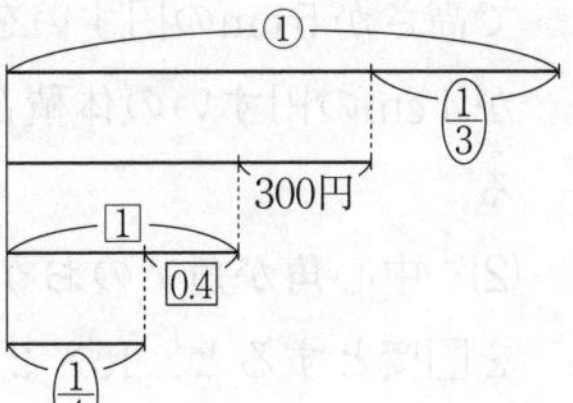

[3] 濃度《のうど》

⑴　２つの容器に入っている食塩水の濃《こ》さが同じになるとき，２つの食塩水をすべて混ぜ合わせた食塩水の濃さと同じになる。13％の食塩水300ｇと７％の食塩水700ｇにふくまれる食塩の重さはそれぞれ，300×0.13＝39（ｇ），700×0.07＝49（ｇ）である。よって，混ぜ合わせた食塩水，300＋700＝1000（ｇ）にふくまれる食塩の重さは，39＋49＝88（ｇ）だから，同じになるときの食塩水の濃さは，88÷1000×100＝8.8（％）とわかる。

⑵　容器Ａと容器Ｂの食塩水100ｇにふくまれる食塩の重さはそれぞれ，100×0.13＝13（ｇ），100×0.07＝７（ｇ）である。よって，容器Ａの食塩水にふくまれる食塩は，13－７＝６（ｇ）減る。

⑶　食塩水の濃さが同じになるとき，容器Ａの食塩水にふくまれる食塩の重さは，300×0.088＝26.4（ｇ）なので，減る食塩の重さは，39－26.4＝12.6（ｇ）とわかる。よって，うつしかえる食塩水の重さは，100ｇの，12.6÷６＝2.1（倍）だから，100×2.1＝210（ｇ）と求められる。

[4] 売買損益，つるかめ算

⑴　この品物の定価は，250×（１＋0.6）＝400（円）で，定価の５割引きの値段は，400×（１－0.5）＝200（円）である。売れ残った７個を捨てずに定価の５割引きで売ると，その売り上げの分だけ利益が増えるので，全体の利益は，０＋200×７＝1400（円）とわかる。

⑵　利益が０円だったので，売り上げの合計は仕入れ値の合計と同じ，250×20＝5000（円）である。また，売れた個数は，20－７＝13（個）で，定価の２割５分引きの値段は，400×（１－0.25）＝300（円）となる。ここで，定価の２割５分引きで13個売ると，売り上げの合計は，300×13＝3900（円）となり，実際よりも，5000－3900＝1100（円）少なくなる。そこで，定価の２割５分引きで売る個数を減らして，かわりに定価で売る個数を増やすと，売り上げの合計は１個あたり，400－300＝100（円）ずつ多くなる。よって，定価で売れた個数は，1100÷100＝11（個）とわかる。

[5] 場合の数

(1)　チェックポイントを通らずに地点Aから地点Bまで行く方法は，右の図1の矢印の方向に進むので，6通りとわかる。

(2)　チェックポイントを3つ通って地点Aから地点Bまで行く方法は，右の図2の矢印の方向に進むので，8通りとわかる。

図1

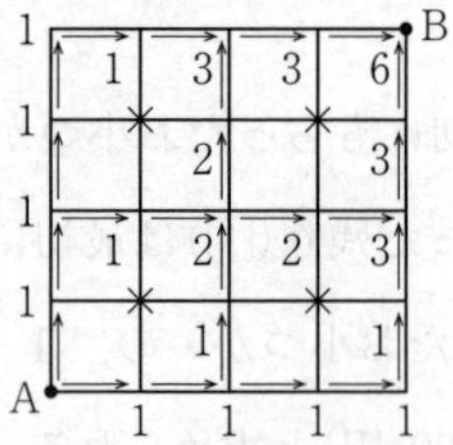

図2

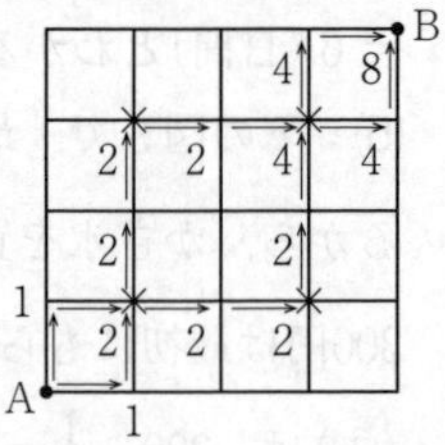

6　立体図形─体積，角度，表面積

(1)　できる立体は，底面の円の半径が12cmで，高さが，$4+5=9$ (cm)の円すいから，同じ底面で高さが5cmの円すいをのぞいたものになる。この立体の体積は，底面の円の半径が12cmで高さが4cmの円すいの体積と等しいので，$12\times12\times3.14\times4\times\frac{1}{3}=192\times3.14=602.88$ (cm^3)と求められる。

(2)　中心角が角アのおうぎ形の弧の長さと，半径が12cmの円の円周が等しいから，角アの大きさを□度とすると，$15\times2\times3.14\times\frac{\square}{360}=12\times2\times3.14$より，$\frac{\square}{12}\times3.14=24\times3.14$と表すことができる。よって，$\square=24\times12=288$ (度)とわかる。

(3)　円すいの側面積は，(母線の長さ)×(底面の円の半径)×(円周率)で求めることができる。よって，立体の表面積は，$15\times12\times3.14+13\times12\times3.14=(15+13)\times12\times3.14=28\times12\times3.14=336\times3.14=1055.04$ (cm^2)と求められる。

社　会　＜2月1日午前試験＞（25分）＜満点：50点＞

解　答

1　**問1**　イ　　**問2**　ウ　　**問3**　エ　　**問4**　(例)　晩婚化などライフスタイルが多様化したから。(経済状況が悪化したから。)　　**問5**　ウ　　**問6**　2026(年)　　**問7**　エ　　**問8**　50　　**問9**　イ　　**問10**　エ　　**問11**　ア　　**問12**　イ　　**2**　**問1**　ウ　　**問2**　ア　　**問3**　ウ　　**問4**　エ　　**問5**　物部(氏)　　**問6**　イ　　**問7**　ア　　**問8**　イ　　**問9**　エ　　**問10**　イ　　**問11**　ア　　**問12**　エ　　**問13**　ウ

解　説

1　少子化と沖縄についての問題

問1　2022年の日本の人口は約1億2495万人で，東京都の人口は約1404万人である。よって，1404万÷1億2495万=0.112…より，0.11に相当する。統計資料は『日本国勢図会』2023/24年版による。

問2　保育所は，保護者が働いているなどの理由によって保育を必要とする乳幼児のための施設である。乳幼児とは，0歳から小学校入学前までの子どもを指す。よって，ウが正しい。なお，アの義務教育期間は小学校6年・中学校3年の9年間。イの保育料は子どもの年齢や保護者の収入などによって異なり，無料になる場合がある。エについて，子どもの面倒を見られる保護者がいても，保育を必要とする理由によっては，入所する資格が認められる。

問3　資料1のグラフについて，合計特殊《とくしゅ》出生率は，1人の女性が生涯《しょうがい》に生む子どもの数の平均で，2005年に最低の1.26であった。しかし，出生数が最低だったのは2021年なので，エが正しい。

なお，アについて，資料1中で，出生数が最高だったのは1949年であるが，合計特殊出生率が最も高かったのは1947年である。イについて，阪神淡路大震災は1995年，東日本大震災は2011年に起きたが，これらの年の合計特殊出生率に大きな変化はない。ウの「第2次ベビーブーム」(1971～74年)以降，出生数は減少傾向《けいこう》にあるが，出生数が前年度を上回った年もある。

問4　「第1次ベビーブーム」(1947～49年)で生まれた世代(団塊《だんかい》の世代)が，25歳前後になるころ第2次ベビーブームが起きたが(このとき生まれた子どもの世代を団塊ジュニアという)，その約25年後の1995～98年にベビーブームは起こらず，2005年から合計特殊出生率が上向きになった程度とある。これには結婚年齢が遅くなったこと(晩婚化)や，子どもを生む年齢が高くなったこと(晩産化)，結婚をしない選択《せんたく》をする人が増えたこと(未婚化)など，ライフスタイルの変化が影響《えいきょう》を与《あた》えたという見方がある。また，1990年代初めにバブル経済が崩壊《ほうかい》し，経済状況が悪化したことから，経済的な理由で出生率が下がったとする意見もある。

問5　将来の人口は，人口の移動をのぞけば，出生数と死亡数によって決まる。現在の日本の死亡数から，日本の人口を一定に保つためには合計特殊出生率が2.07になる必要があるとされる。よって，日本の人口が増加するためには，合計特殊出生率が2.07よりも高い必要がある。

問6　年代の表記法に干支《えと》を用いたものがあり，これは十干《かん》と十二支の組み合わせによる。その組み合わせは，10と12の最小公倍数であるので60通りあり，60年周期になる(これを「還暦《かんれき》」という)。1966年が「ひのえうま」の年なので，次の「ひのえうま」は，1966＋60＝2026(年)になる。

問7　資料1において，2005年の合計特殊出生率の全国平均は1.26である。また，資料2において，2021年の大阪の合計特殊出生率は1.27なので，2005年の全国平均を上回る。よって，エが正しい。なお，アについて，資料2から東京と沖縄の2015年と2021年の合計特殊出生率の差はどちらも0.16になる。イについて，資料2からは人口の多さと合計特殊出生率の間に相関関係は見られない。ウについて，資料1から2021年の出生数は，2020年より少ない。

問8　沖縄が日本に返還《へんかん》されたのは1972年なので，2022年は返還から50年目にあたる。

問9　普天間飛行場の代替地として，国は名護市辺野古《へのこ》を予定しているが，沖縄県は県外への移設を求めて反対している。大浦湾に生息する天然記念物としてジュゴンがよく知られるが，このほかウミガメなどの絶滅危惧《きぐ》種が多くいるといわれている。なお，カワウソ・ヤンバルクイナ・マングースは陸上の生物。

問10　沖縄県の県庁所在地は，沖縄島南部に位置するエの那覇《なは》市である。なお，アは与那覇《よなは》岳，イは名護市，ウは嘉手納《かでな》市の周辺を指している。

問11　石灰岩が雨水などで浸食《しんしょく》され，空洞《くうどう》化したところは一般に鍾乳洞《しょうにゅうどう》とよばれる。なお，イのカルデラは火山の噴火《ふんか》によってできた空洞が陥没《かんぼつ》してできた窪地《くぼち》。ウの扇状地は川が山間部から平地に出るところに，上流から運ばれた土砂が堆積《たいせき》してできた傾斜《けいしゃ》のある地形。エの河岸段丘《だんきゅう》は川岸に形成された階段状の地形。

問12　資料4の写真における屋上のタンクは，雨水をためるために設置されている。沖縄県は台風の通り道になるなどして雨が多いが，大きな川がなく地形も山がちなため，降った雨のほとんどが海に流れ出てしまう。そこで，水不足に備えて屋上に貯水タンクを備えている。

2　祈りを題材にした歴史的なことがらについての問題

問1　縄文時代の人々は，死者の手足を折り曲げて埋葬《まいそう》する屈葬《くっそう》を行ったが，これには死者の魂《たましい》が生きている人に影響を及《およ》ぼすのを防ぐ目的があったと考えられている。

問２　邪馬台国《やまたいこく》の存在は，中国の歴史書『魏志《ぎし》』倭人伝《わじんでん》に記されており，女王・卑弥呼《ひみこ》がまじないで政治を行っていたとされる。なお，イの『漢書』地理志は紀元前１世紀ごろの，ウの『後漢書』東夷伝《とういでん》は１世紀ごろの，エの『隋書《ずいしょ》』倭国伝は７世紀初めごろの日本のようすが記されている。

問３　山中伸弥《しんや》はiPS細胞の開発で，2012年にノーベル生理学・医学賞を受賞した。よって，ウが正しい。なお，アの野口英世は黄熱病の研究，イの北里柴三郎は破傷風血清療法の発見で知られる細菌《さいきん》学者。エの本庶佑《ほんじょたすく》は新しいがん治療薬の開発で2018年にノーベル生理学・医学賞を受賞している。

問４　前方後円墳は前方が四角く，後ろが丸い形の古墳のことで，日本で多く見つかっている。よって，エが正しくない。

問５　538年(一説に552年)，日本に仏教が伝来すると，これを積極的に受け入れようとする蘇我氏に対し，物部氏はこれを排斥《はいせき》しようとした。そして587年，蘇我馬子が物部守屋を滅《ほろ》ぼしたことで仏教が広まり，仏教文化が栄えることになった。

問６　浄土教信仰は阿弥陀《あみだ》仏にすがって極楽浄土に往生することを願う信仰で，平安時代後半に広まった。空也《くうや》は浄土教を一般庶民《しょみん》にも布教したことから，市聖《いちのひじり》とよばれた。よって，イが正しい。なお，アの浄土宗は，平安時代終わりに法然が開いた宗派。ウの平等院は，藤原頼通《よりみち》が建立《こんりゅう》した浄土教の阿弥陀堂。エについて，東北地方で勢力を広げた奥州藤原氏も，浄土教にもとづく中尊寺を建立している。

問７　古くからある山岳信仰に仏教が結びついて形成された信仰を修験道《しゅげんどう》という。なお，イの国学は，古代の国に置かれた学校，あるいは江戸時代に本居宣長《もとおりのりなが》が大成した学問のこと。ウの朱子学は儒学の一派。エの鬼道は卑弥呼が人心を掌握《しょうあく》するために使ったとされる呪術《じゅじゅつ》。

問８　「南無阿弥陀仏」の念仏を唱えることをすすめたのは，浄土宗や親鸞《しんらん》が開いた浄土真宗などである。なお，アの密教は，仏教において人間の理性では把握《はあく》できない秘密の教え。ウの曹洞《そうとう》宗は，道元が開いた禅《ぜん》宗の一つ。エの日蓮は法華宗を開き，「南無妙法蓮華経」の題目を唱えることをすすめた。

問９　臨済宗は栄西が開いた禅宗の一つで，鎌倉幕府の保護を受けて広まった。栄西はまた，宋(中国)から茶の種を持ち帰り，『喫茶養生記《きっさようじょうき》』を著し，茶の薬効を説いたことでも知られる。なお，アの鉄砲は戦国時代にポルトガルから伝来。イの蘭学は江戸時代にさかんになったオランダ語による学問。ウの法華経は仏教の経典。

問10　Ａの伴天連《バテレン》追放令は，豊臣秀吉が1587年に発したキリスト教宣教師の国外退去を命じる法令。Ｂのキリスト教を保護し，安土にセミナリヨ(オ)を建てることを認めたのは織田信長。Ｃのオランダが長崎で交易を行ったのは江戸時代。よって，年代順に並べるとＢ→Ａ→Ｃとなる。

問11　善光寺は長野市にあり，長野市はその門前町から発展した。伊勢神宮のある伊勢市(三重県)や成田山新勝寺のある成田市(千葉県)のように，寺や神社を中心に形成された町を門前町という。なお，イの城下町は，城を中心に形成された町。ウの環濠《かんごう》集落は，弥生時代に形成された周りを濠《ほり》や柵《さく》で囲った集落。エの宿場町は，街道に設けられた宿場を中心に形成された町。

問12　明治政府は，天皇を中心とした中央集権的な近代国家を築くことを目的として，古くから生活や慣習に身近な存在であった神道をもとに国家神道をつくり，国民のよりどころとする体制を整備した。よって，エが正しい。なお，アの神仏分離令は，江戸時代の神社と寺院が一か所に共存する神仏習合の慣習を改めるために出された。イとウについて，明治時代には神仏分離とともに，廃《はい》仏毀釈《ぶつきしゃく》運動が起こり，多くの寺院や仏像が破壊された。

問13　日本において，条件つきながらも信教の自由が認められたのは，1889年に発布された大日本帝国憲法（第28条）が最初である。この原則は日本国憲法（第20条）で無条件に信教の自由を認めるように発展的に引き継がれている。よって，『日本書紀』が編さんされた720年から2023年までの1303年間のうち，1889年から2023年までの134年間にあたるので，134÷1303×100＝10.2…（％）より，約10％である。

理　科　＜２月１日午前試験＞（25分）＜満点：50点＞

解　答

1 (1) ウ　(2) 食物連さ　(3) **B**　ア　**C**　イ　(4) **小さいプラスチックの名称**…マイクロプラスチック　**(　)にあてはまる言葉**…エ　**2** (1) 30ｇ　(2) 1260ｇ　(3) 190ｇ　(4) **ばねばかり**…ウ　**台ばかり**…ウ　(5) **ばねばかり**…ウ　**台ばかり**…イ　(6) **ばねばかり**…ア　**台ばかり**…イ　**3** (1) 1050ｇ　(2) 70％　(3) 10ｇ　(4) （例）（きりが発生した日は，）前日とくらべて，明け方の温度が低かった。　**4** (1) ウ　(2) エ　(3) ア　(4) ア　(5) エ

解　説

1　生き物どうしのつながりについての問題

(1)　サンマのような魚類は，口からとりこんだ水がえらを通るとき，水にとけている酸素をえらの毛細血管にとり入れ，血液中の二酸化炭素と交かんしている。

(2)　植物プランクトンが動物プランクトンに，動物プランクトンがサンマに，サンマがカツオやマグロに食べられるといった，生物どうしの食べる・食べられるの関係を食物連さという。

(3)　サンマの数が減ると，サンマに食べられる動物プランクトン（Ｂグループ）の数は増え，サンマを食べるマグロやカツオなどの大型魚（Ｃグループ）の数は減ると考えられる。

(4)　大きさが５mm以下の小さいプラスチックのことをマイクロプラスチックという。マイクロプラスチックは長期間分解されないまま海水中をただよい，生物の体内に入ると消化されないままとどまって，消化器官がつまったり栄養失調の原因になったりする。また，食物連さによって，食べる側の動物の体内に蓄積《ちくせき》してその濃度《のうど》が高まり，体内への影響《えいきょう》が大きくなる可能性が指てきされている。

2　浮《ふ》力についての問題

(1)　物体を水中に沈《しず》めたとき，物体が押《お》しのけた水の重さの分だけ，物体に上向きの力（浮力）がはたらく。図１のように，体積$30cm^3$のおもりを水中に沈めたとき，おもりが押しのけた水の重さは，１×30＝30（ｇ）なので，おもりにはたらく浮力は30ｇである。したがって，ばねばかりの示す値はおもりの重さより30ｇ小さくなる。

(2)　水，容器，おもりの重さを台ばかりとばねばかりが支えている。よって，水の重さと容器の重

さとおもりの重さを全て足すと，1220＋40＝1260(g)になる。

(3)　(容器の重さ)＝(台ばかりが示す値)－(入っている水の重さ)－(おもりにはたらく浮力)なので，1220－1×1000－30＝190(g)と求められる。

(4)　図1の状態から図2のようにひもの長さを変えても，水中に沈んでいるおもりの体積は変わらない。よって，ばねばかりと台ばかりの値はどちらも，図1のときと変わらない。

(5)　図1の状態から図3のように水の量を変えても，水中に沈んでいるおもりの体積は変わらないので，ばねばかりの値は図1のときと同じになる。一方，水の重さは半分になるので，台ばかりの値は減る。

(6)　図4のように，おもりが水面から半分出ている状態にすると，おもりが押しのけた水の重さが半分になり，おもりにはたらく浮力も半分になるので，ばねばかりの値は図1のときより増える。また，台ばかりにかかる浮力分の重さも半分になるため，台ばかりの値は図1のときより減ることになる。

3　空気中にふくまれている水蒸気についての問題

(1)　グラフから，30℃の空気のほう和水蒸気量は30g/m^3なので，30℃でしつ度70％の空気50m^3にふくまれている水蒸気の重さは，30×$\frac{70}{100}$×50＝1050(g)である。

(2)　グラフから，40℃の空気のほう和水蒸気量は50g/m^3なので，40℃で，空気1m^3にふくまれている水蒸気が35gのときのしつ度は，$\frac{35}{50}$×100＝70(％)とわかる。

(3)　グラフより，25℃の空気のほう和水蒸気量は約25gである。よって，(2)の空気が25℃に下がると，空気1m^3あたり，およそ，35－25＝10(g)の水てきができる。

(4)　夜の気温やしつ度が同じであったことから，空気中にふくまれている水蒸気の量も同じであったとわかる。きりは空気中にふくみきれなくなった水蒸気が水てきとなってあらわれたものなので，前日の明け方よりも，発生時の気温の方が低く，空気のほう和水蒸気量が少なかったと考えられる。

4　水よう液の性質についての問題

(1)　せっけん水によってアサガオの色水の色が変化したことを確かめるには，せっけん水を入れたものと入れないものを用意し，それ以外の条件を同じにして調べる必要がある。したがって，ウが適当である。

(2)　Cは加熱後，黒い固体が残ったことから砂糖水とわかる。Aのアサガオの色水の色の変化が，Cの砂糖水と同じなので，どちらも中性とわかり，Aは食塩水と決まる。

(3)，(4)　Bは見た目であわが出ていたことから，炭酸水であると考えられる。炭酸水は酸性で，青色リトマス紙を赤色に変化させるが，赤色リトマス紙の色は変化しない。

(5)　(2)，(3)からAは食塩水，Bは炭酸水，Cは砂糖水とわかる。また，Dは少しつんとするにおいがあるのでお酢《す》，残ったEはこんにゃく水と決まる。

国語　＜2月1日午前試験＞(50分)＜満点：100点＞

解答

一　問1　A　さかい　　B　もと　　C　ゆだん　　D　下記を参照のこと。　　問2　1

ウ　**2**　ア　**問3**　それではそ　**問4**　ウ　**問5**　ア　**問6**　**ア**　繁殖力旺盛　**イ**　近代化が急激に進んだ　**問7**　(1)　イ　(2)　イ　**問8**　虫　**問9**　（例）日本古来のものを守ることがなおざりになっており，また急激な近代化の流れの中で，舶来の勢いに押されているという点。　**二**　**問1**　**A～C**　下記を参照のこと。　**D**　おぎな(えてる)　**問2**　エ　**問3**　イ　**問4**　**Ⅰ**　ウ　**Ⅱ**　ア　**Ⅲ**　エ　**問5**　ア　**問6**　ア　**問7**　（例）一緒にやろうよ　**問8**　（例）病院の外がどのくらい暑いかわからない自分に，毎日たおれそうな暑さだということを，誰にも思いつかないような方法で伝えよう(という思い。)　**問9**　オ

●漢字の書き取り

一　**問1**　**D**　**現象**　**二**　**問1**　**A**　**案外**　**B**　**保(って)**　**C**　**不格(恰)好**

解説

一　**出典は松田哲夫《まつだてつお》編の『自然のちから』所収の「雑草世界の近代化(杉浦明平《すぎうらみんぺい》著)」による。** 舶来《はくらい》種の旺盛《おうせい》な繁殖《はんしょく》力に加え，農業の急激な近代化のため，日本在来の雑草は減り，舶来種の雑草が増えたと述べられている。

問1　**A**　音読みは「キョウ」「ケイ」で，「境界」「境内」などの熟語がある。　**B**　音読みは「カ」「ゲ」で，「下流」「下水」などの熟語がある。訓読みにはほかに「した」「しも」「さ(げる・がる)」「くだ(る・す・さる)」「お(ろす・りる)」がある。　**C**　気をゆるめること。　**D**　自然界や人間界にあらわれたものごと。

問2　**1**　「へりくだる」は，“相手を敬い，自分を低くあつかう”という意味。　**2**　「濡《ぬ》れぎぬを着せられる」は，“悪いことをしていないのに，したように言われる”という意味。

問3　「それではそ」で始まる二つ目の段落に，雑草とは「人間が食用，衣料，愛玩《あいがん》用等に栽培《さいばい》する草以外の草，つまり人間にとって役に立たぬ草のことである」と書かれている。

問4　二つ目の段落に，雑草とは「人間が～栽培する草以外の草」とあることに注意する。大むかしは，人間は草を栽培せず，採って食べていた草木も自然に生えるものだったため，ぼう線②のようにいえる。よって，ウが合う。

問5　ぼう線③では，日本のエノコログサそっくりの草が雑草から穀物用の草に出世する途上《とじょう》にあることが述べられ，続く段落では，雑草と栽培植物の境は地域や文明度によって異なると述べられている。よって，アが選べる。

問6　最後から二つ目と三つ目の段落に注目する。　**ア**　「畑や道端《みちばた》の雑草の六十～七十パーセント」が「舶来の雑草によって占《し》められている」のは，舶来種が「繁殖力旺盛」だからだとある。　**イ**　日本の農業の「近代化が急激に進んだ」ために，「小さくてひよわな日本の雑草」は「根絶やし」にされたとある。

問7　(1)　「登ってゆく」のはアワダチ草なので，人間でないものを人間にたとえて表す「擬人《ぎじん》法」が使われている。　(2)　セイダカアワダチ草は前後にあるとおり，繁殖力が強力無比でたいへんな「普及《ふきゅう》ぶり」であり，生息域を大きく広げているのだから，イがあてはまる。

問8　「蓼《たで》食う虫も好きずき」は，人の好みはさまざまであるということ。

問9　農業の近代化が急激に進んだため，日本古来の雑草はすっかり舶来の雑草の勢いに押《お》されて

しまい，また，古くから日本に根づいていた雑草を守ることはなおざりになっている。日本古来のものを守らず，舶来の勢いに押されるという傾向《けいこう》は，日本人の精神や文化のあり方と通じる。

二　**出典は瀬尾《せお》まいこの『夏の体温』による。**入院中に仲よくなった壮太《そうた》が一足先に退院してしまい，「ぼく」はさびしく思うが，壮太は退院後も「ぼく」を楽しませてくれる。

問１　**A**　意外に。思いのほか。　**B**　音読みは「ホ」で，「保持」などの熟語がある。　**C**　かっこうが悪いこと。　**D**　音読みは「ホ」で，「補給」などの熟語がある。

問２　「お互《たが》い顔を見合わせて，かといって今この短い時間で話す言葉も見当たらず」と前にある。話したいことはいろいろあるが，手短に別れのあいさつをするのも難しく，何となく笑ったことがわかる。よって，エが選べる。

問３　この後，退院が七日後なのか，十四日間病院で過ごすのかは大きく違《ちが》うと「ぼく」は思っている。壮太のいなくなった今，病院で一人過ごす時間は「ぼく」にとってあまりに長く感じられたのだから，イが合う。

問４　Ⅰ　直前には，病院で過ごす一日の長さを「先生は知っているのだろうか」とある。先生は「一，二週間」と一週間も二週間もさして変わらないような言い方をしたが，子どもにとっての一週間と二週間は大違いだと「ぼく」は思っているのだから，ウがよい。　Ⅱ　直前には，明日退院なら「手放しで喜べる」とある。だが，そうではなく，一週間か二週間はまだ入院していなければならないと「ぼく」は考えたのだから，アが合う。　Ⅲ　いつ退院できるのかはっきりしなかったことで，「ぼく」はがっかりしたが，何か月も入院している子もいる西棟《にしとう》を目にして自分が嫌《いや》になっている。自分の気持ちをどうもっていけばいいのかわからなくなったと考えられるので，エがふさわしい。

問５　気持ちを落ち着けられずにおかしくなりそうな「ぼく」は，おもちゃ箱をひっくり返すことで何とか気持ちを保っていたことがわかる。よって，アが選べる。

問６　三つ目のおもちゃ箱をひっくり返すとたくさんの紙飛行機が見つかり，「ぼく」は壮太が折ってくれたものだと気づく。そして，それを飛ばしている間，少しは時間を忘れられそうだと考え，次の日から一つ一つ飛ばすのが楽しみになったのだから，アがよい。

問７　紙飛行機を「飛ばしていい？」と男の子に聞かれた「ぼく」はこの後，「せーので飛ばそう」と，男の子と一緒《いっしょ》に紙飛行機を飛ばしている。よって，「一緒にやろうよ」などのセリフが入る。

問８　壮太の手紙には，入院している「ぼく」に向け，毎日たおれそうな暑さで，バッタが干からびるほどだと書いてあった。病院の外の暑さがわからない「ぼく」のために，誰にも思いつかないような方法で，毎日たおれそうな暑さだということを伝えようと，壮太は考えたのだろう。

問９　退院して毎日は会えなくなっても，「ぼく」に外の暑さを教えてくれたり，プレイルームの「ぼく」たちを楽しませてくれたりする壮太を，「ぼく」は最高の友達で，背が低いことなど全く関係ないと思っている。壮太の入院中には伝えられなかった「小さくたっていいじゃん」という言葉を，今こそ「ぼく」は壮太に伝えたいと考えて手紙を書いている。「ぼく」は，「自分は自分のままでよい」と思ったのではなく，壮太は壮太のままで最高だと感じているので，オが選べる。

2023 年度 かえつ有明中学校

【算　数】〈2月1日午後試験〉(50分)〈満点：100点〉

1　次の□にあてはまる数を求めなさい。

(1)　$4+3\times(36-19)=\square$

(2)　$11\div4-11\div6=\square$

(3)　時速 36km＝秒速□mm

(4)　$3\frac{1}{2}\times\left(1\frac{5}{6}-\frac{1}{2}\right)\times\left\{\left(1-\frac{1}{4}\right)\div1\frac{3}{4}\right\}=\square$

(5)　$(6-\square\times5)+6.2\div2=3.8$

2　次の問いに答えなさい。

(1)　あるクラスの男子の人数は女子の人数より3人少ないです。調理実習でべっこうあめとクッキーを作りました。男子はべっこうあめを6個ずつ，女子はクッキーを4個ずつ作りました。べっこうあめ1個とクッキー1個を1組にしたとき，べっこうあめが12個余りました。このとき，クラスの人数は何人ですか。

(2)　下の図のように，同じさいころ50個が1列に並んでいます。さいころとさいころが接している面のすべての目の数の和は何ですか。

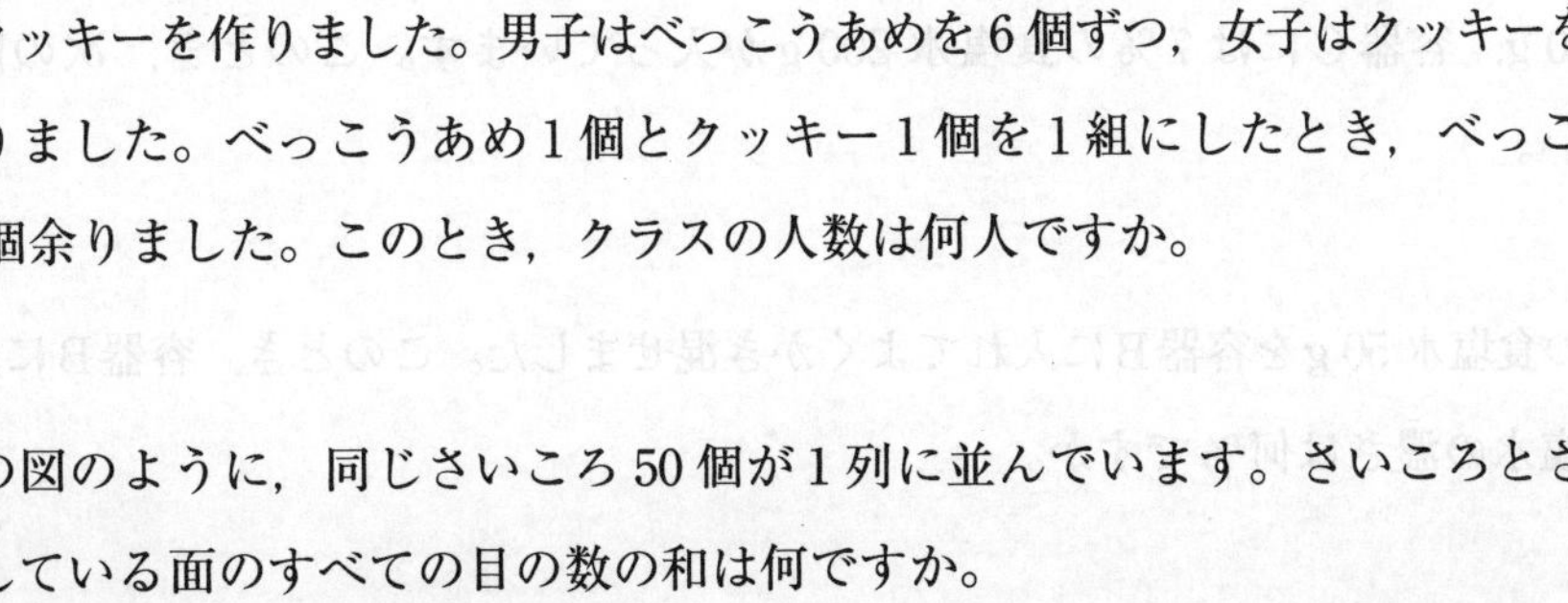

（３）　Ａさんが１人ですると12日，Ｂさんが１人ですると９日かかる仕事があります。この仕事を，はじめはＡさんが１人で何日かして，その後，Ｂさんが１人でしたら全部で10日かかりました。このとき，Ｂさんが働いた日数は何日ですか。

（４）　８で割っても，９で割っても，12で割っても３余る整数のうち，476に最も近い整数は何ですか。

（５）　男子６人，女子６人のクラスがあり，下の図のように，座席はろうか側から男子列と女子列が交ごになるように座席が決まっています。今日，クラスで席替えをすることになりました。男子列と女子列ともにそれぞれが席がえをする場合，横山さんは男子①から男子⑥のいずれかの座席に着席します。このとき，佐藤さん（女子）が横山さん（男子）のとなりに座る座り方は全部で何通りありますか。ただし，佐藤さんと横山さん以外の座り方は考えないものとします。

黒板

	女子①	男子①	女子④	男子④	
窓側	女子②	男子②	女子⑤	男子⑤	ろうか側
	女子③	男子③	女子⑥	男子⑥	

3　３つの容器Ａ，Ｂ，Ｃがあり，容器Ａには24％の食塩水200ｇ，容器Ｂには９％の食塩水200ｇ，容器Ｃには７％の食塩水200ｇが入っています。このとき，次の問いに答えなさい。

（１）　容器Ａの食塩水50ｇを容器Ｂに入れてよくかき混ぜました。このとき，容器Ｂに入っている食塩水の濃《こ》さは何％ですか。

（２）　（１）の後，容器Ｂの食塩水50ｇを容器Ｃに入れてよくかき混ぜ，その後，容器Ｃの食塩水50ｇを容器Ａに入れてよくかき混ぜました。このとき，容器Ａに入っている食塩水の濃さは何％ですか。

(3) (2)の後，容器Aから食塩水50gを取り出し，容器B，Cから食塩水を同じ量だけ取り出し，取り出したすべての食塩水を別の容器Dに入れてよくかき混ぜたところ，容器Dに入っている食塩水の濃さは12％になりました。このとき，容器B，Cから取り出した食塩水は何gずつですか。

4 図1のように，縦40cm，横60cm，高さ30cmの水そうがあります。この水そうは底面に垂直な高さ20cmの板で，底面の横の長さが左から20cmと40cmになるように仕切られています。水そうには立方体のおもりが置いてあり，底面の仕切られた各部分に装置A，Bがついています。装置Aは給水と排《はい》水を一定の割合で行い，装置Bは排水を一定の割合で行います。図2は，水の入っていない状態から装置Aだけを動かして，水そうが水で満たされるまで給水を行ったときの時間と最も高い水面の高さの関係を表したグラフです。このとき，次の問いに答えなさい。

図1

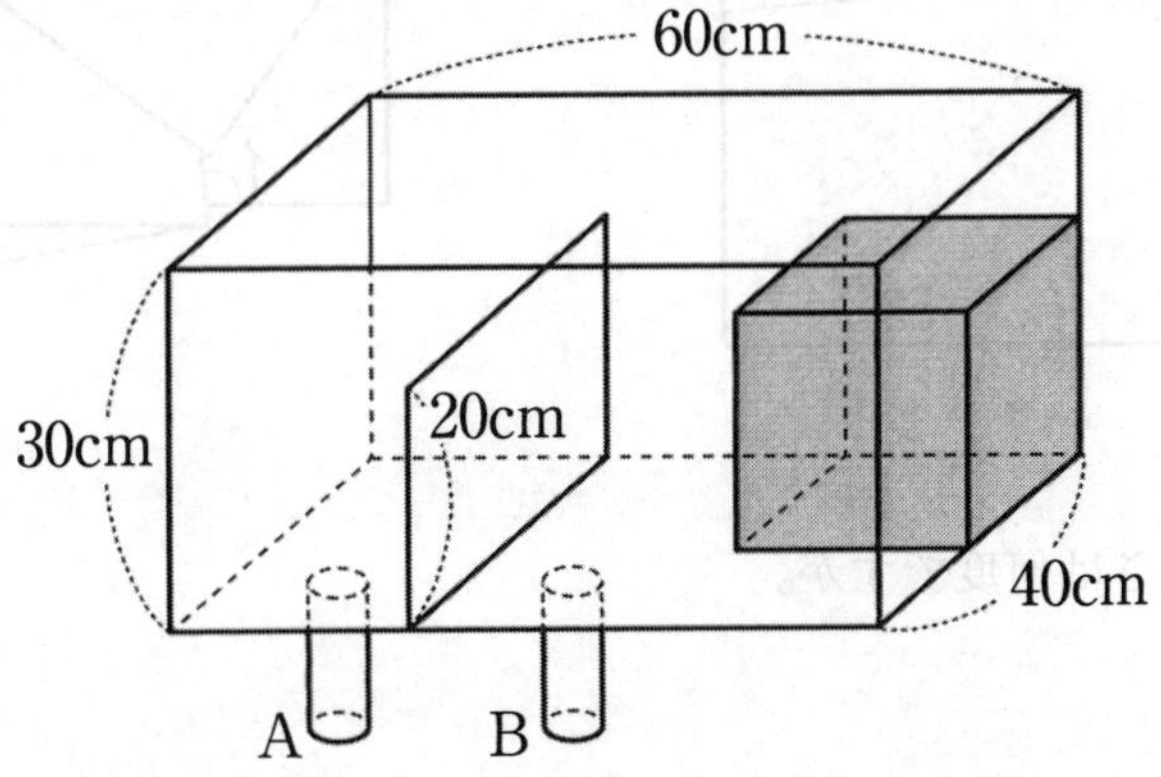

図2

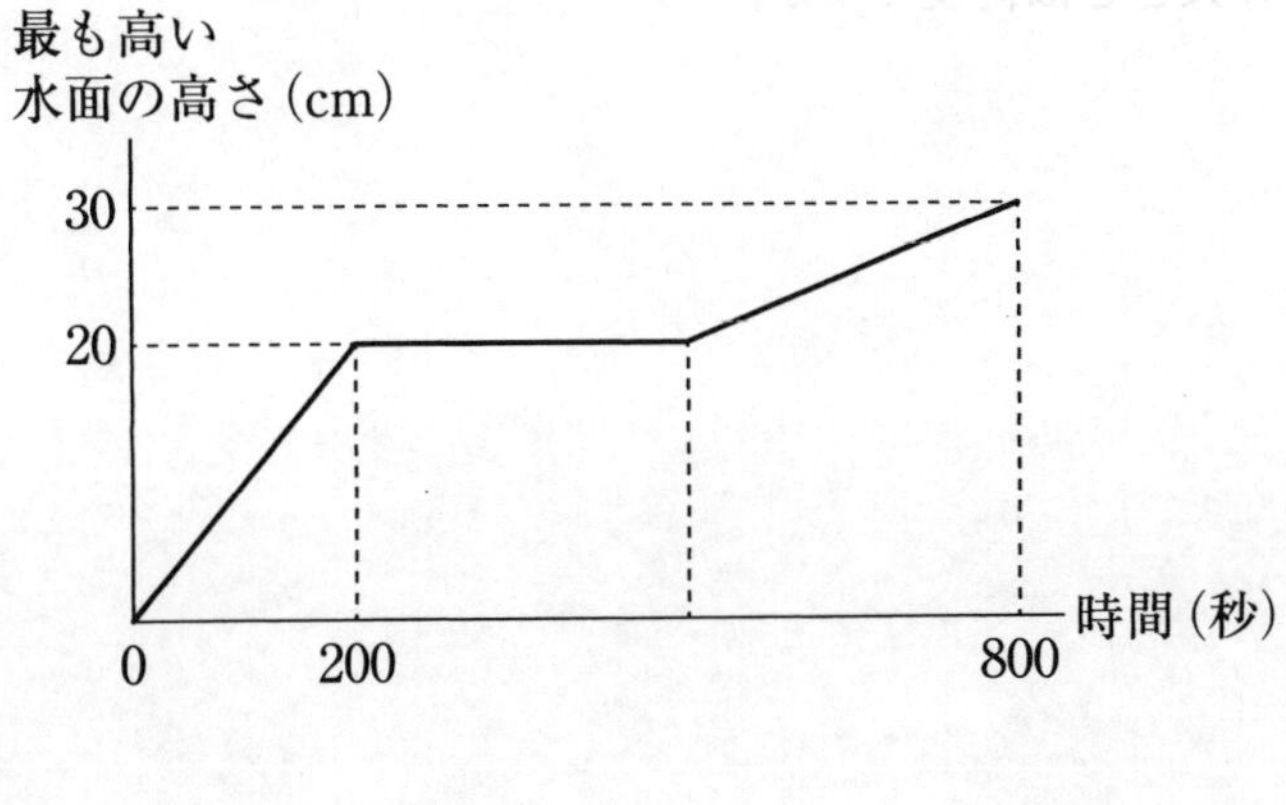

(1) 装置Aは毎秒何cm^3で給水しますか。

（２） おもりの一辺の長さは何 cm ですか。

（３） 水そうが水で満たされた状態から同時に２つの装置Ａ，Ｂを動かして，一定の割合で排水し始めました。装置Ａは毎秒 40 cm^3，装置Ｂは毎秒 120 cm^3 で排水します。
仕切りで分けられた２つの水の量が同じになるのは排水をし始めてから何秒後ですか。

5 下の図１は正方形の紙で，図の実線を山折り，破線を谷折りすると図２のように平坦《たん》になります。このとき，次の問いに答えなさい。

図１

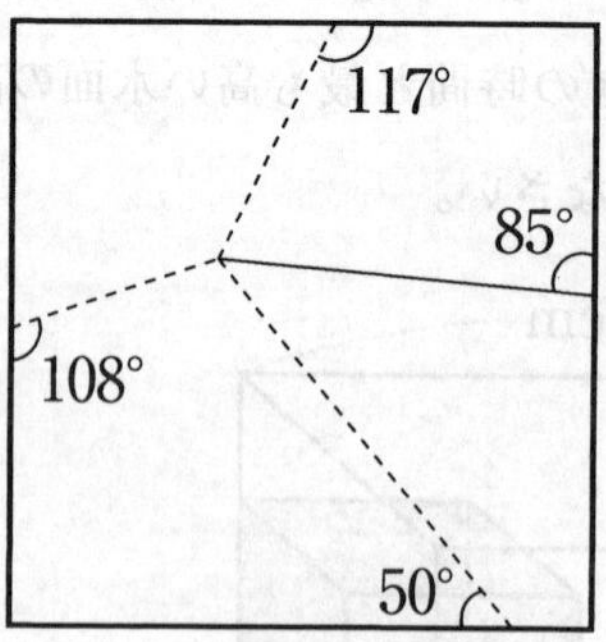

図２

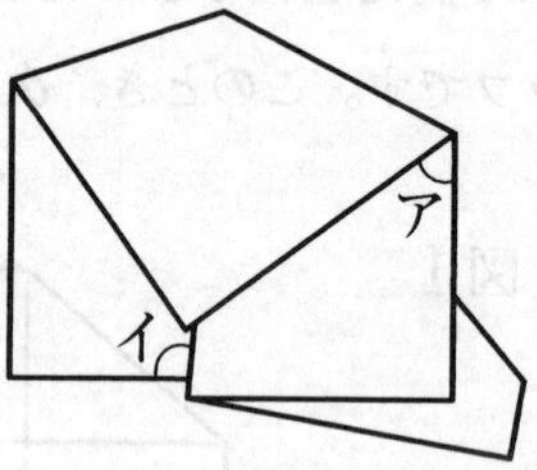

（１） 図２の角アの大きさは何度ですか。

（２） 図２の角イの大きさは何度ですか。

6　図のような，すべての辺の長さが9 cmの三角すいの各頂点から，すべての辺の長さが3 cmの三角すいを切り取った立体があります。このとき，次の問いに答えなさい。

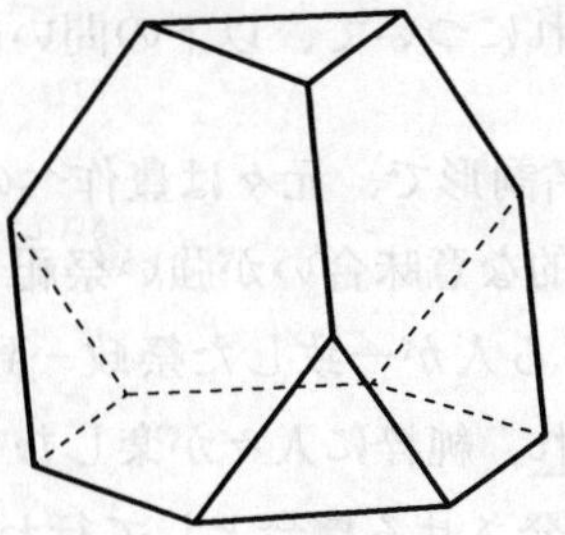

(1)　解答らんの図をもとに，この立体の展開図をかきなさい。

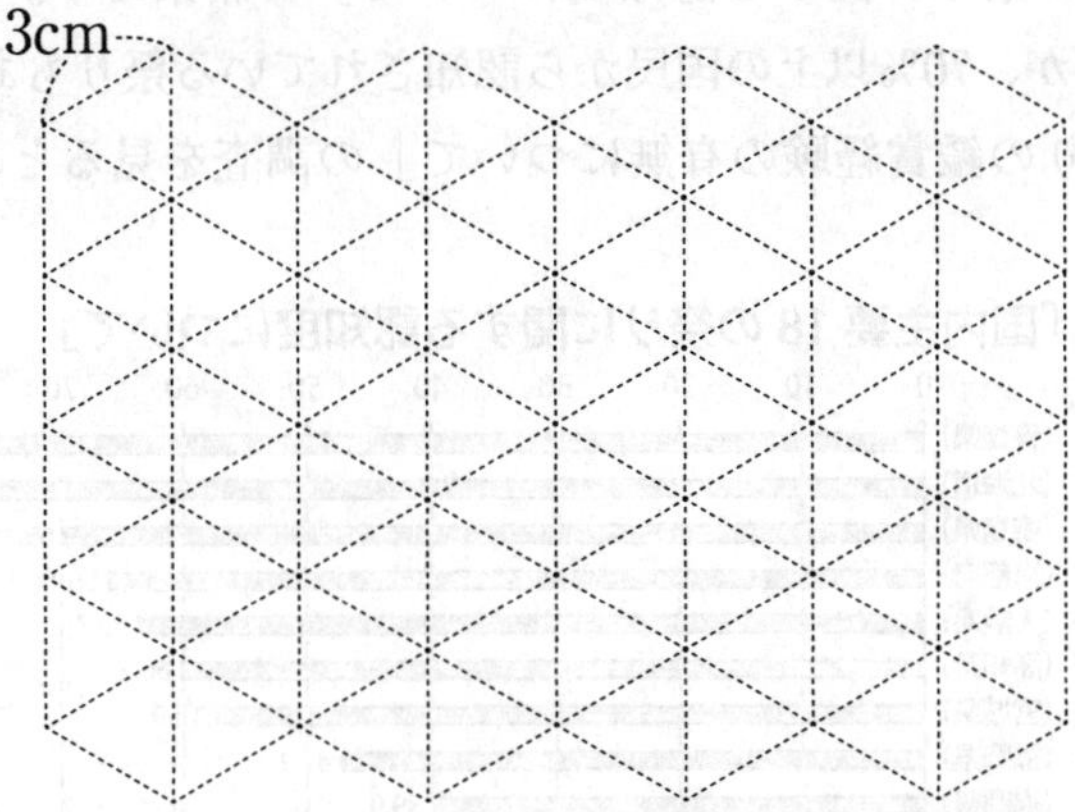

(2)　もとの三角すいの表面積と切り取られてできた立体の表面積の比を求めなさい。

【社　会】〈２月１日午後試験〉（25分）〈満点：50点〉
（人名・地名や社会科で学習する用語は，漢字で答えなさい。）

1　次の文章は、有明学さんが「日本における祭りの役割と現代的課題」というテーマで調べ、まとめたレポートです。これについて、以下の問いに答えなさい。

「まつり」という言葉は「祀《まつ》る」の名詞形で、元々は豊作への祈りや感謝を神へささげ、生きることの喜びを表現するような宗教的な意味合いが強い祭祀《さいし》として行われてきました。日本は、祭祀を担当する人と政治を担当する人が一致した祭政一致の時代もありました。しかし戦後、①政治と祭祀の関係は切り離され、純粋に人々が楽しむものとしての祭りが行われるようになったり、人々のエネルギーを爆発させる機会として行われるようになりました。また、②地域の伝統や文化と深く結びつく祭りは、地域の象徴のような役割も果たしています。

次の③**グラフ１**はCCCマーケティング総合研究所が日本全国の20～60代の男女約8,000人に実施した「国内主要18の祭りに関する認知度について」の結果です。30万以上あるともいわれている日本の祭りですが、70%以上の国民から認知されている祭りもあります。また、**グラフ２**の「国内主要18の祭りの鑑賞経験の有無について」の調査を見ると、（　　Ａ　　）ということがいえます。

グラフ１「国内主要18の祭りに関する認知度について」

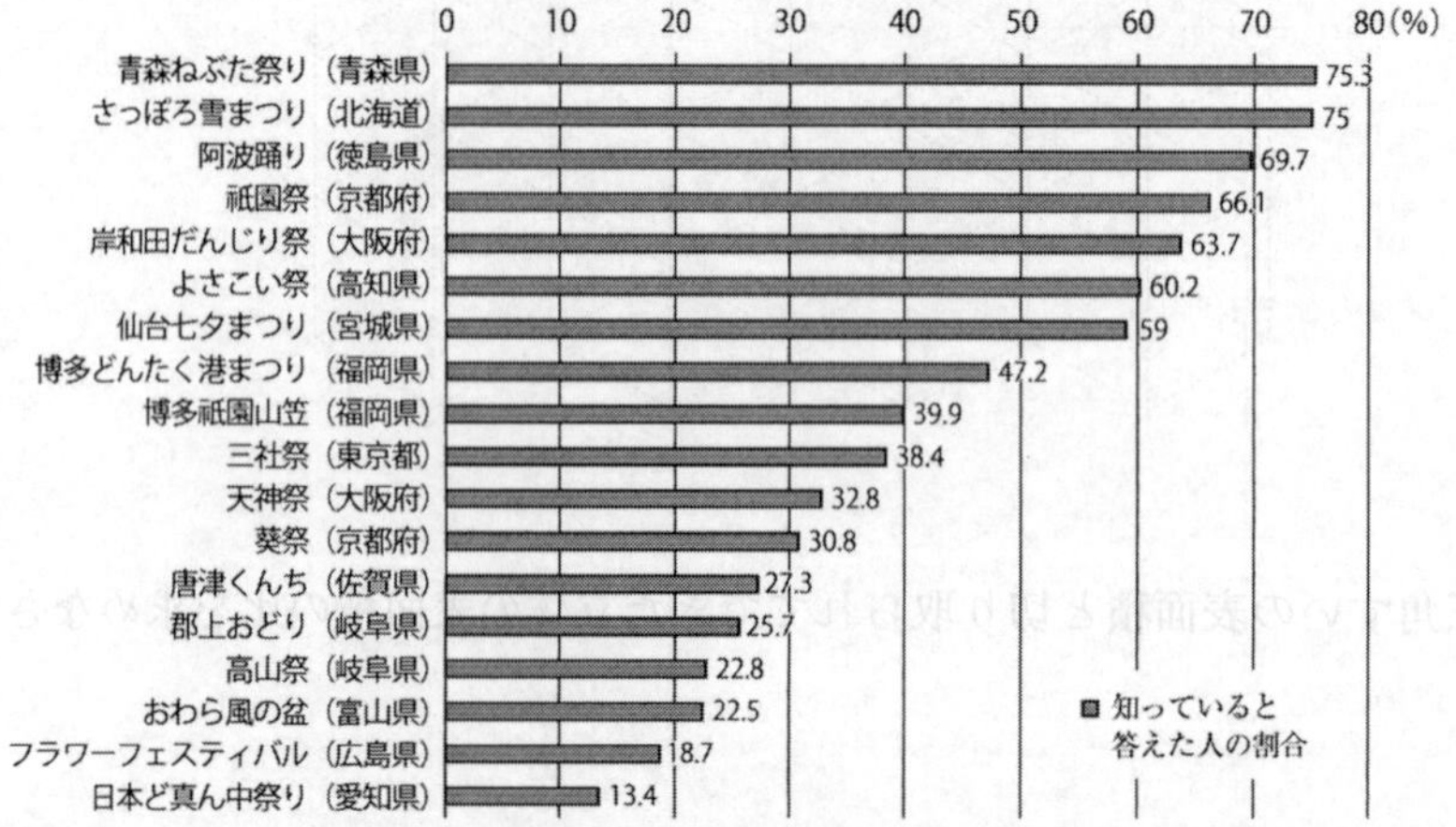

グラフ２「国内主要18の祭りの鑑賞経験の有無について」

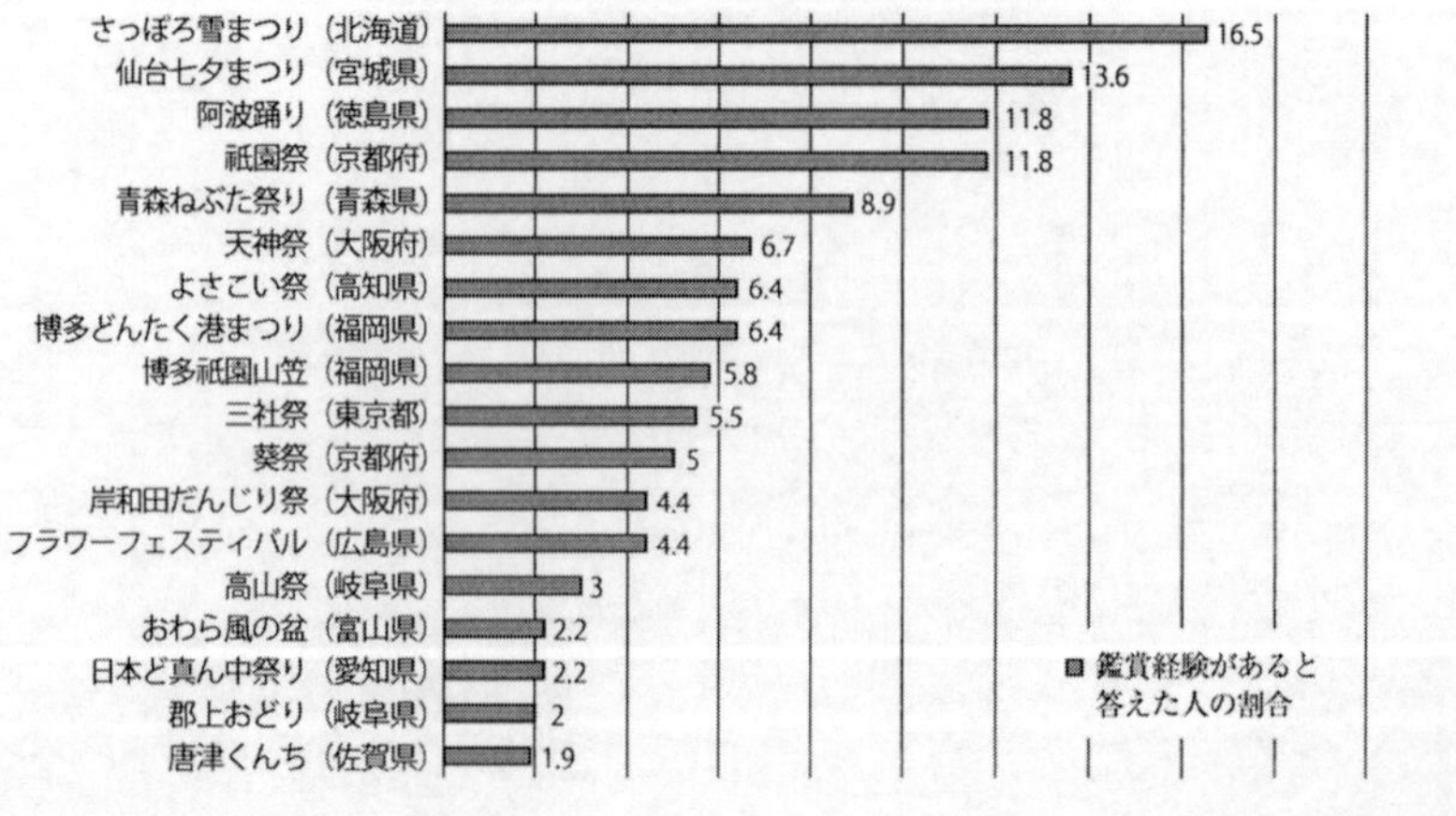

さらに、祭りは観光やまちづくり、④国際交流、福祉、教育、⑤産業などさまざまな分野とつながっており、地方創生の観点やコミュニティ形成の観点からも重要な役割を果たしているといえます。しかし、2020年の新型コロナウイルスの影響で祭りの実施が困難となり、地方や地域コミュニティに大きな影響を与えました。文化庁の支援などがあったとはいえ、祭りに関係する仕事で生計を立てていた人の中には、収入の多くを失い、貯金を切り崩《くず》して生活することになった人々もいました。

日本国憲法第25条には、生存権として、「すべて国民は、健康で文化的な（　Ｂ　）の生活を営む権利を有する」と記してあり、⑥国民の権利を保障しています。新型コロナウイルス対策では、国民の「健康的な生活」は守られましたが、「文化的な生活」は祭りに限らずさまざまな文化的な事業が中止されたことで、難しくなりました。祭りも2022年から、少しずつ実施されるようになってきたことで、「文化的生活」も取り戻されつつあります。

問１　下線部①について、戦後の憲法で規定された宗教と政治を分離する原則のことをなんといいますか。解答らんに合わせて解答しなさい。

問２　下線部②について、石川県金沢市は「金沢百万石祭り」という華やかな祭りがあることで有名です。これには、金沢市の伝統工芸や文化が関係しています。これについて、あとの問いに答えなさい。

（１）金沢で伝統工芸品が多い理由に、気候があります。次の雨温図は札幌市・金沢市・長野市・那覇市のいずれかのものです。金沢市の雨温図を、次のア～エより１つ選び、記号で答えなさい。

ア　　　イ　　　ウ　　　エ

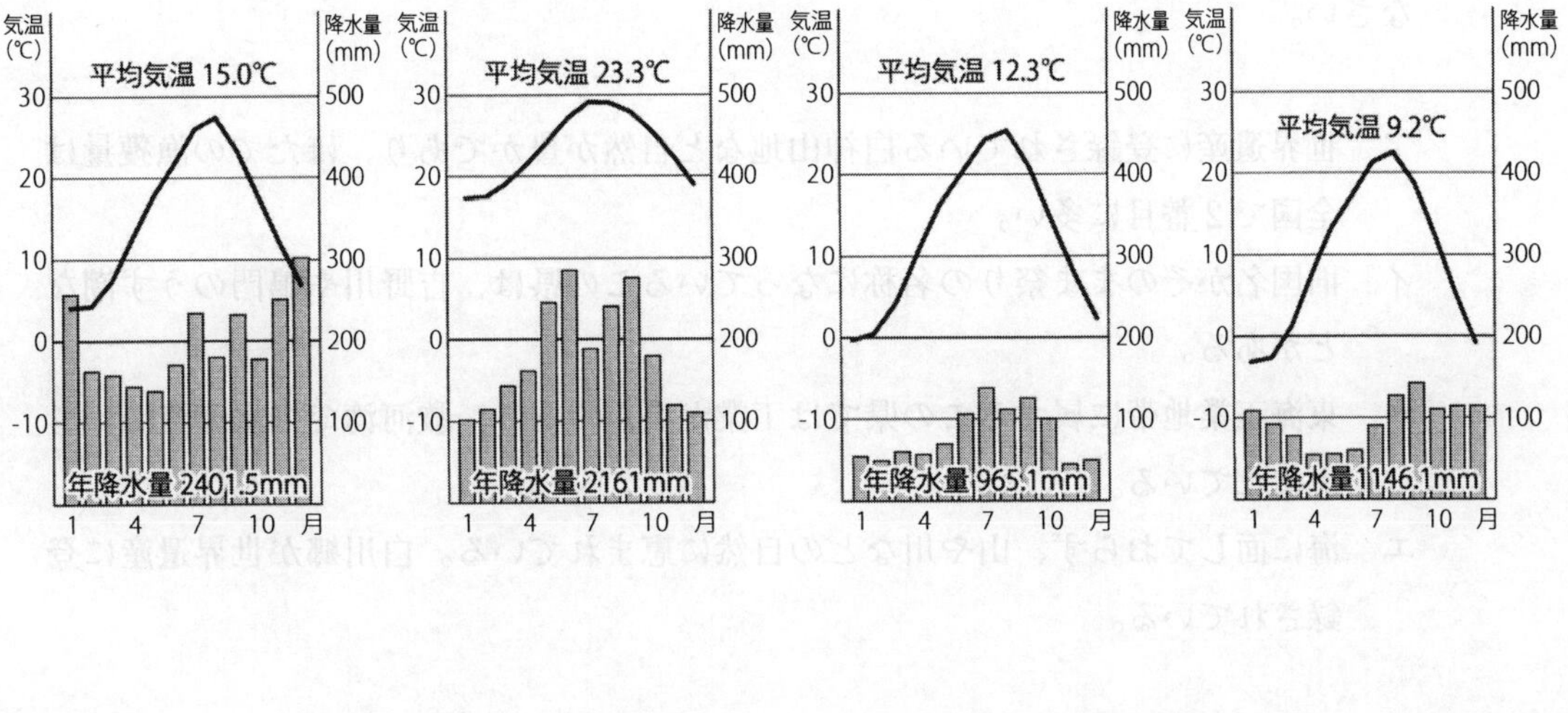

（2）金沢市の伝統工芸品について述べた次のア～エのうち、**誤っているもの**を１つ選び、記号で答えなさい。

ア　江戸時代に誕生したといわれる九谷焼は、伝統工芸品に指定されている。
イ　金沢市から濃尾平野まで平野が広がっているため、陸路を使った交易が盛んに行われてきた。
ウ　伝統的な街並みが残る金沢市には、2015年に開通した北陸新幹線によって、東京から新幹線のみで移動できるようになった。
エ　加賀友禅は、現在でも金沢市で制作されている伝統工芸品の１つである。

問３　下線部③について、あとの問いに答えなさい。

（1）**グラフ１**について述べた文章Ａ、Ｂの正誤の組み合わせとして正しいものを、下のア～エより１つ選び、記号で答えなさい。

Ａ　認知度で60％をこえる祭りがあるすべての都道府県には、新幹線が止まる駅があるという共通点がある。
Ｂ　国内主要18の祭りの中には各地方の祭りが確認できるが、北陸４県の祭りが一つも入っていないことがわかる。

ア　Ａ：正　Ｂ：正　　イ　Ａ：誤　Ｂ：正
ウ　Ａ：正　Ｂ：誤　　エ　Ａ：誤　Ｂ：誤

（2）次のア～エは、**グラフ１**にあるいずれかの都道府県について述べたものです。**グラフ１**の都道府県の説明として**どれにもあてはまらないもの**を１つ選び、記号で答えなさい。

ア　世界遺産に登録されている白神山地など自然が豊かであり、ほたての漁獲量は全国で２番目に多い。
イ　旧国名がそのまま祭りの名称になっているこの県は、吉野川や鳴門のうず潮などがある。
ウ　東海工業地帯に属するこの県では工業が盛んであり、駿河湾での水産資源にも恵まれている。
エ　海に面しておらず、山や川などの自然に恵まれている。白川郷が世界遺産に登録されている。

問4　文中（　Ａ　）には**グラフ1、2**を比較し分析した文章が入ります。（　Ａ　）に入る文章として正しいものを、次のア～エより1つ選び、記号で答えなさい。

ア　認知度で5位以内に入っている祭りは鑑賞経験においてもすべて5位以内に入っている

イ　「さっぽろ雪祭り」は、全体の3／4以上が認知しており、鑑賞経験もある

ウ　祭りが行われる都道府県の人口と鑑賞経験の有無は、比例していない

エ　日本に住んでいる70％以上の人が、「青森ねぶた祭り」を認知している

問5　下線部④について、台湾にはランタンを使った優雅な祭りがあり、新型コロナウイルス感染症の流行前は、日本からも多くの観光客が訪れていました。現在、台湾を含めたアジアの安全保障上の問題が起きていますが、台湾の説明として**誤っているもの**を、次のア～エより1つ選び、記号で答えなさい。

ア　中国は台湾を国として認めていないが、日本は国として承認し、国交を結んでいる。

イ　2022年、アメリカのペロシ下院議長が台湾を訪問した。

ウ　台湾と地理的に近い尖閣諸島をめぐって日本と中国との間で領有問題が起きている。

エ　日本の都道府県の中で、台湾に最も距離が近いのは、沖縄県である。

問6　下線部⑤について、以下の問いに答えなさい。

（1）次の図は、地域ごとにおける産業別の就業者割合を示しています（2017年）。第一次産業の図として正しいものを、次のア～ウより1つ選び、記号で答えなさい。

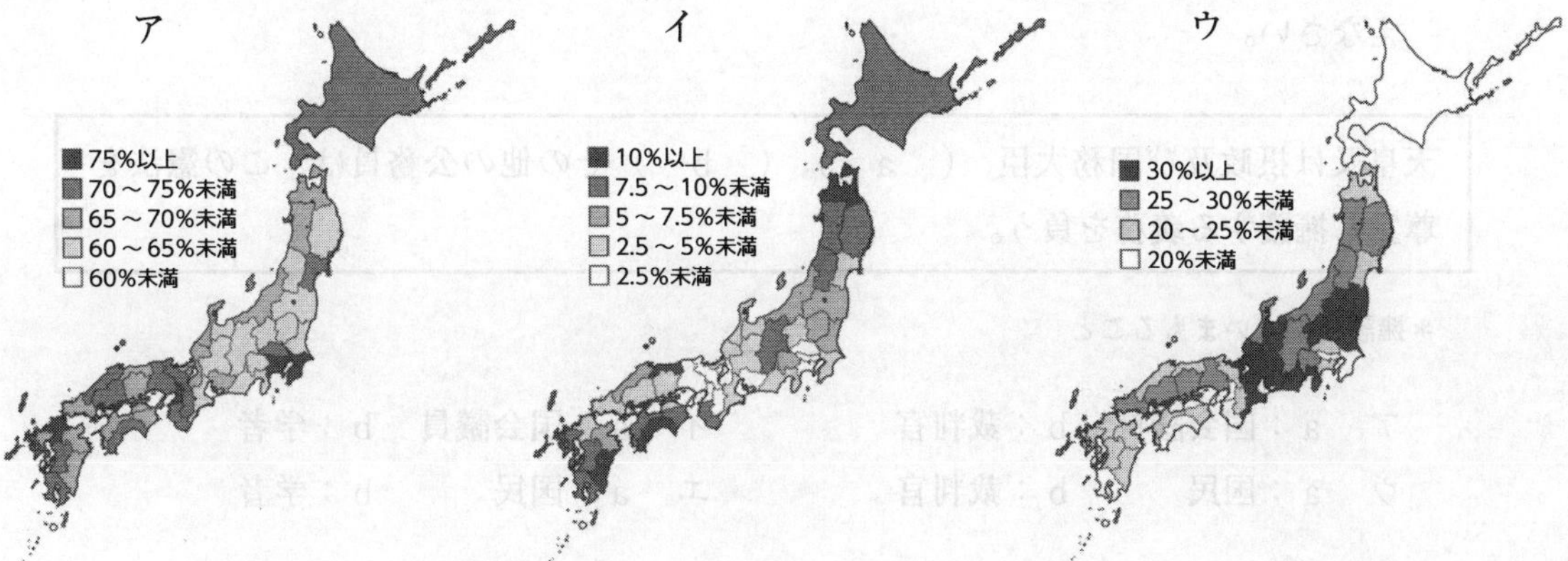

（２）東北地方は祭りと農業の結びつきが強く、豊作を願う地域の行事として祭りが行われています。そうした伝統を大切にしつつ、近年では観光業との結びつきも強めています。次の表は、東北の主要な５つの祭りの開催時期を示しています。この表をよく見て、Ｘにあてはまる数字を答えなさい。

青森ねぶた祭り	秋田竿灯まつり	仙台七夕まつり	山形花笠まつり	盛岡さんさ祭り
Ｘ月２日〜 Ｘ月７日	Ｘ月３日〜 Ｘ月６日	Ｘ月６日〜 Ｘ月８日	Ｘ月５日〜 Ｘ月７日	Ｘ月１日〜 Ｘ月４日

（東北地方の祭り開催日（2022年）東北六県商工会議所連合会より引用）

問７　文中の（　Ｂ　）にあてはまる語句を漢字で答えなさい。

問８　下線部⑥について、あとの問いに答えなさい。

（１）基本的人権に関して述べた文章として**誤っているもの**を、次のア〜エより１つ選び、記号で答えなさい。

ア　基本的人権には、信仰の自由などを定めた自由権、労働者の権利などを定めた社会権、男女の平等などを定めた平等権などがある。

イ　新しい人権として、環境権や著作権などが明記され、社会の変化に対応している。

ウ　基本的人権を国民自ら守っていくための権利として、参政権など政治に参加する権利がある。

エ　基本的人権は、公共の福祉に反する場合、制限される。

（２）次の文章は、憲法第99条の条文です（作問者によって一部変更）。（　ａ　）、（　ｂ　）に入る語句の組み合わせとして正しいものを、下のア〜エより１つ選び、記号で答えなさい。

天皇又は摂政及び国務大臣、（　ａ　）、（　ｂ　）その他の公務員は、この憲法を尊重し擁護する義務を負う。

＊擁護…かばいまもること

ア　ａ：国会議員　ｂ：裁判官　　イ　ａ：国会議員　ｂ：学者

ウ　ａ：国民　ｂ：裁判官　　エ　ａ：国民　ｂ：学者

2 次の文章を読み、あとの問いに答えなさい。

2022年２月に始まったロシアの①ウクライナへの軍事侵攻が続き、核が使用されるかもしれないという危機感が広がるなか、８月６日に被爆地・広島では、犠牲者《ぎせいしゃ》を追悼《ついとう》し、核兵器のない世界の実現を国内外に訴える平和記念式典が行われました。

広島市の松井市長は、平和宣言で核保有国の為政者《いせいしゃ》に対し、被爆地を訪れ、核兵器を使用した際の結末を直視すべきだとして、「国民の生命と財産を守るためには、核兵器を無くすこと以外に根本的な解決策は見いだせないことを確信していただきたい」と述べました。

またその時に、②日本の総理大臣は、「いかに細く、険しく、難しかろうとも『核兵器のない世界』への道のりを歩んでいく。③非核三原則を堅持《けんじ》しつつ、『厳しい安全保障環境』という『現実』を『核兵器のない世界』という『理想』に結び付ける努力を行っていく」と述べました。

そして、④国際連合のグテーレス事務総長が「世界は広島で起きたことを決して忘れてはならない。被爆者が残した遺産は決して消滅しない」と述べ、国際社会に対して核廃絶に向けた取り組みを改めて呼びかけました。

広島に核兵器が投下された太平洋戦争以外にも日本では『戦い』『乱』『役』『戦争』など数多くの戦いが見られます。主な対外的な戦いは以下の年表の通りです。

開戦の年	戦い
663年	⑤白村江の戦い
1274年	⑥文永の役
1281年	⑦弘安の役
1592年	⑧文禄の役
1597年	⑨慶長の役
1863年	薩英戦争
1894年	⑩日清戦争
1904年	⑪日露戦争
1914年	⑫第１次世界大戦
1937年	日中戦争
1941年	⑬太平洋戦争（第２次世界大戦）

対外的な戦いでは、戦場が国内・国外の場合がありました。さらに、勝敗によって日本の支配する地域が拡大することもあれば縮小することもありました。また、１年以内で戦いが終わる場合、終了まで複数年におよぶ場合がありました。

ところで、核兵器については、第2次世界大戦以降、⑭朝鮮戦争・ベトナム戦争では実際に核兵器を使用することが検討されていました。しかし、2021年に核兵器の使用・開発・実験・保有などを禁止する⑮核兵器禁止条約が発効しました。ところが、核保有国はこの条約には批《ひ》准《じゅん》※していません。つまり、核兵器を手放さずに、核兵器を戦争の手段に使用する可能性を持ち続けています。核兵器が使用されたらどうなるのか、核保有国にはしっかり思いをめぐらせてほしいと願っています。

（※批准とは、条約の最終的な確認や同意のこと。）

問1　下線部①について、ウクライナの位置を次の地図中のア～エより1つ選び、記号で答えなさい。

問2　下線部②について、この時の総理大臣の名前をフルネームで答えなさい。

問3　下線部③について、非核三原則は1971年の国会で決議されました。三原則のうちふたつは「核兵器を『持たず』『作らず』」です。残り一つの原則を答えなさい。

問4　下線部④について、国際連合またはその機関についての説明として正しいものを、次のア～エより1つ選び、記号で答えなさい。

ア　国際連合の本部は、永世中立国スイスのジュネーブに置かれている。
イ　世界の平和と安全を守ることを最大の目的としているが、国連軍は組織できない。
ウ　安全保障理事会では、常任理事国の5か国に拒否権が与えられている。
エ　ユネスコは、主に発展途上国の児童への援助を目的としている。

問5　下線部⑤について、この時は中大兄皇子が政治の実権を握り、のちに天智天皇になりました。天智天皇のあとつぎをめぐって、争いが起こりました。この争いを、次のア～エより1つ選び、記号で答えなさい。

ア　応仁の乱　　イ　承久の乱　　ウ　保元の乱　　エ　壬申の乱

問6　下線部⑥⑦について、次の**資料Ⅰ・Ⅱ**はいずれも蒙古襲来絵巻で、左の絵の騎馬の人物と、右の絵の右側に座っている人物は同一人物です。この説明として**誤っているもの**を、下のア～エより1つ選び、記号で答えなさい。

資料Ⅰ

資料Ⅱ

ア　**資料Ⅰ**では、元軍は「てつはう」という火薬による攻撃を行っている。
イ　**資料Ⅰ**では、幕府側の一騎打《いっきう》ちに対して、元軍は集団で戦っている。
ウ　**資料Ⅱ**では、元軍との戦いで勝利したことを報告し、祝いの宴《うたげ》を提案している。
エ　**資料Ⅱ**では、恩賞としての領地が与えられなかったので、交渉している。

問7　下線部⑧⑨について、この当時実権を握っていた人物についての説明として**誤っているもの**を、次のア～エより1つ選び、記号で答えなさい。

ア　土地の生産力を米の量で示した　　イ　大阪城をきずいて、本拠地とした
ウ　農民から武器を取り上げた　　エ　キリスト教を保護した

問8　下線部⑩について、日清戦争で勝利した日本は中国から遼東半島を獲得することになりましたが、その遼東半島を中国に返すように3か国が強く要求しました。その3か国に**あてはまらない国**を、次のア～エより1つ選び、記号で答えなさい。

ア　アメリカ　　イ　ロシア　　ウ　フランス　　エ　ドイツ

問９　下線部⑩⑪について、次は日清戦争・日露戦争の比較のグラフです。下のグラフの説明の文章の空らん（　Ａ　）～（　Ｃ　）に入る適語の組み合わせとして正しいものを、その下のア～カより１つ選び、記号で答えなさい。

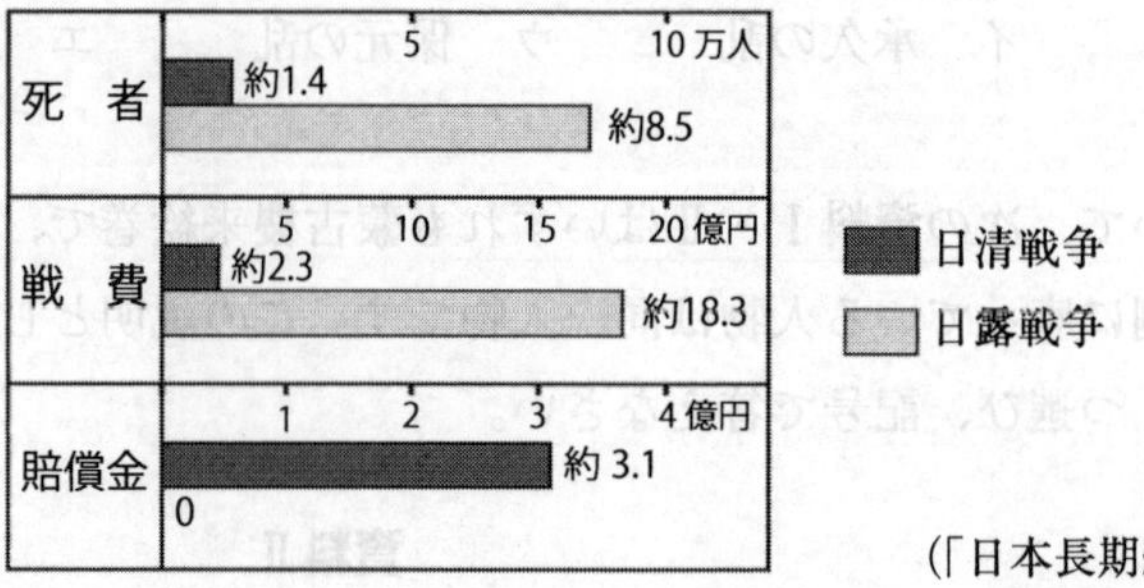

（「日本長期統計総覧」他より作成）

> ２つの戦争を比較すると、日露戦争のほうが死者は約６倍、戦費は約（　Ａ　）倍となっている。しかし、日露戦争では賠償金がないので、各地で（　Ｂ　）条約に反対する集会が開かれ、民衆による（　Ｃ　）が起こった。

ア　Ａ＝６　　Ｂ＝ポーツマス　　Ｃ＝日比谷焼きうち事件
イ　Ａ＝６　　Ｂ＝下関　　　　　Ｃ＝米騒動
ウ　Ａ＝６　　Ｂ＝ポーツマス　　Ｃ＝米騒動
エ　Ａ＝８　　Ｂ＝下関　　　　　Ｃ＝日比谷焼きうち事件
オ　Ａ＝８　　Ｂ＝ポーツマス　　Ｃ＝日比谷焼きうち事件
カ　Ａ＝８　　Ｂ＝下関　　　　　Ｃ＝米騒動

問10　下線部⑫について、次のＡ～Ｄの出来事を時代の古い順に並べ替えたときの正しい並び順を、下のア～エより１つ選び、記号で答えなさい。

Ａ　中国各地でパリ講和会議の内容に抗議する五・四運動が起こった。
Ｂ　オーストリアの皇太子のあとつぎが殺されるサラエボ事件が起こった。
Ｃ　ロシア革命が起こり、ソ連は第１次世界大戦から離脱した。
Ｄ　日本は日英同盟を口実に、ドイツに宣戦した。

ア　Ｂ→Ｄ→Ｃ→Ａ　　イ　Ｄ→Ｂ→Ｃ→Ａ
ウ　Ｂ→Ｄ→Ａ→Ｃ　　エ　Ｄ→Ｂ→Ａ→Ｃ

問11　下線部⑬について、1945年4月にアメリカ軍が沖縄本島に上陸し、沖縄戦が繰り広げられました。沖縄についての説明として**誤っているもの**を、次のア～エより1つ選び、記号で答えなさい。

ア　沖縄戦は約3か月も続き、一般住民も亡《な》くなりました。

イ　日本の敗戦後、沖縄はアメリカの統治下に置かれました。

ウ　2022年は沖縄が日本に返還されてから50年目となりました。

エ　全国の米軍基地のうち30%が沖縄にあります。

問12　下線部⑭について、第2次世界大戦後にアジアでは朝鮮半島・ベトナムで、資本主義国側と社会主義側の国に分断されました。ヨーロッパで資本主義側と社会主義側に分断された国を答えなさい。

問13　下線部⑮について、2022年8月の時点でこの条約に**批准《ひじゅん》していない国**を、次のア～エより1つ選び、記号で答えなさい。

ア　日本　　イ　ニュージーランド　　ウ　タイ　　エ　フィリピン

【理　科】〈２月１日午後試験〉（25分）〈満点：50点〉

1　次の文は、2022年７月に理科室で行われた生徒と先生の会話です。あとの問いに答えなさい。

嘉《よし》　明《あき》：先生、今年の２月にロシアがウクライナに侵攻《しんこう》して、まだ戦争が続いていますね。

先　生：そうですね。ロシア軍がチェルノービリ原子力発電所を占拠《せんきょ》したときは、とても心配しました。

嘉　明：なぜ、心配したのですか？

先　生：1986年にチェルノービリ原子力発電所で事故が起こり、放射性物質が外にもれました。放射性物質によって多くの人が被害《ひがい》を受けたといわれています。まだ、発電所内に放射性物質が残っています。もし、ロシア軍が原子力発電所を破壊《はかい》して、また放射性物質が拡散《かくさん》したら、大変なことになりますから。

有理紗《ありさ》：原子力発電所は、どのような仕組みで電気をつくっているのですか？

先　生：中学１年生には難しい話になりますが、ウランなどの原子がもつ「核《かく》エネルギー」を利用して電気をつくっています。

嘉　明：核エネルギー？　そもそも、エネルギーって何ですか？

先　生：熱を出すものはエネルギーをもっているといっていいでしょう。熱を出すもの、何かありますか？

有理紗：ガスを燃やすと、鍋《なべ》に入れた水が温まるので、熱を出します。

先　生：そうですね。家庭にきている天然ガスは「化学エネルギー」をもっていて、燃やすことによって、熱を出す、つまり「熱エネルギー」に変換《へんかん》されます。エネルギーにはいろいろな種類があって、何かをすることによって、他のエネルギーに変換されます。他に、熱を出すものはありますか。

嘉　明：うちでは、電気ポットでお湯をわかしています。電気もエネルギーをもっていますか？

先　生：そうです。電気もエネルギーをもっています。これを「電気エネルギー」と呼びましょう。他に熱を出すものはありますか？

有理紗：太陽の光が金属に当たると、金属の表面が熱くなります。光はエネルギーをもっていますか。

先　生：そうです。光はエネルギーをもっています。これを「光エネルギー」と呼びましょう。他に熱を出すものはありますか？

先　生：思いつきませんか。カナヅチでくぎを打ち続けると、くぎが熱くなるのを経験したことがありますか。カナヅチが動いているときにもっているのが「運動エネルギー」です。動いているものはすべて運動エネルギーをもっていて、それが止まったとき、もっていた運動エネルギーが熱エネルギーに変換されます。

嘉　明：エネルギーは姿を変えるのですね。

先　生：そうですね。姿を変えるというのか、何かをすることによって、種類を変えることができるということです。原子力発電所の場合、ウランの原子核を核分裂《ぶんれつ》させることによって、核エネルギーを熱エネルギーに変換します。生じた熱エネルギーによって水を水蒸気に変えます。水蒸気の圧力によって羽根がついたタービンを回して、熱エネルギーを運動エネルギーに変換します。タービンの回転で発電機を回し、運動エネルギーを電気エネルギーに変換しているのです。

有理沙：火力発電所の場合は、どのようにエネルギーを変換しているのですか？

先　生：火力発電所の場合、石油や天然ガスがもっている化学エネルギーを燃やすことによって化学エネルギーを熱エネルギーに変換して水蒸気をつくります。そのあとは原子力発電所と同じ方法で電気を生み出しています。

嘉　明：エネルギーが変換できるということは、エネルギーはなくならないのではないですか？

先　生：そのとおりです。宇宙全体で考えれば、エネルギーの合計は変わりません。

有理紗：それでしたら、エネルギーが足りなくなることがないのでは？

先　生：そうですね。現在、人間にとって必要なエネルギーは電気エネルギーで、これを得るために必要なエネルギーをもっているウランや石油・天然ガスに限りがあるということです。

嘉　明：ウランや石油・天然ガスに頼《たよ》らずに、再生可能エネルギーを使えばいいと思います。たとえば、火山がもっている熱を利用するとか。

先　生：そうですね。それが地熱発電ですね。地球の内部には膨大《ぼうだい》な熱エネルギーがあるので、それを利用しない手はないですね。

有理紗：どうして、膨大な熱エネルギーが地球の内部にあるのですか？

先　生：それには2つの説があります。1つ目の説は、地球は隕石《いんせき》などの宇宙のちりが集まってでき、さらに隕石が落ち続けてどんどん大きくなり、隕石がもっていた（　ア　）が、地球に落ちて止まることによって熱エネルギーに変換された、というものです。できたばかりの地球は表面温度が数千度で、岩石がとけてどろどろの状態だったといわれています。2つ目の説は、地球内部にあるウランなどの放射性物質が核分裂をして、（　イ　）が熱エネルギーに変換されている、というものです。

嘉　明：地球内部にたまっている熱があるから、（　ウ　）。

先　生：そういうことになります。

有理沙：ところで、ロシアがウクライナに侵攻したのは2月でしたね。なんでそんなに寒いときに侵攻したのでしょうか。

先　生：そうですね。ウクライナの冬は、地面が凍《こお》っているので戦車が動きやすいという話を聞いたことがあります。ウクライナの首都であるキーウは北緯《ほくい》50°なので、日本の北海道より北に位置しています。2月の平均気温は、最高気温が－1℃、最低気温は－７℃になるそうです。ということは１日中氷がとけることがないので、湿地《しっち》帯でも戦車が通れるということになります。

嘉　明：なぜ、緯度が高くなると寒くなるのですか。

先　生：いい質問ですね。緯度が変わると太陽の光が地面に当たる角度が変わるからです。わかりやすくするために、今、赤道上で太陽の光が地面に対して垂直に当たっているとします。黒板に書いてみると、こうなります（**図１**）。北緯 50° のキーウでは地面に対して 40° の角度で太陽の光が当たります（**図２**）。

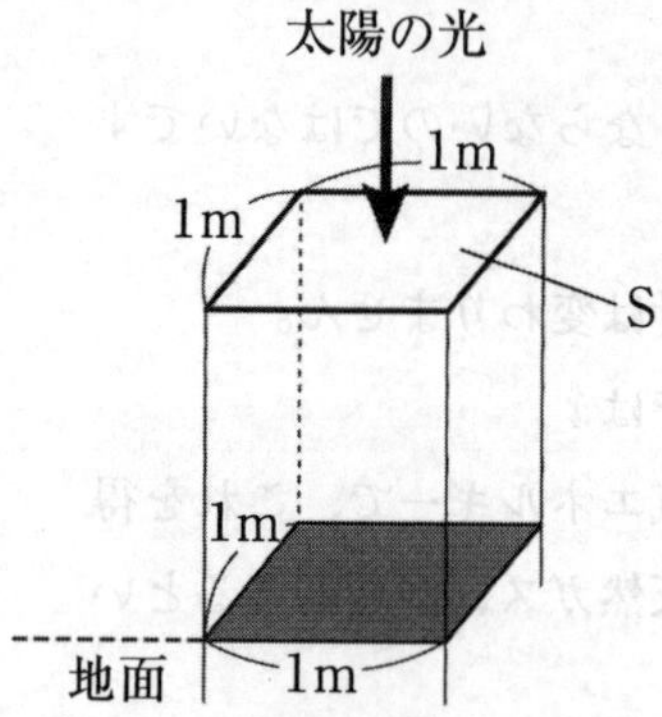

図１

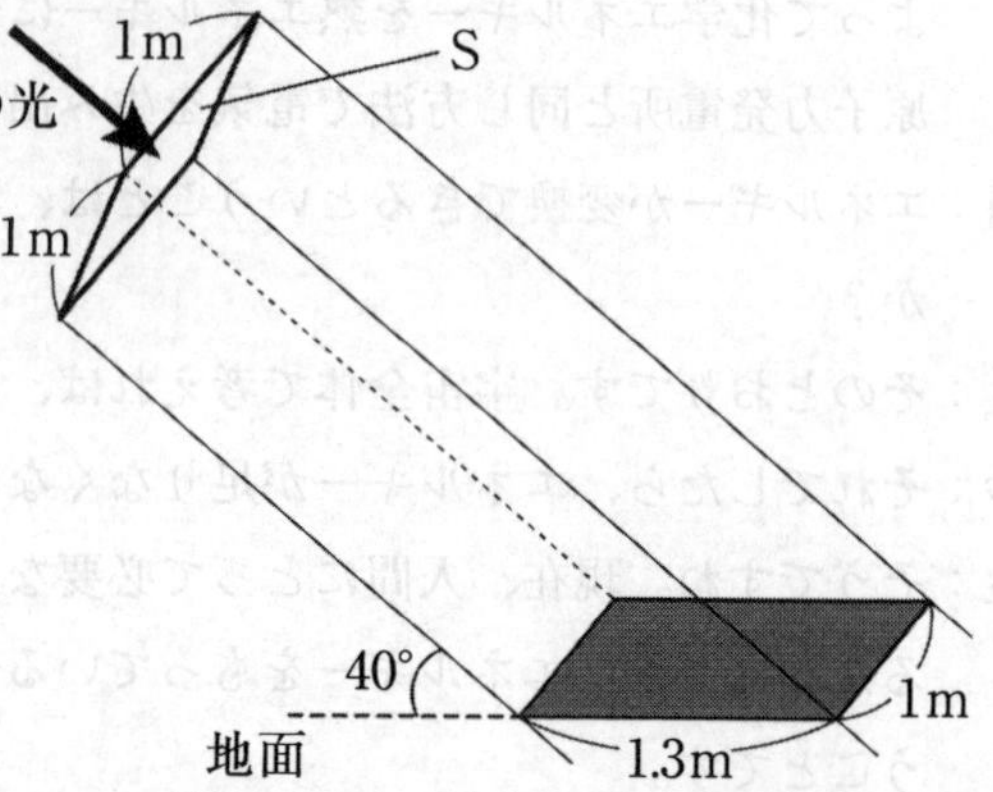

図２

先　生：四角形Ｓは、一辺が１m の正方形で、面積が $1\mathrm{m}^2$ です。ここを垂直に通過する光エネルギーを１秒間あたり 300 ジュールとしましょう。ジュールはエネルギーの大きさを表す単位です。赤道上では、$1\mathrm{m}^2$ の地面に１秒間あたりに当たる光エネルギーは 300 ジュールになりますが、キーウでは、$1\mathrm{m}^2$ の地面に１秒間あたりに当たる光エネルギーは（　エ　）ジュールになります。光エネルギーがすべて熱エネルギーに変換したとしたら、キーウで $1\mathrm{m}^2$ あたりの地面が受ける熱エネルギーは、赤道上で $1\mathrm{m}^2$ あたりの地面が受ける熱エネルギーの（　オ　）％分です。

嘉　明：だから、北極に近づけば近づくほど、寒くなるのですね。

（１）　文中の（　ア　）、（　イ　）にあてはまるものを、次のＡ～Ｅからそれぞれ１つずつ選び、記号で答えなさい。

Ａ　核エネルギー　　Ｂ　熱エネルギー　　Ｃ　化学エネルギー
Ｄ　光エネルギー　　Ｅ　運動エネルギー

（２） 文中の（　ウ　）にあてはまるものを、次のＡ～Ｄから１つ選び、記号で答えなさい。

Ａ　海水が温められて、暖流ができるのですね
Ｂ　空気が温められて、台風が生じるのですね
Ｃ　地下水が温められて、温泉ができるのですね
Ｄ　地面が温められて、都会の気温が高くなるのですね

（３） 文中の（　エ　）、（　オ　）にあてはまる数字を整数で答えなさい。割り切れない場合は、小数第１位を四捨五入して整数で答えなさい。

（４） 次の①～④の発電は、どのようなエネルギー変換をしていますか。あとのＡ～Ｈからそれぞれ１つずつ選び、記号で答えなさい。

①　原子力発電　　②　火力発電　　③　風力発電　　④　太陽光発電

Ａ　運動エネルギー　→　電気エネルギー
Ｂ　運動エネルギー　→　熱エネルギー　→　電気エネルギー
Ｃ　化学エネルギー　→　運動エネルギー　→　電気エネルギー
Ｄ　化学エネルギー　→　熱エネルギー　→　運動エネルギー　→　電気エネルギー
Ｅ　光エネルギー　→　電気エネルギー
Ｆ　光エネルギー　→　熱エネルギー　→　電気エネルギー
Ｇ　核エネルギー　→　熱エネルギー　→　運動エネルギー　→　電気エネルギー
Ｈ　核エネルギー　→　運動エネルギー　→　熱エネルギー　→　電気エネルギー

（５） 次の①～③のエネルギー変換をしているものはどれですか。あとのＡ～Ｅからそれぞれ１つずつ選び、記号で答えなさい。

①電気エネルギーを主に熱エネルギーに変換する
②電気エネルギーを主に運動エネルギーに変換する
③電気エネルギーを主に光エネルギーに変換する

Ａ　ＬＥＤ照明器具　　Ｂ　カーボンヒーター（電気ストーブ）
Ｃ　太陽電池　　Ｄ　電車
Ｅ　発電機

(6) スピーカーは、電流を流すことによって振動《しんどう》板を動かして音を出しています。スピーカーは、何エネルギーを何エネルギーに変換していますか。本文中の「　」で表されたエネルギーからそれぞれ1つずつ選び、答えなさい。

(7) 本文を読んで、正しくないと思われるものを、次のA～Dから1つ選び、記号で答えなさい。

A　熱を出すものは、エネルギーをもっている
B　エネルギーは、何かをすることによって、他のエネルギーに変換される
C　ここ数十年で、宇宙全体のエネルギーの合計が減りつつある
D　北極付近より、赤道付近のほうが、1年間の平均気温が高い

2　次の会話を読み、次のページのグラフを参考にして、あとの問いに答えなさい。

Aさん：ウクライナへの軍事侵攻は、世界の食糧《しょくりょう》危機にも発展するとニュースで聞いたよ。
Bさん：ウクライナとロシアの小麦を合わせると、世界の小麦輸出の３割を占《し》めるからね。
Aさん：小麦は、米、トウモロコシとともに世界三大穀物と呼ばれているけれど、私たち人間が生きるエネルギー源になっているんだよね。
Bさん：そうだね。小麦や米の主成分である（　A　）は、①太陽の光エネルギーを使ってつくられる。私たちはそれを食べて、全身の細胞《さいぼう》が呼吸することによって、生きるエネルギーに変えているんだよね。
Aさん：米は、イネという植物の一部だけど、②どうやって育てているんだろう？
Bさん：そういえば、毎日のように食べているのに、あまり考えたことがなかったな。
Aさん：普段《ふだん》あたり前のように生活していて、考えていないことって多いのかもね。
Bさん：現在のことだけでなく、未来のこともね。早急な対策が必要と言われている課題といえば、やっぱり二酸化炭素の増加だよね。二酸化炭素の増加は、地球温暖化だけでなく、海の酸性化という深刻な問題も引き起こしているんだって。これによって、海で生きる生物の種類が大幅《はば》に減っていく心配もあるらしいよ。
Aさん：③どうして二酸化炭素が増えると海が酸性に近づいていくの？
Bさん：（　B　）
Aさん：なるほど！　でも、どうして海が酸性に近づいていくと生物の種類が減っていくの？
Bさん：海の酸性化によって生きていられなくなる生物が出てくるからね。実際、体をおおっている殻《から》がとけて、穴があいて死んでしまう生物も出てきているらしいよ。
Aさん：どうして海が酸性に近づいていくと殻がとけてしまうの？
Bさん：貝類とか、エビやカニの仲間は殻をもっているけど、殻は（　C　）という物質でできているでしょ。酸性の水よう液によってとけ出してしまうんだよね。それと、殻は海水に含《ふく》まれている物質を利用してつくられているんだけど、酸性の水よう液には殻をつくることをじゃまする物質が含まれているの。
Aさん：そういうことなんだ。海の酸性化が進んでいる場所って、地球上のどのあたりなの？
Bさん：（　D　）だよ、水温を考えるとわかるよね。
Aさん：二酸化炭素を排出《はいしゅつ》しないようにする取り組みは必要不可欠だね。④どんなものを燃やしても、二酸化炭素が発生してしまうのかな？
Bさん：そうとも限らないよ。それに、排出してしまった二酸化炭素を減らす方法もあるんだ。海の中で光合成をして生きる生物に炭素をたくわえてもらうことによって二酸化炭素を取り除く『ブルーカーボン』が、『グリーンカーボン』以上に期待されている。具体的には、海草をふやしたり、マングローブを植林したり…陸の森林よりもずっと二酸化炭素をたくわえる能力が高いんだって。

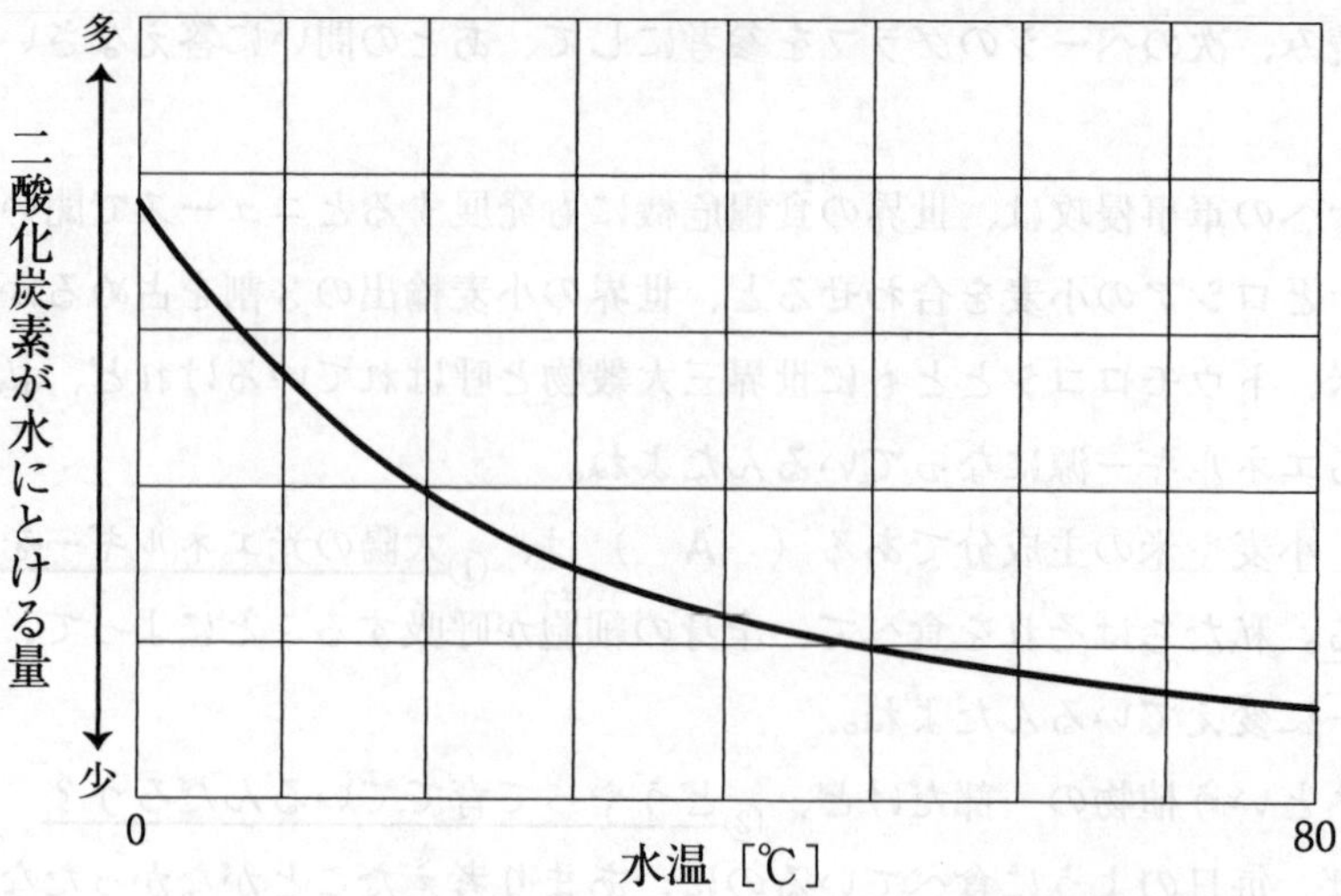

図1　二酸化炭素が水にとける量と水温の関係

（1）　文中の（　A　）にあてはまるものを、次のア～エから1つ選び、記号で答えなさい。

ア　タンパク質　　イ　脂肪《しぼう》　　ウ　炭水化物　　エ　ビタミン

（2）　文中の下線部①「太陽のエネルギーを使って（　A　）をつくるとき」に必要な材料（物質）を2つ答えなさい。

（3）　文中の下線部②について、イネの種子をまく時期と、花が咲《さ》く時期はいつ頃《ころ》ですか。次のア～エからそれぞれ1つずつ選び、記号で答えなさい。

ア　2月頃　　イ　5月頃　　ウ　8月頃　　エ　11月頃

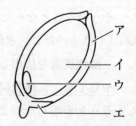

（4）　右の図は、イネの種もみを2つに切ったものです。私たちが「胚《はい》芽《が》米」として食べている部分をア～エから2つ選び、記号で答えなさい。また、それぞれの名前を答えなさい。

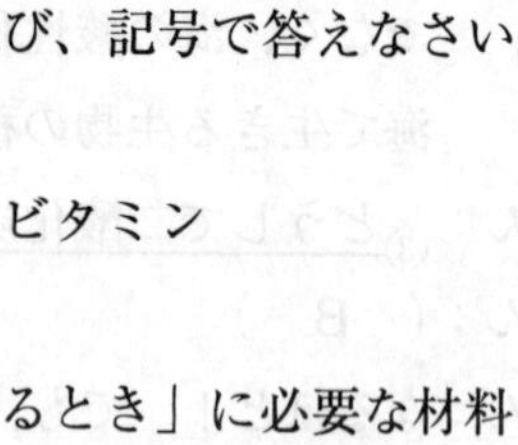

(5) イネの種もみをまくときの方法としてもっとも適するものを、次のア～エから1つ選び、記号で答えなさい。

ア なわしろの土の上にまき、土を少しかぶせておく
イ なわしろの土の上にまき、土を深くかぶせておく
ウ 水をはったなわしろの土の上にまき、土はかぶせない
エ 水をはったなわしろに多くのあなをあけ、その中に数粒《つぶ》ずつまく

(6) 文中の(B)に下線部③の答えを書きなさい。

(7) 文中の(C)にあてはまるものを、次のア～エから1つ選び、記号で答えなさい。

ア 炭酸カルシウム　　イ 炭酸ナトリウム
ウ 塩化カルシウム　　エ 塩化ナトリウム

(8) 文中の(D)にあてはまるものを、**図1**を参考に次のア～エから1つ選び、記号で答えなさい。

ア 北極海　　イ 太平洋　　ウ 大西洋　　エ インド洋

(9) 下線部④について、燃やしても二酸化炭素が発生しないものを、次のア～エからすべて選び、記号で答えなさい。

ア 木炭　　イ アルコール　　ウ 水素　　エ 家庭用ガス

(10) 燃やしても二酸化炭素が発生しないものの成分には、どのような特ちょうがありますか。次のア～エから1つ選び、記号で答えなさい。

ア 水素を含んでいない　　イ 酸素を含んでいない
ウ 窒《ちっ》素を含んでいない　　エ 炭素を含んでいない

問九 ⑥それは本当か、と祖父が声を強めた とありますが、なぜですか。もっとも適当なものを次から一つ選び、記号で答えなさい。

ア 美緒が、自分の問いかけにじっくり考えることなく即答したことに対して、もう一度よく考えてから答えてほしいと思ったから。

イ 美緒が、自分のいやなところばかりあげることに対して、残念な気持ちがあり、自分自身を見つめ直してほしいと思ったから。

ウ 美緒が、いつも自分についてマイナスな発言をすることに対していらだち、少しはプラスな思考に切り替えてほしいと思ったから。

エ 美緒が、自分のことはよくわかっていると発言したことに対して、自分と深く向き合えていないことを指摘して、気づいてほしいと思ったから。

問十 ⑦祖父の目がやさしげにゆるんだ のは なぜですか。この本文全体における「美緒」の気持ちの変化をふまえて、八十字以内で説明しなさい。

問六　③同じことは私たちの仕事にも言える　とありますが、どのようなことを言っているのですか。もっとも適当なものを次から一つ選び、記号で答えなさい。

ア　スプーンも織物も、良い品は調和がとれており、それが軽やかさと心地よさを生み出すということ。

イ　スプーンも織物も、良質のものを大切に保管し、丁寧に扱うことで、味わいが出てくるということ。

ウ　スプーンも織物も、よい品物をつくるためには、各地をまわってよい素材を探すことが大事だということ。

エ　スプーンも織物も、こだわりを持って、様々なものをコレクションをすることで仕事のセンスが磨かれるということ。

問七　④良い職人の仕事は調和と均衡が取れていて心地よいんだ　とありますが、「さじ」について言えばどのようなことを言っているのですか。具体的に述べられている部分を文中からひとつづきの二文で探し、最初の五字をぬき出しなさい。

問八　⑤祖父が何を言い出したのかわからず　とありますが、祖父がこの場面を通じて「美緒」に伝えたかったことはどのようなことですか。もっとも適当なものを次から一つ選び、記号で答えなさい。

ア　いつもネガティブな「美緒」に対して、人の気持ちのあやをすくいとれるところが良い点で、そこに早く気づいてほしいということ。

イ　嫌っていた汚毛を洗う仕事でも、洗い上がりを見ると気分が上がるように、辛い仕事でも我慢して続けていれば良い結果を生み出すということ。

ウ　汚毛を例えとして使い、自分の性格の悪い部分ばかりに目を向けるのではなく、それを良いところとして捉えなおすべきだということ。

エ　繊細という性分は決して悪いことではなく、そのような性分を活かすことで自分の良いところが新たに発見されるということ。

3　気持ちのあや
ア　ころころと変わりやすい感情
イ　奥底に隠している本心
ウ　複雑にからみ合う心の様子
エ　もろく崩れそうな心の弱さ

問三　～～～部2「軽快」と同じ意味で使われている「軽」を、次のア～エから一つ選び、記号で答えなさい。
ア　軽率　　イ　軽食　　ウ　軽視　　エ　軽妙

問四　①心の奥から、自然に言葉が浮かんできたとありますが、それはなぜだと考えられますか。**適当でないもの**を次から一つ選び、記号で答えなさい。
ア　祖父とのやり取りを通して自分の内面と向き合うことができたため、無意識に閉じ込めていた自分の思いが言葉として現れてきたから。
イ　自分の発言に対する祖父の指摘が的を射ており、自分を分かってくれている祖父に心を開くことができたから。
ウ　ピンクの羊毛が舞い上がる様子を見て心を落ち着かせることができ、頑《かたく》なだった心をほぐしてくれるような穏やかな空間が目の前に広がっていたから。
エ　悩みを抱えていることを祖父に気づいてほしいと思っており、望み通り祖父が心配してくれたことで、自分の心が満たされたような気がしたから。

問五　②また笑ってるを比喩《ひゆ》的に言いかえた十一字の表現をぬき出しなさい。

「直感？　何かいい感じ」

⑦祖父の目がやさしげにゆるんだ。目を細めるとやさしく見えるところは、＊太一《たいち》と似ている。

ほめられているような眼差しに心が弾《はず》み、黒いスプーンを見る。

幼い頃、壁にかかった視力検査表で視力を調べられたことがある。

黒いスプーンを右目に当て、おどけてみた。

「視力検査……」

一瞬《いっしゅん》、不審《ふしん》そうな顔をしたが、祖父はすぐに横を向いた。口もとに軽くこぶしを当てて、笑っている。

おどけた自分が猛烈に恥ずかしくなり、美緒はスプーンを握《にぎ》った手を膝《ひざ》に置く。

たいして面白くもないだろうに、祖父は目を細めてまだ笑っていた。

（伊吹有喜『雲を紡ぐ』より）

＊太一…美緒のはとこ。祖父の生活のお手伝いをしている。

問一　……部Ａ～Ｄのカタカナは漢字に、漢字はひらがなに直しなさい。

問二　～～～部１・３の文中での意味として、もっとも適当なものをそれぞれあとから一つ選び、記号で答えなさい。

１　素朴な

ア　華やかさがなく、目立たないこと
イ　自然のままに近く、あまり手が加えられていないこと
ウ　細やかで、すみずみまで手が行き届いていること
エ　乱れがなく、きれいに整っていること

からかうような祖父の口調に、美緒は顔をしかめる。

「そんなしかめ面をしないで、自分はどんな『好き』でできているのか探して、身体の中も外もそれで満たしてみろ」

「好きなことばっかりしてたら駄目にならない？　苦手なことは鍛《きた》えて克服《こくふく》しないと……」

「なら聞くが。責めてばかりで向上したのか？　鍛えたつもりが壊《こわ》れてしまった。それがお前の腹じゃないのか。大事なもののための我慢《がまん》は自分を磨く。ただ、つらいだけの我慢は命が削られていくだけだ」

祖父がテーブルに並べたスプーンを指差した。

「手始めに、気に入ったさじがあったら、それで食事をしてみろ。良いさじで食物を口に運ぶ感触をとことん味わってごらん」

「えっ、でも……」

戸惑《とまど》いながらも梱包していないスプーンと、コレクションが納まった箱を美緒は一つずつ見る。祖父が集めたものは、どれも色や形が美しい。そしておそらく外見のほかにも祖父の心をとらえた何かがある――。しだいに興味がわいてきて、次々とスプーンが入った箱を開けて見る。

木材、金属、動物の角。さまざまな材質のスプーンを持ったあと、最後に残った箱を開けた。

赤や黒、赤紫《むらさき》色に塗られた木製のスプーンが出てきた。

無地もあるが、金箔《きんぱく》などで模様が描かれたものや、虹《にじ》色に輝《かがや》く装飾《そうしょく》が施《ほどこ》されているものもある。

一本、一本見ていくなかで、シンプルな黒塗りのスプーンに心惹《ひ》かれた。手にすると、スプーンの先から柄《え》に向かって、真珠《しんじゅ》色の光が走った。

「おじいちゃん、これはうるし？」

祖父はうなずいた。

「これがいい、これが好き。おじいちゃん、このスプーンをください」

「美緒はこれが好きか。どうしてこれを選んだ？」

かも」

そうだろう、と祖父が面白そうに言った。

「美緒も似たようなものだ。自分のC性分について考えるのは良いことだが、悪いところばかりを見るのは、汚毛のフンばかり見るのと同じことだ」

⑤祖父が何を言い出したのかわからず、美緒は作業の手を止める。赤い漆塗《うるしぬ》りのスプーンを取り、祖父が軽く振る。

「学校に行こうとすると腹を壊《こわ》す。それほどの繊細《せんさい》さがある。良いも悪いもない。駄目でもない。そういう性分が自分のなかにある。ただ、それだけだ。それが許せないと責めるより、一度、丁寧《ていねい》に自分の全体を洗ってみて、その性分を活かす方向を考えたらどうだ？」

「活かすって？　どういうこと？　そんなのできるわけないよ」

「そうだろうか？　繊細な性分は、人の3気持ちのあやをすくいとれる。ものごとを注意深く見られるし、集中すれば思わぬ力をDハッキすることもある。へこみとは、逆から見れば突出《とっしゅつ》した場所だ。悪い所ばかり見ていないで、自分の良い点も探してみたらどうだ？」

「ない。そんなの」

「即答《そくとう》だな」

祖父がスプーンに目を落とした。

「だって、ないから。自分のことだから、よくわかってる」

⑥それは本当か、と祖父が声を強めた。

「本当に自分のことを知っているか？　何が好きだ？　どんな色、どんな感触、どんな味や音、香りが好きだ。何をするとお前の心は喜ぶ？　心の底からわくわくするものは何だ」

「待って。そんなの急にいっぱい聞かれても」

「ほら、何も知らない。いやなところなら、いくらでもあげられるのに」

渡されたジャケットは、見た目よりうんと軽く感じた。

「あれ？　軽いね」

「それでもダウンジャケットにくらべるとBジャッカン重いがな」

ジャケットを羽織ってみるようにと祖父がすすめた。

袖《そで》に腕《うで》を通したとたん、「あれ？」と再び声が出た。手で感じた重量が身体に伝わってこない。肩にも背中にも重みがかからず、着心地がたいそう軽やかだ。それなのに服に守られている安心感がある。

「手で持ったときより、うんと軽い」

「手紡《つむ》ぎ、手織りの糸は空気をたくさんはらむから軽くて温かい。身体に触《ふ》れる布の感触《かんしょく》が柔《やわ》らかいから、着心地が2軽快になる。さじにかぎらず、④良い職人の仕事は調和と均衡《きんこう》が取れていて心地よいんだ。音楽で言えば」

「ハーモニー？　もしかして」

「そうだ、よくわかったな」

「私、中学からずっと合唱部に入ってたの」

祖父にジャケットを返すと、慈しむようにして大きな手が生地を撫でた。

「美緒は音楽が好きなんだな」

あらためて考えると、合唱はそれほど好きでもなかった。

熱心に部に勧誘《かんゆう》されたことが嬉《うれ》しかった。合唱部はみんな仲が良さそうに見えたから、その輪に入っていると安心できただけだ。

「部活、そんなに好きじゃなかったかも。なんか……私って本当に駄目だな」

ジャケットを傍《かたわ》らに置くと、祖父がスプーンの梱包《こんぽう》作業に戻った。

「この間、汚毛を洗っただろう？　どうだった？　ずいぶんフンをいやがっていたが」

「臭《くさ》いと思ったけど、洗い上がりを見たら気分が上がった。真っ白でフカフカしてて。いいかも、って思った。汚毛、好き

「いつかこのコレクションを持って旅に出ようと思っていた」

銀色のスプーンをクロスで磨《みが》きながら、祖父が笑った。

「路上に絨毯《じゅうたん》を敷《し》いて、さじをずらりと並べて買ってもらおうかと。興味を持った人には来歴を披露《ひろう》する。どこの産か、どうやって手にいれたか、どこが魅力《みりょく》か。のんびり客と話をしながら、さじの行商をするんだ」

「荷物運びとかいらない？　そしたら、私もすみっこにいる」

「体力的にもう無理だな。一度ぐらいやってみてもよかった」

祖父が今度は木製のスプーンを布で拭《ふ》いた。1素朴《そぼく》な木目をいかしたスプーンで、コーンスープやシチューをすくって食べたらおいしそうだ。

「でも、良い落ち着き先が見つかったんだ。若い友人が料理屋を開くので、彼女に譲《ゆず》る。好きなさじを客が選んで食事をする仕組みにすると言っていた」

鉱物に本、絨毯や織物。他にも祖父が集めているものはたくさんある。染め場の奥《おく》にはエアコンで常に温度と湿度《しつど》の管理をしているコレクション用の部屋があるほどだ。

「どうしてスプーンを集めたの？」

「口当たりの良さを追求したかったのと、あとはバランスだな。良い職人が削《けず》ったさじは軽くて美しい。手に持ったときのバランスが気持ちいいんだ。そのさじで食事をすると軽やかでな。天上の食べものを口にしている気分になる。③同じことは私たちの仕事にも言える」

「スプーンと布って、全然《ぜんぜん》別物っぽく思えるけど……」

祖父が手を止めると、奥の部屋に歩いていった。すぐに戻ってくると、手には紺色《こんいろ》のジャケットを抱《かか》えていた。生地はホームスパンだ。

「おじいちゃんのジャケット？」

「そうだ。お祖母ちゃんが織ったものだ。持ってごらん」

いって」とみんなは笑っていた。

「そういう冗談を言う人たちは、私のことを『いじられキャラ』で、バラエティなら『おいしいポジション』って言う。でも、私、テレビの人じゃないから、いじられるの、つらい。でもそれを言ったら居場所がなくなる。だから②また笑ってる……。『オールウェイズ スマイル』。そのうち学校に行くと、おなかが下るようになった。満員電車に乗るとトイレに行きたくなる。もらしたらどうしよう。毎日そればっかり考えてた」

「それはつらいな」

祖父の声のあたたかさに、美緒は薄目《うすめ》を開ける。気持ちのいいお湯に浮かんでいるみたいだ。

「それでね……ひきこもって。駄目《だめ》だなって思うの。逃《に》げてばかりで。甲羅《こうら》に頭をひっこめているばかりじゃ何も解決しないのに」

それは亀のことか、と祖父がのんびりと言う。

「固い甲羅があるのなら、頭を引き込めてもいいだろう。棒で殴《なぐ》る輩《やから》が外にいるのに、わざわざ頭を出して殴られにいくこともないぞ」

祖父が台車を押《お》して、棚《たな》の前から離《はな》れていった。

「待って、おじいちゃん。手伝います」

羊毛のなかから出て、美緒は台車に手を伸《の》ばす。

「それなら一服つけてから作業をするか。ソファの近くにこれを運んでおいてくれ」

屏風で囲った寝室《しんしつ》に祖父が入っていった。窓を開ける音がして、甘《あま》い香《かお》りがかすかに漂《ただよ》ってきた。

祖父の煙草《たばこ》はこの部屋と同じ、謎《なぞ》めいた香りがする。

祖父が発送する荷物は大量のスプーンだった。長年、日本と世界のさまざまな土地に行くたびにこつこつ集めてきたもので、木材や金属などでつくられたものが一本ずつ仕切られたケースに整然と納まっていた。

二　次の文章を読んで、あとの問いに答えなさい。

「おじいちゃんはどうしていつも……何も聞かないの？」

「聞いてほしいのか？　それなら聞くが」

「いいです、やっぱり。大丈夫《だいじょうぶ》」

「何が大丈夫なんだ？　何に対して大丈夫と言っているんだ？」

思わぬ問いかけに、美緒《みお》は手にした羊毛を花占いのようにむしる。

「ただ、そう思っただけ。大丈夫、まだ大丈夫。口癖《くちぐせ》みたいなもの」

「本当に大丈夫なら、わざわざ言わないものだ。気に掛《か》かっていることがあるんだろう」

ピンクの羊毛にふうっと息を吐《は》く。毛は舞《ま》い上がり、ピンク色の雲がいくつもAチュウに浮《う》かんだ。
①心の奥から、自然に言葉が浮かんできた。
「おじいちゃん、私ね、笑いが顔にくっついているの。仮面みたいにペタッと貼《は》り付いてる。楽しくなくても笑う。つらくても笑う。笑っちゃいけないときも無意識にへらへら笑ってる。頭、おかしいよね」

「そんなふうに言うものじゃない。いつからだ？」

目を閉じて力を抜《ぬ》き、美緒は羊毛に身をゆだねてみる。

気持ちが楽になってきた。

「わかんない。でも小学生の頃《ころ》から、かな。人の目が怖《こわ》い。不機嫌《ふきげん》な人が怖い。だから嫌《きら》われないように『オールウェイズスマイル』。いつもニコニコしてた。そうしたら私には何を言っても大丈夫、怒らないって思われて、きつい冗談《じょうだん》を言われるようになって……」

脂《あぶら》足、アビーと呼ばれた声がよみがえる。

その呼び方は好きではないと、勇気を振《ふ》り絞《しぼ》って言ってみた。しかし「本当に脂足だったら逆にそういうこと絶対言えな

問七 ⑤サステイナビリティについて考えるときの主語を「私」から「私たち」にすると何が起こるのでしょうか とありますが、これに対する答えとして、もっとも適当なものを次から一つ選び、記号で答えなさい。

ア 多元的に世界を捉えるための「私たち」という主語を使うことで、サステイナビリティを考える時に、様々な価値観を受け入れ、複数の回答を持つことができるようになる。

イ 物理的な空間に囚われることのない「私たち」という主語を使うことで、広い範囲で物事を考えて、多様な意見や価値観の違いを明確に理解できるようになる。

ウ 複数の異なる価値観を持った集団をあらわす「私たち」という主語を使うことで、地球規模の問題を個人の問題として受け入れ、責任を強く持てるようになる。

エ 複数の境界を含んだ「私たち」という主語を使うことで、全地球的な様々なアジェンダを、それぞれ単体の問題としてではなく、横断的に捉《とら》えて解決できるようになる。

問八 ⑥そうしたいと思えば直接にコミュニケーションが取れる範囲とは本質的に異なる性質 とは、どのようなものですか。八十字以内で説明しなさい。

ウ　経済や福祉の面で豊かさを求めている発展途上国に対して、豊かになった先進国のリーダーが、資源を優先的に利用するよう伝えたこと。

エ　資源利用をして先に豊かになった国が、現在豊かさを目指す開発途上国に対して、炭素排出を制限するよう要求するような一面があったこと。

問五　③「自分事」という表現や「グローバルな倫理観」を示すことを、筆者はどのようなものと考えていますか。ここよりあとから四十五字以内で探し、最初と最後の五字をぬき出しなさい。

問六　④なかなか手触り感のない話とはどのようなことですか。もっとも適当なものを次から一つ選び、記号で答えなさい。

ア　「私たち」を主語で考えることで、オンラインの知り合いまで含めた共通のテーマについて語ることができるのに、それが十分に活用されていないということ。

イ　「地球」全体の人々を主語にして問題を考えることで、全員が自分事として気候変動に取りくむ基盤ができるが、それを持続することが難しいということ。

ウ　「グローバル」という単位で「個人」の責任を問うと、全人類の行動や未来などをふまえた規模で行動することが必要になり、個人の生活の範囲ではあまり想像がつかない部分があること。

エ　個人の生活の責任が全体の「グローバル」な問題につながっていくように働きかけることが大切なのだが、相手を説得するのがなかなか難しいということ。

問一　‥‥‥部Ａ～Ｄのカタカナは漢字に、漢字はひらがなに直しなさい。

問二　〰〰部Ｘ～Ｚの文中での意味として、もっとも適当なものをそれぞれあとから一つ選び、記号で答えなさい。

Ｘ　喚起する　　ア　徹底する　　イ　呼びおこす
　　　　　　　　ウ　注目を集める　　エ　責任を持つ

Ｙ　促そう　　ア　発達させよう　　イ　積極性を高めよう
　　　　　　　ウ　行動するよう勧めよう　　エ　進化させる助けになろう

Ｚ　馴染む　　ア　慣れて調和する　　イ　勢いよく広がる
　　　　　　　ウ　反発が起こる　　エ　長く続く

問三　①頻繁に衝突を起こしてしまう　とありますが、世界的な課題を話しあう場面での「衝突」を表現している部分を、ここよりあとから十五字以内でぬき出しなさい。

問四　②そのこと　の内容としてもっとも適当なものを次から一つ選び、記号で答えなさい。

ア　先進国の若者たちが、今まで資源利用をして豊かになった結果、将来の環境が危機にひんしていると大人世代に訴え、これ以上の自国の資源利用を制限するよう求めたこと。

イ　現在豊かになることを目指している発展途上国が、気候変動による影響の大きさから、豊かになった先進国の若者に対して炭素排出などを制限するよう求めたこと。

こうした特徴《とくちょう》を持った「私たち」という主語でサステイナビリティを考えるということは、その時点で複数のサステイナビリティがあることを受け入れ、それらのあり方を考えるということになり、「何をまもり、つくり、つなげていくのか」というサステイナビリティの中心的な問いに対して、無理なく、複数の異なる回答を持つことにつながっていきます。

ＳＤＧｓのような地球規模の共通目標は長年にわたる交渉をC経て設定されています。このDカテイで起きていることは、地球全体を意味する「グローバル」という単位を当てはめることによって、国際的な合意に至ることができる「大きな主語」を採用することです。こうした大きな主語は、国や地域によって異なる意見を、全て内包しているという空気感をつくり出すことができます。全人類が共通して合意できそうな範囲まで、議論する時の単位をズームアウトして大きくしていくことで、個々の国や地域の文脈のことは基本的に誤差として扱《あつか》われます。しかし、そうした思い切り引きの視点に立ったときに起こることは、個別の文脈における「小さな主語」の喪失《そうしつ》ではないでしょうか。少なくとも、こうした大きな主語で語られるものは、私たちが日々往来している複数の「私たち」のような、日々の暮らしのなかで使われる小さな主語が語りやすい部類の話題ではありません。

或《ある》いは地球市民（グローバルシティズンシップ）のように、この世界に住む一人ひとりが地球という惑星《わくせい》の住民であり、そのことによって果たすべき義務や責任があるのだ、という考え方もあります。これは言い換《か》えれば、全地球をひとつの単位として「私たち」という感覚を持つことができるという主張です。しかし、こうした非常に大きなスケールで語られる「私たち」は、ここで紹介《しょうかい》してきた家族や友人、職場や学校の知人、同じ地域に暮らす人々というような、そこに含まれる人々を個人単位で認識できたり、⑥そうしたいと思えば直接にコミュニケーションが取れる範囲とは本質的に異なる性質のものでしょう。

（工藤尚悟『私たちのサステイナビリティ　まもり、つくり、次世代につなげる』より）

＊アジェンダ…検討するべき課題。

気候変動やＳＤＧｓに代表されるような全地球的なアジェンダ*について考えるときには「地球」や「グローバル」というような、スケールがとても大きい主語が必要になります。これらの主語を用いて語られるのは、地球的課題に全人類が協力して取り組む必要があり、そのことについて「私」という個人が適切に行動しているかどうか、責任を果たしているかどうか、という世界観です。ですが、こうした話は私という一個人が日々暮らしている時間や空間とはスケールがかけ離《はな》れたものでもあり、④なかなか手触《ざわ》り感のない話です。

それでは、⑤サステイナビリティについて考えるときの主語を「私」から「私たち」にすると何が起こるのでしょうか。まず、「私たち」が示す範囲《はんい》について考えてみたいと思います。

読者の皆さんは「私たち」という表現を使うとき、どのくらいの範囲の人々が含まれている感覚があるでしょうか。あなたの両親や兄弟くらいの範囲の人たち、職場や学校で親しくしている人たち、住んでいる場所のご近所さんや町の人たちなど、複数あることと思います。もちろん、物理的な空間に囚《とら》われる必要はなく、ＳＮＳなどを通じたオンライン上の知り合いやグループという範囲もありえます。こうしたそれぞれの範囲において個別に形成される「私たち」において、大事にされている物事は、共通するものと異なるものがあると思います。例えば家族の範囲の「私たち」と、職場や学校の人たちの範囲の「私たち」では、大事にしている価値観が違《ちが》っているでしょう。しかし、私たちはそうした複数の「私たち」の間を行き来し、異なる意見や価値観を上手く受け入れながら、日々を暮らしています。

このことが何を意味するのかというと、まず「私たち」という主語は最初から複数の境界を含んでいるということです。「私たち」と発するときに、それはそのときそのときの文脈によって異なる範囲の人々を示しており、その範囲の人たちが共有している価値観をＢサンショウしています。例えば、家族のことを指して「私たちは（私たち家族は）」と言うこともあれば、住んでいる町のことを指して「私たちは（私たちこの町の人間は）」と言っていることもあるでしょう。つまり、「私たち」は多元的に世界をとらえるために私たちがほぼ無意識のうちに日々使っている共同的な主語なのです。別の言い方をすれば、「私たち」という主語は、複数の異なる価値観を持った集団を併存《へいぞん》させています。

豊かになった国々が、これ以上の資源利用や炭素排出《はいしゅつ》をしないように要求するような側面があり、②そのことが強い反発を生みました。このように、気候変動という全人類に共通の課題についてさえ、私たちはその対策に求められる国際的な合意にたどり着くために、長い年月にわたるタフな交渉《こうしょう》を繰《く》り返してきているのです。

　気候変動のように世界的に重要とされる課題についても、それぞれの立場からの異なる正義の押《お》し付け合いが生じるのであれば、やはりそうした対話のなかでどのような表現を用いるのかについて深慮《しんりょ》する必要があります。

　例えば、ＳＤＧｓがメディアで取り上げられる際に③「自分事」という表現が頻出《ひんしゅつ》します。ＳＤＧｓはどこか遠くの国の知らない誰《だれ》かの話なのではなく、自分たちの国や地域で今まさに起きている諸課題を解決していくために必要なものであり、個々人がＳＤＧｓを自分事として行動していく必要がある、そうした責任が私たち一人ひとりにはあるのだ、と語りかけてきます。読者の皆《みな》さんはこうした個人の行動をX喚起《かんき》するメッセージに対してどのような印象を持たれているでしょうか。

　私は「自分事」のように個人の行動と責任を強調する表現は、効果的な場面とそうでない場面があると思います。ＳＤＧｓや社会課題などについて「自分事として行動を」と言われると、自分がどう関われるのかを考えるきっかけになる反面、今までそのことについて特に詳《くわ》しく知ろうとも何か行動しようともしていなかったことについて少し責められたような気がして、多少の居心地の悪さを感じてしまったりもするものです。

　こうした側面がありつつも、個人の行動や責任を強調するメッセージは今後もさらに加速していくような予兆があります。例えば、気候変動に対してグローバルな倫理《りんり》観を示す「地球規模の正義（Planetary Justice）」や、環境を全人類で共有している資源であるとする「グローバルな公共財（Global Commons）」というような考え方が国際学会などで頻繁に登場するようになってきています。こうした「地球」や「グローバル」という全ての人々を含《ふく》んだ主語を用いて一人ひとりの行動をY促《うなが》そうとする語りは、あるひとつの考え方を示すことで、それとは異なる意見を説得するようなコミュニケーションになっています。私はこうした論調が出てくる要因は「個人」を主たる単位として議論が組み立てられているからだと見ています。こうした語りが必ずしも全ての社会にZ馴染《なじ》むわけではないでしょうから、より集団的な意識の強い社会に向けては、異なる主語を用意する必要があるでしょう。私は、その主語こそが本書のタイトルにもある「私たち」だと考えています。

2023年度

かえつ有明中学校

【国　語】〈二月一日午後試験〉（五〇分）〈満点：一〇〇点〉

（句読点、記号、符号はすべて一字として数えなさい。また、本文中には、問題作成のために省略や表現を変えたところがあります。）

一　次の文章を読んで、あとの問いに答えなさい。

　さて、サステイナビリティの定義を「将来世代にまもり、つくり、つなげていきたいことを考え行動していくこと」とすると、次に考える必要があるのは、どのような主語でこれを語っていくのかということになります。サステイナビリティについて、ひとつの統一された主語で語るということには、実は大きな難しさがあります。それは「何をサステイナブルにするのか（何をまもり、つくり、つなげていくのか）」ということについて答えるときの主語を、一個人の「私」にしてしまうと、私が考えるサステイナビリティと他人（他の「私」）が考えるサステイナビリティが、①頻繁《ひんぱん》に衝突《しょうとつ》を起こしてしまうからです。将来世代にわたってまもり、つくり、つなげていきたいと考える事柄《ことがら》について、私たちが全会一致《いっち》で合意できたならば、その実現のために必要な行動もきっとスムースに進めていけるのでしょう。しかし、実社会においてはそのような合意が取れるということは非常に稀《まれ》なことです。

　二〇一八年八月、スウェーデンの一〇代の環境《かんきょう》活動家であるグレタ・トゥーンベリさんがはじめた気候変動のための学校ストライキと、それに続く大人世代に適切な行動を要求するデモが大変話題になりました。彼女《かのじょ》の行動に賛同し実際に自分たちでもデモを組織したり参加したりした若者が世界中にいた一方で、必ずしも全ての国のリーダーたちがそうした先進国の若者を中心とした気候変動に対する社会運動に対して好意的な受け取り方をしたわけではありませんでした。既《すで》に産業化を果たし、経済面でも教育や医療《いりょう》福祉《ふくし》の面でも豊かになった国々の若者が発したメッセージには、意図せずに、今まさに彼らの国のように豊かになることを目指している開発途上《とじょう》国に対して、これまでに様々な環境AフカA を生じさせた上で

2023年度

かえつ有明中学校 ▶解説と解答

算 数 ＜２月１日午後試験＞（50分）＜満点：100点＞

解 答

1 (1) 55 (2) $\frac{11}{12}$ (3) 秒速10000mm (4) 2 (5) 1.06 2 (1) 27人 (2) 340 (3) ６日 (4) 507 (5) ９通り 3 (1) 12％ (2) 20％ (3) 100ｇ 4 (1) 毎秒80cm^3 (2) 20cm (3) 250秒後 5 (1) 54度 (2) 95度 6 (1) （例） 解説の図を参照のこと。 (2) ９：７

解 説

1 四則計算，単位の計算，逆算

(1) $4+3\times(36-19)=4+3\times17=4+51=55$

(2) $11\div4-11\div6=\frac{11}{4}-\frac{11}{6}=\frac{33}{12}-\frac{22}{12}=\frac{11}{12}$

(3) １km＝1000ｍ＝100000cm＝1000000mmだから，36km＝36000000mmである。また，１時間は，60×60＝3600(秒)なので，時速36kmは秒速，36000000÷3600＝10000(mm)になる。

(4) $3\frac{1}{2}\times\left(1\frac{5}{6}-\frac{1}{2}\right)\times\left\{\left(1-\frac{1}{4}\right)\div1\frac{3}{4}\right\}=\frac{7}{2}\times\left(\frac{11}{6}-\frac{3}{6}\right)\times\left\{\left(\frac{4}{4}-\frac{1}{4}\right)\div\frac{7}{4}\right\}=\frac{7}{2}\times\frac{8}{6}\times\left(\frac{3}{4}\times\frac{4}{7}\right)=\frac{14}{3}\times\frac{3}{7}=2$

(5) （６－□×５）＋6.2÷２＝3.8より，６－□×５＝3.8－6.2÷２＝3.8－3.1＝0.7，□×５＝６－0.7＝5.3 よって，□＝5.3÷５＝1.06

2 差集め算，立体図形の構成，仕事算，つるかめ算，整数の性質，場合の数

(1) べっこうあめが12個余ったので，男子が作ったべっこうあめは，女子が作ったクッキーより12個多かったとわかる。また，男子の人数を３人増やして女子の人数と同じにすると，男子が作るべっこうあめは，６×３＝18(個)増えるので，女子が作ったクッキーよりも，12＋18＝30(個)多くなる。この30個は，男子１人と女子１人の，６－４＝２(個)の差が女子の人数分だけ集まったものだから，女子の人数は，30÷２＝15(人)と求められる。よって，実際の男子の人数は，15－３＝12(人)なので，クラスの人数は，15＋12＝27(人)である。

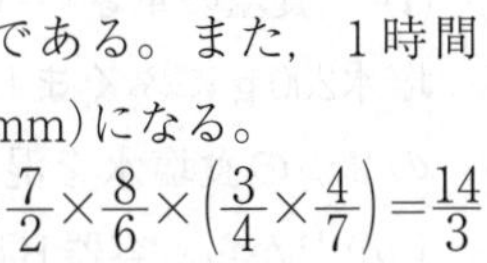

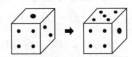

(2) さいころの向かい合う面の目の数の和は７だから，両端《りょうはし》をのぞいた，50－２＝48(個)のさいころの接している面の目の数の和は，７×48＝336になり，右端のさいころの接している面の目の数は，７－４＝３となる。また，２の目の面と向かい合う面の目の数は５だから，右上の図より，左端のさいころの接している面の目の数は１とわかる。よって，接している面の目の数の和は，336＋３＋１＝340となる。

(3) この仕事全体の仕事量を１とすると，Ａさん１人が１日にする仕事量は，$1\div12=\frac{1}{12}$，Ｂさん１人が１日にする仕事量は，$1\div9=\frac{1}{9}$である。Ａさんが１人で10日仕事をすると，その仕事量は，

$\frac{1}{12}\times10=\frac{5}{6}$となり，実際よりも，$1-\frac{5}{6}=\frac{1}{6}$少なくなる。そこで，Ａさんの日数をへらして，Ｂさんの日数をふやすと，できる仕事量は１日あたり，$\frac{1}{9}-\frac{1}{12}=\frac{1}{36}$ずつ多くなる。よって，Ｂさんが仕事をした日数は，$\frac{1}{6}\div\frac{1}{36}=6$（日）とわかる。

⑷　８で割ると３余る数は，８の倍数より３大きい数である。同様に，９で割ると３余る数は，９の倍数より３大きい数であり，12で割ると３余る数は，12の倍数より３大きい数である。よって，この３つの数に共通する数は，８と９と12の公倍数より３大きい数になる。さらに，８と９と12の最小公倍数は72なので，このような数は72の倍数より３大きい数とわかる。したがって，476÷72＝６余り44より，72×６＋３＝435と，72×７＋３＝507が考えられ，476に最も近い数は507とわかる。

⑸　横山さんが男子①，②，③に座るとき，そのとなりの席はそれぞれ左右の２か所ずつあるから，２人がとなりどうしになる座り方は，３×２＝６（通り）ある。また，横山さんが男子④，⑤，⑥に座るとき，そのとなりの席はそれぞれ左の女子④，⑤，⑥の１通りずつなので，２人がとなりどうしになる座り方は３通りある。よって，２人がとなりどうしになる座り方は，６＋３＝９（通り）ある。

3　濃度《のうど》

⑴　（食塩の重さ）＝（食塩水の重さ）×（濃《こ》さ）より，容器Ａの24％の食塩水50ｇと容器Ｂの９％の食塩水200ｇにふくまれる食塩の重さはそれぞれ，50×0.24＝12（ｇ），200×0.09＝18（ｇ）である。この２つの食塩水を混ぜると，50＋200＝250（ｇ）の食塩水にふくまれる食塩の重さは，12＋18＝30（ｇ）だから，容器Ｂに入っている食塩水の濃さは，30÷250×100＝12（％）となる。

⑵　容器Ｂの食塩水50ｇにふくまれる食塩の重さは，50×0.12＝６（ｇ）で，容器Ｃの７％の食塩水200ｇにふくまれる食塩の重さは，200×0.07＝14（ｇ）なので，この２つの食塩水を混ぜると，容器Ｃには，（６＋14）÷（50＋200）×100＝８（％）の食塩水ができる。次に，この食塩水50ｇにふくまれる食塩の重さは，50×0.08＝４（ｇ）で，容器Ａの24％の食塩水，200－50＝150（ｇ）にふくまれる食塩の重さは，150×0.24＝36（ｇ）だから，この２つの食塩水を混ぜると，容器Ａに入っている食塩水の濃さは，（４＋36）÷（50＋150）×100＝20（％）になる。

⑶　容器Ｂの食塩水は12％で，容器Ｄにできた食塩水の濃さと同じなので，容器Ａから取り出した20％の食塩水50ｇと容器Ｃから取り出した８％の食塩水を混ぜると，濃さは12％になる。ここで，容器Ｃから取り出した食塩水を□ｇとすると，右上の図のように表せる。この図で，aとbの比は，（12－８）：（20－12）＝１：２だから，８％の食塩水と20％の食塩水の重さの比は，$\frac{1}{1}:\frac{1}{2}=2:1$とわかる。よって，容器Ｂ，Ｃから取り出した食塩水の重さ（□）は，$50\times\frac{2}{1}=100$（ｇ）ずつとなる。

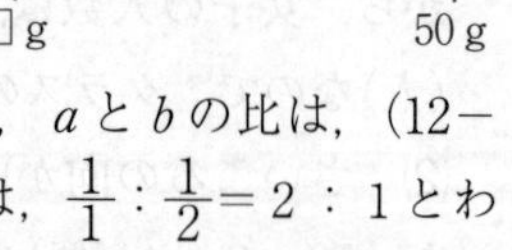

4　グラフ―水の深さと体積

⑴　右の図で，㋐の部分に入れた水の体積は，40×20×20＝16000（cm³）であり，装置Ａで200秒かかって給水したので，装置Ａは毎秒，16000÷200＝80（cm³）で給水する。

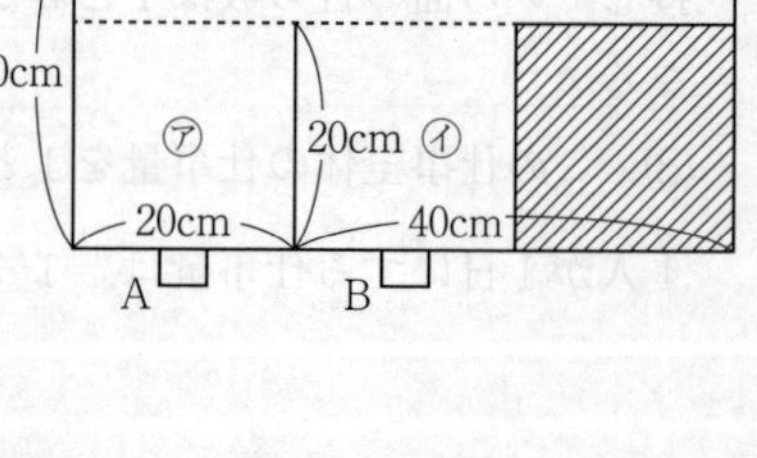

⑵　おもりをふくめると，水そうの容積は，40×60×30＝72000（cm³）である。また，問題文中のグラフより，満水

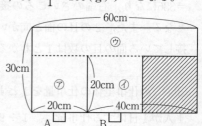

になるまで800秒かかり，その間に給水した量は，80×800＝64000(cm^3)である。よって，立方体のおもりの体積は，72000－64000＝8000(cm^3)で，20×20×20＝8000より，おもりの一辺の長さは20cmとわかる。

(3)　図で，㋒の部分に入っている水の体積は，40×60×(30－20)＝24000(cm^3)で，その水を排水《はいすい》するのにかかる時間は，24000÷(40＋120)＝150(秒)である。また，㋑の部分に入っている水の体積は，64000－16000－24000＝24000(cm^3)だから，㋐と㋑の部分に入っている水の体積の差は，24000－16000＝8000(cm^3)になる。そして，装置Ｂは１秒間に装置Ａよりも，120－40＝80(cm^3)ずつ多く排水するので，㋐と㋑の部分に入っている水の量が同じになるのにかかる時間は，8000÷80＝100(秒)と求められる。よって，排水をし始めてから，150＋100＝250(秒後)とわかる。

5　平面図形―角度

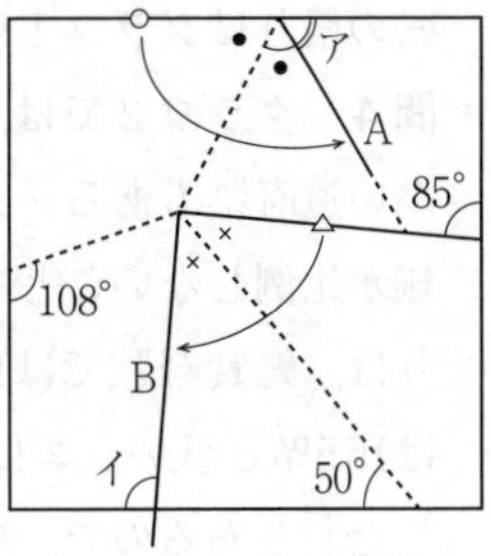

(1)　右の図で，○印をつけた線はＡの線に重なるので，●印の角の大きさは等しくなる。●印の角の大きさは，180－117＝63(度)だから，角アの大きさは，180－63×２＝54(度)とわかる。

(2)　図で△印をつけた線はＢの線に重なるので，×印の角の大きさは等しくなる。×印の角の大きさは，360－90－(180－85)－(180－50)＝45(度)だから，角イの大きさは，となり合わない２つの内角の和より，50＋45＝95(度)と求められる。

6　立体図形―展開図，表面積

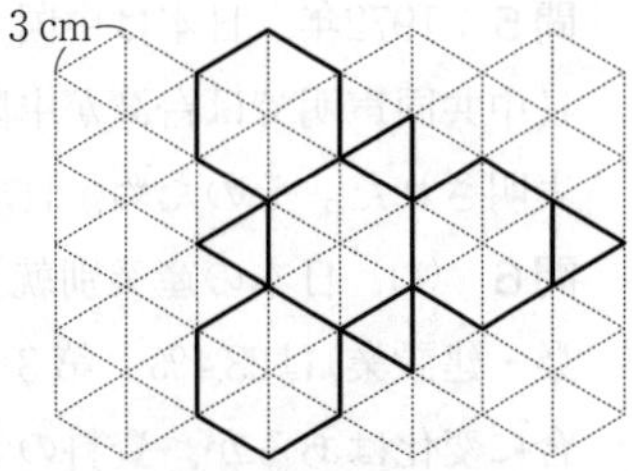

(1)　一辺の長さが３cmの正六角形４個と，一辺の長さが３cmの正三角形４個があるので，展開図はたとえば右の図の実線のようになる。

(2)　一辺の長さが９cmの正三角形の面積は，一辺の長さが３cmの正三角形の，１＋３＋５＝９(個分)だから，もとの三角すいの表面積は，一辺の長さが３cmの正三角形の，９×４＝36(個分)である。また，右の図より，切り取られてできた立体の表面積は，一辺の長さが３cmの正三角形の，６×４＋１×４＝28(個分)となる。よって，表面積の比は，36：28＝９：７と求められる。

社　会　＜２月１日午後試験＞（25分）＜満点：50点＞

解　答

1　**問１**　政教(分離)　**問２**　(1)　ア　(2)　イ　**問３**　(1)　エ　(2)　ウ　**問４**　ウ　**問５**　ア　**問６**　(1)　イ　(2)　８　**問７**　最低限度　**問８**　(1)　イ　(2)　ア

2　**問１**　エ　**問２**　岸田文雄　**問３**　(核兵器を)持ちこませず　**問４**　ウ　**問５**　エ　**問６**　ウ　**問７**　エ　**問８**　ア　**問９**　オ　**問10**　ア　**問11**　エ　**問12**　ドイツ　**問13**　ア

解　説

1　日本における祭りの役割と現代的課題を題材とした問題

問1　日本国憲法第20条は信教の自由を規定した条文で，3項に「国及《およ》びその機関は，宗教教育その他いかなる宗教的活動もしてはならない」とする政教分離の原則も定めている。

問2　(1)　金沢市(石川県)は日本海側の気候に属し，冬の北西季節風の影響《えいきょう》で降水量(積雪量)が多い。よって，雨温図はアがあてはまる。なお，イは南西諸島の気候の那覇《なは》市(沖縄県)，ウは中央高地(内陸性)の気候の長野市，エは北海道の気候の札幌市(北海道)。　(2)　日本海側に位置する金沢市と，太平洋側に位置する岐阜県・愛知県にまたがる濃尾平野の間には，山地が広がっている。

問3　(1)　A　グラフ1の祭りの認知度において，認知度が60%を超える祭りは6つあり，そのうち，阿波踊《あわおど》りが行われる徳島県とよさこい祭が行われる高知県には，新幹線が通っていない。

B　北陸4県とは，新潟県，富山県，石川県，福井県を指す言葉で，グラフ1のうち，おわら風の盆が行われる富山県がある。　(2)　ウの東海工業地域と駿河《するが》湾があるのは静岡県であるが，静岡県の祭りはグラフ1には入っていない。なお，アは青森県，イは徳島県，エは岐阜県の説明。

問4　グラフ2では，祭りの鑑賞《かんしょう》経験の有無について，人口の多い東京都や大阪府よりも順位が高い道府県もある一方，順位の低い道府県もあることから，都道府県の人口と祭りの鑑賞経験の有無が比例しないことを意味している。なお，アについて，認知度5位の大阪府の岸和田だんじり祭りは，鑑賞経験では12位である。イの北海道のさっぽろ雪まつりは認知度が75.3%だが，鑑賞経験は16.5%と低い。エについて，文章中に，この調査は「日本全国の20～60代の男女約8,000人に実施した」とあるので，認知度も鑑賞経験も，この範囲に限定され，日本に住んでいるすべての人の数値にはならない。

問5　1972年，日本は中国(中華人民共和国)と日中共同声明を発表して，日中の国交が正常化した。日中共同声明では台湾が中国の一部であることや，中国政府が中国で唯一《ゆいいつ》の合法政府であることが表明された。そのため，日本は台湾を独立国として認めておらず，正式な国交も結んでいない。

問6　(1)　日本の産業別就業者割合において，第1次産業(農林水産業)は3.2%，第2次産業(製造業・建設業)は23.4%，第3次産業(商業・サービス業)は73.4%になっている。都道府県によって割合に変化はあるが，資料の地図で最も濃いところを表す数値から判断できる。よって，最も濃いところを10%以上とするイが第1次産業である。なお，アは第3次産業，ウが第2次産業。統計資料は「データでみる県勢」2023年版による。(2)　表の東北地方の主要な5つの祭りは，すべて8月に行われる。なお，青森県の「ねぶた祭り」・秋田県の「竿灯《かんとう》まつり」・宮城県の「仙台七夕まつり」は，合わせて「東北三大祭り」とよばれ，これに山形県の「花笠《はながさ》まつり」を加えて「東北四大祭り」ともいう。

問7　日本国憲法第25条は生存権についての規定で，「すべて国民は，健康で文化的な最低限度の生活を営む権利を有する」としている。

問8　(1)　一般に「新しい人権」とよばれる環境《かんきょう》権やプライバシーの権利・知る権利・自己決定権などは，日本国憲法に直接明記されていない。　(2)　日本国憲法第99条は憲法尊重擁護《ようご》の義務を述べた条文で，「天皇又《また》は摂政及び国務大臣，国会議員，裁判官その他の公務員は，この憲法を尊重し擁護する義務を負う」としている。

2　戦争の歴史と核兵器のない社会を題材とした問題

問1　2022年2月，ロシアはウクライナに侵攻《しんこう》した。ウクライナ(首都キーウ)は東ヨーロッパの黒海北岸に位置する地図中のエにあたる。なお，アはドイツ，イはポーランド，ウはベラルーシ。

問２　2022年８月６日，広島市で行われた平和記念式典で演説したのは，地元・広島県出身の岸田文雄首相である。８月６日は太平洋戦争(1941～45年)末期，広島に原子爆弾が投下された日である。９日には長崎にも投下されたが，この日には長崎市でも平和祈念《きねん》式典が行われる。

問３　非核三原則は核兵器に対する日本の基本姿勢を表す原則で，「核兵器を持たず，つくらず，持ちこませず」としている。

問４　国際連合の安全保障理事会は世界の平和と安全を守る国際連合の中心機関で，アメリカ・ロシア・イギリス・フランス・中国の常任理事国５か国と総会で選出される非常任理事国10か国の合計15か国で構成される。常任理事国には採決を無効にする「拒否権」が認められている。よって，ウが正しい。なお，アの国際連合の本部はアメリカのニューヨークで，スイスのジュネーブにはかつて国際連盟の本部があった。イについて，国連憲章は国連軍を組織できるとしている。ただし，実現していない。エの発展途上国の子どもを援助するための機関は，ユニセフ(国連児童基金)である。ユネスコは国連教育科学文化機関の略称。

問５　天智天皇の死後，天智天皇の弟である大海人《おおあまの》皇子と，天智天皇の子である大友皇子の間で皇位をめぐり，672年に壬申の乱が起こった。結果，大海人皇子が勝利し，即位して天武天皇となった。なお，アの応仁の乱は1467～77年，ウの承久の乱は1221年，ウの保元の乱は1156年。

問６　資料Ⅰの右側の騎馬武者とⅡの右側の人物は，どちらも肥後国(熊本県)の御家人・竹崎季長《たけざきすえなが》である。季長は元寇《げんこう》(元軍の襲来《しゅうらい》)で活躍《かつやく》し，Ⅰは元軍の集団戦法に苦戦したようす，Ⅱは恩賞《おんしょう》を得ようと鎌倉に行って幕府の担当者と交渉《こうしょう》したようすを表している。よって，ウが正しくない。なお，『蒙古《もうこ》襲来絵巻』は，季長が元寇での活躍を子孫に伝えるため，絵師に描かせたとされる。

問７　文禄の役(1592～93年)と慶長の役(1597～98年)は，豊臣秀吉の朝鮮出兵である。秀吉は，1587年にキリスト教宣教師の国外退去を命じるバテレン追放令を発している。

問８　日清戦争(1894～95年)の講和条約である下関条約では，日本は清(中国)から多額の賠償《ばいしょう》金や遼東《リャオトン》半島・台湾・澎湖《ポンフー》諸島などの領土を得た。しかし，ロシアがフランス・ドイツを誘って圧力をかけたので，日本は遼東半島を返還《へんかん》した(三国干渉)。

問９　資料の図において，日露戦争(1904～05年)の戦費は，18.3億÷2.3億＝7.95…より，日清戦争の約８倍になる。また，日露戦争の講和条約であるポーツマス条約では，日本はロシアから賠償《ばいしょう》金を得ることができなかったため，国内ではポーツマス条約に反対する民衆が暴徒化して，日比谷焼き打ち事件なども起こった。

問10　Ａは1919年，Ｂは1914年６月，Ｃは1917年，Ｄは1914年８月のできごとなので，時代の古い順に並べ替えるとＢ→Ｄ→Ｃ→Ａとなる。

問11　太平洋戦争(1941～45年)の終わりころ，沖縄は日本本土で唯一の地上戦が行われ，沖縄県民の４人に１人が犠牲《ぎせい》となった。その後，1951年のサンフランシスコ平和条約の調印で，日本が独立を回復することになったが，その後も沖縄はアメリカの軍政下に置かれ，日本への復帰を果たしたのは1972年である。返還後も沖縄には多くの米軍基地が残され，現在全国のアメリカ軍基地の面積の約70％が，沖縄県に集中している。

問12　第二次世界大戦(1939～45年)で敗北したドイツは，アメリカ・イギリス・フランス・ソ連の連合国４か国によって分割統治され，アメリカを中心とする西側資本主義諸国とソ連を中心とする東側社会主義諸国との冷戦(冷たい戦争)により，アメリカ・イギリス・フランスの占領《せんりょう》地に西ドイツ，ソ連の占領地に東ドイツが成立し，分断された。そして，首都ベルリンも東西に分断され，境界線には壁《かべ》が建設された。このときつくられたベルリンの壁は冷戦の象徴《しょうちょう》となっていたが，1989年の米ソ首脳によるマルタ会談で冷戦終結が宣言されると，ベルリンの壁は壊され，1990年に東西に分かれていたドイツが統一された。

問13　核兵器禁止条約は2017年に国連総会で採択されたが，世界で唯一の核兵器被爆国である日本は，アメリカの核の傘《かさ》に守られていることを理由に，この条約には参加していない。

理　科　＜２月１日午後試験＞（25分）＜満点：50点＞

解　答

1　⑴　**ア**　Ｅ　　**イ**　Ａ　　⑵　Ｃ　　⑶　**エ**　231ジュール　　**オ**　77％　　⑷　①　Ｇ　②　Ｄ　　③　Ａ　　④　Ｅ　　⑸　①　Ｂ　　②　Ｄ　　③　Ａ　　⑹　電気（エネルギーを）運動（エネルギーに変換する）　　⑺　Ｃ　　**2**　⑴　ウ　　⑵　水，二酸化炭素　　⑶　**種子をまく時期**…イ　　**花が咲く時期**…ウ　　⑷　**記号**…イ，**名前**…胚乳／**記号**…ウ，**名前**…胚　⑸　ウ　　⑹　（例）　二酸化炭素が水にとけて酸性を示すからだよ。　　⑺　ア　　⑻　ア　⑼　ウ　　⑽　エ

解　説

1　**エネルギーの変換《かん》についての問題**

⑴　**ア**　地球が隕《いん》石などの宇宙のちりが集まってできたと仮定すると，隕石がある速さで落ちたときにもっていた運動エネルギーが，地球にぶつかった衝撃《しょうげき》などで熱エネルギーに変換されたと考えられる。　**イ**　地球内部にはウランなどの核《かく》エネルギーをもつ放射性物質があり，これが核分裂《れつ》するときに熱が発生する。

⑵　温泉は，地球内部の熱（マグマ）によって地下水があたためられたものなので，Ｃがあてはまる。Ａの暖流は海水が，Ｂの台風は空気が，緯《い》度の低い赤道近くで太陽の光によってあたためられてできたものである。また，都会の気温が高くなるヒートアイランド現象は，アスファルトや，コンクリートでできた高層建築が太陽の熱を吸収し，夜の気温が下がらなくなることで起きるので，Ｄも適当ではない。

⑶　**エ**　図２で，光が当たっている地面の面積は，$1\times1.3=1.3(\text{m}^2)$なので，$1\ \text{m}^2$の地面に１秒あたりに当たる光エネルギーは，$300\div1.3=230.7\cdots$より，231ジュールとわかる。　**オ**　キーウで$1\ \text{m}^2$あたりの地面が受ける熱エネルギーは231ジュールで，赤道上で$1\ \text{m}^2$あたりの地面が受ける熱エネルギーは300ジュールなので，$\frac{231}{300}\times100=77$より，キーウの地面が受ける熱エネルギーは赤道上の77％である。

⑷　①　原子力発電は，核エネルギーをもつウランが核分裂するときに生じる熱（熱エネルギー）で水をわかし，できた水蒸気の圧力でタービンを回して得た運動エネルギーを，発電機によって電気エネルギーに変換している。　②　火力発電では，石油や石炭，液化天然ガスがもつ化学エネルギーを，燃やすことによって熱エネルギーとし，水を加熱してできた水蒸気の圧力によってタービンを回して，発電機で電気エネルギーにしている。　③　風力発電は，風の力で風車を回して得

た運動エネルギーを，発電機によって電気エネルギーに変換している。　④　太陽光発電では，太陽の光エネルギーをソーラーパネルで受け取り，直接電気エネルギーに変換するしくみになっている。

(5)　AのLED照明器具は，電気エネルギーを光エネルギーに直接変換しているので，③にあてはまる。Bのカーボンヒーター(電気ストーブ)は，炭素せんいに電気を流して発熱させているので，①の道具である。また，Dは，電気で車輪を回して電車を走らせているので，電気エネルギーを運動エネルギーに変換するしくみといえるため，②で選ぶことができる。なお，Cは太陽の光エネルギーを電気エネルギーに，Eは運動エネルギーを電気エネルギーに変換するしくみである。

(6)　スピーカーは，電流を流したコイルが磁石から受ける力の変化によって振《しん》動板を動かしているので，電気エネルギーを運動エネルギーに変換しているといえる。振動板の振動は空気を伝わって広がり，ヒトの耳のこまくにとどくと，音として感じることができる。

(7)　問題文中の先生の会話に，「宇宙全体で考えれば，エネルギーの合計は変わりません」とあるので，Cは正しくない。

2　イネの育て方，二酸化炭素についての問題

(1)　小麦や米の食べる部分にはデンプンが多くふくまれている。デンプン，糖，食物せんいをまとめて炭水化物とよぶ。

(2)　デンプンは，植物が光合成を行うことによってつくり出される。光合成は，水と二酸化炭素から，太陽のエネルギーを利用して，デンプンと酸素をつくり出すはたらきである。

(3)　イネは5月ごろに種子をまき，育ったなえを水田にうえて育てる。8月ごろに開花したあと実が熟し，9～10月ごろに収かくする。

(4)　図の種もみはイネの種子で，アはもみがら(えい)，イは胚《はい》乳，ウは胚，エは護えい(包えい)というつくりである。収かくしたイネは，稲穂《いなほ》をだっ穀して種もみをはずし，もみすりして玄《げん》米にする。玄米にはうすい種皮(ぬか層)があり，これをけずって胚乳と胚を残したものが胚芽米である。さらにけずって胚を取り除くと，ふだん食べている白米となる。

(5)　イネのなえを育てるために，ふつう，なわしろに種もみをまいて水をはる。このとき，種もみがかくれる程度に土をうすくかけることもある。

(6)　二酸化炭素が水にとけると，酸性の炭酸水になる。大気中の二酸化炭素が多くなると，海水にとけこむ二酸化炭素の量も多くなるので，海水が酸性になりやすい。

(7)　貝類やエビ，カニの仲間の殻《から》の主成分は炭酸カルシウムである。炭酸カルシウムは，塩酸などの酸性の水よう液にとけて二酸化炭素を発生する性質がある。よって，海が酸性に近づくと，殻がとけて死んでしまう生物がいると考えられる。

(8)　図1から，水温が低くなると，水にとける二酸化炭素の量が多くなることがわかる。海の酸性化が進んでいる場所では，とけている二酸化炭素の量が多いと考えられるので，水温が低い北極海があてはまる。

(9)，(10)　二酸化炭素は，炭素が燃えて酸素と結びつくことでできる。木炭，アルコール，家庭用ガスは炭素をふくんでいるので，燃やすと二酸化炭素が発生するが，水素は炭素とはちがう物質で，燃やすと水(水蒸気)になる。

国　語　＜2月1日午後試験＞（50分）＜満点：100点＞

解　答

一　問1　A，B，D　下記を参照のこと。　C　へ(て)　問2　X　イ　Y　ウ　Z　ア　問3　異なる正義の押し付け合い　問4　エ　問5　あるひとつ～ケーション　問6　ウ　問7　ア　問8　(例)　スケールが非常に大きいため個人の認識や対話ができず，国ごとに異なる文脈や意見を誤差として全て内包する空気感をつくり出して議論し，人類の合意を考えようとするもの。　二　問1　A，B，D　下記を参照のこと。　C　しょうぶん　問2　1　イ　3　ウ　問3　エ　問4　エ　問5　頭を出して殴られにいく　問6　ア　問7　良い職人が　問8　ウ　問9　エ　問10　(例)　自信がなく人の目を怖がっていた美緒が，自分の良い点や好きなことを探して活かすように祖父がはげましたことで，「これが好き」と言ってスプーンを前向きに選べたから。

●漢字の書き取り

一　問1　A　負荷　B　参照　D　過程　二　問1　A　宙　B　若干　D　発揮

解　説

一　**出典は工藤《くどう》尚悟《しょうご》の『私たちのサステイナビリティ　まもり，つくり，次世代につなげる』による。**サステイナビリティを考えるとき，どのような主語で語るべきかについて述べている。

問1　A　「環境《かんきょう》負荷」とは，人の活動が環境にあたえる影響《えいきょう》で，それによって環境の保全に支障が生じるおそれのあるもののこと。　B　ほかのものと照らし合わせること。　C　音読みは「ケイ」「キョウ」で，「経過」「経文」などの熟語がある。　D　ものごとが進んでいくとちゅう。

問2　X　よびさます。　Y　「促《うなが》す」は，さいそくする。何かをするようにしむける。　Z　慣れてしっくりくるようになる。

問3　「頻繁《ひんぱん》に衝突《しょうとつ》を起こ」すのは，異なる立場からサステイナビリティを考えている者どうしであり，ぼう線①は合意に達しないことがよく起こることを言っている。二つ後の段落に，気候変動のような世界的な課題についても，「それぞれの立場からの異なる正義の押《お》し付け合い」が生じるとある。

問4　「強い反発」を生んだ「そのこと」は，前に書かれているとおり，すでに産業化をはたし，豊かになった先進国が，同じように「豊かになることを目指している開発途上《とじょう》国」に対し，「これ以上の資源利用や炭素排出《はいしゅつ》をしないように要求するような側面」があったことを指す。よって，エが選べる。

問5　同じ段落に，ぼう線③が「個人の行動を喚起《かんき》するメッセージ」のなかで使われるとある。二つ後の段落には，「グローバルな倫理《りんり》観」を示す語りも，一人ひとりの行動を促そうとする目的で使われるとあるが，筆者はこれらを「あるひとつの考え方を示すことで，それとは異なる意見を説得するようなコミュニケーション」だとしている。

問6　同じ段落にあるように，「全地球的なアジェンダ」を考える場合，主語は「地球」や「グローバル」といった大きさになる。そのようななかで「個人」の責任が問われても，こうした話は「一個人が日々暮らしている時間や空間とはスケールがかけ離《はな》れたもの」であり，ぴんとこないのである。このことを「手触《てざわ》り感のない話」と言っているのだから，ウが合う。

問７　「私たち」という主語は，その時々の文脈によって異なる範囲《はんい》の人々を示し，「複数の異なる価値観を持った集団を併存《へいぞん》」させるもので，「多元的に世界をとらえるために」使われるので，サステイナビリティを考えるとき，「複数の異なる回答を持つこと」につながる。よって，アがよい。

問８　ぼう線⑥は，全地球をひとつの単位とする非常に大きなスケールでの「私たち」について述べたものであり，家族や友人，知人，同じ地域の人々といった単位とちがい，この「私たち」では，個人の認識や対話はできない。また，直前の段落にあるとおり，この「大きな主語」の「私たち」は，国や地域で異なる文脈や意見は誤差として，全て内包する空気感をつくり出して議論し，人類の合意に至らしめようとするものである。

二　出典は伊吹有喜《いぶきゆき》の『雲を紡《つむ》ぐ』による。自分に自信がなく，人の目が怖《こわ》かった美緒《みお》が，祖父にはげまされ，自分の「好き」に向き合い出すまでを描《えが》いている。

問１　**Ａ**　空。空間。　**Ｂ**　いくらか。いくつか。　**Ｃ**　生まれつきの性質。　**Ｄ**　持っている力を表にあらわすこと。

問２　**１**　かざりけがなく，自然のままであるようす。　**３**　「あや」は，表面的には見えない，複雑に入り組んだしくみやようす。

問３　「軽快」は，軽やかで気持ちがよいようすをいい，軽快で上手なようすをいう「軽妙《けいみょう》」と同じように，「軽」が“軽やかだ”という意味で使われている。「軽率」は“軽々しい”，「軽食」は“簡単だ”，“手軽だ”といった意味で，「軽視」は“見下す”という意味で使われている。

問４　祖父と話すなかで，祖父が自分をよく理解し，気持ちをうまく引き出してくれたため，自然と美緒は心を開いて話すことができている。ピンクの羊毛が舞《ま》い上がり，雲が浮《う》かぶおだやかな光景にもほっとできたものと思われる。この時点で心が満たされたわけではないので，エが選べる。

問５　美緒は，いつも笑顔でいたため，きつい冗談《じょうだん》を言われるようになり，つらい思いをしていたが，居場所がなくなるのを恐《おそ》れ，笑顔を続けていた。それを聞いた祖父は，きつい冗談を言う相手を「棒で殴《なぐ》る輩《やから》」とし，笑顔を続けて「頭を出して殴られにいく」必要はないと言っている。

問６　祖父は，よいスプーンは軽くて美しく，持ったときのバランスがよいと言っている。また，手紡ぎ，手織りの糸は軽くて温かく，感触《かんしょく》が柔《やわ》らかで，着心地がよいとし，スプーンと同じように，よい職人の仕事は調和と均衡《きんこう》が取れて心地よいと言っている。よって，アがあてはまる。

問７　ぼう線③の直前に，よい職人がつくったスプーンについて，「良い職人が削《けず》ったさじは軽くて美しい。手に持ったときのバランスが気持ちいいんだ」と祖父が述べている部分がある。

問８　汚毛《おもう》はフンで臭《くさ》いが，洗ったら真っ白で柔らかいとよい点をあげる美緒に，学校に行こうとすると腹を壊《こわ》す自分を許せないと思うより，それほどの繊細《せんさい》さを活かすことを自分の性格に対しても考えるべきだと祖父は言っている。よって，ウが合う。

問９　自分のよい点を探すようにと祖父がアドバイスすると，美緒は，「ない。そんなの」と「即《そく》答《とう》」する。これに対し，祖父は「何が好きだ？～心の底からわくわくするものは何だ」と次々に質問することで，美緒がどれほど自分をわかっていないかをこの後示してみせている。よって，エがあてはまる。

問10　美緒は，人の目が怖く，結局ひきこもるようになったと語り，そんな自分は駄目《だめ》だと自分に自信が持てずにいた。だが，自分の悪いところばかり見るのではなく，自分のよい点や好きなことを探して活かすといいと祖父にはげまされ，「これが好き」と感じたスプーンを前向きな気持ちで選べるようになっている。ぼう線⑦は，そんな美緒の気持ちの変化を感じた祖父の表情である。

Dr.福井の
入試に勝つ！脳とからだのウルトラ科学

睡眠時間や休み時間も勉強!?

みんなは寝不足になっていないかな？　もしそうなら大変だ。睡眠時間が少ないと，体にも悪いし，脳にも悪い。なぜなら，眠っている間に，脳は海馬《かいば》という部分に記憶をくっつけているんだから。つまり，自分が眠っている間も頭は勉強しているわけだ。それに，成長ホルモン（体内に出される背をのばす薬みたいなもの）も眠っている間に出されている。昔から言われている「寝る子は育つ」は，医学的にも正しいことなんだ。

寝不足だと，勉強の成果も上がらないし，体も大きくなりにくく，いいことがない。だから，睡眠時間はちゃんと確保するように心がけよう。ただし，だからといって寝すぎるのもダメ。アメリカの学者タウブによると，10時間以上も眠ると，逆に能力や集中力がダウンしたという研究報告があるんだ。

睡眠時間と同じくらい大切なのが，休み時間だ。適度に休憩するのが勉強をはかどらせるコツといえる。何時間もぶっ続けで勉強するよりも，50分勉強して10分休むことをくり返すようにしたほうがよい。休み時間は，散歩や体操などをして体を動かそう。かたまった体をほぐして，つかれた脳を休ませるためだ。マンガを読んだりテレビを見たりするのは，頭を休めたことにならないから要注意！

頭の疲れに関連して，勉強の順序にもふれておこう。算数の応用問題や理科の計算問題，国語の読解問題などを勉強するときには，脳のおもに前頭葉という部分を使う。それに対して，国語の知識問題（漢字や語句など）や社会などの勉強では，おもに海馬《かいば》という部分を使う。したがって，それらを交互に勉強すると，１日中勉強しても疲れにくい。

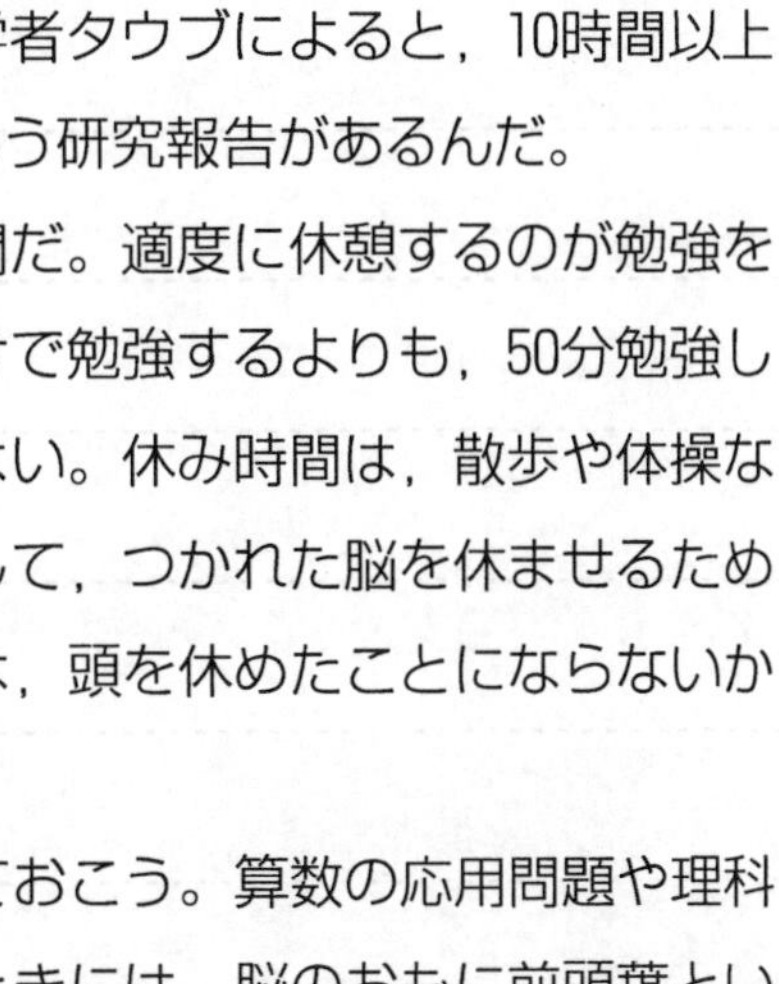

Dr.福井（福井《ふくい》一成《かずしげ》）…医学博士。開成中・高から東大・文Ⅱに入学後，再受験して翌年東大・理Ⅲに合格。同大医学部卒。さまざまな勉強法や脳科学に関する著書多数。

Memo

2022年度　かえつ有明中学校

〔電　話〕　03(5564)2161
〔所在地〕　〒135－8711　東京都江東区東雲２―16―１
〔交　通〕　りんかい線「東雲駅」より徒歩８分
地下鉄有楽町線「辰巳駅」より徒歩18分，「豊洲駅」よりバス

【算　数】〈２月１日午前試験〉（50分）〈満点：100点〉

1　次の□にあてはまる数を求めなさい。

（１）$35-(7\times 8-39)\times 2=\square$

（２）$9\frac{3}{5}\times\left(1\frac{3}{4}-1\frac{1}{2}\right)\times\left\{\left(2-\frac{3}{4}\right)\div\frac{5}{9}\right\}=\square$

（３）$\frac{1}{2}\times 64+2.5\times 12.8+\frac{1}{8}\times 256+0.0625\times 512=\square$

（４）$10\,\mathrm{cm}^3=\square\,\mathrm{m}^3$

（５）$1\frac{5}{6}-\left(2\frac{1}{3}+\square-1\right)\times\frac{4}{5}=\frac{1}{6}$

2　次の問いに答えなさい。

（１）$7\times 7\times 7\times\cdots\times 7$のようにして，７を2022個かけたとき，一の位はいくつになりますか。

（２）あるクラスで，バスで登校している生徒は全体の$\frac{1}{4}$，自転車で通っている生徒は全体の$\frac{1}{3}$，バスと自転車の両方を使い通っている生徒は５人，どちらも使っていない生徒は20人でした。このクラスの生徒の人数は何人ですか。

（３）８％の食塩水200ｇに水230ｇと食塩を加えて，10％の食塩水をつくります。食塩は何ｇ加えればよいですか。

（４） ある仕事を，Ａさんと Ｂさんの２人で行うと 20 日間，Ｂさんと Ｃさんの２人で行うと 24 日間，Ａさんと Ｂさんと Ｃさんの３人で行うと 15 日間かかります。このとき，この仕事を Ｂさん１人で行うと何日間かかりますか。

（５） 右の図のように，立方体の各面の対角線が交わる点を結ぶと正八面体という立体ができます。正八面体の体積は，立方体の体積の何倍ですか。
ただし，角すいの体積は，「底面積×高さ×$\frac{1}{3}$」で求めることができます。

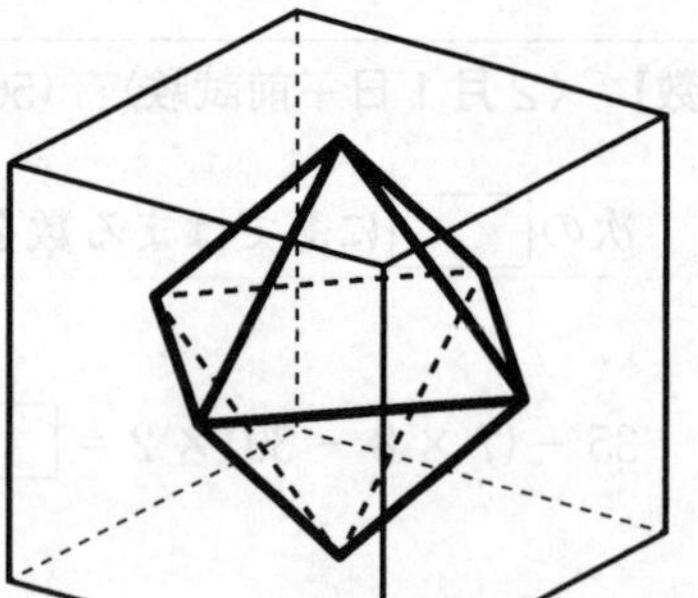

3 太郎さんが８時に Ａ地点を出発し，歩いて 3.6 km 離れた Ｂ地点に向かいました。10 分後に花子さんが Ａ地点を出発し，自転車で Ｂ地点に向かいました。花子さんは途中で太郎さんを追いこし，Ｂ地点に着くとすぐに引き返し，Ａ地点までもどりました。下のグラフはそのときの太郎さんと花子さんの動く様子を表しています。このとき，次の問いに答えなさい。

（１） 太郎さんは分速何ｍで移動していますか。

（２） 花子さんが太郎さんを追いこしたとき，Ａ地点から何 km はなれた地点にいますか。

（３） 引き返してくる花子さんに太郎さんが出会った時刻は何時何分何秒ですか。

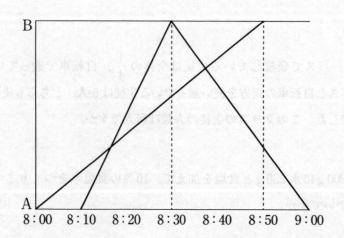

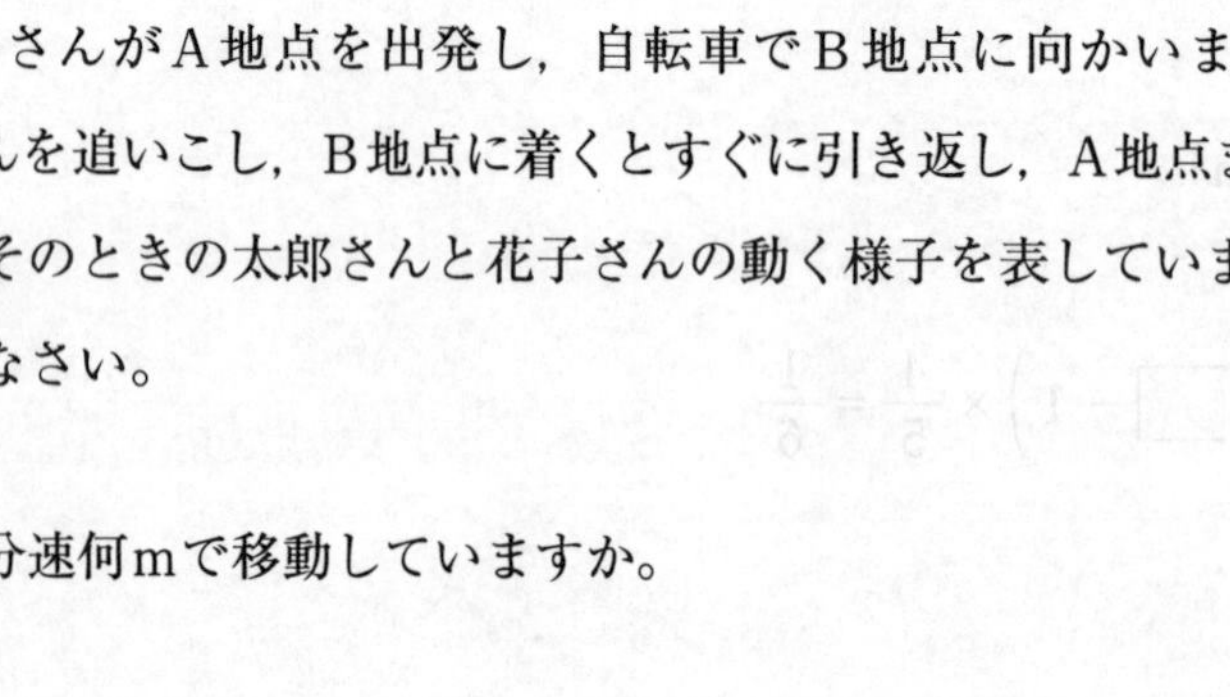

4 図のように，直方体の水そうに２枚の仕切り板が底面に対して垂直に入っています。この水そうに，給水管から一定の割合で満水になるまで水を入れます。グラフは，水を入れ始めてからの時間と，最も高い水面の高さの関係を表したものです。このとき，次の問いに答えなさい。ただし，仕切り板の厚さは考えないものとします。

【図】

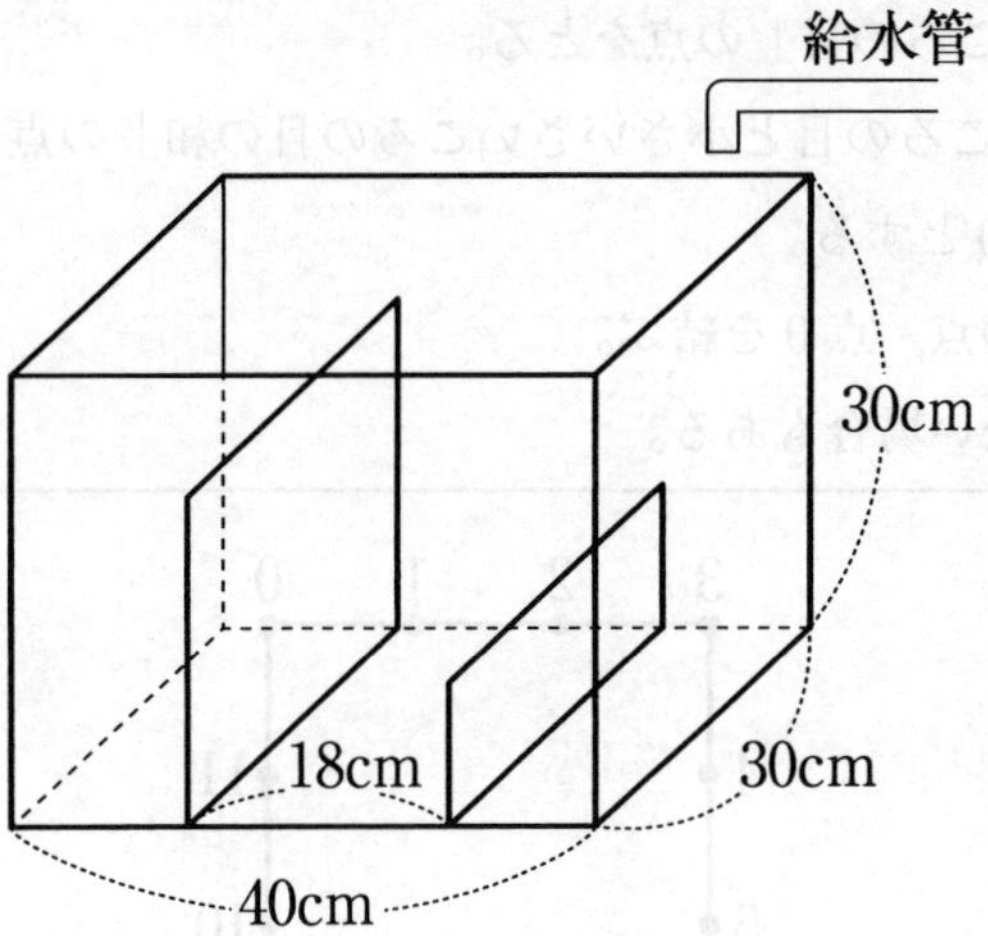

【グラフ】

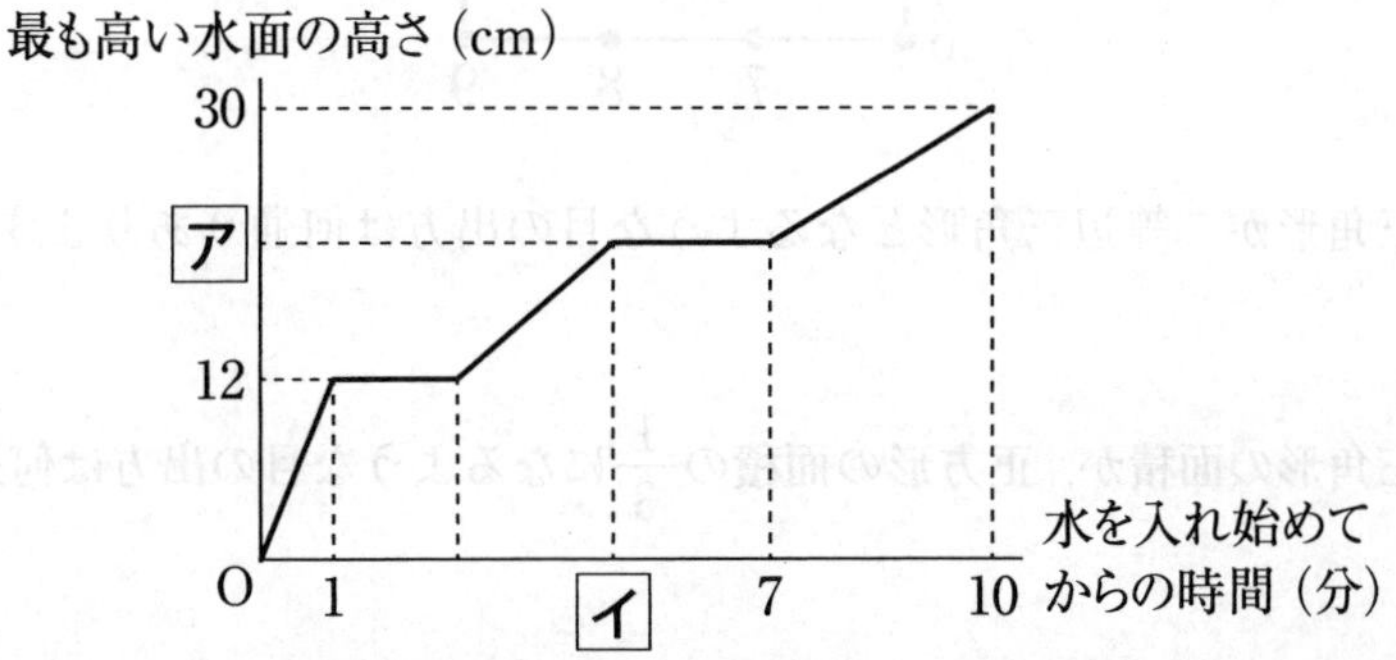

（１） １分間に何 cm^3 の水を入れていますか。

（２） ア に入る数は何ですか。

（３） イ に入る数は何ですか。ただし，単位は分であることに注意すること。

5 図のように，正方形の周上に等間かくに０から11までの点があります。大小２つのさいころをふり，以下のルールに従って三角形を作ります。このとき，次の問いに答えなさい。

> ○ルール
> ①「大きいさいころの目」の点をとる。
> ②「大きいさいころの目と小さいさいころの目の和」の点をとる。ただし，和が12の場合は０とする。
> ③ ①の点，②の点，点０を結ぶ。
> ※三角形ができない場合もある。

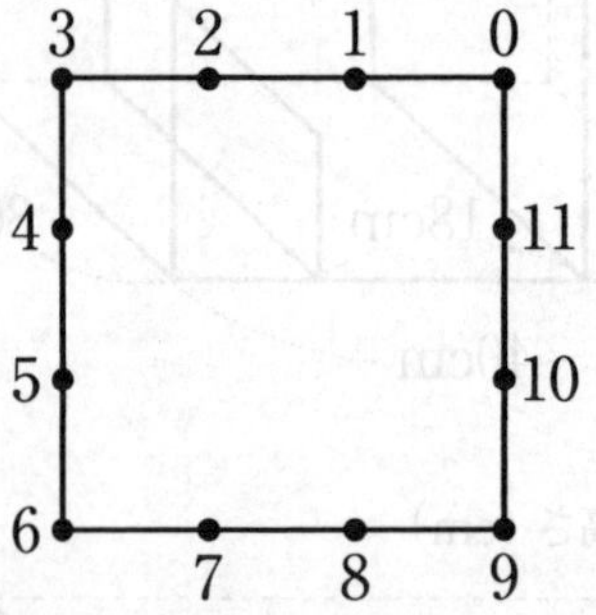

（１） できた三角形が二等辺三角形となるような目の出方は何通りありますか。

（２） できた三角形の面積が，正方形の面積の$\frac{1}{3}$になるような目の出方は何通りありますか。

6 右の図は，底面の半径が６cm，高さが８cm，母線の長さが10cmの円すいです。点Ａは円すいの頂点，点Ｏは底面の円の中心です。このとき，次の問いに答えなさい。ただし，円周率は3.14とします。

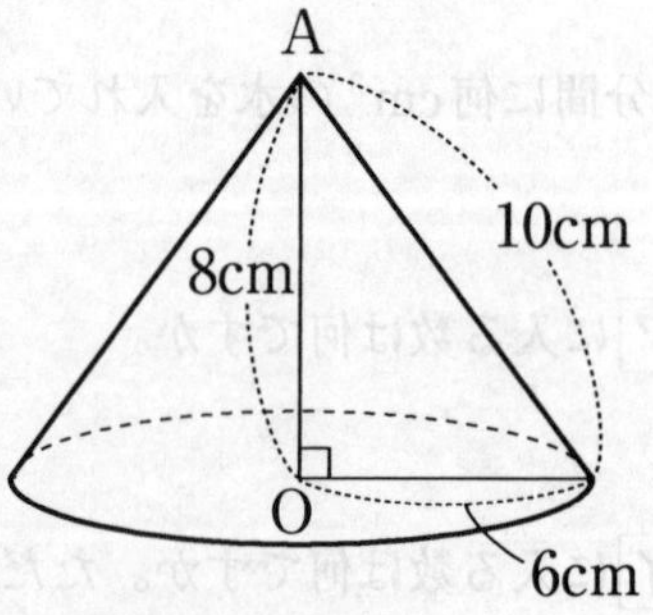

（１） この円すいの展開図における，側面のおうぎ形の中心角は何度ですか。

（２） この円すいを２つの点Ａ，Ｏを通る平面で切り，体積を２等分した立体のうちの一方の表面積は何cm^2ですか。

【社　会】〈２月１日午前試験〉（25分）〈満点：50点〉

（人名・地名や社会科で学習する用語は，漢字で答えなさい。）

1　次の文章は、有明学さんが2021年の東京オリンピックを見て夏休みの宿題として書いたものです。文章を読んで、あとの問いに答えなさい。

「オリンピックから学んだ地域の差」

6年1組1番　有明学

新型コロナウイルスの影響で一年のびていた東京オリンピックが、2021年7月23日から8月8日まで開催《かいさい》されました。今回のオリンピックは、①206の国と地域から参加したそうです。

開会式の入場行進を見ていると、選手の数が多いところ、人種がひとつでないところなど、世界の国と地域に多様な特ちょうがあることがわかりました。私は選手の元気そうな姿を見て、もう全員がコロナウイルスの②ワクチンを打ったのだと思いました。日本でも、③熊本市に住む祖父母が２回目の接種を終えたと連絡があり、12歳になった私もふくめて家族で２回目の接種を予定しています。しかし、選手を送り出した各国ではワクチン接種を受けられない人もいるのか気になりました。そこでアメリカの大学にいる兄に協力してもらい、インターネットを使って④次のようなデータを手に入れました。

ワクチンを打った人の割合（2021年8月1日時点）

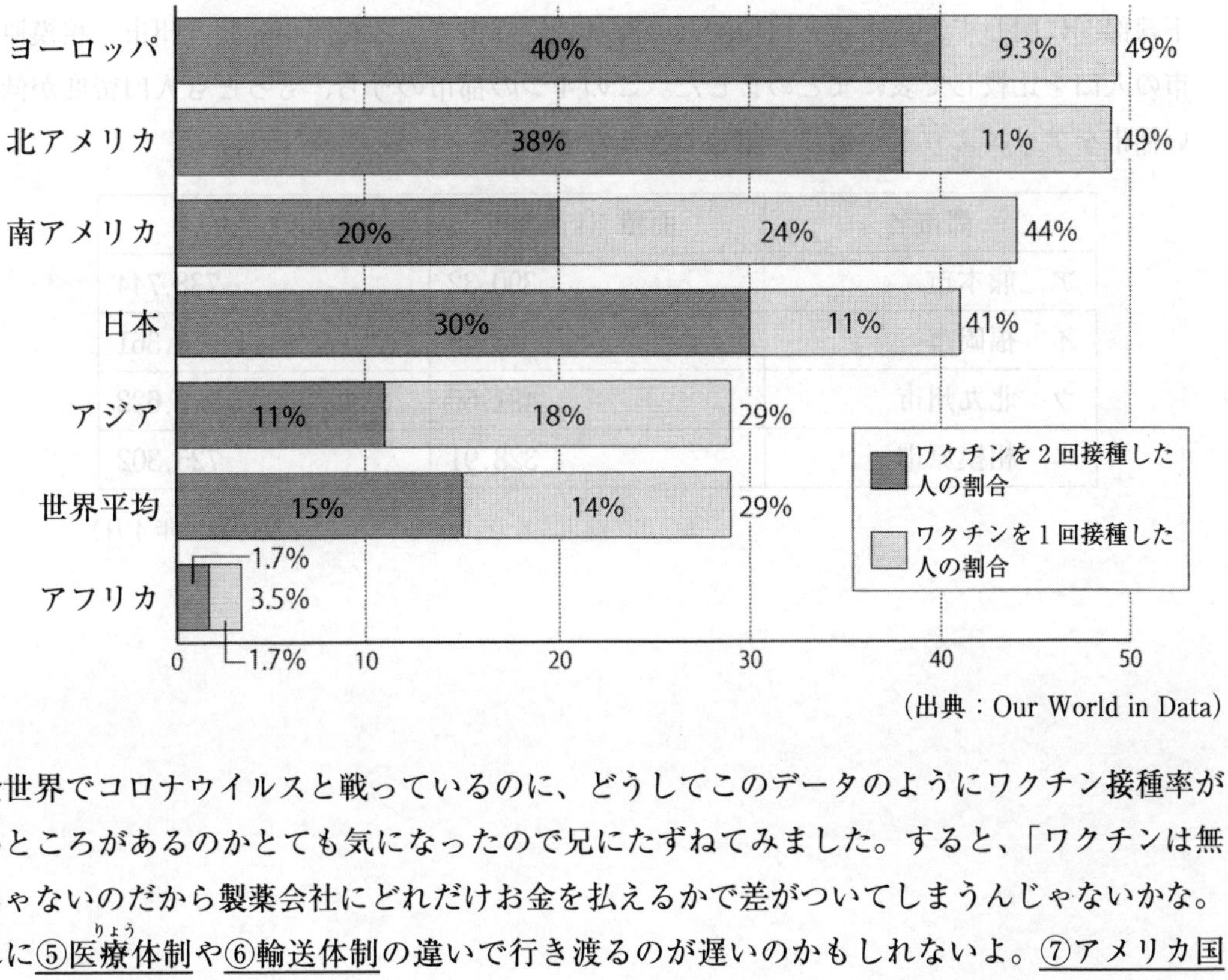

（出典：Our World in Data）

全世界でコロナウイルスと戦っているのに、どうしてこのデータのようにワクチン接種率が低いところがあるのかとても気になったので兄にたずねてみました。すると、「ワクチンは無料じゃないのだから製薬会社にどれだけお金を払えるかで差がついてしまうんじゃないかな。それに⑤医療《りょう》体制や⑥輸送体制の違いで行き渡るのが遅いのかもしれないよ。⑦アメリカ国内でもいろんな差があるんだ。」と言っていました。

私たちはたまたま日本の東京にいて、医療の面で恵まれていたのかもしれません。これから⑧日本国内の格差について調べようと思いました。

問１　下線部①に関して、現在日本では197ヶ国を国として認めていますがそれ以外は「地域」として分類されます。この「地域」にあたるものを、次のア～エより１つ選び、記号で答えなさい。

ア　台湾　　イ　ハワイ諸島　　ウ　シリア　　エ　南スーダン

問２　下線部②に関して、1890年に当時世界中で感染率が高かった破傷風《はしょうふう》に対する血清療法《けっせいりょうほう》を発明し、のちのワクチン治療の基礎を作った人は誰ですか。この人物は2024（令和6）年度から1000円札にデザインされる予定の人物です。正しいものを、次のア～エより１人選び、記号で答えなさい。

ア　与謝野晶子　　イ　津田梅子　　ウ　渋沢栄一　　エ　北里柴三郎

問３　下線部③に関して、熊本市と面積が近い政令指定都市である福岡市、北九州市、相模原市の人口を比較して表にまとめました。この４つの都市のうち、もっとも人口密度が低い都市をア～エより１つ選び、記号で答えなさい。

都市名	面積（km^2）	人口（人）
ア　熊本市	390.32	738,744
イ　福岡市	343.46	1,613,361
ウ　北九州市	491.69	939,622
エ　相模原市	328.91	725,302

（2021年４月）

問4　下線部④に関して、あとの問いに答えなさい。

（1）この表の読み取りとして正しいものを、次のア～エより１つ選び、記号で答えなさい。

ア　ヨーロッパの人口のうち、約50%はワクチンを２回接種し終わっている。
イ　ワクチンを２回接種したアジアの人と、１回接種した北アメリカの人の数は同じである。
ウ　ワクチンを２回接種した日本の人の割合は、１回でもワクチンを接種したことのある人の世界平均の割合とほぼ同じである。
エ　１回でもワクチンを接種した人の割合について、南アメリカは日本よりも多いが、ワクチンを２回接種し終わった人の割合だけを見ると、日本のほうが約２倍多い。

（2）このとき日本でワクチンを２回接種し終わった人のおよその数としてもっとも近いものを、次のア～エより１つ選び、記号で答えなさい。

ア　1400万人　　イ　2600万人　　ウ　3800万人　　エ　5000万人

問5　下線部⑤に関して、日本の都道府県ごとの病院数を調べると次のようになりました。あとの問いに答えなさい。

病院の総数			人口10万人あたりの病院数		
1	東京都	638	1	高知県	17.8
2	北海道	552	2	鹿児島県	15.0
3	大阪府	513	3	徳島県	14.7
4	福岡県	459	4	大分県	13.7
5	兵庫県	348	5	宮崎県	12.8

（厚生労働省「令和元(2019)年度医療施設(動態)調査・病院報告の概況」より作成）

（1）令和元年度の高知県の人口は約70万人で、鹿児島県の人口は約160万人でした。このとき、高知県と鹿児島県について正しい記述を、上の表をふまえて次のア～エより１つ選び、記号で答えなさい。

ア　高知県は日本で一番病院が多い。
イ　高知県の病院数は、東京都と同じである。
ウ　東京都の人口10万人あたりの病院数は宮崎県より多い。
エ　高知県と鹿児島県の病院数は、鹿児島県のほうが多い。

（２）なぜ高知県は人口が少ないのに、前のページの表のように人口10万人あたりの病院数がもっとも多くなるのですか。考えられる理由として明らかに**誤っているもの**を、次のア～エより１つ選び、記号で答えなさい。

ア　人口は少ないが、医療《いりょう》や介護《かいご》を必要とする高齢者の割合は多いから。

イ　大都市と比べて交通の便が悪い地域が多く、そこに病院を建てる必要があるから。

ウ　大都市以外の地方になると、土地の値段や人件費が安いため、病院を建てやすいから。

エ　面積のほとんどが平野なため、病院を建てるのに適した地形だから。

問６　下線部⑥に関して、次の表を参考に、あとの問いに答えなさい。

成田国際空港			
輸出項目		輸入項目	
精密機械	7.5	通信機	13.8
集積回路	7.4	医薬品	9.8
金	4.7	集積回路	9.1
78574億円		109867億円	

名古屋港			
輸出項目		輸入項目	
（　　）	26.8	液化ガス	16.2
（　　）部品	15.5	石油	11.8
内燃機関	5.0	衣類	6.7
110584億円		52520億円	

東京港			
輸出項目		輸入項目	
コンピュータ部品	7.5	衣類	8.1
（　　）部品	6.6	コンピュータ	6.0
プラスチック	5.1	魚介類	5.0
54737億円		100392億円	

（１）上の表の空らん（　　）に入るものを、次のア～エより１つ選び、記号で答えなさい。

ア　スマートフォン　　イ　半導体　　ウ　船舶《せんぱく》　　エ　自動車

（２）ワクチンなどの医薬品はなぜ港ではなく空港へ運ばれるのでしょうか。次の文中の空らん（　Ａ　）と（　Ｂ　）に入る言葉をそれぞれ４字以内で答えなさい。

船は飛行機と比べると（　Ａ　）運べるという点で優れている一方、飛行機は（　Ｂ　）運べるため医薬品を必要なタイミングで届けることができるから。

問７　下線部⑦に関して、アメリカでは人種、経済、地域によってさまざまな対立が生まれますが、それは大統領選挙にも表れます。前大統領のトランプ氏を支持したのは共和党でしたが、現大統領のバイデン氏を支持しているのは何党か、次のア～エより１つ選び、記号で答えなさい。

ア　自由党　　イ　民主党　　ウ　国民党　　エ　共産党

問８　下線部⑧に関して、学さんはこれから中学入試を受けてさらに大学入試を受けることまで考えていますが、ほかの地域の人も同じ考えなのか気になりました。そこで、東京と熊本そしていくつかの都市の大学進学率（人口のうち大学に進学する人の割合）と人口を調べて次のような**表１**を作りました。しかしうまく整理できないと感じたため、都道府県ごとの一人当たりの平均賃金についても調べて**表２**を作成し、**表１**と**表２**を見て下に自分の考えを書きました。これらについて、あとの問いに答えなさい。

表１　大学進学率と人口の比較

都道府県	大学進学率	人口（約）
北海道	40.0％	528 万人
東京	62.4％	1400 万人
京都	60.5％	257 万人
高知	39.6％	70 万人
熊本	41.4％	172 万人
鹿児島	35.7％	160 万人

（文部科学省　学校基本調査（平成 30 年度）より作成）

表２　一人当たりの平均賃金（万円）

北海道	東京	京都	高知	熊本	鹿児島
395	586	450	378	379	369

（厚生労働省　賃金構造基本統計調査（平成 30 年度）より作成）

最初は、**表１**の中で祖父母のいる熊本県と、となりにある鹿児島県のふたつを比べてみました。熊本県は鹿児島県よりも、人口では約 12 万人多く、大学進学率では約 6％多くなっていました。もしこの熊本県と鹿児島県のあいだの割合が、ほかの都道府県にもあてはまるのであれば、熊本県よりも約 360 万人も人口が多い北海道では大学進学率は約（　Ｃ　）％多くなり、100％を超えてしまいます。したがって、人口と大学進学率の間にはあまり関係はなさそうです。

そこで**表１**と**表２**を合わせて見ると、一人当たりの平均賃金は（　Ｄ　）ことがわかりました。

（１）文中の空らん（　Ｃ　）にあてはまる数字を答えなさい。

（２）文中の空らん（　Ｄ　）にあてはまる説明を、次のア～エより１つ選び、記号で答えなさい。

ア　京都府は２番目に高いが、それは東京よりも大学の数が多いという

イ　高知県と熊本県ではほぼ同じであるから、人口もほぼ同じになる

ウ　大学進学率には関係なく、むしろ人口が多ければそれだけ賃金も高くなる

エ　高い順番にならべると、大学進学率の高い順１位、２位、５位、６位と同じ都道府県になる

2 次の有子さんと明石先生の会話文を読んで、あとの問いに答えなさい。

有子さん：先生、この画像の左にある絵は何か知っていますか？

明石先生：ああ、これは、新型コロナウイルス感染症の拡大防止のために（　①　）が作成した啓発《けいはつ》アイコンだね。左にある絵は、疫病《えきびょう》から人々を守るとされる妖怪《ようかい》「アマビエ」だよ。江戸時代に描《か》かれたものらしい。

有子さん：え？　つまり、江戸時代にも疫病が流行ったということですか？

明石先生：そうだね。日本の疫病に関する記録ははるか昔から存在しているよ。

例えば、日本書紀に、西暦300年頃の崇神《すじん》天皇の時代、列島で疫病が流行し、国民の大半が亡くなってしまっていることが書かれているんだ。

有子さん：なぜ、その時期に疫病が流行したんでしょうか？

明石先生：どうしてだろうね。この時期、大陸との交流がさかんになりはじめたり、権力者の墓である（　②　）を築造するために各地から人が集められたりしたことが関係しているのかもしれないね。

有子さん：やはり、人口が集中すると感染症が広がりやすいんですね。

明石先生：そうだね。そのあと、③日本では大陸との往来が進むにつれ、さらに感染症…特に天然痘《てんねんとう》に苦しんだようだね。④奈良時代の聖武天皇は天然痘などの不安から人々が救われることを願って仏像をつくらせたんだ。仏教の発展には疫病の影響も少なからずあって、鎌倉仏教が生まれたときも疫病がたびたび流行しているよ。

有子さん：感染症は、一部の地域や階級の人のみかかるものなのでしょうか？

明石先生：地域や階級によって感染症が流行する時期には違いがあるけれど、人の行き来があるかぎり、基本的には日本全土に広がってしまうものだよね。逆に言えば、人の行き来がなければ、流行のようすも変わるんだ。1484年の『多聞院《たもんいん》日記』の記録では、感染症の麻疹《ましん》が流行したようだけど、中央では死者は少なく、地方では死者が大勢出たと書かれているんだ。

⑤当時世の中が荒れていて、地方と中央の分断が進んだことで、感染の状況が変わったのかもしれないね。

有子さん：感染症の流行が人々の考えに影響を与えたことはありますか？

明石先生：1862年の麻疹の流行は人々の考えに影響を与えた１つの例と言えるんじゃないかな。当時、都に疫病が流行する中で、公家たちも病に倒れ、朝廷でも人手不足になったようだ。その病は、外国船がたびたび入港する（　⑥　）から東に広がっていたことは明らかだったので、当時の天皇である孝明天皇が（　⑦　）の意志を公家たちに対して強く表明する出来事も起きたようだよ。

有子さん：日本で流行した感染症でもっとも多くの死者を出したのは、いつだったんでしょうか？

明石先生：1918年から20年に大流行した当時の新型インフルエンザ、通称《つうしょう》「⑧スペイン風邪」で、日本全土で45万人、全世界では５千万人以上もの人々が命を落としたと言われているんだよ。

有子さん：⑨1918年というと、第一次世界大戦が起きている最中ですよね？ 全世界で、第一次世界大戦での戦死者はおよそ１千万人、⑩第二次世界大戦でさえも数千万人とされているので、戦争より多くの人が病気によって亡《な》くなっているんですね。

明石先生：そうだね。感染症は恐ろしいね。

有子さん：感染症への対策としては、人の行き来を減らして、かつ、感染者とは距離をとることが大切ですか？

明石先生：そう思うけれど、距離をとる際は、⑪人権に配慮《はいりょ》しなくてはいけないよ。過去に（　⑫　）病で誤った隔離《かくり》を行った歴史もあるからね。

有子さん：感染者への⑬差別は、絶対にしたくないけれど、でも絶対しないって言いきるのは難しい気がします。

明石先生：そうか。絶対しないと言いきれない背景には、どんな感情があるのかな？

問１　空らん（　①　）には、社会福祉や社会保障、雇用の確保などの仕事を担う行政機関が入ります。その機関として正しいものを、次のア～エより１つ選び、記号で答えなさい。

ア　総務省　　イ　文化庁　　ウ　消費者庁　　エ　厚生労働省

問２　空らん（　②　）にあてはまる語句を漢字２字で答えなさい。

問３　下線部③に関して、聖徳太子（厩戸皇子《うまやどのおうじ》）の頃に、中国に送った使節を何というか答えなさい。

問４　下線部④に関して、この頃に栄えた文化ともっとも関係があるものはどれですか。次の資料ア～エより１つ選び、記号で答えなさい。

ア　東大寺

イ　法隆寺

ウ　中尊寺

中尊寺拝観資料より

エ　広隆寺

問５　下線部⑤に関して、1467年から77年にかけて、京都を中心に大規模な戦乱が起きました。この戦いを何といいますか。次のア～エより１つ選び、記号で答えなさい。

ア　保元の乱　　イ　壬申の乱　　ウ　応仁の乱　　エ　承久の乱

問６　空らん（　⑥　）にあてはまる地名として正しいものを、次のア～エより１つ選び、記号で答えなさい。

ア　長崎　　イ　堺　　ウ　博多　　エ　下関

問７　空らん（　⑦　）にあてはまる語句として正しいものを、次のア～エより１つ選び、記号で答えなさい。

ア　倒幕　　イ　禁教　　ウ　攘夷　　エ　開国

問８　下線部⑧に関する次の資料について説明した文章として**誤っているもの**を、下のア～エより１つ選び、記号で答えなさい。

スペイン風邪による死亡者数の推移（日本）

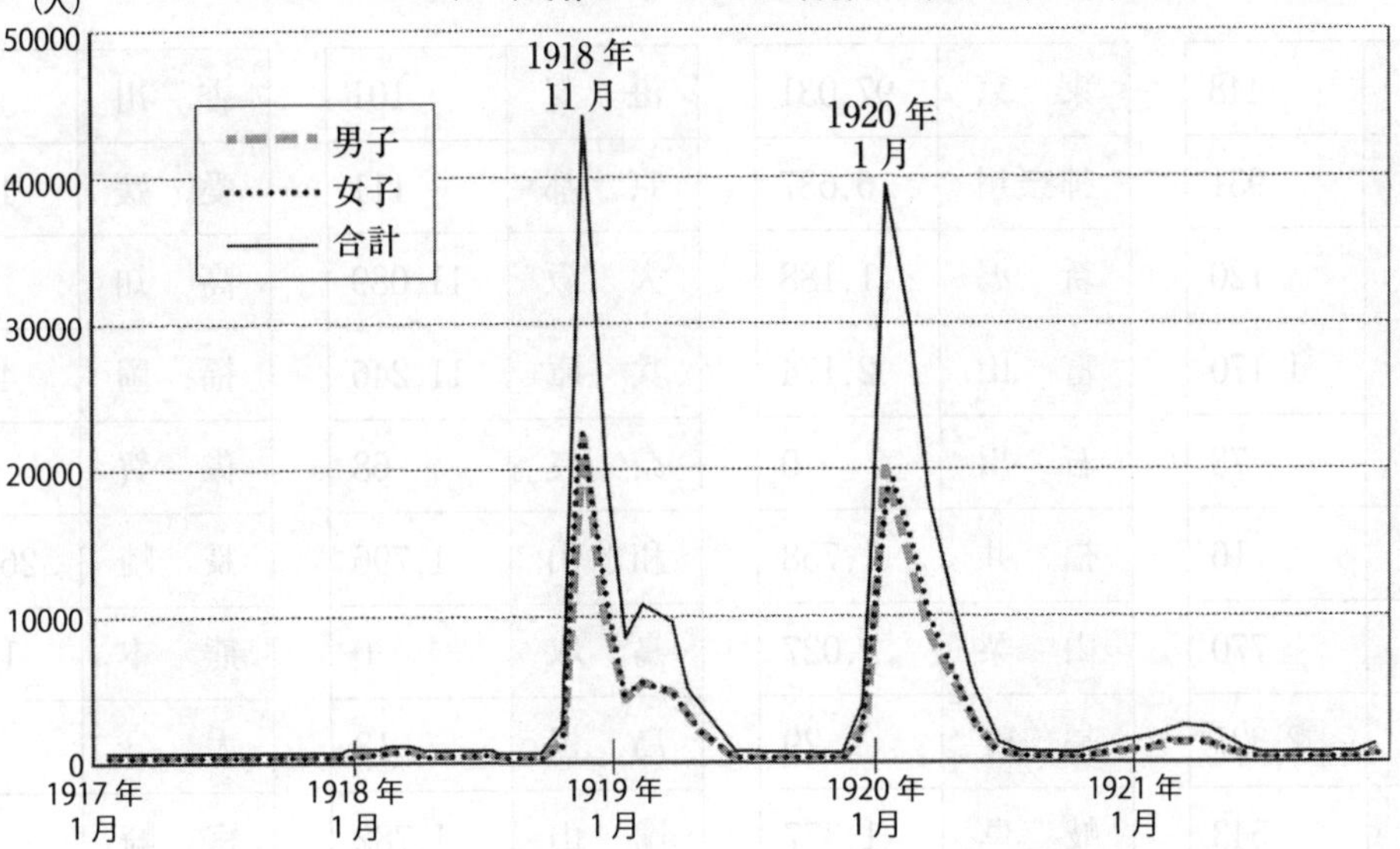

（東京都健康安全研究センターを参照）

ア　スペイン風邪による死亡者が約40000人を超えたのは、1918年11月だけである。

イ　スペイン風邪で死亡する割合が高齢者は高い傾向にある。

ウ　スペイン風邪は性別によって死亡者数が大きく異なることはなかった。

エ　スペイン風邪による死亡者数は、1920年１月にピークに達した後、減少の傾向を示している。

問９　下線部⑨に関して、次の資料は物価の急な上昇をきっかけとして、1918年に起きた事件のようすをあらわしています。この事件を何といいますか。漢字３字で答えなさい。

問10　下線部⑩に関して、次の資料は1941年12月８日から1945年８月15日に行われた太平洋戦争に関するものです。これは何を示した資料ですか。下の文章の空らんにあてはまる語句を考え、答えなさい。

北海道	448
青　森	931
岩　手	120
宮　城	1,170
秋　田	73
山　形	16
福　島	770
茨　城	2,327
栃　木	543
群　馬	1,109
埼　玉	713
千　葉	1,691

東　京	97,031
神奈川	6,637
新　潟	1,188
富　山	2,174
石　川	0
福　井	1,758
山　梨	1,027
長　野	29
岐　阜	1,377
静　岡	6,223
愛　知	11,324
三　重	3,600

滋　賀	101
京　都	111
大　阪	11,089
兵　庫	11,246
奈　良	68
和歌山	1,796
鳥　取	0
島　根	18
岡　山	1,782
広　島	86,141
山　口	2,554
徳　島	578

香　川	927
愛　媛	1,346
高　知	647
福　岡	4,623
佐　賀	225
長　崎	26,238
熊　本	1,000
大　分	550
宮　崎	708
鹿児島	3,719

※沖縄をのぞく

全　国	297,746

（経済安定本部が昭和24年４月に発表した『太平洋戦争による我国の被害総合報告書』を参照）

太平洋戦争中に起きた（　　　　）による死者数を都道府県別に示した資料

問11　下線部⑪に関して、社会権にあてはまる文章を、次のア～エより１つ選び、記号で答えなさい。

ア　わたしの一人暮らしの祖父は、国から年金を受け取って生活をしています。
イ　アメリカ国籍のわたしの友人も日本の銭湯を使うことができます。
ウ　政府の発表した政策に対し、わたしは自分の意見をまとめ、インターネット上で公開しました。
エ　わたしは18歳になったので、選挙に参加することができます。

問12　空らん（　⑫　）に関して、次の文章を読んで、空らんにあてはまる語句を下のア～エより１つ選び、記号で答えなさい。

> 国は、1931年以降、らい予防法によって（　⑫　）病患者を（　⑫　）病療養所《りょうようじょ》に強制的に入所させました。患者の出た家を真っ白になるほど消毒をしたり、国民を指導して「無らい県運動」を進めるなどして、（　⑫　）病は国の恥、恐ろしい病気という誤った意識を国民に植え付けました。（中略）日本国憲法下においても、らい予防法を廃止せず、強制隔離政策や「無らい県運動」を継続したため、（　⑫　）病患者と回復者への偏見・差別による人権侵害《しんがい》が助長されることになりました。
>
> （国立（　⑫　）病資料館より引用）

ア　黒死　　イ　ハンセン　　ウ　エボラウイルス　　エ　壊血

問13　下線部⑬に関して、現在、性別に対しての差別が問題視され、徐々に女性の社会進出が広がっています。「私が最初の女性の副大統領になるかもしれませんが、最後ではありません。」と演説をした、アメリカ初の女性副大統領を、次のア～エより１人選び、記号で答えなさい。

ア　テリーザ・メイ

イ　アンゲラ・メルケル

ウ　ヒラリー・クリントン

エ　カマラ・ハリス

【理　科】〈２月１日午前試験〉（25分）〈満点：50点〉

1　次の文は、理科室での生徒と先生の会話です。あとの問いに答えなさい。

嘉《よし》　明《あき》：先生、今年の夏休みは田舎《いなか》のおじいさんのところに遊びに行けませんでした。
先　生：そうですか、東京は緊急《きんきゅう》事態《じたい》宣言中でしたからね。
嘉　明：ところで、新型コロナウイルスはどういうものなのですか。
先　生：コロナウイルスは昔から知られていて、形が王冠《おうかん》（王様がかぶるかんむり）に似ています。ギリシャ語で王冠をコロナというので、コロナウイルスと呼ばれています。このような形をしています（**図１**）。新型コロナウイルスもコロナウイルスの一種です。

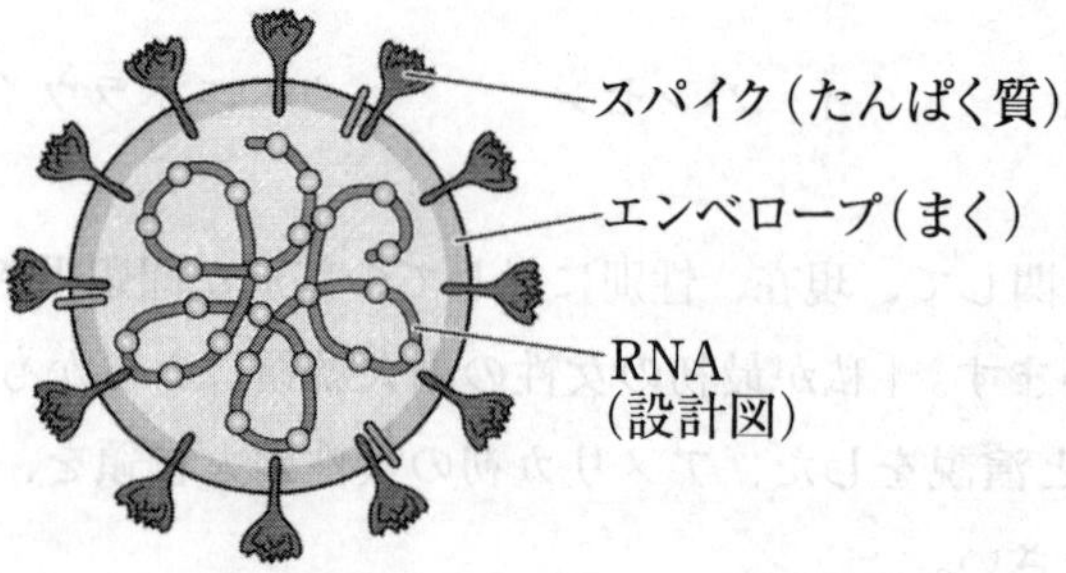

図１　コロナウイルス

先　生：新型コロナウイルスの形を簡単に説明すると、エンベロープという球状のまくがあり、そこからスパイクというたんぱく質でできた突起《とっき》が出ています。エンベロープの中には、自分の仲間を作るための設計図であるRNAが入っています。
有理紗《ありさ》：テレビで見たことがあります。
先　生：人間の細胞《さいぼう》は特定の形をしたたんぱく質を細胞の中に取り込《こ》みます。新型コロナウイルスのスパイクたんぱく質がこの特定の形とほぼ同じなので、人間の細胞は新型コロナウイルスを細胞の中に取り入れてしまいます。人間の細胞の中には人間の細胞を作る材料がいっぱいあり、人間の細胞を作るための設計図であるDNAに従って人間の細胞を作っています。人間の細胞を作る材料と新型コロナウイルスを作る材料が同じなので、人間の細胞が新型コロナウイルスの設計図であるRNAに従って新型コロナウイルスを作ってしまいます。新型コロナウイルスは自分の力で自分の仲間を作ることはできませんが、人間の細胞の力を借りて、自分の仲間を作ってしまうのです。
嘉　明：人間の細胞はどうなってしまいますか。
先　生：人間の細胞を作る材料を横取りされるので、人間の細胞はこわれてしまいます。
有理紗：(　ア　)の細胞に新型コロナウイルスが入り込むと、細胞がこわれて酸素を体に送ることができなくなるので、大変なことになりますね。

先　生：そうですね。最悪の場合は死ぬこともあります。

嘉　明：新型コロナウイルスに感染しないようにするためには、どうしたらいいですか。

先　生：大きく分けて2つの方法があります。化学的方法と物理的方法です。化学的方法は、薬品などによってたんぱく質の形を変えたり、エンベロープをこわす方法です。スパイクたんぱく質の形を変えて性質を変えれば、新型コロナウイルスは人間の細胞に入り込めません。また、エンベロープをこわせばウイルスもこわれます。

嘉　明：化学的方法は、具体的にどのようにすればいいのですか。

先　生：たとえば、熱を加える方法があります。卵の白身はたんぱく質でできていて、透明《とうめい》でさらさらしています。これに熱を加えると白くなり硬《かた》くなります。これはたんぱく質の形が変わって性質が変わったからです。

嘉　明：他に化学的方法はありますか。

先　生：キッチンハイターなどの塩素系漂白剤《ひょうはくざい》を使ってたんぱく質の形を変えるとか、強い酸性の液体を使ってたんぱく質の形を変えるとか。

嘉　明：強い酸性の液体は手の消毒《しょうどく》に使えないですよ。

先　生：そうですね。手の皮膚《ひふ》もたんぱく質でできているので、強い酸をつけると手の皮膚のたんぱく質の形が変わってしまいますね。

有理沙：なぜ、手の消毒にアルコールを使うのですか。

先　生：アルコールはたんぱく質の形を変えるはたらきがあり、エンベロープをこわすはたらきも強いので、短時間でウイルスに対して効果が出ます。しかし、アルコールは(　イ　)、手にやさしいのです。

嘉　明：2番目の物理的方法は、どのような方法ですか。

先　生：物理的方法は、ウイルスを生きた細胞に触《ふ》れさせないという方法です。ウイルスが生きた細胞に触れなければ、ウイルスが人間の細胞に入り込むことはないですからね。人間の皮膚は細胞でできていますが、皮膚の表面の細胞はほとんど死んでいるので、ウイルスが触れても入り込むことはできません。生きた細胞にウイルスが入り込める場所はどこですか。

有理紗：口の中です。

先　生：そうですね。他には、鼻の奥《おく》、のど、肺がありますね。

嘉　明：だから、マスクをしてウイルスが入らないようにするのですね。マスクは大切ですね。

先　生：そうです。マスクは感染予防とともに、感染した人がウイルスをまき散らさないようにするという効果もあります。ただし、マスクで100%ウイルスを防ぐことはできませんから、3密を避《さ》ける行動も大切な物理的方法です。3密はわかりますか。

嘉　明：密閉、密集、…あと何だっけ。

有理沙：(　ウ　)ですよ。

先　生：そうです。ウイルスは人間の細胞より小さく、目に見えないので、どこにあるかわかりません。新型コロナウイルスは人の口から出る飛まつによって広がるので、人がいる場所には新型コロナウイルスがいる可能性があることを頭に入れて行動しましょう。

（1） 文中の（　ア　）にあてはまるものを、次のＡ～Ｄから１つ選び、記号で答えなさい。

Ａ　のど　　Ｂ　鼻の奥　　Ｃ　肺　　Ｄ　口の中

（2） 文中の（　イ　）にあてはまるものを、次のＡ～Ｄから１つ選び、記号で答えなさい。

Ａ　たんぱく質の形を変えるはたらきがないので
Ｂ　お酒に入っているので
Ｃ　水のように透明なので
Ｄ　すぐに蒸発するので

（3） 文中の（　ウ　）にあてはまるものを、次のＡ～Ｄから１つ選び、記号で答えなさい。

Ａ　密度　　Ｂ　密接　　Ｃ　密着　　Ｄ　密談

（4） たんぱく質は、消化液によって分解されて何になりますか。あてはまるものを、次のＡ～Ｄから１つ選び、記号で答えなさい。

Ａ　糖　　Ｂ　アミノ酸　　Ｃ　しぼう酸　　Ｄ　グリセリン

（5） たんぱく質をほとんど含《ふく》まないものを、次のＡ～Ｄから１つ選び、記号で答えなさい。

Ａ　とんかつ　　Ｂ　アジのフライ
Ｃ　とうふ　　Ｄ　ポテトチップス

（６） 熱を加えることにより、たんぱく質の形を変えて性質を変えることに関係があるものを、次のＡ～Ｄから１つ選び、記号で答えなさい。

Ａ　牛乳を熱すると表面に白いまくができる
Ｂ　豚《ぶた》の脂《あぶら》を熱するととけて液体になるが、冷やすと固体に戻《もど》る
Ｃ　かたい豚肉をお湯で温めるとやわらかくなる
Ｄ　かたい米を水に入れて熱するとやわらかくなる

（７） 新型コロナウイルスに感染しないようにするには、化学的方法と物理的方法がありますが、次のＡ～Ｄから、物理的方法を２つ選び、記号で答えなさい。

Ａ　使い終わった机をアルコールウェットティッシュでふく
Ｂ　コンビニのレジに並ぶときは、前の人との距離《きょり》を十分に開ける
Ｃ　塩素系漂白剤を含ませた布でドアの取っ手をふく
Ｄ　寒いときでも電車の窓を少し開ける

（８） 新型コロナウイルスがついたと思われる金属製のスプーンを化学的方法で処理したいと思います。もっとも効果が大きいと考えられるものを、次のＡ～Ｄから１つ選び、記号で答えなさい。

Ａ　５分間、100度のお湯に入れる
Ｂ　５分間、冷とう庫に入れる
Ｃ　５分間、ふきんでふき続ける
Ｄ　５分間、食塩水に入れる

（９） 物理的方法の中に、「石けんで手を洗う」があります。これが物理的方法になる理由としてふさわしいものを、次のＡ～Ｄから１つ選び、記号で答えなさい。

Ａ　食事のときに、手についたウイルスが口の中に入るのを防ぐ
Ｂ　石けんは弱アルカリ性なので、ウイルスのたんぱく質の形を変える
Ｃ　石けんによって生じた泡《あわ》が、ウイルスから手を守る
Ｄ　石けんは弱アルカリ性なので、ウイルスの酸性を中和する

(10)　人間の皮膚はたんぱく質でできています。皮膚を守る方法として正しくないものを、次のＡ～Ｄから１つ選び、記号で答えなさい。

Ａ　熱湯が手についたら、冷たい水で冷やす
Ｂ　塩酸が手についたら、多量の水で洗い流す
Ｃ　塩素系漂白剤を使うときは、ビニール手袋《ぶくろ》をつける
Ｄ　手をよく消毒するために、３分間液体のアルコールに手を入れる

(11)　「密閉を避ける行動」にあてはまるものを、次のＡ～Ｄから１つ選び、記号で答えなさい。

Ａ　買い物に行くときは、人が少ない時間に行く
Ｂ　食事をするときは、大声を出さない
Ｃ　ときどき窓を開けて、部屋の空気を入れかえる
Ｄ　マスクの代わりにフェイスシールド（顔の前につける透明なプラスチック板）をつける

(12)　本文を読んで、正しくないと思われるものを、次のＡ～Ｄから１つ選び、記号で答えなさい。

Ａ　新型コロナウイルスを作る材料は、人間の体を作る材料と同じである
Ｂ　新型コロナウイルスは、自分の仲間を作るための設計図をもっている
Ｃ　新型コロナウイルスは、自分の力で分裂《ぶんれつ》して、仲間を増やす
Ｄ　新型コロナウイルスは、スパイクたんぱく質の形が変わると人間の細胞の中に入り込めなくなる

2　以下の問いに答えなさい。

次の**図１**・**図２**はある場所の地層のようすを模式的に表したものです。

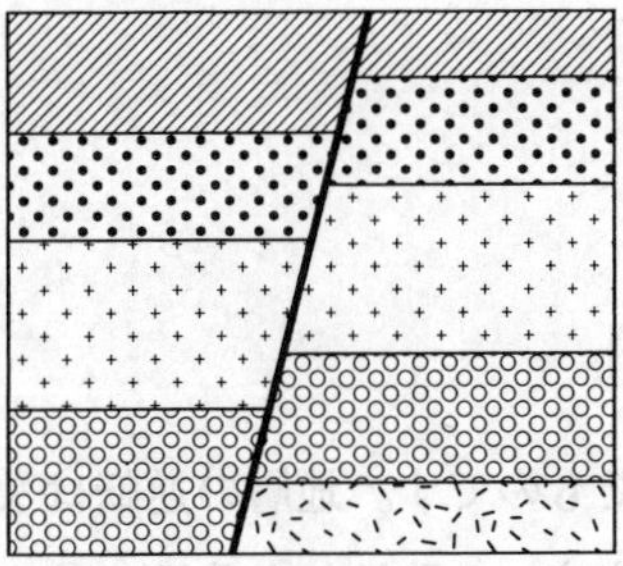

図１

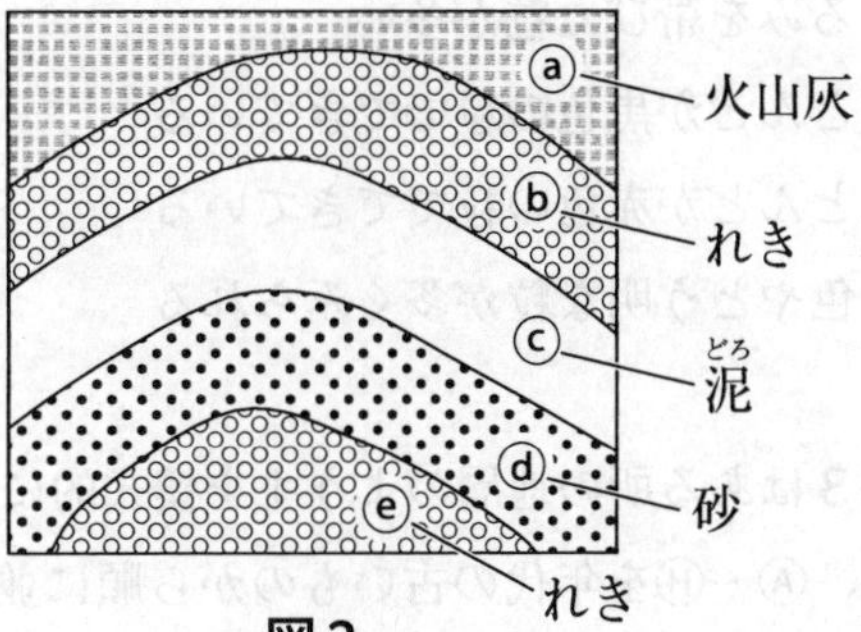

図２

（1）　**図１のように地層がずれている所を何といいますか。**

（2）　**図２のように地層が波打っているようすを何といいますか。**

（3）　**図１・図２のような地層は、図の部分にどのような力がはたらいてできたと考えられますか。適当なものを、次のア～エからそれぞれ１つずつ選び、記号で答えなさい。**

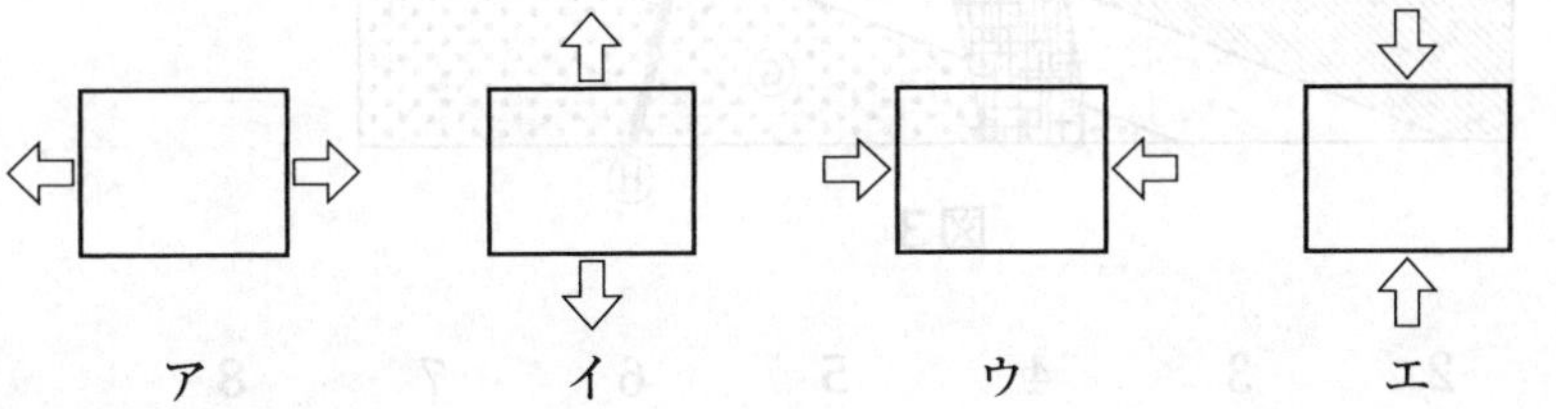

ア　　イ　　ウ　　エ

（4）　**図２のⓒの層は泥《どろ》の細かい粒《つぶ》が固まってできていました。この岩石を何といいますか。**

（5）　**図２のⓓの砂の層にはアサリの化石が含まれていました。ⓓの層がたい積したとき、この場所で生きていたと考えられる生物は次の①～⑥のうちどれですか。もっとも適当なものを１つ選び、番号で答えなさい。**

①　マグロ　　②　アユ　　③　ハマグリ
④　メダカ　　⑤　ヒラメ　　⑥　カメ

（6）　図のⓐ火山灰の層の中にある粒を解剖顕《かいぼうけん》微鏡《びきょう》で見たときのようすとして正しいものを、次のア～オからすべて選び、記号で答えなさい。

ア　角ばった粒が多い
イ　まるみを帯びた粒が多い
ウ　ほとんどが黒色の粒でできている
エ　ほとんどが赤色の粒でできている
オ　白色やとう明な粒が多くみられる

（7）　次の**図３**はある所の地層のようすを模式的に示したものです。地層の逆転はないものとして、Ⓐ～Ⓗを年代の古いものから順に並べたとき、5番目と8番目はⒶ～Ⓗのどれですか。なお、Ⓗは地層のずれを表しています。

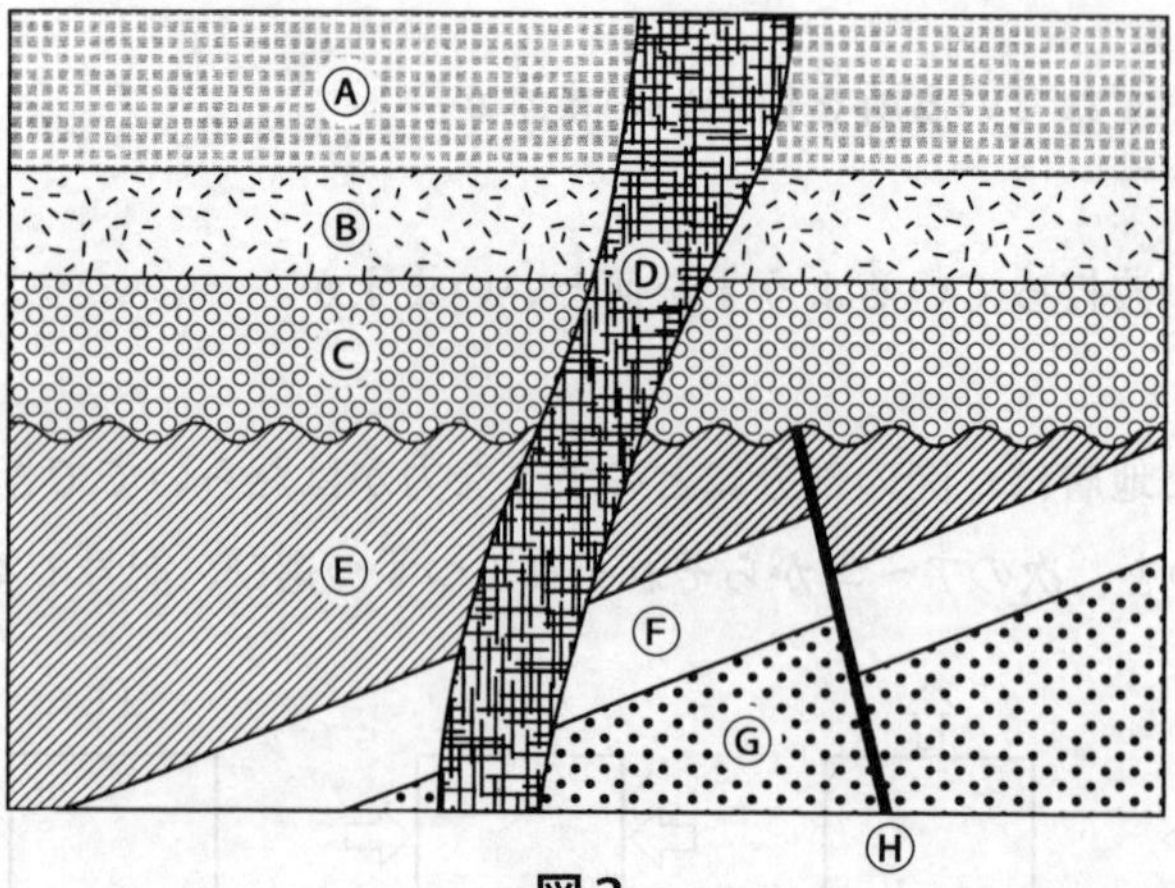

図３

1　　2　　3　　4　　**5**　　6　　7　　**8**

[　] → [　] → [　] → [　] → **[　]** → [　] → [　] → **[　]**

3　以下の問いに答えなさい。

（１）　図１のように20℃の水 $1000\,\mathrm{cm}^3$ を入れた保温性のある容器Bの中に、80℃の水（湯）$50\,\mathrm{cm}^3$ が入ったビーカーAを入れ、両方の水温を測り続けました。その結果を、縦軸《じく》に水温、横軸に時間をとってグラフをかきました。この結果を表しているグラフは次のア～カのどれですか。正しいものを１つ選び、記号で答えなさい。

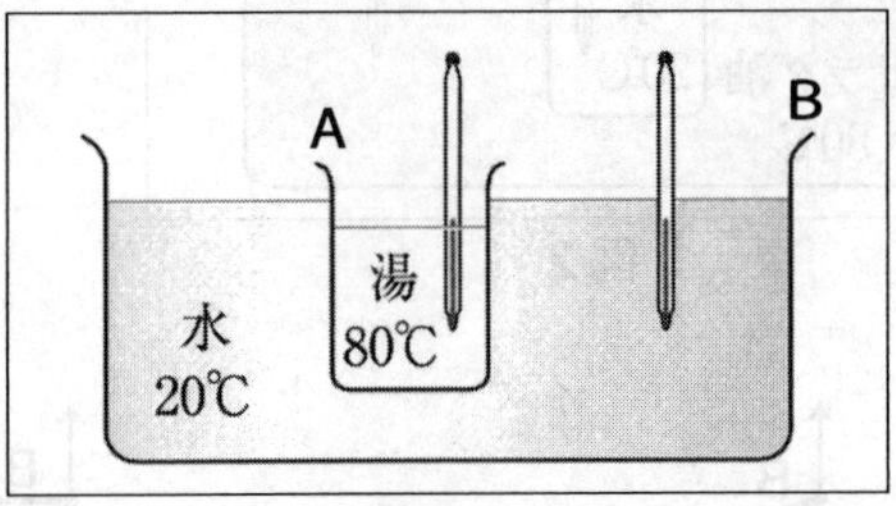

図１

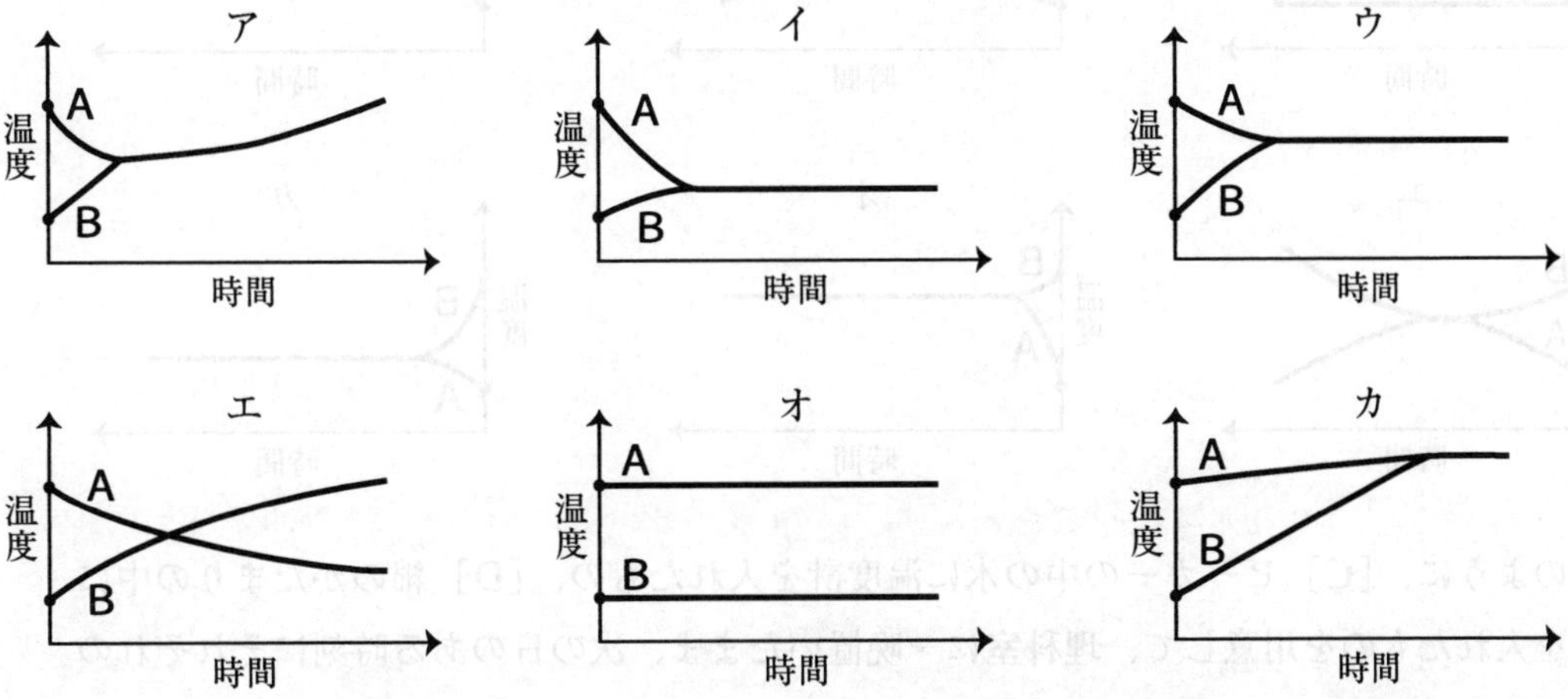

（2） **図１**の実験のビーカー**A**の中を20℃の水50cm^3、容器**B**の中を80℃のサラダ油1000cm^{3}にして、**図１**と同じ実験をしました。（**図２**）このときの温度のようすを表しているグラフは、次のア～カのどれですか。正しいものを１つ選び、記号で答えなさい。

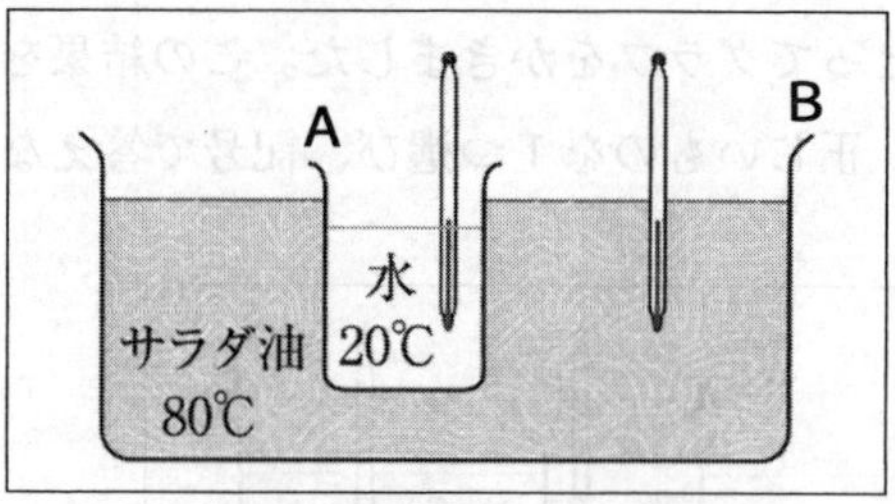

図２

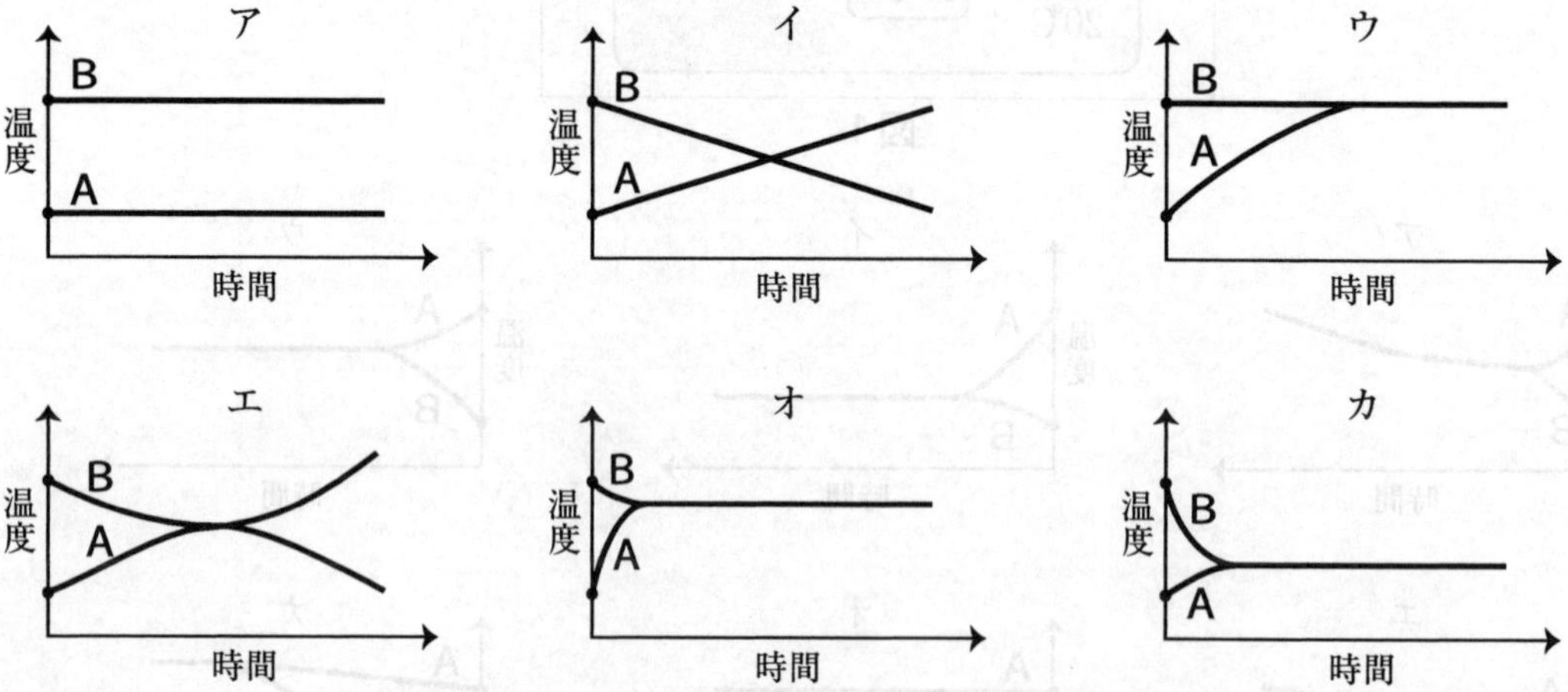

図３のように、［**C**］ビーカーの中の水に温度計を入れたもの、［**D**］綿《わた》のかたまりの中に温度計を入れたものを用意して、理科室に一晩置いたまま、次の日のある時刻にそれぞれの温度を測りました。このとき、理科室の室温は23℃で前日から一定の温度に保たれていました。

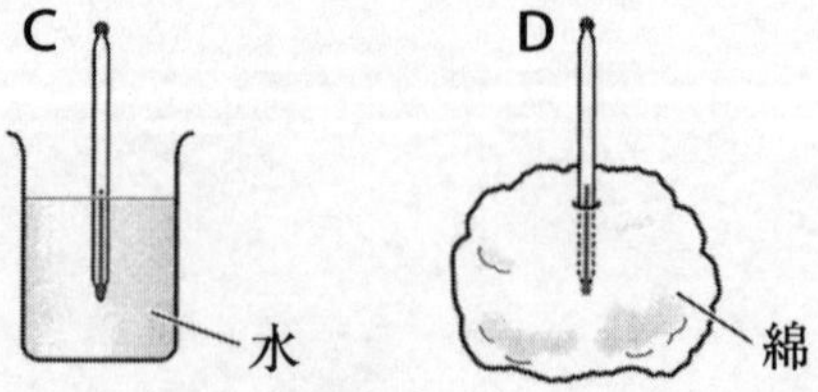

図３

（3） ［**C**］，［**D**］の温度はどのようになっていますか。適切なものを、次のア～ウからそれぞれ１つずつ選び、記号で答えなさい。

ア　23℃より高い　　イ　23℃　　ウ　23℃より低い

図4のように、ガラス管を通したゴム栓《せん》で栓をしたフラスコ**E**，**F**を用意します。**E**には空気が入っていて、ガラス管の途中にインクを少量入れます。**F**にはガラス管の途中まで20℃の水が入っています。この2つのフラスコを80℃の水（湯）の中に入れてインクや水面の位置を観察しました。

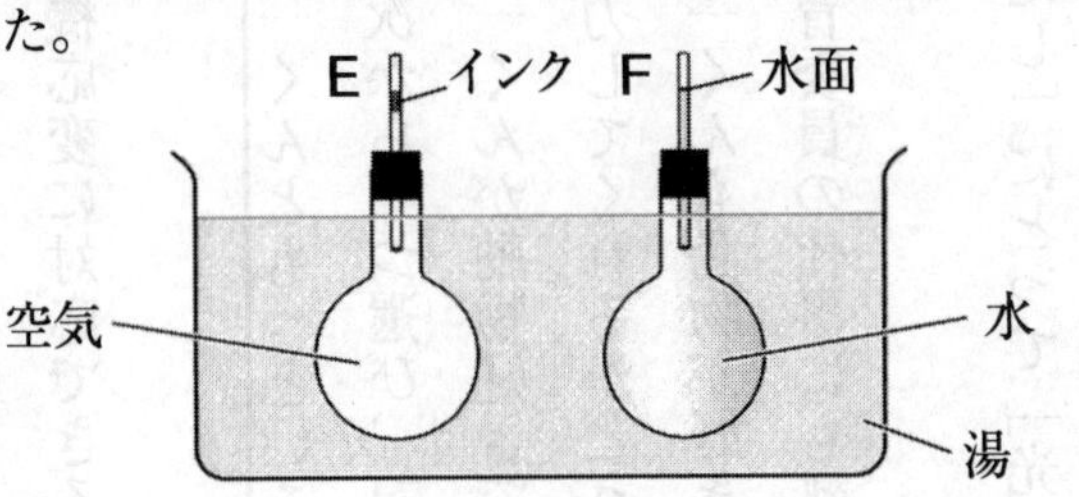

図4

（4）　**E**のインクの位置や**F**の水面の位置は湯に入れる前と比べてどうなりますか。正しいものを、次のア～ウからそれぞれ1つずつ選び、記号で答えなさい。

ア　上がる　　　イ　下がる　　　ウ　変わらない

（5）　この実験で、**E**のインクの位置や**F**の水面の位置の動きとして正しいものを、次のア～ウから1つ選び、記号で答えなさい。

ア　**F**より**E**の方が大きく動く
イ　**E**より**F**の方が大きく動く
ウ　**E**，**F**どちらも同じようすでちがいはない

（6）　**F**の実験装置の原理を利用して作られている器具は次のうちどれですか。正しいものを、次のア～エから1つ選び、記号で答えなさい。

ア　体重計　　　イ　気圧計　　　ウ　棒《ほう》状温度計　　　エ　非接触《せっしょく》型温度計

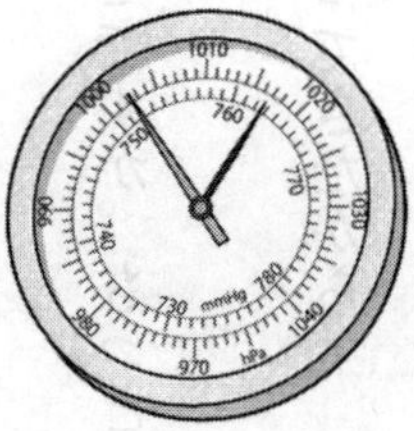

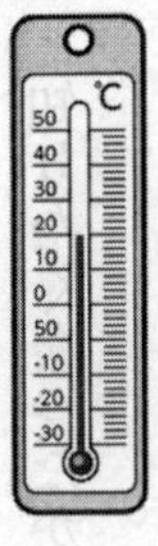

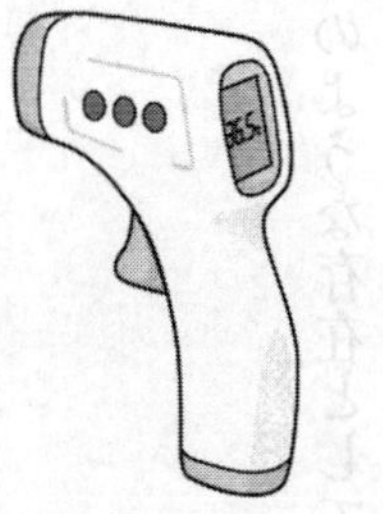

問五 ③何て、おもしろい人だろう。何て、ヘンテコで愉快な人だろう と感じたときの「わたし」の気持ちとして、もっとも適当なものを次から一つ選び、記号で答えなさい。

ア わたしの言葉に対して、光一くんの会話がちぐはぐであきれている気持ち。
イ 鶏の声もあいまって、光一くんの風変わりな言動に感心している気持ち。
ウ 他の友だちにはない光一くんの面白い発想を尊敬する気持ち。
エ 臨機応変に対応できる光一くんの会話のテンポに心地よく思う気持ち。

問六 ④光一くんともっといろんな話がしたかった とありますが、「話がしたかった」のはなぜですか。もっとも適当なものを次から一つ選び、記号で答えなさい。

ア 光一くんが動物好きで、話をしていると心地よく、飼育委員の仕事がどんどん楽しくなってきたから。
イ 協力してくれるかどうか不安だった気持ちが消えて、飼育委員の仕事を二人で相談したかったから。
ウ 光一くんも動物が好きだということがわかり、ほかの動物の話を光一くんから聞いてみたくなったから。
エ 飼育委員の仕事にも熱心で、様々な新しい面を発見するにつれて光一くんのことをもっと知りたくなったから。

問七 「わたし」にとって「光一くん」の存在が大きくなっていることがわかる比喩《ひゆ》表現をひとつづきの二文で探し、最初の十字をぬき出しなさい。

問八 〰〰部ア・イ・ウの表現は、「わたし」のどのような気持ちを表していますか。

問九 ⑤光一くんは～目を凝らした とありますが、ここから「わたし」が「光一くん」をどのような存在として感じているとわかりますか。四十字以内で答えなさい。

問一　――部Ａ～Ｄのカタカナは漢字に、漢字はひらがなに直しなさい。

問二　①がっかりした　について、次の各問いに答えなさい。

(1)「がっかりした」と同じ意味の言葉が［Ｘ］に入ります。もっとも適当なものを次から一つ選び、記号で答えなさい。

ア　後悔　　イ　落胆《らくたん》　　ウ　悲惨《ひさん》　　エ　感嘆《かんたん》　　オ　狼狽《ろうばい》

(2)「がっかりした」理由を四十字以内で答えなさい。

問三　［Ｙ］・［Ｚ］にあてはまる言葉の組み合わせとして、もっとも適当なものを次から一つ選び、記号で答えなさい。

ア　Ｙ　憎たらしい　　Ｚ　冷たい

イ　Ｙ　不器用な　　Ｚ　のんびりとした

ウ　Ｙ　付き合い難い　　Ｚ　可愛げのない

エ　Ｙ　気が利かない　　Ｚ　さっぱりとした

問四　②大声で否定していた　とありますが、それはなぜですか。もっとも適当なものを次から一つ選び、記号で答えなさい。

ア　今までに言われたことのない性格の一面を指摘されて驚いたから。

イ　ひそかに思っていた自分の性格を言いあてられて戸惑ったから。

ウ　のんびりしている光一くんからまさかの鋭い指摘をうけて意外だったから。

エ　あまりにもかけ離れた自分の性格を指摘されて腹立たしかったから。

消えてしまったコースケに話しかける。

目の奥《おく》が熱くなった。

わたしはわたしがコースケをとても好きだったんだと気がついた。

いなくなって、やっと気がついた。

コースケが好きだったんだ。

紅色の鶏冠を揺《ゆ》らして堂々と歩く姿も、年をとって元気のなかったクックに寄り添《そ》っていた優しさも、止まり木に掴《つか》まり損《そこ》ねてしょっちゅう落っこちていたお馬鹿な格好も、好きだった。

コースケ。

額を金網に押し付けて、泣いた。跡がはっきりと残るだろう。みっともない顔になるだろう。

かまいはしない。

泣くより他に何もできない。

「円藤……」

背後で名前を呼ばれた。

振り向かなかった。

振り向かなくても、光一くんが立っているとわかった。

⑤光一くんは、わたしの横に来て、わたしと同じように金網に指をかけた。そして、同じように目を凝《こ》らした。一生懸命《いっしょうけんめい》に捜《さが》せば、どこからかコースケが現れると信じているみたいに、見詰《みつ》めていた。

光一くんが何も言わないのがありがたかった。

わたしは黙《だま》って、立っていた。

光一くんも黙って、立っていた。

（『短編少年』所収　あさのあつこ「下野原光一くんについて」より）

「うん、おれが飼育委員になったって言ったら、いいなぁってすごく羨《うらや》ましがってた」

「何て、名前」

「あかり。平仮名であ、か、り」

「かわいい名前だね」

光一くんが動物を好きなこと、四つ違《ちが》いのあかりちゃんをかわいがっていることを、わたしは知った。

飼育小屋の中で、わたしと光一くんはぼそぼそと、会話を交わした。その度に、わたしは光一くんのことを知っていく。わたしの中に光一くんが溜《た》まってくる。積み重なってくる。

わたしは今でも、小学校の飼育小屋を鮮明《せんめい》に思い出すことができる。緑色の円錐形《えんすいけい》の屋根を、亀《かめ》の甲羅《こうら》Dモヨウみたいな金網《かなあみ》の目を、ウサギやニワトリの糞の臭いを、コースケの紅色の鶏冠《とさか》を、ウサギたちの白い前歯を、光を浴びて輝《かがや》いていたペットボトルの水を、ちゃんと思い出すことができるのだ。

コースケたち三羽のニワトリは、わたしたちが六年生になって間もなく、死んだ。新たに飼育委員になった五年生が、戸の鍵《かぎ》を閉め忘れてしまったのだ。戸を開けて、野良猫か野良犬か、あるいは裏山から狐《きつね》が小屋に忍《しの》び込んだらしい。

ニワトリたちは無残に殺された。（中略）わたしがニワトリ小屋に駆《か》け付けたとき、小屋には何もいなかった。血の跡《あと》と白い羽毛が地面に散っているだけだった。光一くんの作った水飲み場は壊《こわ》れ、ペットボトルが斜《なな》めに傾《かし》いでいた。

ア何もいなかった。

イからっぽだった。

「コースケ」

金網に指をかけて、呼んでみる。

糞の臭いはまだ残っているのに、コースケたちはいない。

ウ消えてしまった。

「コッコとクックを守ろうとして、戦ったんだよね」

ら、ニワトリがかわいいって思えるようになった」

わたしは嬉《うれ》しかった。三羽の白色レグホーンのことをかわいいと言ってくれる人が傍《そば》にいることが嬉しかった。

④光一くんともっといろんな話がしたかった。でも、何をどう話したらいいのか見当がつかない。軽やかに、適当におしゃべりする技術をわたしは、ほとんど持ち合わせていなかった。

自分が歯痒《はがゆ》い。痛いほど歯痒い。

「円藤も、動物好きだよな」

光一くんが顔を上げ、額の汗を拭う。わたしは、じゃんけんで負けて飼育委員を押し付けられただけ……とは言えなかった。

「あ、うん。家にも猫と犬がいるし……」

「ほんとに？　猫も犬もいるわけ。すげえな」

「あっ、そんな。どっちも雑種だよ。犬は近所からもらってきたの。猫は二匹とも捨て猫。真っ白とミケ」

「えーっ、猫が二匹もいるんだ。すげえすげえ」

「だから、雑種なんだって」

「雑種でもすげえよ。いいなぁ、猫と犬かぁ」

「ペット、いないの？」

光一くんがうなずく。それから、小さく息を吐《は》き出した。

「妹が喘息《ぜんそく》ぎみなんだ。動物の毛にすごい反応しちゃうから、家ではペット、飼えないんだよな」

「妹、いるんだ」

「うん、いる。一人ね」

「いくつ？」

「今年一年生になった。でも、けっこう、休むこと多いかな」

「そう……、じゃあ飼育委員とかできないね」

何て、ヘンテコで愉快《ゆかい》な人だろう。

知らなかった。

下野原《しものはら》光一くんて、こんな人だったんだ。

笑いながら、わたしの心は、ほわりと軽くも温かくなって行く。

心地よかった。

光一くんは、飼育委員の仕事を怠《なま》けなかった。いいかげんに済ますことも手を抜くこともしなかった。むしろ、わたしより熱心に取り組んでいた。

夏休みには、ちゃんと当番表をこしらえて、友だちや先生にも協力してもらって、毎日、登校しなくていいように工夫した。ニワトリ小屋に新しい餌場や水飲み場も作った（プラスチックの桶《おけ》とペットボトルを組み合わせた簡単なものだったけれど、とてもりっぱに見えた）。学校近くの農家を回って、野菜の屑《くず》を分けてもらい餌に混ぜたりもした。野菜屑とはいえ新鮮《しんせん》で、ニワトリもウサギも餌箱に入れたとたん、Cムチュウでついばみ、かぶりついた。

光一くんが自分から飼育委員に立候補したと聞いたのは、水飲み場を作っている最中だった。

ずっとやりたかったんだと光一くんは言った。

「五年生になったら、絶対立候補するって決めてたんだ」

飼育委員は五年生だけの役目だ。五年生しか、なれない。

「飼育委員の仕事……好きなの」

ペットボトルを光一くんに渡《わた》す。光一くんは、それを針金で作った輪っかに差し込み、水の出方を調べる。うなじを幾筋《いくすじ》も汗《あせ》が伝っていた。

「動物、好きなんだ。犬でも猫でもウサギでも」

「ニワトリも？」

「あ……ニワトリのことは、あんまり考えてなかった。でも、コースケやコッコやクックはかわいい。飼育委員になってかウサギの糞の臭《にお》いが鼻孔《びこう》に広がって、咳《せ》き込《こ》む。

ごほっ、ごほごほ。

「円藤、だいじょうぶか？」

「うん……だいじょうぶ。ちょっと……びっくりしただけ」

「びっくりするようなこと、言ったっけ？」

「言ったよ」

わたしは臭いにむせて、また、咳いていた。

光一くんが片手でわたしの背中を叩《たた》く。これにも、驚いた。もう五年生だ。男子と女子の距離《きょり》が何となく開いていく時期だった。距離の取り方をみんな、手探りしている時期だった。

こんなにあっさりと背中を叩いてくれるなんて、叩けるなんて不思議だ。

「何を言ったかなぁ」

背中を叩きながら、光一くんが呟《つぶや》く。妙《みょう》にのんびりしたB口調だった。光一くんに合わせるように、隣《となり》のニワトリ小屋で雄鶏《おんどり》のコースケがのんびりと鳴いた。

コケー、コケーッコー。

おかしい。

おかしくてたまらない。

噴《ふ》き出してしまった。笑いが止まらない。

「えー、今度は笑うわけかぁ。どうしたらいいんだろうなぁ」

光一くんの一言に、わたしはさらに笑いを誘《さそ》われる。

おかしい、おかしい。ほんと、おかしい。

③何て、おもしろい人だろう。

を無視できるほど、わたしは図太くはなかった。優しいわけではない。『わたしのせいで殺してしまった』なんて思いを引き摺《ず》りたくないのだ。図太くないうえに、誰《だれ》かに上手に責任転嫁《てんか》できるほど器用でもなかったのだ。

不器用で、生真面目で、融通《ゆうずう》がきかない。

[Y]人だ、[Z]子だと言われていた。でも、しょうがない。これが、わたしだ。

不器用でも、生真面目でも、融通がきかなくても、わたしはわたしを生きるしかない。

わたしは、開き直ったように、でもどこか頑《かたく》なに十一歳《さい》を生きていた。今でもまだ、そういうところはあるけれど、思い込みの強い性質《たち》なのだ。

光一くんに会って、変わった。

光一くんが変えてくれた。

「円藤《えんどう》って、飄々《ひょうひょう》としてるね」

ウサギ小屋の掃除をしながら光一くんに言われたことがある。飄々の意味がわからなかった。

糞《ふん》を掃《は》き集めていた手を止め、わたしは振《ふ》り向く。光一くんがわたしを見上げていた。

目が合った。

柔《やわ》らかな淡《あわ》い眸《ひとみ》だ。

光一くんと目を合わせたのは、このときが初めてだった。

「飄々って？」

わたしが尋《たず》ねる。光一くんが首を傾《かし》げる。

「うーん。大らかってことかなぁ。あんまり、ごちゃごちゃこだわらない、みたいな……感じかな」

「そんなことないよ」

②大声で否定していた。

自分で自分の声に驚《おどろ》いてしまった。

二　次の文章を読んで、あとの問いに答えなさい。

五年生の一年間、一緒《いっしょ》に飼育委員をやった。

小学校で飼っているウサギとニワトリの世話をするのだ。

ウサギは三羽、ニワトリも三羽いた。

飼育委員は毎年、なり手のない役だ。

毎日水替え餌《えさ》やり、飼育小屋の掃除《そうじ》の仕事があるし、連休や夏休みといった長期の休みでも毎日のように、登校しなければならないからだ。

わたしは、じゃんけんで負けて飼育委員を押《お》し付けられた。生き物は好きで、家にも猫《ねこ》二匹《ひき》と犬が一匹いるから世話自体はそんなに苦痛ではなかったけれど、これで、お休みが潰《つぶ》れちゃうなと考えると少し憂鬱《ゆううつ》な気分にはなった。

五年生は二クラスしかなくて、飼育委員は各クラス一名ずつ。

わたしと光一《こういち》くんだった。

最初、①がっかりした。

X なんて言葉をまだ知らなかったけれど、本当に身体の力が抜《ぬ》けるような気がした。

飼育委員で、しかも相手が男の子なんて、最低、最悪だ。動物の世話を真面目にしてくれる男子なんているわけがない、と、わたしは思い込《こ》んでいたのだ。

光一くんも、じゃんけんかくじ引きで無理やり押し付けられた口だろう。きっと、すごくいいかげんで、無責任で、途《と》中《ちゅう》で仕事を放棄《ほうき》することだって十分に考えられる。

覚悟《かくご》しなくちゃ。

わたしは覚悟した。

ウサギもニワトリも、世話をしてやる者がいなければ死んでしまう。殺すわけにはいかない。自分にAアズけられた生命

問六 [Y] には次の四字熟語が入ります。空らんにあてはまる漢字一字をそれぞれ答えなさい。

一□一□

問七 次の文章は文中の[1]～[4]のどの部分に入りますか。数字を答えなさい。

> マスメディアや、世の中の常識は、なにかと言うと、比較しようとします。比較するとは、個別的じゃないということです。ほんとうは、比較できるもの、比較できないものがあるはずです。

問八 ④幸福の原点 とありますが、筆者は冒頭で「幸福とは、人間が人間として生きていることが、充実している状態」と述べています。それを実現させるためにどのようなことが必要ですか。傍線よりあとの言葉を使って、八十字以内で答えなさい。

問九 文章の内容にあてはまるものとして、もっとも適当なものを次から一つ選び、記号で答えなさい。

ア 自分が自身の個性を発揮していることを実感し、その個性を他者からも評価されている状態が幸福である。

イ 幸福とは言葉では定義しにくいものであるからこそ、幸福という言葉に見合う個性を成長させるべきである。

ウ 向き不向きをしっかりと見分け、他者からの評価を気にせずに、やり通すことが幸福への最初の一歩である。

エ 幸福をつかむためには挫折《ざせつ》は必ずするべきであって、挫折をしないと隠された力を見出すことはできない。

自分で見つけるしかありません。そのことに責任をとれるのは、自分しかいないからです。

（橋爪大三郎《はしづめだいさぶろう》『ふしぎな社会』より）

＊枯渇…なくなること。

問一 ------部Ａ～Ｄのカタカナは漢字に、漢字はひらがなに直しなさい。

問二 ①抽象的と反対の意味の言葉が Ｘ に入ります。文中から漢字三字でぬき出しなさい。

問三 ②なかなか幸福だと実感できないらしい と筆者が考える理由として、もっとも適当なものを次から一つ選び、記号で答えなさい。

ア 不幸はだれにでも訪れるが、幸福は不幸になった人でないと感じられないものだから。

イ 不幸は明確にイメージできるが、幸福はイメージしにくく、つかみどころがないから。

ウ 不幸はだれにとっても同じようなものであるが、幸福は一人ひとり違うものだから。

エ 不幸は現在進行形で感じるものだが、幸福は過去を振り返らないと気付かないものだから。

問四 文中の Ⅰ 、 Ⅱ にあてはまる語句として、もっとも適当なものをそれぞれ次から一つ選び、記号で答えなさい。

ア または　イ たとえば　ウ だから

エ 次に　オ ところが　カ さらに

問五 ③あやふやな土台とは具体的にどのようなことですか。三十字以内で答えなさい。

でも一度、こういうやり方を始めると、それが一人歩きしてしまう。その結果、教育が成立しなくなります。たとえば学校では、国語があって、算数があって、理科があって、社会があります。国語はなぜありますか。国語は、生きるうえで必要で、そのひとにとって役に立ち、人生を充実させるから教えているのです。ほかの人より五点、いい成績が取れるとか、この漢字が読めなかったから三点減点とか、そういうことで教えているわけではありません。国語そのものに意味があるんです。それは数値化できません。同じことで、算数にも意味があるんです。社会にも理科にも意味があるんです。その中身に触《ふ》れて、それを喜びとすれば、それで必要かつ十分なんです。こういう教育の原点が、忘れられていますね。

教育は、人びとそれぞれの幸せを、支援《しえん》するためにあるのです。

これは、教育を例にして言っているんですけれども、ほかのDリョウイキでも同じだと思います。

どうも見ていると、日本で学校教育を受けると、子どもたちはだんだん元気がなくなって行きます。子どもはひとに依存して生きていますから、小さいあいだは、言われたことをして、あとは遊んでればいいんですけど、それがおとなになっていくと、社会の一員として、これからひとを支えていかなきゃいけない、という段階に来る。ひとをどうやって支え、自分にできることをやって、社会に役立ち、そして社会にも支えられて、自分が個人として生きていく、という自分なりの道をさぐることですね。でもそのころには、学校の価値観につぶされてしまって、そうしたことを前向きに考えるエネルギーが*枯渇《こかつ》してしまっているように思います。

じゃあ、学校を出たあと、どういうふうに社会を支えて、どういうふうに社会に支えられるか。このことを、中学生とか高校生のあいだに、考えておくべきなんです。いちばんストレートには、職業になにを選ぶかですが、職業である必要はない。職業でなくたって、社会を支える。社会のためになる活動は、いっぱいあるのです。自分に向いていて、飽《あ》きずに続けられるものは何か。自分で納得できるものは何か。それを具体的に考えていく。(中略)

社会は一人ひとりのことは考えず、大工さんが何人必要、お医者さんが何人必要、という大まかなところを、人数で決めることができるだけです。そこに、意味や価値を見いだしていくのは、一人ひとりであって、それこそ個別の問題です。その、意味や価値を見出《みいだ》す方法は、ほかのひとから習うことができません。親も教えてくれません。先生も教えてくれません。

しばらく前までは、いまがんばっていれば、一〇年後にはもうちょっとよくなるかもとか、希望があったんですけど、社会が停滞《ていたい》してくると、そういう希望を持ちにくくなりました。（中略）

これはグローバル化や、経済の動向にも関連がありますから、［Y］にどうこうなるものでもないし、これから先、さらに厳しくなっていくかもわかりません。こういう状況に個人の力で立ち向かおうと思っても、それはむずかしいことです。

もっとも、社会の流れに右に倣《なら》えをして、自分もそういう考え方に巻き込まれているので、一番大事な自分の価値や、意味をつかむことができなくて、幸福から遠ざかってしまっているということもあるかもしれません。それなら、自分の生き方をみつめなおすだけで、充実を手に入れる道が開けるかもしれません。［1］

④幸福の原点に戻《もど》りましょう。幸福は、個別的なものです。私の幸福は、私の幸福で、ほかの誰《だれ》かの幸福ではありません。ほかの誰かと比べることができない。比べるべきでもない。それは、私が自分の人生を、どう考えるかということに依存しています。［2］

比較できるもの。モノの値段は、比較をして、これが高い、これが安い、となっています。比較するのは、市場の性質ですから、これは仕方がない。けれども、本来、比較すべきでないものまで比較をしているのが、今の社会です。［3］

典型的なのは、学校の偏差値《へんさち》です。教育は、そのひとの可能性を引き出すものです。そのひとがもともとここまでしかできなかったのが、ここまでできるようになった。そのように能力を向上させて、価値を生み出すものです。そのひとの能力がいちばん伸《の》びていく学校が、いちばんいい学校です。

Aさんにとってのいい学校と、Bさんにとってのいい学校は、同じ学校ではありません。Aさんがその学校で、充実した時間を過ごせて、幸福だと思うかどうかということと、Bさんがその学校でどう思うかということは、別のことです。

［Ⅱ］、今、やっているやり方は、学校を工場の生産ラインみたいに考えています。いっせいに授業を始めて、いっせいに授業を終わって、この範囲《はんい》をよく勉強しておきなさい。いっせいに試験をして、細かな違いを数値にします。それをもとに進学先を指導したりしているわけですね。これは教育にとって、必要でもないし、十分でもない。どうでもいいことをやっているのです。［4］

ある仕事で、充実するという状態になるかどうか、よくわかりません。充実するというのは、本人がやっていて、やりがいがあること。嬉しいこと。向いていること。楽しいこと。それをまわりの人びとがみて、うん、彼はなかなかよくやっている、彼女はなかなかよくやっている、と評価を与える。報酬《ほうしゅう》を与え、ちゃんと待遇する。この両方がそなわっているときに、それはいい状態なわけです。

さて、どれぐらいの人びとを、どういう活動に割り当てて、社会でそれを承認し、支えましょう、というふうになるかというと、これは状況次第なんですね。（中略）

いま、自動車の運転手という仕事があって、たぶん何百万人という人びとが日本中で、トラックやタクシーに乗って働いています。これは、どの車も人間が運転しないといけないから、そうなっているのです。けれどもかりに、無人運転の技術が実用化すると、そのとたんに、日本中の運転手の人びとは失業してしまいます。どんなに運転に向いていて、好きで、やりたいと思っても、それを職業にするのはむずかしくなってしまいます。

仕事というのは、社会を支えるBユウエキな活動であって、ほかの人びとが必要なことをやって、自分も向いていると思って、収入も得られて、家族も支えられる。つまり、生活の基本です。その生活の基本である仕事は、幸福そのものではないけど、幸福の重要な土台になります。けれども、その土台が、こんなにあやふやで、けっこう頼りないものなのです。

どのような活動が、どれだけ社会に必要とされているのかは、時代によって違います。学校の先生、公務員。会社の営業マン。それからエンジニアとか、自動車整備の人とか、とてもたくさんの職業がありますが、これらも大なり小なり、③あやふやな土台のうえに成り立ってるわけです。

最近の傾向《けいこう》は、製造業が、みな、海外に出て行ってしまって、日本が空洞《くうどう》化し、非正規雇用《こよう》のアルバイトみたいな職種ばかりになってしまって、給料が安いことです。Cジュクレンできないし、昇進《しょうしん》するとか、正社員に登用されるとかが、とてもむずかしい。生活もギリギリで、社会の評価も得られにくい仕事が増えています。これは、人びとの幸福感や充実感を、むしばむ原因になっています。

　もう少し踏《ふ》み込《こ》んで考えてみたいので、幸福について、こう考えたらどうかという、提案をいくつかしてみましょう。

　まず、人間は、一人ひとり違《ちが》うのですね。生まれついての性質も違えば、生まれた場所や、時代や、状況《じょうきょう》も違います。一人ひとり名前がついていて、個性的で、個別的で、同じ人間は世の中に一人としていないのです。兄弟だって、違う。双子《ふたご》だって、違う。同級生だって、違う。似ているところがいくらあっても、必ず違う。

　そうすると、あの人の幸せと、この人の幸せが同じかというと、[X]な幸せのあり方は、きっとかなり違うはずです。ビールに枝豆があれば幸せだと感じるひともいるし、そうでもないひともいます。人間にはいろんな向き不向きもあるし、好き嫌《きら》いもあるし、個別的なのです。

[I]イチロー選手が、親の命令で、柔道《じゅうどう》をやらされたとします。野球がやりたかったのに。野球をやって、イチロー選手は世界有数の名選手となり、評価され、本人も活躍《かつやく》して、野球選手になってよかったなと思ってるだろうと思うんです。いろいろ大変だろうけれども、それでも、野球選手をやることは意味があると。でも、柔道の選手になったらどうでしょう。もちまえの運動神経と人一倍の努力で、ある程度のところまで行ったかもしれないけれど、世界一の柔道選手になったかどうか、疑問です。そして、本人が充実した柔道人生を送ったかどうか、もっと疑問です。

　適性があると思える分野に、自分の選択《せんたく》で進んで、努力するかわりに、適性がなさそうな分野にしかたなく向かわされて、それを一生やらなきゃいけないなんて、あんまり嬉《うれ》しくないですね。

　さて、イチロー選手の場合、結果論かもしれないですけれど、野球選手になって大変よかった。野球をやっていれば、幸せですね。じゃあ、イチロー選手じゃない、ほかのひとは何をやればよいのか。

　これが、なかなか難しいです。どうして難しいかって言うと、うまくいって、うまくやれるかどうかは、やってみないとわからないからです。それから、それなりにうまくやれたとしても、社会が必要としている人数には限りがあるから、それを仕事にできるかどうか、よくわからないからです。

　以下しばらく、仕事に話を限って、考えてみましょう。

二〇二二年度 かえつ有明中学校

【国　語】〈二月一日午前試験〉（五〇分）〈満点：一〇〇点〉

（句読点、記号は字数に数えなさい。また、本文中には、問題作成のために省略や表現を変えたところがあります。）

一　次の文章を読んで、あとの問いに答えなさい。

幸福とは、人間が人間として生きていることが、充実している状態ですね。生きる目的と言ってもいい。

幸福であってほしいと、親が子どもに願います。夫が妻に、妻が夫に願います。幸福となることを期待します。社会全体に責任を持っている政治家は、人びとの幸福を実現しようとはかるでしょう。

幸福というのは、しかし、つかみどころがありません。ある人が言いました、不幸は［　X　］で、個別的なんだけれど、幸福は、①抽象的《ちゅうしょうてき》で、これが幸福だと言いにくい、みたいなことを。

幸福の反対は、不幸です。たとえば、病気。たとえば、貧乏《びんぼう》。それから、一家離散《りさん》とか、敵にやっつけられるとか、不名《ふめい》誉《よ》とか、恥辱《ちじょく》とか、いろいろな打撃《だげき》に打ちのめされて、とても幸福とは言えないという状態をイメージすることができます。けれども、幸福のほうは、A強いて言うと、不幸じゃないということになって、日々、幸せを実感していますなんていう人に、あんまり会ったことがありません。

でも、大部分の人びとは、それなりには幸福なんですね。

不幸になった人がよく言います、「不幸になってみてはじめて、幸福のありがたみがわかった」「ふり返ってみると、あのころは幸せだったなあ」幸福の真っ最中には、②なかなか幸福だと実感できないらしいのです。（中略）

2022年度

かえつ有明中学校 ▶解説と解答

算 数 ＜２月１日午前試験＞（50分）＜満点：100点＞

解 答

1 (1) 1 (2) $5\frac{2}{5}$ (3) 128 (4) 0.00001 (5) $\frac{3}{4}$ **2** (1) 9 (2) 36人 (3) 30ｇ (4) 40日間 (5) $\frac{1}{6}$倍 **3** (1) 分速72m (2) 1.2km (3) 8時37分30秒 **4** (1) 3600cm^3 (2) 21 (3) 4.9 **5** (1) 7通り (2) 9通り **6** (1) 216度 (2) 198.72cm^2

解 説

1 四則計算，単位の計算，逆算

(1) $35-(7\times8-39)\times2=35-(56-39)\times2=35-17\times2=35-34=1$

(2) $9\frac{3}{5}\times\left(1\frac{3}{4}-1\frac{1}{2}\right)\times\left\{\left(2-\frac{3}{4}\right)\div\frac{5}{9}\right\}=\frac{48}{5}\times\left(1\frac{3}{4}-1\frac{2}{4}\right)\times\left\{\left(\frac{8}{4}-\frac{3}{4}\right)\times\frac{9}{5}\right\}=\frac{48}{5}\times\frac{1}{4}\times\left(\frac{5}{4}\times\frac{9}{5}\right)=\frac{12}{5}\times\frac{9}{4}=\frac{27}{5}=5\frac{2}{5}$

(3) $\frac{1}{2}\times64+2.5\times12.8+\frac{1}{8}\times256+0.0625\times512=32+\frac{25}{10}\times\frac{128}{10}+32+\frac{625}{10000}\times512=32+32+32+32=32\times4=128$

(4) $1\,m^3=1\,m\times1\,m\times1\,m=100cm\times100cm\times100cm=1000000cm^3$より，$10cm^3$は，$10\div1000000=0.00001(m^3)$である。

(5) $1\frac{5}{6}-\left(2\frac{1}{3}+\square-1\right)\times\frac{4}{5}=\frac{1}{6}$より，$\left(2\frac{1}{3}+\square-1\right)\times\frac{4}{5}=1\frac{5}{6}-\frac{1}{6}=1\frac{4}{6}=1\frac{2}{3}$，$2\frac{1}{3}+\square-1=1\frac{2}{3}\div\frac{4}{5}=\frac{5}{3}\times\frac{5}{4}=\frac{25}{12}$，$2\frac{1}{3}+\square=\frac{25}{12}+1=2\frac{1}{12}+1=3\frac{1}{12}$ よって，$\square=3\frac{1}{12}-2\frac{1}{3}=2\frac{13}{12}-2\frac{4}{12}=\frac{9}{12}=\frac{3}{4}$

2 周期算，集まり，濃度《のうど》，仕事算，体積

(1) 一の位の数だけを計算すると，１個かけたときの一の位は$\underline{7}$，２個かけたときの一の位は，$7\times7=4\underline{9}$，３個かけたときの一の位は，$9\times7=6\underline{3}$，４個かけたときの一の位は，$3\times7=2\underline{1}$，５個かけたときの一の位は，$1\times7=\underline{7}$，…となる。よって，７を何個かかけたときの一の位は，{7，9，3，1}の４個がくり返されることになる。したがって，７を2022個かけたときの一の位の数は，$2022\div4=505$あまり２より，２個かけたときと同じ９とわかる。

(2) 右の図１より，どちらかを使っている人数はクラス全体の，$\frac{1}{4}+\frac{1}{3}=\frac{7}{12}$よりも５人少ない。これに，どちらも使っていない20人を加えた人数は，クラス全体の$\frac{7}{12}$よりも，$20-5=15$(人)多くなる。つまり，クラス全体の$\frac{7}{12}$よりも15人多い人数がクラス全体の人数と等しいから，クラス全体の，$1-\frac{7}{12}=\frac{5}{12}$が15人にあたる。よって，クラス全体の人数は，$15\div\frac{5}{12}=36$(人)と求められる。

図１

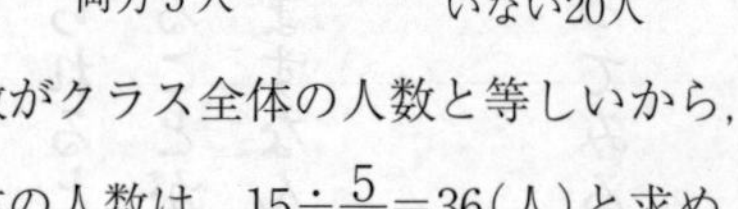

(3)　(食塩の重さ)＝(食塩水の重さ)×(濃度)より，８％の食塩水200ｇにふくまれる食塩の重さは，200×0.08＝16(ｇ)なので，水の重さは，200－16＝184(ｇ)である。この食塩水に水230ｇと食塩を加えて10％の食塩水をつくるから，水の重さは，184＋230＝414(ｇ)となり，これが混ぜてできる食塩水の重さの，１－0.1＝0.9にあたる。よって，できる食塩水の重さは，414÷0.9＝460(ｇ)と求められるので，加える食塩の重さは，460－200－230＝30(ｇ)とわかる。

(4)　この仕事全体の量を１とすると，ＡさんとＢさんの２人で１日に行う仕事量は，$1 \div 20=\frac{1}{20}$，ＢさんとＣさんの２人で１日に行う仕事量は，$1 \div 24=\frac{1}{24}$，ＡさんとＢさんとＣさんの３人で１日に行う仕事量は，$1 \div 15=\frac{1}{15}$である。よって，Ｂさん１人で１日に行う仕事量は，$\frac{1}{20}+\frac{1}{24}-\frac{1}{15}=\frac{1}{40}$だから，この仕事をＢさん１人で行うときにかかる日数は，$1 \div \frac{1}{40}=40$(日間)と求められる。

(5)　右の図２のように，立方体の一辺の長さを１とすると，この立方体の体積は，１×１×１＝１になる。また，正八面体は，対角線の長さが１の正方形を底面とし，高さが，$1 \div 2=\frac{1}{2}$である四角すいを２つ合わせた形だから，正八面体の体積は，$1 \times 1 \div 2 \times \frac{1}{2} \times \frac{1}{3} \times 2=\frac{1}{6}$とわかる。よって，正八面体の体積は立方体の体積の，$\frac{1}{6} \div 1=\frac{1}{6}$(倍)となる。

図２

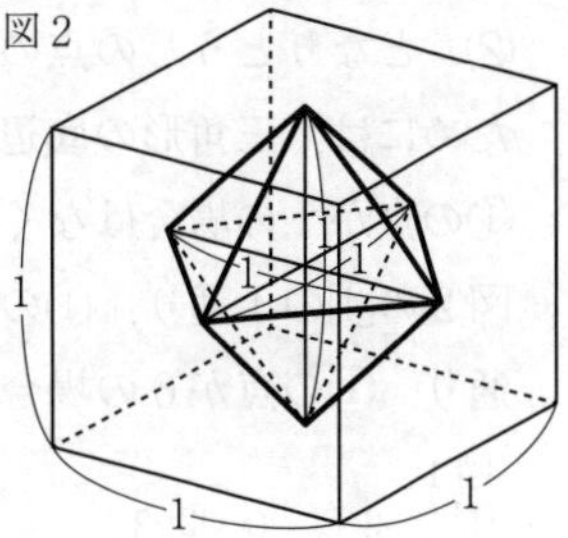

3　グラフ―速さ

(1)　右の図より，太郎さんは，８時50分－８時＝50分で，3.6km＝3600ｍを進んだから，太郎さんの速さは分速，3600÷50＝72(ｍ)である。

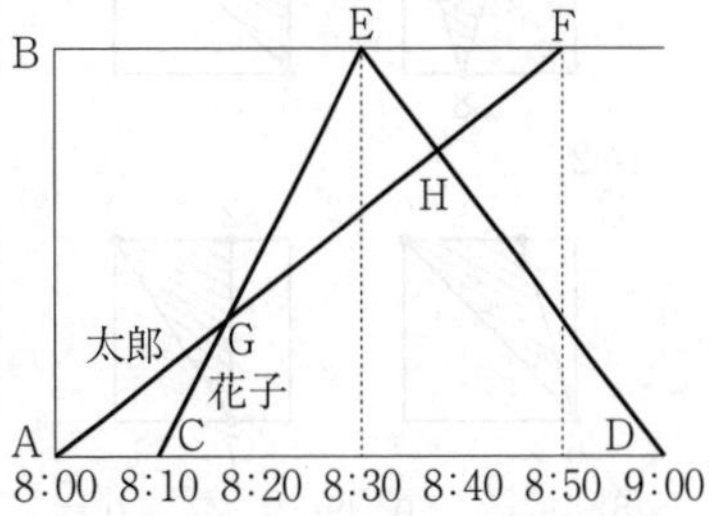

(2)　図で，三角形ACGと三角形FEGは相似なので，AG：GF＝AC：FE＝(８時10分－８時)：(８時50分－８時30分)＝１：２となり，Ａ地点から花子さんが太郎さんを追いこした地点までの距離《きょり》と，花子さんが太郎さんを追いこした地点からＢ地点までの距離の比も１：２とわかる。よって，求める地点はＡ地点から，$3.6 \times \frac{1}{1+2}=1.2$(km)のところである。

(3)　図で，三角形ADHと三角形FEHは相似なので，AH：HF＝AD：FE＝(９時－８時)：(８時50分－８時30分)＝３：１になる。よって，太郎さんが出発してから，引き返してくる花子さんに出会うまでの時間は，$50 \times \frac{3}{3+1}=37\frac{1}{2}$(分)，$60 \times \frac{1}{2}=30$(秒)より，37分30秒とわかる。したがって，求める時刻は，８時37分30秒である。

4　グラフ―水の深さと体積

(1)　この水そうの容積は，30×40×30＝36000(cm^3)である。問題文中のグラフより，この水そうを満水にするのに10分かかったから，１分間に入れる水の量は，36000÷10＝3600(cm^3)である。

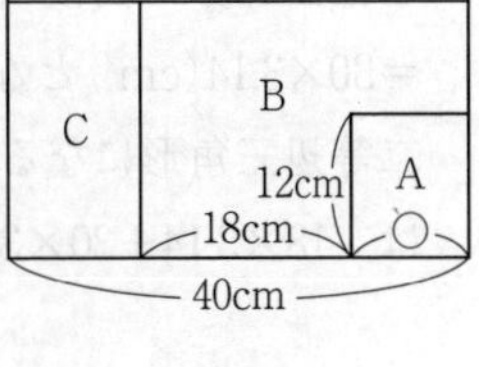

(2)　グラフより，右の図のＡ，Ｂ，Ｃの部分に水を入れるのに７分かかったとわかるので，その水の体積は，3600×７＝25200(cm^3)になる。よって，アに入る数は，25200÷(30×40)＝21(cm)となる。

⑶　グラフより，図のＡの部分に水を入れるのに１分かかったので，その水の体積は，3600×１＝3600(cm^3)となり，図の○の長さは，3600÷(30×12)＝10(cm)とわかる。よって，ＡとＢの部分に入れた水の体積は，30×(18＋10)×21＝17640(cm^3)だから，イに入る数は，17640÷3600＝4.9(分)と求められる。

5　場合の数

⑴　①の点が１の場合，②の点は２～７なので，二等辺三角形となることはない。①の点が２の場合，②の点は３～８なので，下の図１の①の１通りある。①の点が３の場合，②の点は４～９なので，図１の②，③の２通りある。①の点が４の場合，②の点は５～10なので，図１の④，⑤の２通りある。①の点が５の場合，②の点は６～11なので，図１の⑥の１通りある。①の点が６の場合，②の点は７～11と０なので，図１の⑦の１通りある。以上より，全部で７通りある。

⑵　となりどうしの点の間の長さを１とすると，できた三角形の面積が，正方形の面積の$\frac{1}{3}$となるためには，三角形の底辺が２で，高さが３になるか，底辺が３で，高さが２になればよい。よって，①の点が１の場合はなく，①の点が２の場合，下の図２の①，②，③の３通り，①の点が３の場合，図２の④の１通り，①の点が４の場合，図２の⑤，⑥の２通り，①の点が５の場合，図２の⑦の１通り，①の点が６の場合，図２の⑧，⑨の２通りだから，全部で９通りある。

図１
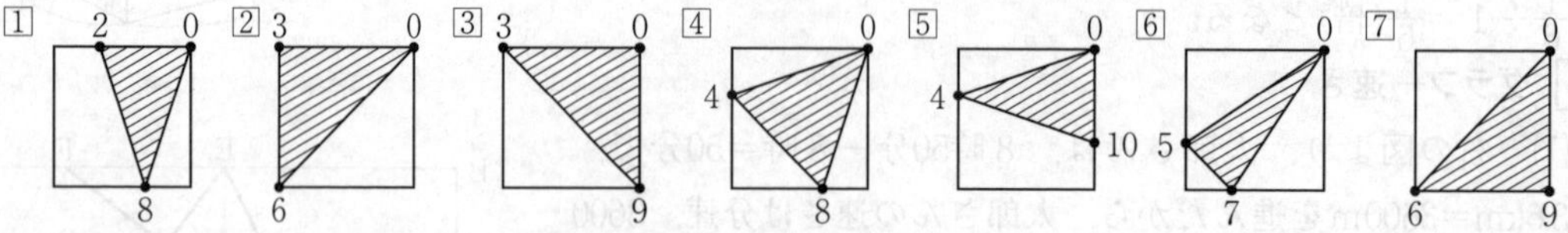

図２
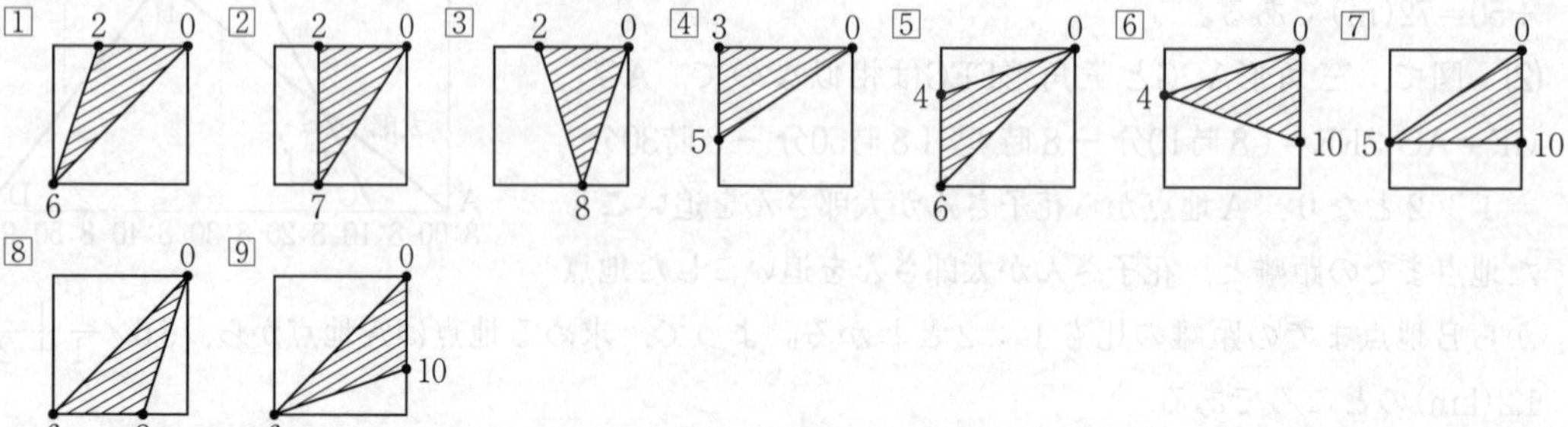

6　立体図形―角度，表面積

⑴　側面のおうぎ形の中心角を□度とすると，おうぎ形の弧《こ》の長さと底面の円の円周は等しいので，$10\times 2\times 3.14\times\frac{□}{360}=6\times 2\times 3.14$という式で表すことができる。よって，$\frac{□}{360}=(6\times 2\times 3.14)\div(10\times 2\times 3.14)=6\div 10=\frac{3}{5}$より，$□=360\times\frac{3}{5}=216$(度)である。

⑵　底面積は，$6\times 6\times 3.14\times\frac{1}{2}=18\times 3.14$($cm^2$)である。また，円すいを２等分したときに，側面の曲面部分の面積は，(母線)×(底面の円の半径)×3.14×$\frac{1}{2}$で求められるから，$10\times 6\times 3.14\times\frac{1}{2}=30\times 3.14$($cm^2$)となる。さらに，切り口は，底辺の長さが，６×２＝12(cm)で，高さが８cmの二等辺三角形になるので，その面積は，12×８÷２＝48(cm^2)である。よって，この立体の表面積は，18×3.14＋30×3.14＋48＝198.72(cm^2)と求められる。

社　会　＜２月１日午前試験＞（25分）＜満点：50点＞

解　答

1 問１　ア　問２　エ　問３　ア　問４　(1)　ウ　(2)　ウ　問５　(1)　エ　(2)　エ　問６　(1)　エ　(2)　Ａ　(例)　たくさん　Ｂ　(例)　はやく　問７　イ　問８　(1)　180　(2)　エ　**2** 問１　エ　問２　古墳　問３　遣隋使　問４　ア　問５　ウ　問６　ア　問７　ウ　問８　イ　問９　米騒動　問10　空襲　問11　ア　問12　イ　問13　エ

解　説

1 **東京オリンピックを見た感想を題材とした問題**

問１　台湾はその帰属が国際問題となっており，中華人民共和国（中国）は自国の領土と主張しているが，台湾には独自の大統領がいて自治が行われている。日本は，1972年の日中共同声明において中国の立場を尊重するとしたため，台湾を国家とは認めておらず，貿易をはじめとした国際交流は活発に行われているものの，正式な国交は開かれていない。なお，ハワイ諸島はアメリカ合衆国に属している。シリアは西アジア，南スーダンはアフリカにある独立国。

問２　細菌《さいきん》学者であった北里柴三郎《しばさぶろう》は，明治時代の中ごろにドイツへ渡り，研究中に破傷風の血清療法《りょうほう》を発見した。また，政府の命令で香港《ホンコン》におもむいたさいには，ペスト菌を発見した。伝染病研究所・北里研究所・慶應義塾大学医学部などを創設するなど，日本の医学や教育の発展に貢献《こうけん》した功績がたたえられ，2024年に発行予定の新1000円札には北里柴三郎の肖像《しょうぞう》が採用される。なお，与謝野晶子《よさのあきこ》は明治～昭和時代の歌人・詩人。津田梅子は，女子英学塾（現在の津田塾大学）を創設するなどした教育家で，新5000円札に肖像が採用される。渋沢《しぶさわ》栄一は「日本資本主義の父」とよばれる実業家で，新10000円札に肖像が採用される。

問３　人口密度は，ある面積にどれくらい人が集まっているかを示す尺度のことで，（人口）÷（面積）で求められる。せまい地域に多くの人がいるほど人口密度は高くなるので，面積が４つの都市のうちで２番目に小さい一方で，人口が飛びぬけて多い福岡市は，人口密度が高いとわかる。また，熊本市と相模原《さがみはら》市（神奈川県）を比べた場合，人口がそれほど変わらない割に面積が小さい相模原市のほうが，人口密度が高いと推測できる。残った熊本市と北九州市（福岡県）の人口密度をおよその数で求めると，熊本市は，739000÷390＝1894.8…（人／km^2），北九州市は，940000÷492＝1910.5…（人／km^2）となるので，４つの都市のなかでは熊本市が最も人口密度が低いとわかる。

問４　(1)　ア　ヨーロッパでワクチンを２回接種した人の割合は，40％となっている。　イ　アジアでワクチンを２回接種した人の割合と，北アメリカで１回接種した人の割合はともに11％だが，地域全体の人口が異なるので，人数も異なる。　ウ　ワクチンを２回接種した日本の人の割合は30％で，ワクチンを１回でも接種した世界平均の割合は29％なので，ほぼ割合が同じといえる。よって，正しい。　エ　南アメリカと日本を比べると，ワクチンを２回接種した人の割合は，日本が南アメリカの1.5倍多い。　(2)　総務省の統計によると，2021年８月１日時点の日本の総人口は約１億2530万人で，グラフより，ワクチンを２回接種した人の割合は30％なので，ワクチンを２回接種した人の数は，12530万×0.3＝3759万より，およそ3800万人となる。

問5 ⑴ 高知県の人口は約70万人で，人口10万人あたりの病院数は17.8なのだから，高知県の病院の総数は，17.8×7＝124.6と求められる。同様に計算すると，鹿児島県は240となり，鹿児島県のほうが多いとわかる。なお，表はそれぞれの項目《こうもく》の上位5都道府県と考えられ，ここからア～ウが正しくないと判断できる。 ⑵ 四国の南部に位置する高知県は，太平洋側に高知平野が広がっているものの，県域のおよそ85％が山地となっている。

問6 ⑴ 愛知県の名古屋港は，豊田市(愛知県)を中心に輸送用機械器具の生産がさかんな中京工業地帯の貿易港となっている。そのため，輸出額では自動車や自動車部品が上位を占《し》め，輸出額が全国で最も多い。 ⑵ **A**，**B** 船は飛行機と比べると，重たいものを一度にたくさん運べるが，飛行機ほど速くは移動できない。一方，飛行機は船に比べてスピードが速いが，輸送費がかかる。しかし，ワクチンのような医薬品は小型・軽量だが高価であるため，飛行機で輸送しても採算がとれる。また，医薬品は緊急《きんきゅう》を要することがあるので，飛行機輸送に適しているといえる。

問7 アメリカ合衆国は共和党と民主党の二大政党制の国で，2021年1月，共和党のドナルド・トランプに代わり，民主党のジョー・バイデンが第46代大統領に就任した。

問8 ⑴ 熊本県と鹿児島県を比べて，熊本県は「人口では約12万人多く，大学進学率では約6％多く」なるとある。これを「約360万人も人口が多い北海道」にあてはめると，人口の差は，360÷12＝30(倍)となるので，大学進学率は，6×30＝180より，約180％多いことになる。 ⑵ ア 大学の数を表から読み取ることはできない。 イ 表1より，熊本県は高知県よりも100万人以上人口が多い。 ウ たとえば，北海道よりも人口の少ない京都府のほうが，一人当たりの平均賃金は高いのだから，人口が多いほど平均賃金が高いとはいえない。 エ 大学進学率は高い順に，東京都・京都府・熊本県・北海道・高知県・鹿児島県とならび，一人当たりの平均賃金は高い順に，東京都・京都府・北海道・熊本県・高知県・鹿児島県とならぶので，第1・2・5・6位は一致する。

2 感染症《しょう》の歴史を題材にした問題

問1 厚生労働省は，医療や福祉，社会保障制度，労働環境の整備などの仕事を担当する行政機関で，感染症対策も行っている。

問2 西暦300年ごろは，日本では弥生時代後半から古墳時代前期にあたる。このころになると，近畿地方で古墳とよばれる権力者の墓がつくられるようになった。この時期にはすでに300m近い長さの古墳がつくられており，古墳づくりには数多くの人が動員されたことが推測できる。

問3 聖徳太子(厩戸《うまやど》皇子)は607年，それまでと異なる関係で国交を開き，中国の進んだ技術や文化を学ぶため，小野妹子を遣隋使として隋(中国)に派遣した。

問4 奈良時代には，天平文化とよばれる国際色豊かな仏教文化が栄えた。東大寺の大仏は天平文化を代表する文化財の一つで，743年に聖武天皇が造立《ぞうりゅう》を命じ，752年に完成した。なお，イの法隆寺釈迦三尊像《しゃかさんぞんぞう》とエの広隆寺弥勒菩薩像《みろくぼさつぞう》(半跏思惟《はんかしゆい》像)は飛鳥時代，ウの中尊寺金色堂は平安時代につくられた。

問5 1467年，室町幕府の第8代将軍足利義政のあとつぎ争いに，有力守護大名の細川氏と山名氏の対立などが結びついて，応仁の乱が起こった。1477年まで11年続いた戦乱で，主戦場となった京都の大半は焼け野原となり，幕府の権力がおとろえて戦国時代に入るきっかけとなった。なお，保元の乱は1156年，壬申《じんしん》の乱は672年，承久《じょうきゅう》の乱は1221年のできごと。

問６　1858年，江戸幕府は欧米５か国と修好通商条約（安政の５か国条約）を結び，函館（北海道）・横浜・神戸（兵庫県）・新潟・長崎を開港地として貿易を始めることにした。よって，1862年の時点で「外国船がたびたび入港する」場所として，長崎があてはまる。なお，堺は大阪府，博多は福岡県，下関は山口県にある。

問７　外国人を追いはらおうという考え方を攘夷《じょうい》（思想）といい，外国との貿易が始まって国内が混乱した江戸時代末期に大きく広がった。攘夷思想は，天皇を尊ぶという尊王思想と結びつき，倒幕運動へと発展していった。

問８　グラフには年代別の死亡者が表されていないので，高齢者の死亡率が高いかどうかを読み取ることはできない。

問９　1918年に入ると，シベリア出兵を見こした米商人らが米の買い占めや売りおしみを行ったため，米の価格が急上昇《じょうしょう》して国民の生活はいっそう苦しくなった。同年８月，富山県の漁村の主婦らが米屋に押しかけて米の安売りなどを求める行動を起こし，この事件が新聞で報道されると，同じような騒《さわ》ぎが全国に広がった。これが米騒動《そうどう》で，政府は軍隊まで出動させてこれをしずめたが，当時の寺内正毅《まさたけ》内閣はこの責任をとる形で総辞職した。

問10　1944年にサイパン島の日本軍守備隊が全滅《ぜんめつ》すると，この島を拠点《きょてん》としたアメリカ軍による本土空襲《くうしゅう》が激化した。空襲では，大都市や軍事関連施設のある都市がおもな標的とされ，1945年３月10日に行われた東京大空襲では東京の下町が火の海となった。また，同年８月６日には広島，９日には長崎に原子爆弾が投下され，多くの尊い命が失われた。資料でこれらの都県の数値が特に高くなっているのは，こうしたできごとがあったためである。

問11　社会権には，生存権や教育を受ける権利，勤労の権利などがあてはまる。年金は，生存権を保障するために整備されている社会保障制度に関係している。なお，イは平等権，ウは自由権，エは参政権にあてはまる。

問12　ハンセン病はらい菌による感染症で，感染力が弱く適切な治療をほどこせば完治する病気だが，かつては誤った考えから患者《かんじゃ》を隔離《かくり》することが政策として行われていた。そのため，患者は差別や偏見といった人権侵害《しんがい》に苦しんできた。

問13　カマラ・ハリスは，バイデン政権のもとでアメリカ合衆国初の女性の副大統領に就任した。なお，テリーザ・メイは元イギリス首相，アンゲラ・メルケルは元ドイツ首相。ヒラリー・クリントンは元アメリカ合衆国大統領の夫人で，大統領選に立候補したこともある。

理　科　＜２月１日午前試験＞（25分）＜満点：50点＞

解　答

1　(1)　C　(2)　D　(3)　B　(4)　B　(5)　D　(6)　A　(7)　B，D　(8)　A　(9)　A　(10)　D　(11)　C　(12)　C　**2**　(1)　断層　(2)　しゅう曲　(3)　図１…ア　図２…ウ　(4)　でい岩　(5)　③　(6)　ア，オ　(7)　**5**　Ⓒ　**8**　Ⓓ　**3**　(1)　イ　(2)　オ　(3)　**C**　イ　**D**　イ　(4)　**E**　ア　**F**　ア　(5)　ア　(6)　ウ

解　説

1　コロナウイルスについての問題

(1)　肺には，体内に酸素を取り込《こ》むはたらきがある。肺の細胞《さいぼう》に新型コロナウイルスが入り込んで肺の細胞がこわされると，酸素を体に送ることができなくなる。

(2)　アルコールには，たんぱく質の形を変えるはたらきがあるので，たんぱく質でできた手につくと，皮膚《ひふ》をいためてしまうおそれがある。しかし，アルコールは蒸発するのが非常にはやく，手に触《ふ》れている時間が短いため，影響《えいきょう》が小さい。

(3)　新型コロナウイルスの感染《かんせん》を防ぐためには，換気《かんき》の悪い「密閉」空間，人が多数集まる「密集」場所，間近で会話や発声をする「密接」場面を避《さ》けることが重要である。

(4)　たんぱく質は胃で出される消化液や小腸のかべにある消化こう素によって分解され，最終的にアミノ酸として，小腸で体内に吸収される。

(5)　とんかつは豚《ぶた》肉，アジのフライは魚のアジを料理したものなので，どちらも動物性たんぱく質を含《ふく》む。とうふは大豆を加工したもので，植物性たんぱく質が豊富である。ポテトチップスは原料のジャガイモの主成分がでんぷんで，たんぱく質をほとんど含まない。

(6)　牛乳を加熱すると，含まれているたんぱく質の一部が変化して，まわりのしぼうなどとともに白いまくになる。

(7)　化学的方法は薬品などによってたんぱく質の形を変えたり，エンベロープをこわしたりする方法，物理的方法はウイルスを生きた細胞に触れさせない方法と述べられている。よって，ＡとＣは新型コロナウイルスに感染しないようにする化学的方法，ＢとＤは物理的方法にあたる。

(8)　新型コロナウイルスを加熱するとたんぱく質の性質を変えることができると述べられていることから，100℃のお湯に入れると効果があると考えられる。

(9)　流水で手についたウイルスを洗い流すことで，ウイルスが手から口の中に入るのを防ぐことができる。このことは物理的方法といえる。なお，石けんは新型コロナウイルスのエンベロープをこわすことができ，これは化学的方法である。

(10)　アルコールには，たんぱく質の形を変えるはたらきがあるので，液体のアルコールに長時間手が触れているようであれば，皮膚をいためることになる。

(11)　換気の悪い「密閉」空間では，ウイルスが長時間空気中にとどまってしまうので，Ｃのようにこまめに窓を開けて部屋の空気を入れかえる必要がある。なお，Ａは「密集」，ＢとＤは「密接」を避ける行動である。

(12)　新型コロナウイルスは自分の力で自分の仲間を作ることはできないが，人間の細胞の力を借りて，自分の仲間を作ると述べられているので，Ｃが正しくない。

2　地層のでき方や岩石についての問題

(1)　地層に割れめができてずれている所を断層という。

(2)　図２のように，地層が波打っているものをしゅう曲とよぶ。

(3)　図１は，断層面に対して上になる方(図で太線より左側の地層)がずり落ちているので，大きい力で左右に引っぱられてできた正断層である。一方，図２のしゅう曲は，左右から大きい力でゆっくりおされてできたものと考えられる。

(4)　泥《どろ》の細かい粒《つぶ》がおし固められてできた岩石をでい岩という。

(5)　アサリは浅い海に生息しているので，地層ができたとき，周辺は浅い海であったと考えられる。アサリと同じような環境《かんきょう》で生きているものとして，③のハマグリが選べる。このように地層ができた当時の環境を知る手がかりとなる化石を示相化石という。

(6)　火山灰の層の中の粒は，流れる水のはたらきをほとんど受けていないので，角ばったものが多い。また，火山灰に多く含まれるセキエイやチョウセキは白色や無色の鉱物で，マグマからできたものである。

(7)　ふつう，下にある地層ほど古いので，まず，Ⓖ→Ⓕ→Ⓔの順にたい積したあと，Ⓗの断層が生じた。その後，隆起《りゅうき》して地上に出て風雨でけずられ再び海底になると，Ⓒがたい積して不整合面(〰〰の境目)ができ，その上にⒷ→Ⓐの順にたい積した。そして，これまでにたい積した地層をつらぬくように，地下からマグマが吹《ふ》き出してⒹができた。

3　熱の伝わり方についての問題

(1)　湯から水へ熱が移動し，やがて同じ温度になると一定になる。このとき，水は体積が湯の，1000÷50＝20(倍)もあるので，一定になったときの温度ははじめの湯の温度よりも水の温度に近くなる。

(2)　(1)の場合と同じように，サラダ油の熱が水へ移動して，サラダ油の温度が下がるとともに水の温度が上がり，同じ温度になると一定になる。ただし，サラダ油は水よりもあたたまりやすく冷めやすいことから，同じ体積であれば温度変化は水のほぼ２倍となる。ここでは，サラダ油は体積が水の，1000÷50＝20(倍)なので，温度変化は水の，$\frac{1}{20}\times 2=\frac{1}{10}$(倍)になる。よって，一定になったときの温度ははじめの水の温度よりもサラダ油の温度に近い。

(3)　理科室の室温は23℃に保たれているので，一晩置いた水の温度(Ｃの温度)と綿の中の空気の温度(Ｄの温度)は23℃で同じになる。

(4)，(5)　空気や４℃以上の水は，温度が上がると体積が大きくなるが，変化する体積の割合は，水(液体)よりも空気(気体)の方が大きい。よって，Ｆの水面の上がる動きよりもＥのインクの上がる動きの方が大きくなる。

(6)　棒状温度計の中には，赤く着色した液体の灯油などが入っていて，液体の温度が上がると体積も増える原理を利用することで温度を測ることができる。

国語　＜２月１日午前試験＞（50分）＜満点：100点＞

解　答

一　問１　Ａ　し(いて)　Ｂ～Ｄ　下記を参照のこと。　問２　具体的　問３　イ　問４　Ⅰ　イ　Ⅱ　オ　問５　(例)　仕事が社会状況によって必要かどうか変わるということ。　問６　(一)朝(一)夕　問７　２　問８　(例)　一人ひとりが中高生のうちから社会で何ができるか，社会で何が必要とされているのかをさぐり，個人として意味や価値を見出すために前向きに考えようとすること。　問９　ア　二　問１　Ａ，Ｃ，Ｄ　下記を参照のこと。　Ｂ　くちょう　問２　(1)　イ　(2)　(例)　なり手のない飼育委員で，男子が動物の世話を真面目にするはずがないと思ったから。　問３　ウ　問４　ア　問５　イ　問６　エ

問７　わたしの中に光一くん　**問８**　(例)　今までいたコースケたちが突然いなくなったことへの衝撃。　**問９**　(例)　コースケたちの死の悲しみを，言葉にしなくても分かち合うことのできるような存在。

●漢字の書き取り

□一　**問１**　B　有益　C　熟練　D　領域　□三　**問１**　A　預(け)　C　夢中　D　模様

解説

□一　**出典は橋爪大三郎《はしづめだいさぶろう》の『ふしぎな社会』による。**幸福とはどのような状態かということや，幸福に生きるためにはどうすればよいかということなどが述べられている。

問１　A　音読みは「キョウ」「ゴウ」で，「強弱」「強引《ごういん》」などの熟語がある。　B　利益があること。　C　慣れていて上手なこと。　D　ある力や作用がおよび，人やものごとがかかわるはんい。

問２　「抽象的《ちゅうしょうてき》」は，ものごとを個々のことがらでなく大まかにとらえるようす。対義語は，“個々のことがらを表すようす”という意味の「具体的」がぬき出せる。「幸福」は，「つかみどころ」がなく，「これが幸福だと言いにくい」のに対して，「不幸」は「病気」や「貧乏《びんぼう》」など，「具体的」に言い表すことができる。また，「同じ人間は世の中に一人としていない」ので，「具体的」な「幸せのあり方は，きっとかなり違《ちが》うはず」だと考えられる。

問３　前の部分に注目する。「不幸」が，具体的にどういうものか「イメージすることができ」るのに対して，「幸福」は，「つかみどころ」がないので，どういう状態が「幸福」であるか，言い表すことは難しいと述べられているので，イが選べる。

問４　Ⅰ　人間には，「いろんな向き不向き」や「好き嫌《きら》い」があるということを説明するために，イチロー選手のことが例としてあげられている。よって，具体的な例をあげるときに用いる「たとえば」が入る。　Ⅱ　人によって「いい学校」は違うので，Aさんが「その学校」で幸福な時間を過ごせたとしても，Bさんが「その学校」をどう思うかは「別のこと」であるはずだが，「今，やっているやり方は，学校を工場の生産ライン」のように考えているという文脈になる。よって，後に対立することがらを述べるときに用いる「ところが」が入る。

問５　ぼう線③の前の部分に注目する。仕事は「幸福の重要な土台」となるが，どのような仕事が「どれだけ社会に必要とされているのかは，時代によって違」うので，自分に向いている職業につけるかどうかは確かではないことが説明されている。

問６　「生活もギリギリで，社会の評価も得られにくい仕事が増えて」おり，希望が持ちにくくなっているという「最近の傾向《けいこう》」は，「グローバル化や，経済の動向にも関連」があることなので，すぐには「どうこうなるものでもない」という文脈である。よって，“きわめて短い期間”という意味の「一朝一夕」とすると文意が通る。

問７　もどす文の最後の，「比較《ひかく》できるもの，比較できないものがある」という部分に着目して考える。「幸福は，個別的なもの」なので，「ほかの誰《だれ》かと比べることができない」し，「比べるべきでもない」が，「マスメディアや，世の中の常識は，なにかと言うと，比較しようと」する。ただし，「ほんとうは，比較できるもの，比較できないものがあるはず」であり，「比較できるもの」の例としては「モノの値段」がある，とすると意味が通じる。よって，［2］に入れるのが適切である。

問8　筆者は，ぼう線④の直後で「幸福」とは「個別的なもの」であると述べ，最後から二番目の段落では，学校を出た後に「どういうふうに社会を支えて，どういうふうに社会に支えられるか」ということを「中学生とか高校生のあいだに，考えておくべき」だとも述べている。幸福を実現させるには，自分に向いていて，飽《あ》きずに続けられる職業や社会活動は何かということを具体的に考え，そこに「意味や価値を見出《みいだ》す方法」を，自分自身で見つける努力が必要だということができる。

問9　本文中ほどで仕事を例にあげ，「やりがいがある」「嬉《うれ》しい」「向いている」「楽しい」などと感じ，個性を発揮《はっき》できると充実《じゅうじつ》した状態になり，それを見た「まわりの人びと」から，「なかなかよくやっている」と評価されたときに「幸福」を感じることが説明されている。よって，アの内容が合う。

二　出典は集英社文庫編集部編の『短編少年』所収の「下野原光一《しものはらこういち》くんについて」（あさのあつこ作）による。光一くんと飼育委員をやることになった「わたし」は，飼育小屋でいっしょに仕事をして，会話を重ねていくうちに，光一くんの人柄にひかれていく。

問1　**A**　音読みは「ヨ」で，「預金」などの熟語がある。　**B**　話し方の調子。　**C**　ものごとに熱中して，ほかのことを考えない状態になること。　**D**　ものの表面にあらわれた図柄。

問2　⑴　「落胆《らくたん》」は，希望や期待のとおりにならずにがっかりすること。「後悔《こうかい》」は，後になってくやむこと。「悲惨《ひさん》」は，見ていられないほど悲しく痛ましいさま。「感嘆《かんたん》」は，感心してほめること。「狼狽《ろうばい》」は，うろたえてあわてること。　⑵　「わたし」は，仕事が大変で，「なり手のない」飼育委員で，「動物の世話を真面目にしてくれる男子なんているわけがない」と思っていたので，もう一人の飼育委員が光一くんだと知り，がっかりしたのである。

問3　直後に「でも，しょうがない」とあるので，空らんＹも空らんＺも，「わたし」についてのよくない評価がされているものが入ると考えられる。また，「不器用で，生真面目《きまじめ》で，融通《ゆうずう》がきかない」とあることから，他人に合わせることができない性格であると考えられるので，ウが合う。

問4　「わたし」は，人から「不器用で，生真面目で，融通がきかない」と思われているように感じていたため，光一くんの「大らか」「ごちゃごちゃこだわらない」という言葉が意外で，驚《おどろ》いたのである。

問5　光一くんは，「わたし」の性格について思いもよらないことを言い，むせる「わたし」の背中を「男子と女子の距離《きょり》」を感じていないかのように，「あっさりと」叩《たた》いてくれた。また，光一くんの「妙《みょう》にのんびりした口調」に合わせるように，「雄鶏《おんどり》」が「のんびりと鳴いた」こともあり，「わたし」は，ほかの人とはちがう光一くんの言動やようすを，親しみをもって「ヘンテコで愉快《ゆかい》」だと感じている。

問6　前の部分に注目する。光一くんと話しているうちに，「わたし」の心は，「ほわりと軽くも温かくなって」いき，接していて心地よさを感じるようになった。そして，動物好きで，飼育委員の仕事を熱心にこなす光一くんのことを，もっと知りたいと思うようになったのである。

問7　光一くんともっと話がしたいと思うようになった「わたし」は，自分の家で飼っている動物のことを話したり，光一くんから動物好きで四つ違いの妹がいることを聞いたりした。波線部アの少し前にある「わたしの中に光一くんが溜《た》まってくる。積み重なってくる」という表現からは，飼育小屋の中で会話を交わして「わたし」が光一くんについて少しずつ知るようになったことが読み取れる。

問8　「何もいなかった」「からっぽだった」「消えてしまった」は，全て同じ意味であることに着目して考える。ニワトリ小屋の「無残」なようすを見て，かわいがっていたニワトリたちが突然《とつぜん》いなくなったという事実を突《つ》きつけられた「わたし」は，ほかには何も考えられないほどのショックを受けたと考えられる。

問9　「わたし」は，ニワトリたちのいなくなった小屋を見て，「コースケをとても好きだったんだ」と気づき，「額を金網《かなあみ》に押し付けて，泣いた」。光一くんも「どこからかコースケが現れると信じている」ように，無言で小屋を見《み》詰《つ》めていた。「わたし」は，あえて言葉にしなくても，コースケたちが死んでしまった悲しみを，光一くんが共有してくれていると思ったので，黙《だま》ったまま二人で立ちつくしていたのである。

2022年度　かえつ有明中学校

〔電　話〕　03(5564)2161
〔所在地〕　〒135－8711　東京都江東区東雲２—16—１
〔交　通〕　りんかい線「東雲駅」より徒歩８分
地下鉄有楽町線「辰巳駅」より徒歩18分，「豊洲駅」よりバス

【算　数】〈２月１日午後試験〉（50分）〈満点：100点〉

1　次の $\square$ にあてはまる数を求めなさい。

（１）　$12\times\left(48-3.6\div\frac{1}{5}\times 2\right)=\square$

（２）　$\left\{\frac{4}{5}-0.25\div\left(\frac{1}{3}+\frac{1}{4}\right)\right\}\div 1.3-\frac{1}{10}=\square$

（３）　$\{29\times(23-3)-3\times 23\}\div\left(\frac{1}{3}-\frac{1}{23}-\frac{1}{29}\right)=\square$

（４）　$0.4\mathrm{L}+2\mathrm{dL}+150\mathrm{mL}=\square\mathrm{mL}$

（５）　$\frac{3}{5}\times\frac{3}{4}\times\left(\frac{15}{3}-\square\times 5\right)+\frac{1}{4}=\frac{13}{20}$

2　次の問いに答えなさい。

（１）　8で割ると3余り，12で割ると7余り，15で割ると10余る整数のうち，4けたの最も小さい整数は何ですか。

（２）　ある学校の生徒は，男子生徒と女子生徒の人数の比が4：5で，全生徒の$\frac{1}{12}$が自転車で通学をしています。女子生徒の$\frac{1}{15}$が自転車で通学しているとき，男子生徒全体のうち自転車で通学している男子生徒の割合は何ですか。

(3)　容器Aには12％の食塩水が300ｇ，容器Bには8％の食塩水が300ｇ入っています。Aには1分間に10ｇの割合で水を，Bには1分間に10ｇの割合で15％の食塩水を同時に入れていきます。AとBの食塩水の濃度が同じになるのは，水や食塩水を入れ始めて何分後ですか。

(4)　20人が50日かかって仕上げることのできる仕事があります。この仕事を5人増やして行うと，20人のときより何日早く仕上げることができますか。ただし，1人あたりの仕事量はみんなが等しいものとします。

(5)　図のように，平行四辺形ABCDの辺BCを1：2に分ける点をE，ACとDEの交点をFとします。このとき，三角形FECと平行四辺形ABCDの面積の比は何対何ですか。最も簡単な整数の比で答えなさい。

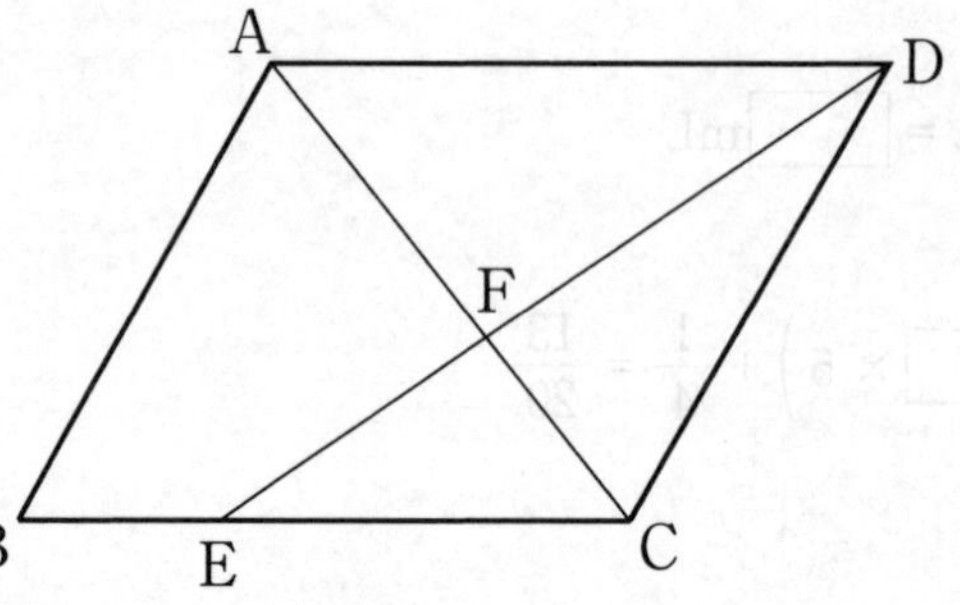

3　2以上の整数Aについて，1以上A以下のすべての整数の積を$A!$と表します。
たとえば，$3! = 3 \times 2 \times 1 = 6$，$4! = 4 \times 3 \times 2 \times 1 = 24$です。

このとき，次の□にあてはまる数を答えなさい。

(1)　$7! \times 72 = \boxed{\text{ア}}!$

(2)　$\dfrac{10 \times 9 \times 8 \times 7 \times 6 \times 5}{6 \times 5 \times 4 \times 3 \times 2 \times 1} = \dfrac{10 \times 9 \times 8 \times 7}{4 \times 3 \times 2 \times 1} = \dfrac{\boxed{\text{イ}}!}{\boxed{\text{ウ}}! \times \boxed{\text{エ}}!}$

(3)　$9 \times 7 \times 5 \times 3 \times 1 = \dfrac{\boxed{\text{オ}}!}{2 \times 2 \times 2 \times 2 \times \boxed{\text{カ}}!}$

4 水そうとその水そうに注ぐ2つのじゃ口があります。じゃ口2つを同時に使った場合には，2つのじゃ口から出る時間あたりの水の量は同じですが，1つのじゃ口から出る時間あたりの水の量は1つのじゃ口のみを使ったときと異なります。じゃ口を1つだけ使うと，水そうが空の状態からいっぱいになるまで120秒かかり，2つのじゃ口を同時に使うと，水そうが空の状態からいっぱいになるまで100秒かかります。このとき，次の問いに答えなさい。

（1） 1つのじゃ口のみを使ったときと，2つのじゃ口を同時に使ったときの，1つのじゃ口から出る時間あたりの水の量の比は何対何ですか。最も簡単な整数の比で答えなさい。

（2） この水そうのちょうど8割の水を90秒で入れるためには，そのうち何秒間2つのじゃ口を同時に使う必要がありますか。

5 次の問いに答えなさい。

（1） 次のア～オのうち，立方体の展開図と**いえないものをすべて**選びなさい。

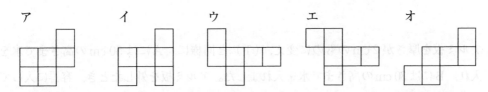

ア　イ　ウ　エ　オ

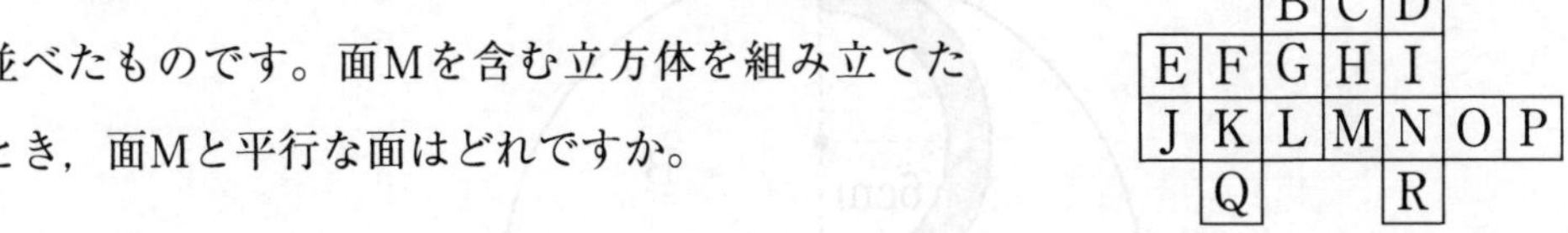

（2） 右の図は，大きさの等しい3個の立方体の展開図を並べたものです。面Mを含む立方体を組み立てたとき，面Mと平行な面はどれですか。

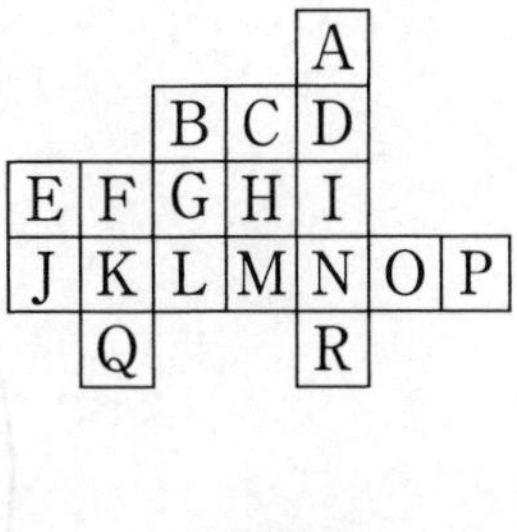

（3） 右の図は，大きさの等しい4個の立方体の展開図を並べたものです。すべての立方体を組み立てたとき，面Bを含む立方体において，面Bと面Iが平行でした。このとき，面Jを含む立方体において，面Jと平行な面はどれですか。

6 下の図のような底面の直径を30 cmとした，高さ60 cmの円柱の容器があります。この容器は，上から見たときに半円をつなぎ合わせた高さ60 cmのアルミ板で仕切られており，仕切られた一方をＡとし，もう片方をＢとします。このとき，次の問いに答えなさい。ただし，円周率は３.14とします。

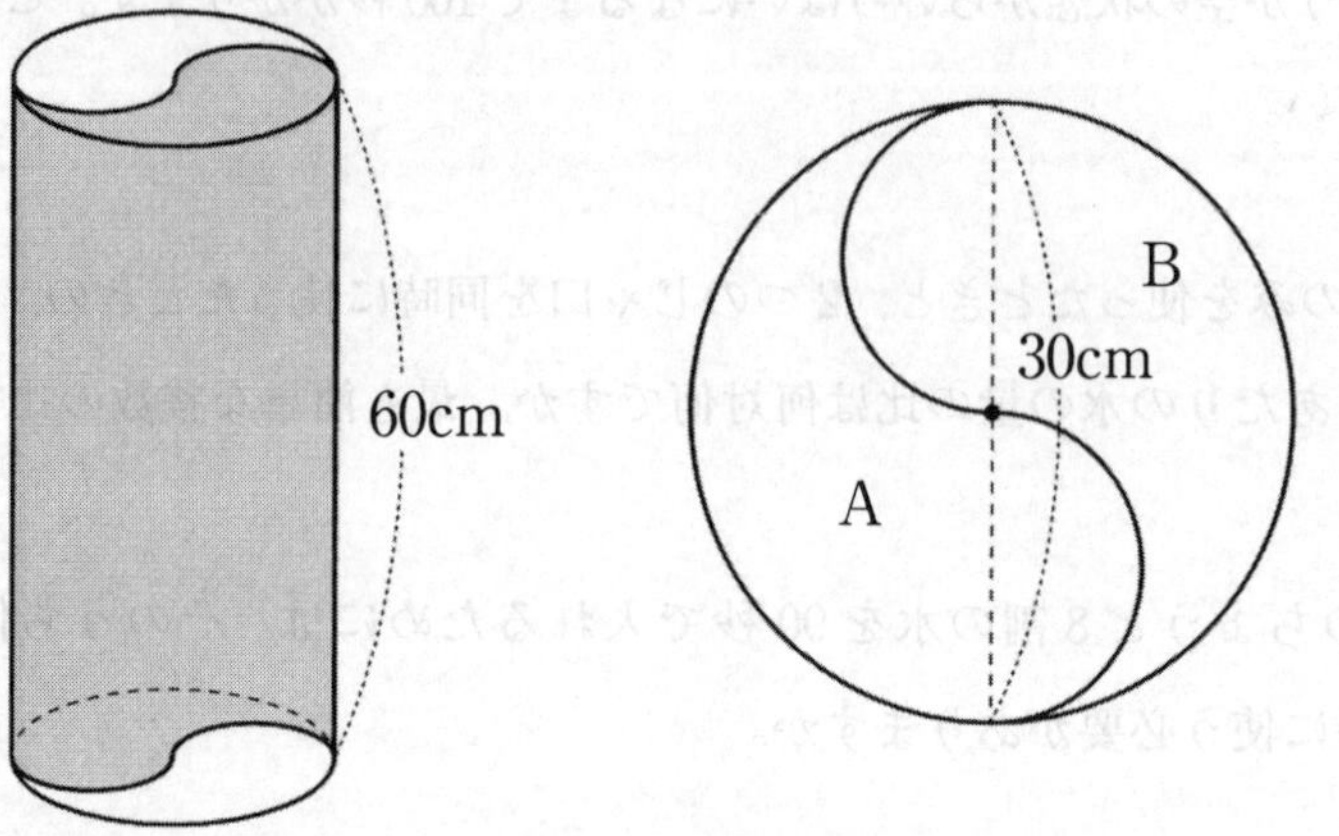

（１） Ａには50 cmの高さまで水を入れ，Ｂには30 cmの高さまで水を入れました。このときに容器に入っている水の体積は何cm^3ですか。ただし，アルミ板の厚さは考えないものとします。

（２） アルミ板を厚さが２cmのものに変え，（１）と同様に，Ａには50 cmの高さまで水を入れ，Ｂには30 cmの高さまで水を入れました。アルミ板を外したとき，容器に入っている水の高さは何cmですか。小数第一位を四捨五入して答えなさい。

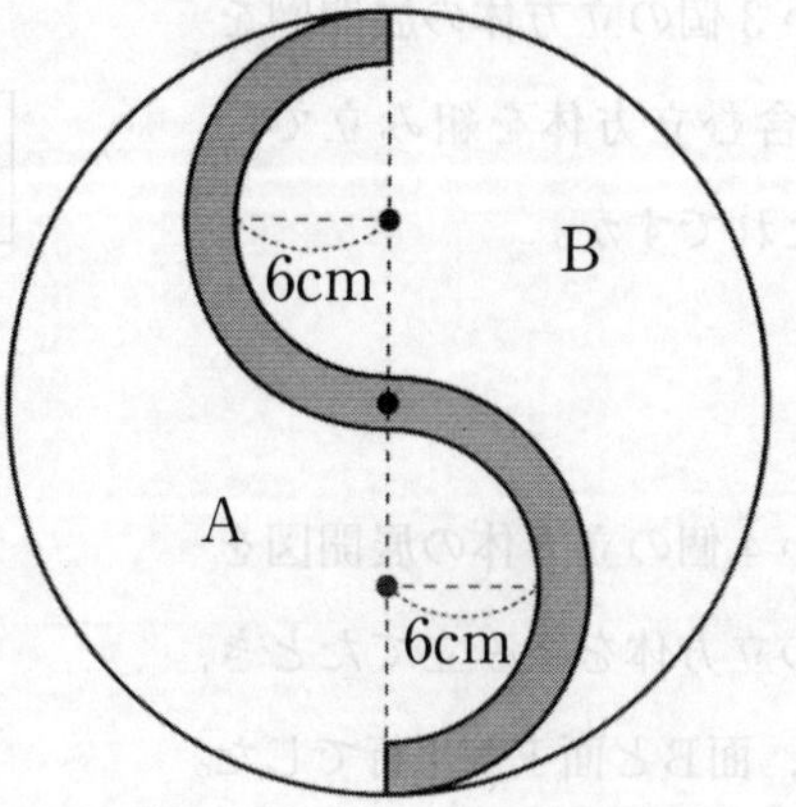

【社　会】〈２月１日午後試験〉（25分）〈満点：50点〉

（人名・地名や社会科で学習する用語は，特に指示のあるものを除いて漢字で答えなさい。）

1　かえつ有明中学校では、「次回、日本でオリンピックを開催するとしたら」という問いを立てての調べ学習が行われていました。次の資料は、その問いから「オリンピック開催に適した都市」についてプレゼンと議論を行ったものです。これらを読んで、あとの問いに答えなさい。

Aさん	私は、北海道札幌市を推薦《すいせん》します。 理由は大きく３つあります。まず、何といっても札幌の①気候です。競技をするのに適した気温で、今回東京オリンピックでも問題になった熱中症の心配も抑《おさ》えられます。実際、今回の東京オリンピックでも、マラソンや競歩は札幌で行われました。２点目は北海道の豊富な農産物です。スポーツ選手にとって大切な食事についても、豊かなものになると思います。最後に、北海道の②大自然は選手たちの心を癒《いや》し、リラックス効果もあると思います。緊張感のある大会の中で、自然に触《ふ》れ、ゆっくりと休息も取れます。 以上の理由から、北海道の札幌市を推薦します。
Bさん	僕は、福島県福島市を推薦します。 今回の東京オリンピック2020には③「復興五輪」というテーマがあったはずでしたが、新型コロナウイルスによる混乱のせいもあり、それが十分にアピールできたか疑問が残りました。そこで、福島をオリンピックの開催都市とすることで、世界にアピールができると思います。もちろん、それだけではなく、福島県の④伝統工芸を楽しんでもらったり、特産物を味わってもらうことも有意義だと思います。さらに、東京電力廃炉《はいろ》資料館に足を運んでもらうことで、原発事故の恐ろしさや⑤電力と私たちの生活について考えてもらうこともできます。 以上のように、単にオリンピックを開催することだけでなく、日本としてのメッセージを世界に伝えることや、歴史を学んでもらうこともできるので、福島県福島市を推薦します。
Cさん	私は、山梨県甲府市を推薦します。 アスリートの人たちが安心安全に競技に臨《のぞ》めることがもっとも大切ですが、アスリートや観覧に来た世界中の人々に日本で開催する価値を感じてもらえるような大会にしたいと思っています。そういった意味で、世界遺産にも登録され、日本の代名詞ともいえる富士山を観覧してもらえることは大きいと思います。実は、富士山が世界遺産に登録されたことの認知度は、日本国内と比較すると海外ではまだ薄《うす》いようです。富士山を世界にアピールできるチャンスです。また、石和《いさわ》温泉や河口湖温泉といった温泉街への⑥アクセスも良好なため、温泉に行って、選手たちの疲れた身体を癒してもらうこともできます。 以上の理由から、山梨県甲府市を推薦します。

【議論】

司会者：それでは、それぞれの人に質問や意見のある方は発言をしてください。

Ａさん：Ｃさんに質問です。甲府市は、⑦盆地のため気温が高いことから、オリンピック開催には適した気候であるとは言えないと思うのですが、どうでしょうか。

Ｃさん：確かに、山梨県は2021年８月４日に最高気温39.7度を記録したほど、気温が高いことで知られています。しかし、湿度は低く、乾燥しています。そのため、じめっとした不快な暑さはありません。私は、Ｂさんに質問したいのですが、「復興五輪」を改めて福島で実施するという意見には、賛同します。一方で、道路整備の問題など課題もあるように感じますが、いかがでしょうか。

Ｂさん：賛同ありがとうございます。福島のインフラについてですが、令和３年度の復興予算は6216億円となっており、令和２年度の１兆4024億円と比較すると大幅に減少していることがわかります。これは、インフラ整備を中心とした「住宅再建・復興まちづくり」という予算が5472億円から540億円に大幅に減少したことなどが理由として挙げられます。これらから、福島のインフラ整備が進んでいることが指摘できます。私はＡさんに聞きたいことがあるのですが、確かに北海道の気候は屋外競技に適していると思いますが、ウォータースポーツには適さないのではないでしょうか。

Ａさん：確かに北海道は海水浴が盛んな地域ではありません。しかし、７月の中旬からお盆にかけては海水浴を楽しむ人も多くいます。⑧パラリンピックではカヌーやボートといった競技しかないため、海水温度の心配をしなくても大丈夫だと考えます。

司会者：みなさん、議論ありがとうございました。いろいろな意見があり、とっても興味深かったです。

問１　下線部①について、次の雨温図は、札幌市・福島市・金沢市・那覇市のいずれかのものです。札幌市の雨温図を、次のア～エより１つ選び、記号で答えなさい。

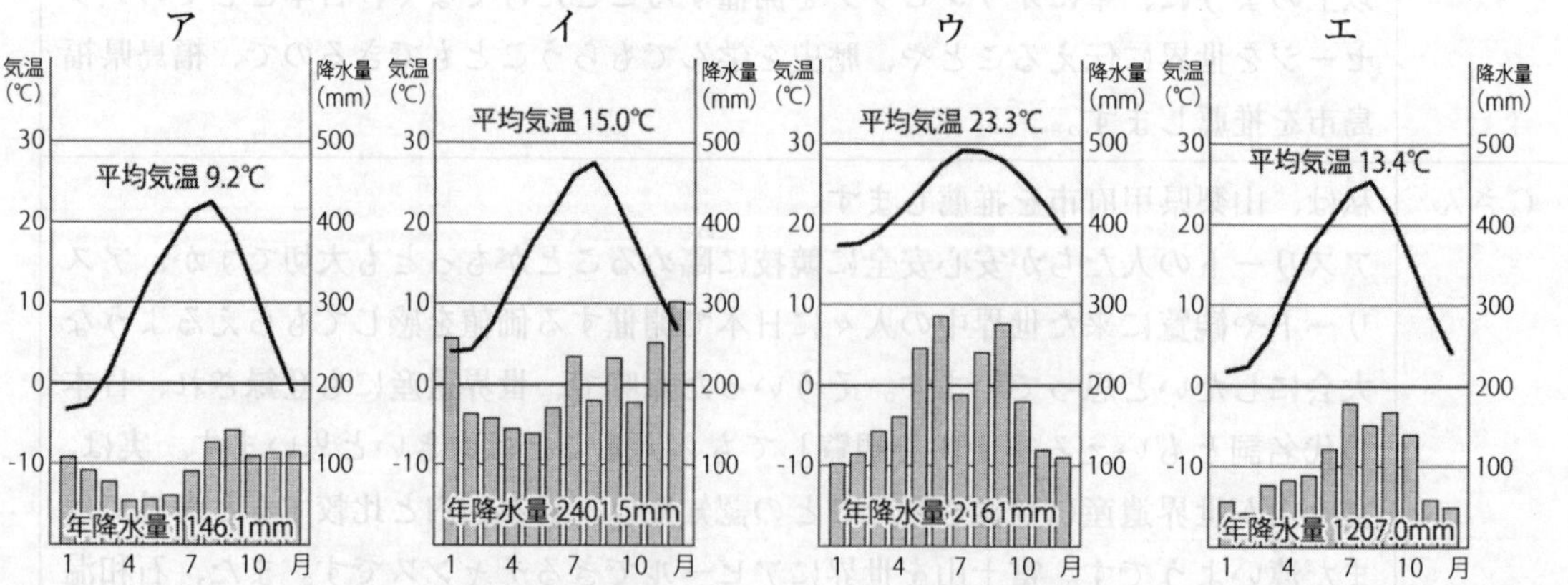

問２　下線部②について、北海道には豊富な魚介類と、それを捕食するヒグマやオジロワシなど、貴重な海・陸の食物連鎖が評価され、2005年に登録された世界自然遺産があります。その名称を漢字２字で答えなさい。

問3　下線部③について、「復興五輪」を進めていた日本の省庁を、次のア～エより１つ選び、記号で答えなさい。

ア　スポーツ庁　　　イ　観光庁　　　ウ　復興庁　　　エ　文化庁

問4　下線部④について、福島県の伝統工芸品として正しいものを、次のア～エより１つ選び、記号で答えなさい。

ア

イ

ウ
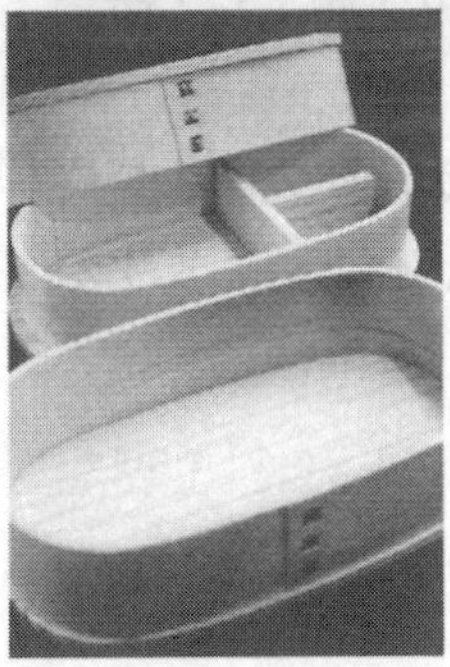

エ

問5　下線部⑤について、次の図１は、2019年度における、「主要国の発電電力量に占める再生可能エネルギー比率の比較」です。これについて、あとの問いに答えなさい。

図１　主要国の発電電力量に占める再生可能エネルギー比率の比較

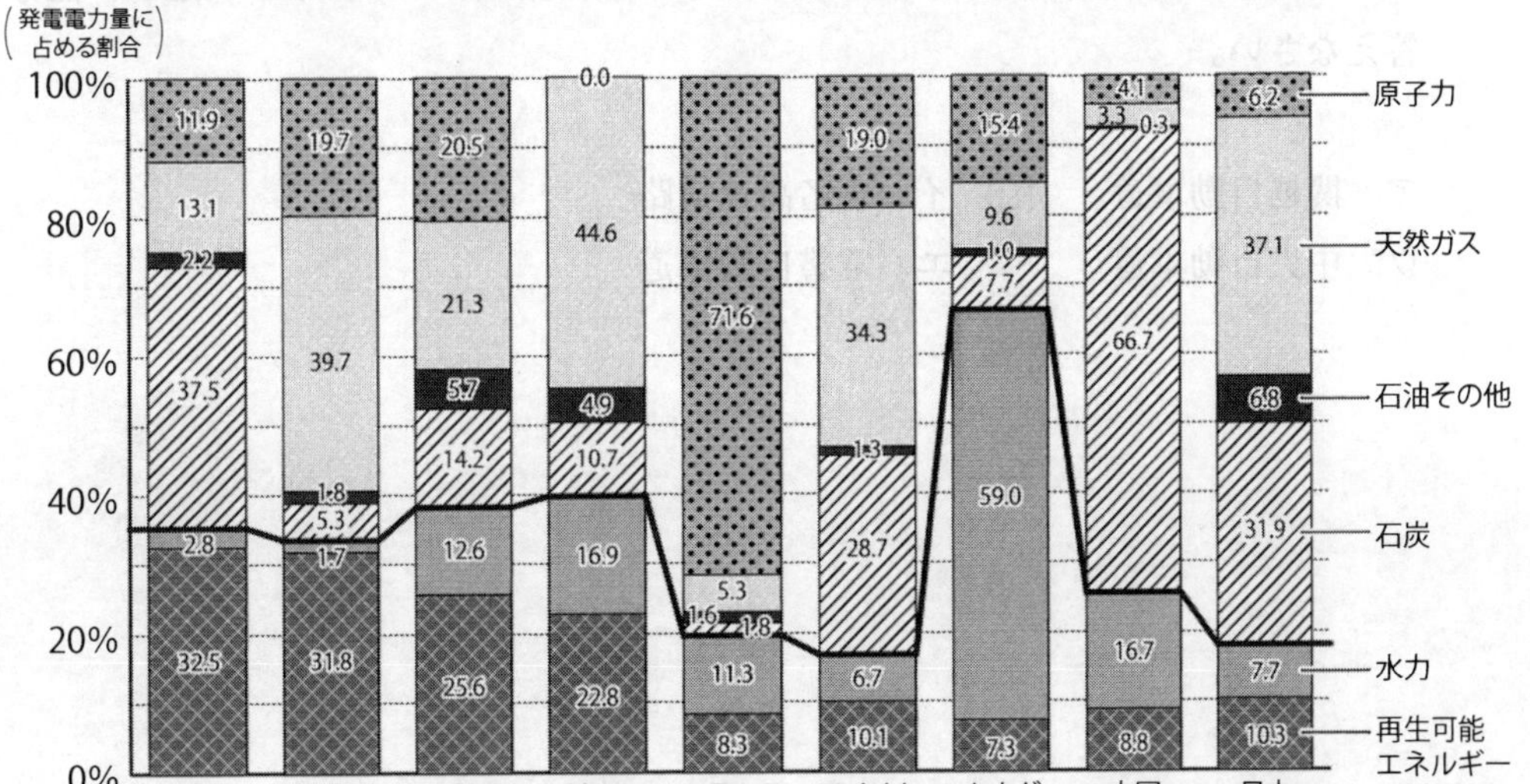

（１）図１について述べた、次のａ～ｃの正誤の組み合わせとして正しいのものを、下のア～カから１つ選び、記号で答えなさい。

ａ　カナダの発電電力量に占める再生可能エネルギー（水力を含む）の割合は中国の石炭の割合とほとんど同じである。
ｂ　発電電力量に占める再生可能エネルギー（水力を除く）の割合がもっとも多いのは、ドイツであり、日本は６番目に多い。
ｃ　表にある再エネ比率とは、グラフの再生可能エネルギー（水力を除く）による発電量の割合と水力発電による発電量の割合を足したものである。

ア　ａ：正　ｂ：正　ｃ：正	イ　ａ：正　ｂ：誤　ｃ：正
ウ　ａ：正　ｂ：正　ｃ：誤	エ　ａ：誤　ｂ：正　ｃ：正
オ　ａ：正　ｂ：誤　ｃ：誤	カ　ａ：誤　ｂ：誤　ｃ：誤

（２）図１の再生可能エネルギー（水力除く）による発電方法のうち、木くずや燃えるゴミなどが燃焼する時の熱を利用して発電する方法を、何といいますか。カタカナ５字で解答用紙にならって書きなさい。

問６　下線部⑥について、あとの問いに答えなさい。

（１）北海道と本州をつないだ鉄道用トンネルの名称を解答用紙にならって漢字２字で書きなさい。

（２）次の高速道路のうち、山梨県を通過するものを、次のア～エより１つ選び、記号で答えなさい。

ア　関越自動車道	イ　東名高速道路
ウ　中央自動車道	エ　常磐自動車道

問７　下線部⑦について、あとの問いに答えなさい。

（１）盆地で形成される次の図のような地形の名称として正しいものを、次のア～エより１つ選び、記号で答えなさい。

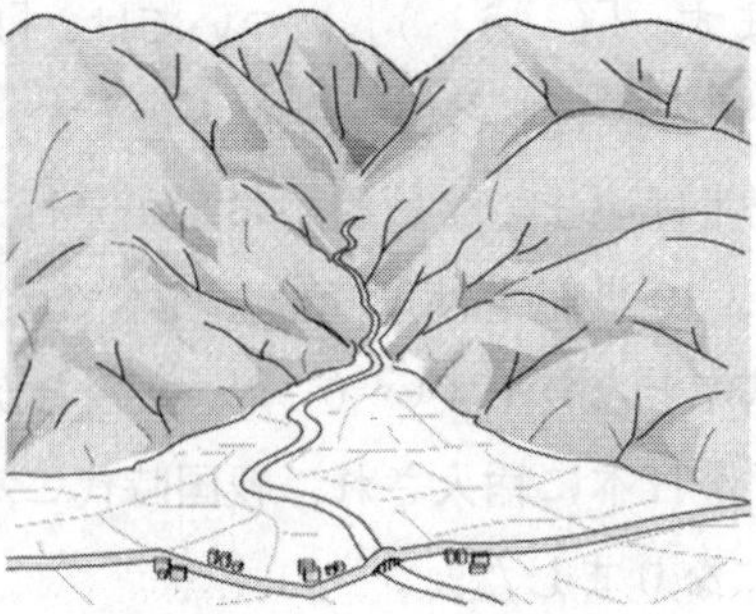

ア　三角州　　イ　扇状地　　ウ　河岸段丘　　エ　三日月湖

（２）甲府盆地を中心に生産量が日本一の農産物を、次のア～エよりすべて選び、記号で答えなさい。

ア　もも　　イ　みかん　　ウ　ぶどう　　エ　りんご

問８　下線部⑧について、パラリンピックについて述べた文章として正しいものを、次のア～エより１つ選び、記号で答えなさい。

ア　パラリンピック選手が同じ種目でオリンピック選手の世界記録を超えた事例はない。
イ　陸上競技等では、障がいの程度や種類によるクラス分けが行われる。
ウ　東京オリンピック2020において、初めてパラリンピックという名称が使われた。
エ　パラリンピックは夏季大会のみで、冬季大会は開催されない。

問９　資料や議論について述べた文章として**誤っているもの**を、次のア～エより１つ選び、記号で答えなさい。

ア　Ｂさんは東京オリンピック2020において「復興五輪」というテーマが十分にアピールできたとは思っていない。
イ　令和３年度の復興予算は前年度の半分以下になっており、「住宅再建・復興まちづくり」のかかる予算は1/10以下になっている。
ウ　富士山が世界遺産に認定されたことに対する海外での認知度は日本と比べると低い。
エ　東京オリンピック2020において、すべての陸上競技は札幌で行われた。

2　次の日本のお金の歴史についての文章を読み、あとの問いに答えなさい。

日本の最古のお金は、中国の「(　あ　)」という貨幣《かへい》をモデルに造られた「(　い　)」といわれていました。しかし、さらに前の７世紀後半に造られた「(　う　)」が、奈良県明日香村や平城京跡などでも発掘されています。「(　う　)」については、「広く流通した貨幣ではないか」という説のほかに、「まじない用の銭貨《せんか》」という説もあります。

それらが造られて以降は10世紀半ば頃まで金属製のお金が発行されましたが、その一方で物品交換の文化も残っていました。10世紀半ば以降は、日本では銭貨が発行されなくなり、銭貨の代わりとして安定的に価値基準となりやすい（　え　）などがその役割を果たしました。①12世紀半ば頃から中国の銭貨が日本に輸入され、戦国時代ごろまで商品経済の発展とともに人々の間で広く使われるようになりました。

17世紀に徳川家康は、全国の金銀鉱山を直接支配するとともに、貨幣を造る技術を管理し、金貨・銀貨の製造体制を整備しました。そして、②大きさ・重さ・品位などを統一した金貨（小判）と銀貨が、たびたび発行されました。

1858年、日本は③米国など５か国と通商条約を結び、海外との本格的な貿易が始まりました。当初、国内では金貨と銀貨の交換比率が1：5に対して、海外では1：15になっていたため、(　お　)。

明治になると政府は1871年に新貨条例を制定し、全国統一の新しい貨幣単位である「円」を導入し、金貨・銀貨・銅貨を発行しました。また、金銀と交換できる「兌換《だかん》」を前提に政府紙幣を発行しましたが、政府の手元にある金銀が不足していたことから、その大部分は不換紙幣となってしまいました。また、欧米をモデルにした民間銀行が各地に設立されました。このうち④国立銀行は米国のナショナルバンクをモデルとしており、紙幣の発行が認められていました。さらに、1877年に起こった西南戦争の戦費などをまかなうために、⑤政府紙幣や国立銀行紙幣が増発され、紙幣価値の下落が進みました。こうした中、大蔵卿《おおくらきょう》となった松方正義《まつかたまさよし》は、銀行券を発行して紙幣の発行を一元的に行い、お金の価値を安定させることを目指し、1882年に⑥銀行を設立し、1885年にはその銀行による紙幣が発行されました。

お金の歴史をたどると、その時代の人がどのような経済活動を行っていたかを見ることができます。これからは、⑦貨幣が先か、経済のシステムが先か、などを探究してみてもおもしろそうですね。

なお、昨年2020東京オリンピックが開かれ、記念貨幣が発行されました。わが国で最初の記念貨幣は⑧1964年の東京オリンピックを記念したものです。

問1　文中の空らん（　あ　）（　い　）（　う　）には、次の貨幣のいずれかがあてはまります。貨幣の組み合わせとして正しいものを、下のア～カより1つ選び、記号で答えなさい。

A

B

C
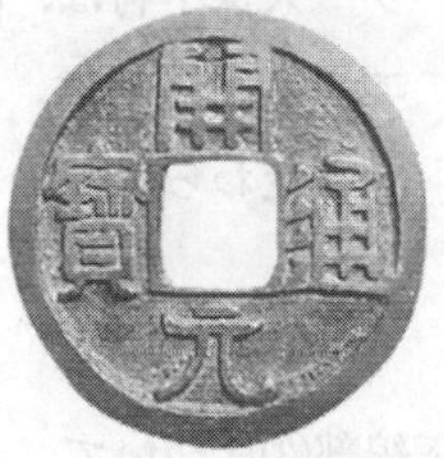

ア　あ＝A　い＝B　う＝C　　　イ　あ＝A　い＝C　う＝B
ウ　あ＝B　い＝A　う＝C　　　エ　あ＝B　い＝C　う＝A
オ　あ＝C　い＝A　う＝B　　　カ　あ＝C　い＝B　う＝A

問2　文中の空らん（　え　）に、もっともあてはまる語句を、次のア～エより1つ選び、記号で答えなさい。

ア　貝　　　イ　米　　　ウ　砂　　　エ　武器

問3　下線部①について、12世紀半ば頃に中国から輸入された銭貨を、次のア～エより1つ選び、記号で答えなさい。

ア　清銭　　　イ　明銭　　　ウ　元銭　　　エ　宋銭

問4　下線部②について、次のグラフは江戸時代の小判の重量とその小判に含まれる金の含有《がんゆう》率《りつ》（割合）の推移を示したものです。このグラフの説明として**誤っているもの**を、あとのア～エより1つ選び、記号で答えなさい。

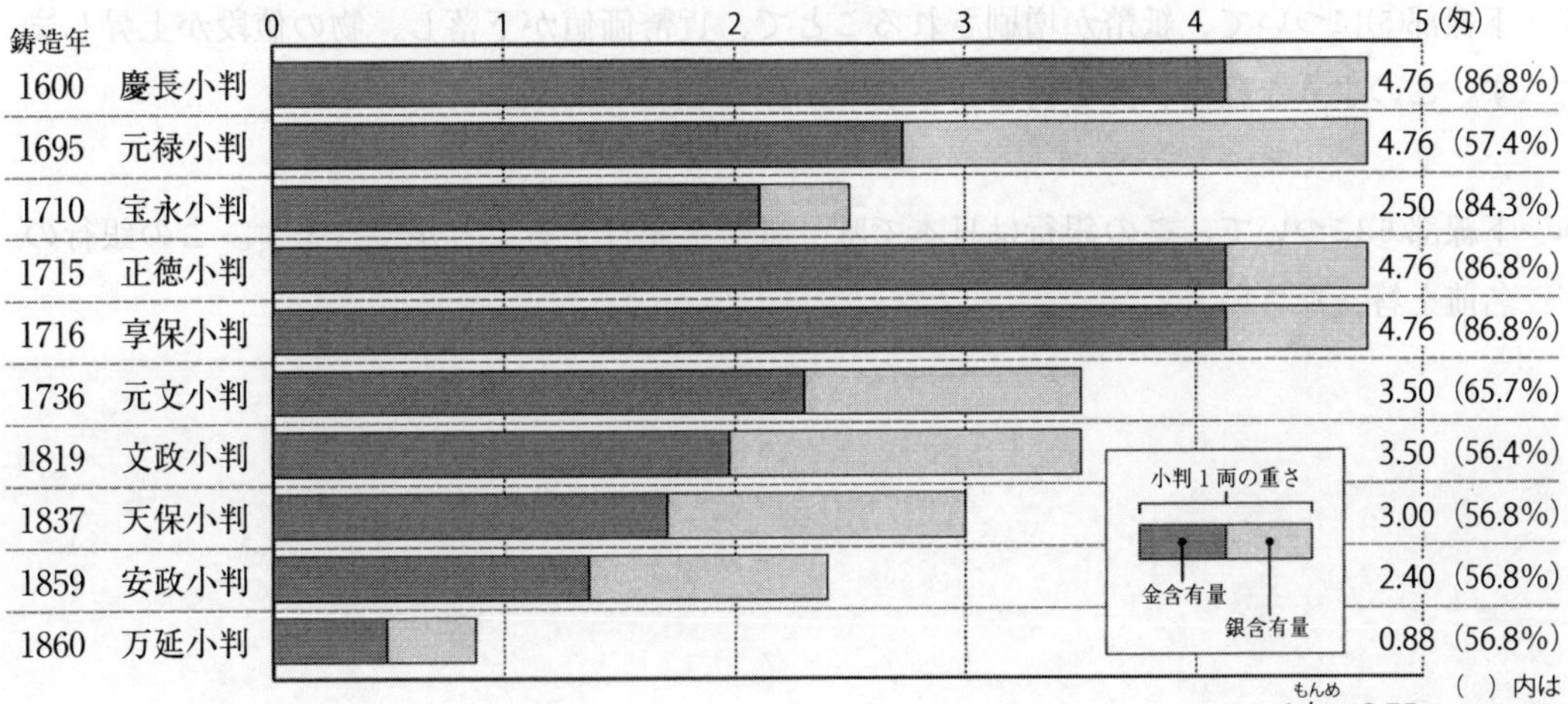

（吉川弘文館『国史大辞典』をもとに作成）

ア　慶長小判の重量と金含有率が同じ小判は、正徳小判と享保小判である。

イ　享保小判の次からは、改鋳前の小判に比べて金含有量がどれも減少している。

ウ　天保小判は、改鋳前の小判に比べて金含有率も金含有量も減少している。

エ　万延小判は、改鋳前の小判に比べて重量が約1/3になっているが、金含有率が変わらないので、金含有量も約1/3になっている。

※改鋳とは、貨幣を新しく造り直すこと。

問５　下線部③について、この時に日本と通商条約を**結んでいない**国を、次のア～エより１つ選び、記号で答えなさい。

ア　ドイツ　　イ　ロシア　　ウ　フランス　　エ　オランダ

問６　文中の空らん（　お　）にあてはまる文章を、次のア～ウより１つ選び、記号で答えなさい。

ア　銀貨が大量に海外へ流出しました

イ　金貨が大量に海外へ流出しました

ウ　金貨・銀貨とも大量に海外へ流出しました

問７　下線部④について、この時第一国立銀行を創設した人物が右のお札に描かれています。この人物の名前を答えなさい。

問８　下線部⑤について、紙幣が増刷されることで、貨幣価値が下落し、物の値段が上昇します。このような経済状況を何と言いますか。

問９　下線部⑥について、この銀行は日本で唯一《ゆいいつ》紙幣を発行することができます。この銀行の名前を答えなさい。

問10　下線部⑦について、あとの問いに答えなさい。

（１）企業の経営が悪化したり、失業者が多く出ると世の中は不景気になります。次の文章は不景気の時の政府の政策についてです。文章の空らん（　か　）・（　き　）にあてはまる語句の組み合わせとして正しいものを、下のア～エより１つ選び、記号で答えなさい。

政府は消費者の購買力を高めるために（　か　）を行うことで、（　き　）の拡大をはかります。

ア　か＝増税　　　き＝需要《じゅよう》
イ　か＝減税　　　き＝需要
ウ　か＝増税　　　き＝供給《きょうきゅう》
エ　か＝減税　　　き＝供給

（２）現在、経済産業省などが中心となって貨幣の使用からキャッシュレス化への転換が進められています。キャッシュレス化にはメリットとデメリットがいくつか指摘されています。消費者にとってのデメリットを１つ答えなさい。

問11　下線部⑧について、あとの問いに答えなさい。

（１）当時は戦後の経済復興から高度経済成長期へと移り、国民の生活は豊かになりました。1950年代後半から60年代前半にかけて、ほとんどの家庭に備わった三種の神器として正しいものを、次のア～エより１つ選び、記号で答えなさい。

ア　カラーテレビ　　イ　電気そうじ機　　　ウ　電気洗たく機　　　エ　車

（２）次の資料Ⅰ・Ⅱをみて、その説明として**誤っているもの**を、下のア～エより１つ選び、記号で答えなさい。

資料Ⅰ　産業別就業者の割合

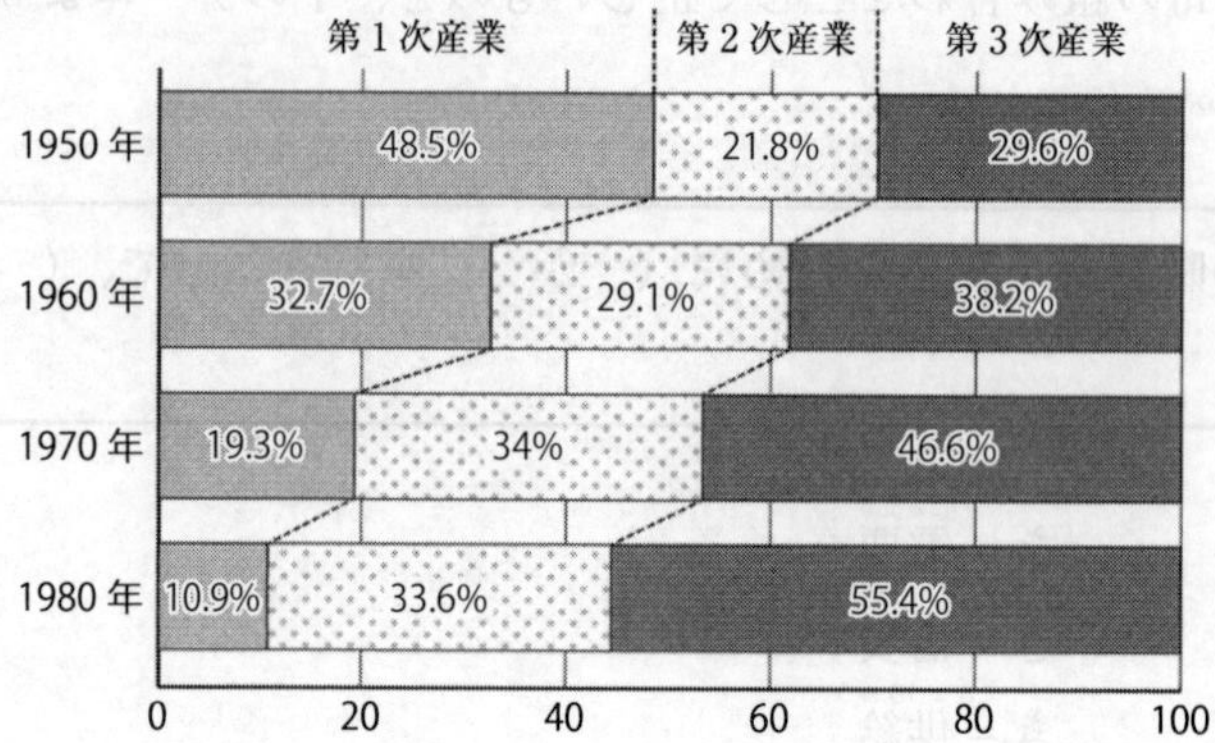

（総務省統計局HPより作成）

資料Ⅱ　専業・兼業農家数

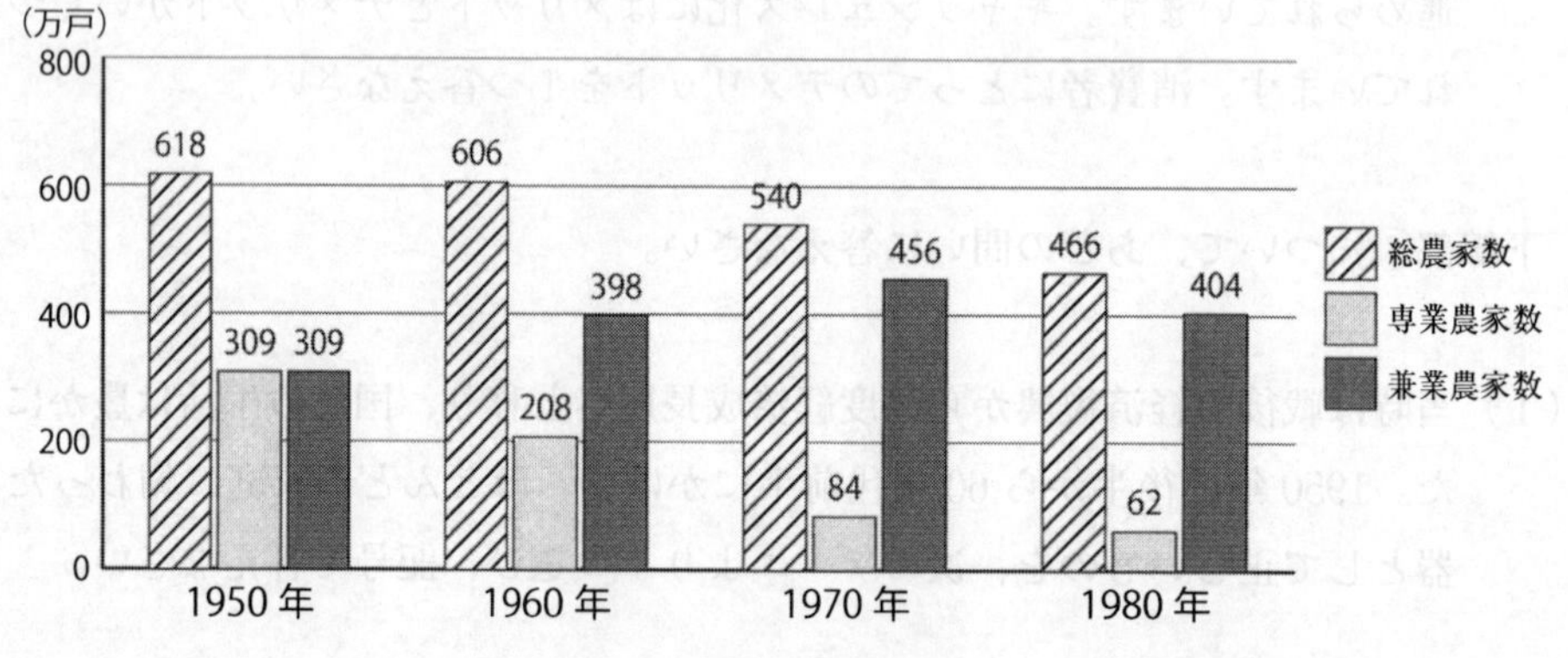

（農林業センサスなどより作成）

ア　1950年から1970年までは、第１次産業の割合が減少し、第２・第３次産業の割合が増加した。

イ　1970年には、1960年と比べて専業農家数が半数以下になり、総農家数に対する兼業農家数の割合が80％を超えた。

ウ　1980年には、第３次産業の就業者の割合が全体の50％を超えた。

エ　1980年には、総農家数が466万戸となり、全就業者のうち農家の割合が10.9％となった。

【理　科】〈2月1日午後試験〉(25分)〈満点：50点〉

1　次の文章を読んで、あとの問いに答えなさい。

東京オリンピック2020大会は、持続可能な社会の実現に向けてSDGs（持続可能な開発目標）に貢献《こうけん》するとともに、課題解決のモデルを国内外に示すことを目指して行われました。

たとえば、「X使い捨てプラスチックを再生利用した表彰《ひょうしょう》台プロジェクト」では、国内から集める使用済みプラスチックの再生利用を基本に、海洋プラスチックも一部活用して表彰台が製作されました。

また、「Y都市鉱山からつくる！みんなのメダルプロジェクト」では、アスリートに授与《じゅよ》される入賞メダルについて、使用済み携帯《けいたい》電話など小型家電から金属を集めて製作し、金・銀・銅あわせて約5,000個のメダルに必要な金属量100％が回収されました。

「東京2020オリンピックは57年ぶりに日本で開催《かいさい》されたんだよね。」

「観戦に行くことはできなかったけど、テレビでみていても迫力は伝わってきたなぁ。」

「オリンピック選手でも、全速力で走ると息がハァハァときれたり、心臓の拍動《はくどう》がドキドキしたりするんだよね。どうしてこのような変化が起こるんだろう？」

「全身の細胞《さいぼう》では、酸素を使って栄養分を分解することで、生きるためのエネルギーをとり出しているんだ。激しい運動をするときは、大量のエネルギーが必要になるよね。そのため、より多くの酸素をとり入れようとして息がハァハァときれるんだよ。」

「なるほど、ではどうして心臓の拍動は速くなるの？」

「それは、全身の細胞に（　　Ⅰ　　）。」

「日本が金メダルをとったソフトボールは夢中になってみたけれど、あれだけ投げ続けた投手のひじにはどれほどの負担がかかっていたんだろう。」

「①ひじにあるけんの一部が切れてしまうこともあるみたいだよ。」

「そうなんだ…スポーツ選手をケガから守る研究もしてみたいな…」

「聖火リレーでは、②次世代燃料と言われている水素を使ったトーチが五輪史上初めて登場したよね。」

「トーチ本体は、東日本大震災《しんさい》の復興仮設住宅のアルミを再利用したんだよね。」

「そういえば、この間乗ったバスも水素で走る燃料電池バスだったけど…どうして水素トーチが開発されたんだろう？」

「（　　　Ⅱ　　　）」

「これも、2020年大会が目指したSDGsへの貢献のひとつだったんだね。13番の課題解決のモデルかな。」

「でも、水素はこれまで使われてきた③液化石油ガスと燃え方がちがうので、聖火をこれまでと同じように見せるために工夫が必要だったんだよね。」

「④金、銀、銅メダルへリサイクルできるような金属が携帯電話に使われていることにも驚《おどろ》いたし、身近なニュースや日《ひ》頃《ごろ》の生活の中から学べることって多いんだね！」

（1）　SDGs（持続可能な開発目標）17の目標のうち、文章中の下線部X、Yのプロジェクトに共通することは、何番にあてはまると考えられますか。もっともあてはまる番号を1つ選び、そのように考えた理由を説明しなさい。

（2）　激しい運動をすると、心臓の拍動が通常より速く激しくなるのはなぜか、空らん（　　Ⅰ　　）にあてはまる理由を答えなさい。

（3）　図の心臓①～④の部屋を比べると、②と④の部屋のかべは①と③よりも厚くなっています。このようなつくりをしている理由を答えなさい。

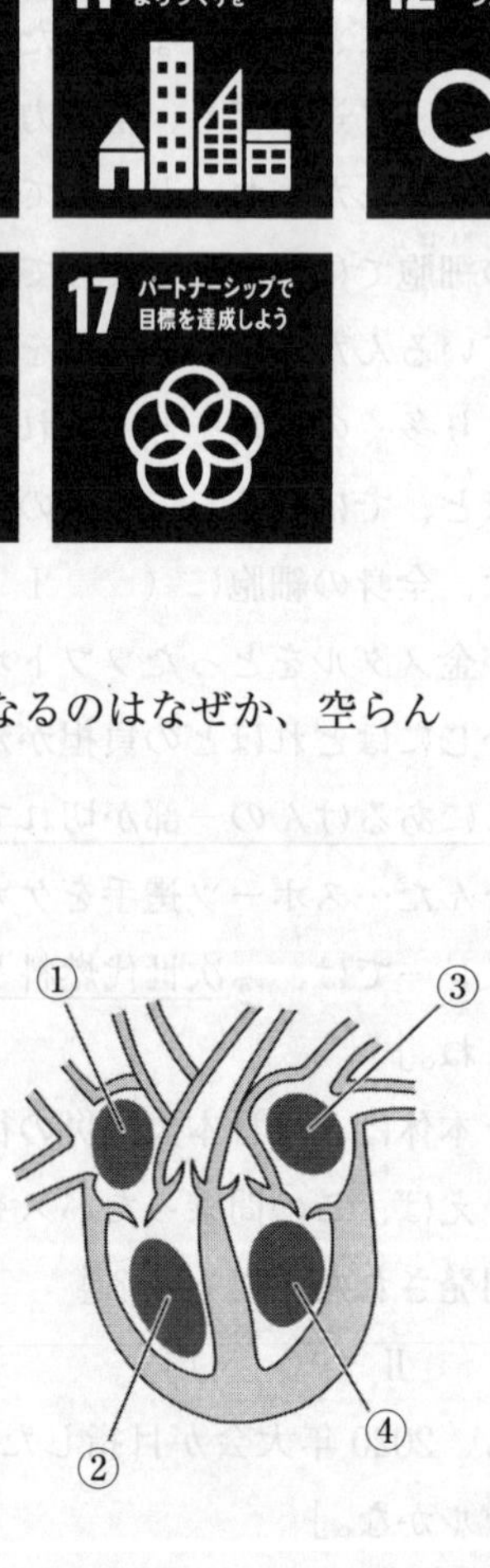

（４）　呼吸でとり入れた酸素は、気管を通って肺に運ばれます。ヒトの肺について説明した文として正しいものを、次のア～エからすべて選び、記号で答えなさい。

ア　肺は筋肉でできている
イ　肺はかたいまくに包まれている
ウ　肺は左右の胸に１つずつある
エ　肺は背骨に囲まれて守られている

（５）　下線部①について、図のＡは筋肉と骨をつないでいますが、Ａが切れてしまうとどうなりますか。次のア～ウから１つ選び、記号で答えなさい。

ア　ひじが曲がったままになる
イ　ひじが伸《の》びたままになる
ウ　手首が動かせなくなる

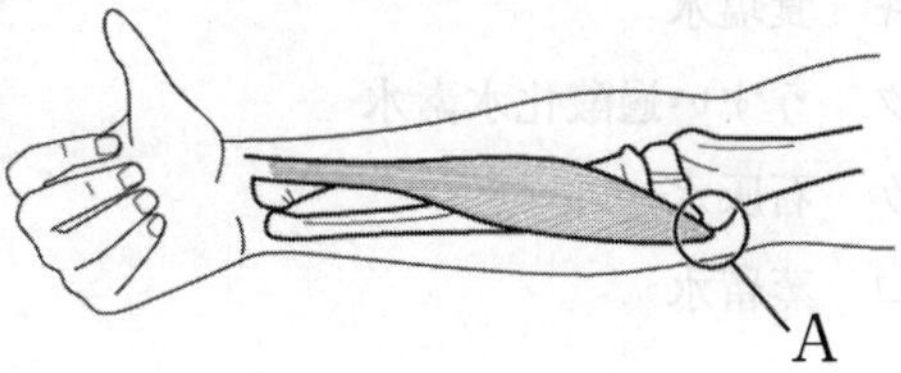

（６）　曲げたひじをのばすとき、筋肉と関節と骨は「てこ」のようなはたらきをします。このとき、ひじの関節はどのような役割をしますか。次のア～ウから１つ選び、記号で答えなさい。

ア　力点　　　　イ　支点　　　　ウ　作用点

（７）　下線部②で、「次世代燃料」として注目されている水素には、これまでの燃料を使う上で生じていた課題が解決できる、都合のよい特ちょうがあります。それはどのような特ちょうか、前後の文章を参考に、空らん（　　Ⅱ　　）にあてはまる理由を答えなさい。

（８）　下線部③で、工夫せずに水素を燃やすと、これまでの聖火と燃え方がどのようにちがうか答えなさい。

（９） 実験室では、図のようにして水素を発生させます。
水素を発生させるために最初に試験管に入れておく**固体A**と、試験管に加える**液体B**を、次のア～コからそれぞれ１つずつ選び、記号で答えなさい。

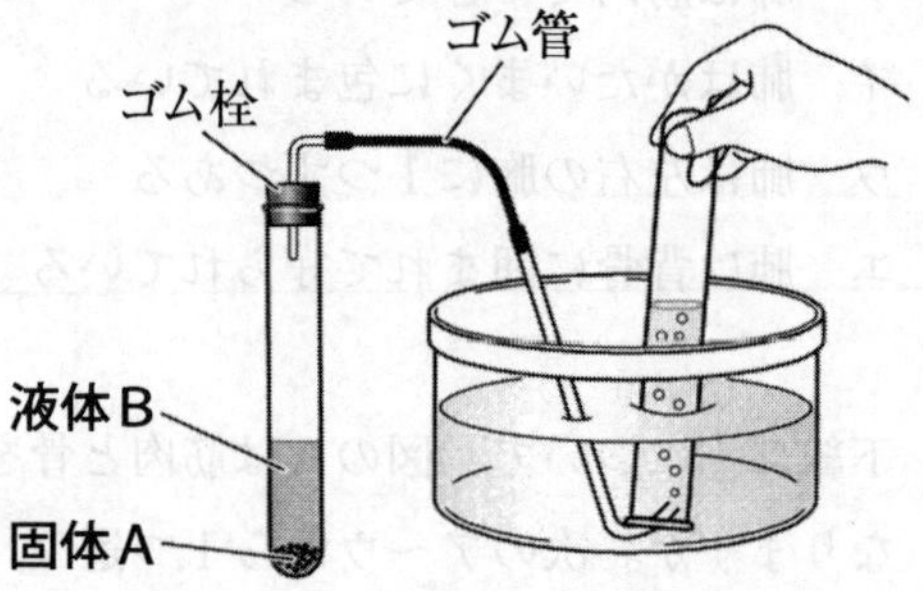

ア　石灰石
イ　二酸化マンガン
ウ　アルミニウム
エ　塩化アンモニウム
オ　水酸化カルシウム
カ　うすい塩酸
キ　食塩水
ク　うすい過酸化水素水
ケ　石灰水
コ　蒸留水

(10) （９）のような気体の集め方からわかる水素の性質を１つ答えなさい。

(11) 下線部④の金、銀、銅にはどれもあてはまるが、ガラスやプラスチックにはあてはまらない性質はどのような性質ですか。次のア～オからすべて選び、記号で答えなさい。

ア　引っぱると長くのび、たたくとうすく広がる
イ　さびて、中のほうまでぼろぼろになる
ウ　電流をよく通し、熱をよく伝える
エ　光を通す
オ　かたまりになったものを空気中で熱すると、ほのおをあげて燃えだす

2　このところ毎年のように異常気象が続き、猛暑《もうしょ》や豪雨《ごうう》で、世界中に多大なる被害《ひがい》をもたらしています。それらは地球温暖化が原因と言われています。次の問いに答えなさい。

（1）　地球温暖化が進み、気温が上昇《じょうしょう》すると、大雨の原因となる大気中の水蒸気量が地球全体で増えます。その理由を答えなさい。

（2）　右図の台風のうずまきの中心部分を「台風の目」と言いますが、この「台風の目」にはどのような特ちょうがありますか。適当なものを、次のア～カからすべて選び、記号で答えなさい。

ア　風が強い
イ　風が弱い
ウ　雲が多い
エ　雲が少ない
オ　はげしい雨が降る
カ　雨があまり降らない

気象衛星ひまわり８号による
日本列島上を通過する台風の様子
(2021 年 10 月 1 日)

提供：情報通信研究機構（NICT)

（3）　台風を上から見ると、台風の進路に対して右側にあるエリアでは風が強くなるのはなぜか答えなさい。

（4）　台風は日本列島近くまで来ると進路が北東寄りに変わることが多いのはなぜか答えなさい。

（5）　台風は日本列島に上陸したり、海水温の低いところまで北上したりすると、勢力を弱めるのはなぜか答えなさい。

3 以下の問いに答えなさい。

（1） 500mA の－端子《たんし》を使用したとき、電流計の針は図のようになりました。何Ａの電流が流れているか答えなさい。

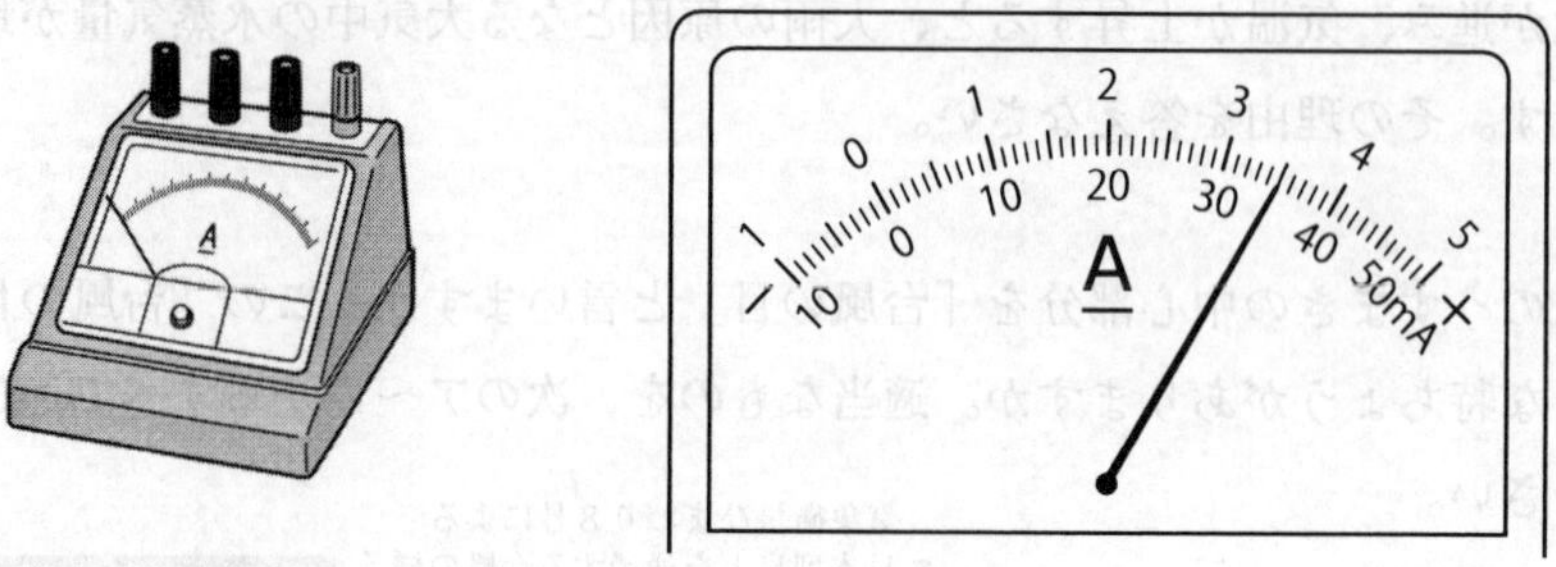

（2） 図のように、同じ種類の電池と豆電球で①～④の回路をつくりました。豆電球**イ**～**オ**の明るさは①の回路の豆電球**ア**とくらべてどうですか。下のａ～ｄからそれぞれ１つずつ選び、記号で答えなさい。

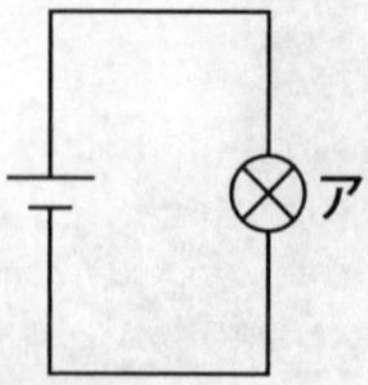

①

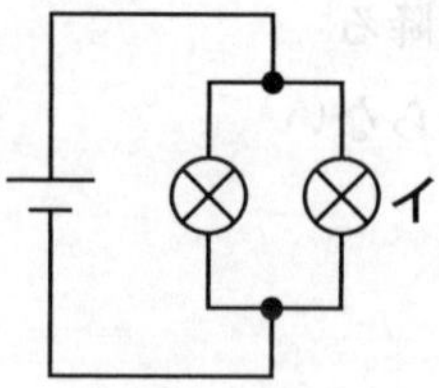

②

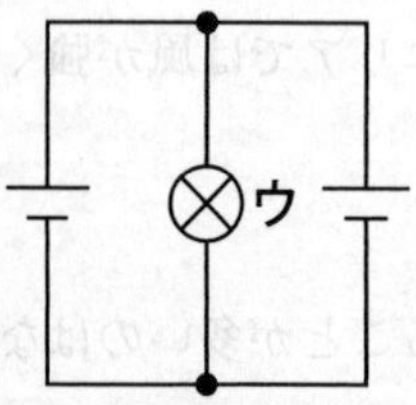

③

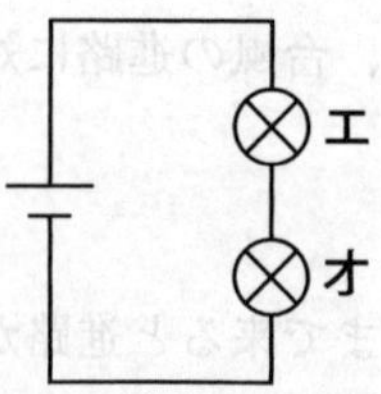

④

ａ 明るい　ｂ 暗い　ｃ 同じ　ｄ つかない

えんぴつの芯《しん》に電流が流れるのかを調べるため、図のような回路をつくり、実験をしてみました。すると、えんぴつの芯を流れる電流の強さは、次の表のような結果になりました。

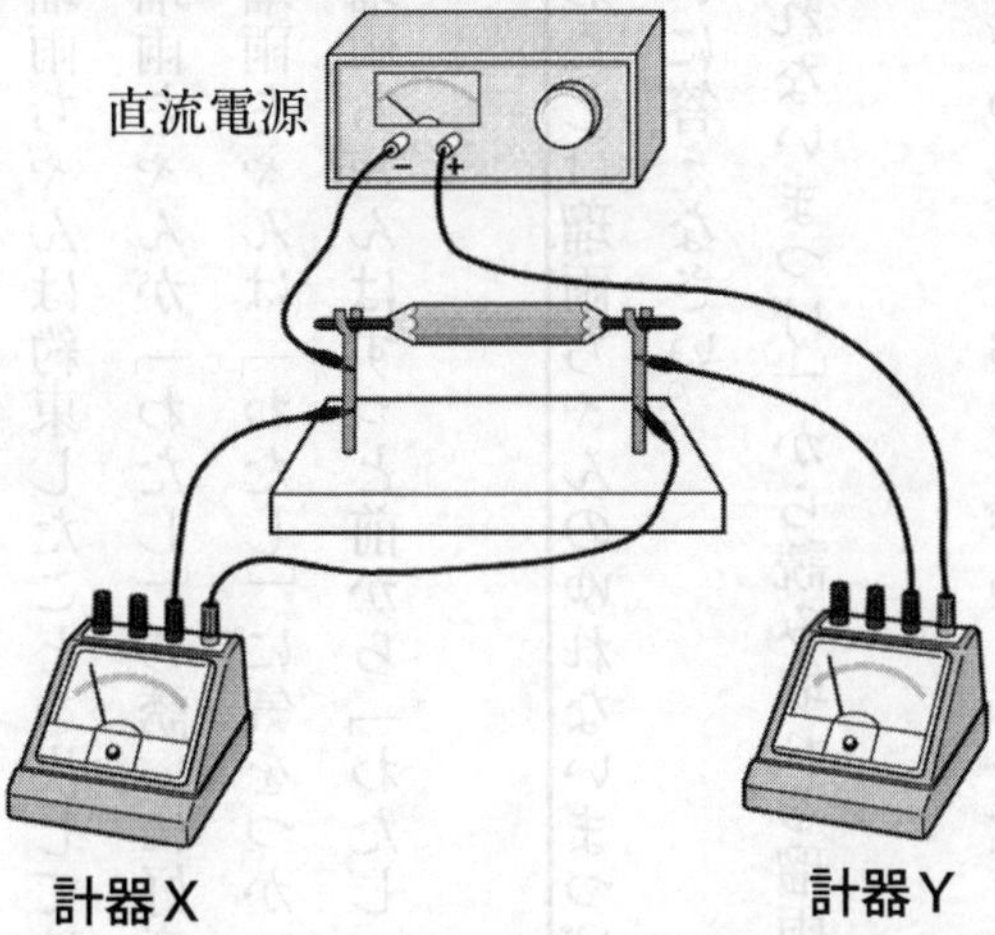

電圧〔V〕	0.5	0.9	1.2	1.6	2.0	2.5
電流〔mA〕	90	160	213	280	352	445

※電流…回路を通る電気の流れのこと
電圧…回路に電流を流そうとするはたらきのこと
抵抗《ていこう》…電流の流れにくさのこと
測定誤差…測った値とほんとうの値との差
※電気回路はよく水の流れにたとえられる。水が高いところから低いところに流れるとき、高さが電圧、水が電流、水車が抵抗である。

(3) 図の**計器X**は電流計か電圧計か答えなさい。

(4) 文章が正しくなるように、カッコ内の語句を選び、記号で答えなさい。

表の結果から、電流は電圧に(**1**:ア　比例　　イ　反比例)している。電圧計はえんぴつの芯にかかる電圧を測定するために、電流計はえんぴつの芯に流れる電流を測定するために接続するが、どちらも電流が流れないと測定ができないので、そのことによって、測定誤差が生じる。その測定誤差をできるだけ小さくするために、(**2**:ウ　電流計　　エ　電圧計)自体がもつ抵抗の大きさをできるだけ(**3**:オ　大きく　　カ　小さく)し、そこに流れる電流を流れにくくするが、それでも、図の(**4**:キ　電流計　　ク　電圧計)の示す値は、実際の値より少しだけ(**5**:ケ　大きく　　コ　小さく)なる。

問六　②いますぐ作戦を決行したくなってしまった　とありますが、どのような「作戦」ですか。それが書かれているひとつづきの二文を文中から探し、最初の十字をぬき出しなさい。

問七　③まよいのない足どり　とありますが、この表現からどのようなことが想像できますか。もっとも適当なものを次から一つ選び、記号で答えなさい。

ア　瑠雨ちゃんは約束したことを決して破らない性格であること。
イ　瑠雨ちゃんが「わたし」の誘いに好意的に応じてくれているということ。
ウ　瑠雨ちゃんは「わたし」に気をつかい、とまどいを押し隠しているということ。
エ　瑠雨ちゃんはずっと前から「わたし」の誘いを待ち続けていたということ。

問八　④わたしは瑠雨ちゃんのゆれないまつげをひしと見つめて、おなじ言葉を心でくりかえしつづけた　について、次の各問いに答えなさい。

(1)　「ゆれないまつげ」から読み取れる瑠雨ちゃんの様子として、もっとも適当なものを次から一つ選び、記号で答えなさい。

ア　耳をつんざくおたけびのような歌声に圧倒され、かたまってしまっている。
イ　耳をつんざくおたけびのような歌声に情熱や気迫のようなものを感じている。
ウ　自分を誘ってくれた「わたし」の思いにこたえようと必死になっている。
エ　自分を誘ってくれた「わたし」との距離を改めて感じてとまどっている。

(2)　「おなじ言葉を心でくりかえしつづけた」から読み取れる「わたし」の気持ちを、八十字以内で説明しなさい。

問二　～～～部１～４の言葉の文中での意味として、もっとも適当なものをそれぞれあとから一つ選び、記号で答えなさい。

１　糧になる

ア　いざというときの助けになること　　イ　生活するために最低限必要となること
ウ　成長するための自分の力となること　　エ　よりよい人生を送るための目標となること

２　やぶれかぶれ

ア　一か八かで勝負すること　　イ　負けん気を発揮すること
ウ　ことがうまくいかないこと　　エ　どうにでもなれとやけになること

３　一理あった

ア　一通り理屈が通っていた　　イ　一面からの利点はあった
ウ　一つしか理由がなかった　　エ　一見、理にかなっていた

４　おめがねにかなった

ア　正しい評価を下された　　イ　気に入ってもらえた
ウ　確かな信頼を得た　　エ　ひいき目にみてもらえた

問三　①ちょっとしたコツとありますが、どのようなコツだと考えられますか。四十字以内で答えなさい。

問四　Ｘ～Ｚにあてはまる漢字を、それぞれ一字で答えなさい。

問五　Ⅰ・Ⅱにあてはまる四字熟語として、もっとも適当なものをそれぞれ次から一つ選び、記号で答えなさい。

ア　以心伝心　　イ　一朝一夕　　ウ　心機一転　　エ　一挙一動　　オ　一長一短

瑠雨ちゃんがしゃべった。

開かずのとびらが開いた――そんなショーゲキに、こんどはわたしが動けなくなった。息まで止まりそうだった。

瑠雨ちゃんがしゃべった？

まさか。でも、たしかに瑠雨ちゃんの声だった。「はい」でも「いいえ」でも「うん」でも「ううん」でも「うーん」でもない、ひとつの文みたいな、ちゃんと意味のこもった、はじめてきいた瑠雨ちゃんの言葉だった。

しかも――感動⁉

「ほう、瑠雨ちゃんの4おめがねにかなったとは、ありがてぇ。ほんじゃあ、アンコールにこたえて、もう一曲」

うかつだった。はたとわれに返ったときには、ターちゃんが二曲目をうたいだしていた。

だれもアンコールなんかしてないのに、いちだんとパワーアップしたドラ声で、自信まんまんにターちゃんはうたう。あきらかに調子にのっている。

作戦失敗だ。大ポカだ。でも、そんなことはもうどうだっていい。だって、瑠雨ちゃんがしゃべったんだから。

瑠雨ちゃんがしゃべった。瑠雨ちゃんがしゃべった。

耳をつんざくターちゃんのおたけびにたえながら、④わたしは瑠雨ちゃんのゆれないまつげをひしと見つめて、おなじ言葉を心でくりかえしつづけた。

る・う・ち・ゃ・ん・が・し・ゃ・べ・っ・た―っ。

（森《もり》絵《え》都《と》『あしたのことば』所収「風と雨」より）

問一　……部A～Dのカタカナは漢字に、漢字はひらがなに直しなさい。

い何者かがいて――と、「うたうマトリョーシカ地獄《じごく》」を想像しちゃうほど。

たったひとりで何人分もの騒音《そうおん》をうけおっているせいか、もう冬も近いのに、ターちゃんのひたいにはみるみるあせがういていく。

もちろん窓《まど》は閉《し》めきっているけど、そのぶん、ノイズは室内にこもる。

――瑠雨ちゃん、だいじょうぶかな？

こわごわ横目でうかがうと、瑠雨ちゃんはまばたきすらもわすれた様子で、ターちゃんにくぎづけになっていた。強烈《きょうれつ》すぎて、目をはなしたくてもはなせないって感じ。動きをなくしたその顔はますますかんぺきなお人形みたいだ。この試練からのがれるために、瑠雨ちゃんのたましいは体をぬけだし、いまごろ、夕暮《ゆうぐ》れの空をかけめぐっているのかもしれない。

どうか、ぶじ、たましいがもどってきますように。

ターちゃんの熱唱中、ずっとハラハラしていたわたしは、試練開始から約二十分後、きくにたえないドラ声がようやくやんで、心からホッとした。

「瑠雨ちゃん……へいき？」

ぴくりともしない瑠雨ちゃんの顔。そのうつろな目のさきで、わたしはてのひらをひらひらとゆさぶった。

「きぜつしてない？」

瑠雨ちゃんは動かない。きこえているのか、いないのか。目を開けたまま器用にきぜつしてるのか。

「瑠雨ちゃんっ？」

声を大きくすると、やっと、瑠雨ちゃんが動いた。

信じられなかった。動いたのは瑠雨ちゃんの口だった。

「あの……あの」

大きな、ぬれたような黒目をターちゃんへむけたまま、瑠雨ちゃんはたしかに言ったのだ。

「感動、しました」

くると言ったら、瑠雨ちゃんはほんとうにきた。その日の学校帰りに、さっそく。

きゅうなことにうろたえていたのは、むしろわたしのほうだった。

「ほんとにきてくれるの？　いいの？　ほんとに？」

学校からうちまでの道中、なんどもなんどもわたしがきくたびに、瑠雨ちゃんはこくこくうなずきかえしてくれた。もうずっとまえから約束していたみたいに、③まよいのない足どりで、わたしのあとからついてくる。（中略）

「ほほう、あんたがうわさの瑠雨ちゃんかい。こんなジジイの謡曲をきいてくれるたぁ、いやはや、かたじけない」

瑠雨ちゃんがうちにきた理由を知って、ターちゃんのほうが子どもみたいにはしゃいでいた。

「では、さっそく」

つかまえた獲物《えもの》をのがすまいとばかりに、あいさつもそこそこでうたいだそうとしたから、

「ターちゃん、待った！」

わたしはあわててざぶとんをとりに走った。

マイざぶとんに正座《せいざ》したターちゃんのまえに、お客さん用のざぶとんをふたつ。わたしがその上で体育ずわりをすると、瑠雨ちゃんもとなりでひざをかかえた。

ターちゃんはそれなりにあがっていたのかもしれない。うたいだすまでは、がらにもなくよそゆきの顔をして、気どったせきばらいなんかもしていた。

でも、いざうたいだしたら、まるきしいつものターちゃんだった。

っていうか、その音量はいつも以上だった。

この世のものとは思えないターちゃんのドラ声は、ママいわく「ボウリョク的」で、「ハカイ的」で、「サツジン的」だ。

ふつうに大声をはりあげるだけでも十分にききぐるしいのに、ターちゃんはふつうじゃない情熱《じょうねつ》だとか気迫《きはく》みたいなのをこめて、大声をこえていく。まるでターちゃんのなかにものすごく声のでかい何者《なにもの》かがいて、その何者かのなかにも声のでか

ターちゃんの謡曲を「才能なし」って判定《はんてい》してくれて、ターちゃんが自信をなくしてうたわなくなったら、一石二鳥だ。

　そんなよくばりな作戦だったのだけど、瑠雨ちゃんのまばたきはいっこうにおさまるところをしらない。

　その正直なこまり顔をながめているうちに、わたしの頭はどんどん冷えていった。

　やっぱり、むりか。それもそうか。しゃべったこともない（いつも相手から一方的にしゃべりかけてくるだけの）クラス
メイトから、きゅうに遊びにこいとか、おじいちゃんの謡曲をきけとか言われたら、瑠雨ちゃんじゃなくてもだまりこん
じゃうか。

「わかった。いいよ、いいよ。ごめんね」

　人にしつこくしないこと。最近それを心がけているわたしは、いさぎよく引きさがることにした。

「ダメもとで言ってみたんだけど、やっぱり、へんだよね。わすれて、おじいちゃんの謡曲のことは」

　おろかな作戦を立ててしまった。そう思ったらむしょうにはずかしくなって、耳までじわっと熱くなった。

　赤い顔をふせ、瑠雨ちゃんから逃げるように足をふみだす。

　そのわたしをなにかが引きとめた。

せなかのあたりに、へんな感触《かんしょく》。ふりむくと、瑠雨ちゃんの細っこい指が、わたしのスウェットのわきばらのあたりをつ
まんでいた。

「瑠雨ちゃん……？」

　瑠雨ちゃんの顔をのぞきこみ、あれっと思った。

　長いまつげが動きを止めている。あいかわらずこまった顔をしているけど、その目はめずらしくわたしをまっすぐに見つ
めて、なにかをうったえかけている。

十秒くらい目と目を見合わせてから、わたしは「ええっ」とのけぞった。

「まさか、謡曲きいてくれるの⁉」

瑠雨ちゃんがこくっとうなずいた。

「瑠雨ちゃん」

思いきって、さそった。

「今日、うちに遊びにこない？」

五時限目のあと、音楽室から教室へCイドウしているときだった。

瑠雨ちゃんはしゃべらないけど、うたう。授業中にみんなで「まっかな秋」を合唱していたとき、瑠雨ちゃんの口がうっすら動いているのを見たわたしは、その新しい発見にこうふんして、②いますぐ作戦を決行したくなってしまったのだった。

早まったかな、と思ったときには、おそかった。

ろうかのとちゅうで立ちどまった瑠雨ちゃんは、ぽかんとした目でわたしをながめ、せいだいにまつげをふるわせた。

「えっと……あ、あのね、じつは、瑠雨ちゃんにお願いがあって」

いまさらあとへは引けない。わたしは気合を入れて続けた。

「できれば、瑠雨ちゃんに、ターちゃん……うちのおじいちゃんの謡曲《ようきょく》をきいてもらいたいの」

しーん。

瑠雨ちゃんのまつげがはためく音がきこえてきそうな静けさ。

「話せば長くなるんだけどね、うちのおじいちゃん、町内会の謡曲D愛好会に入ってて、毎日、うちでも大声で練習してるの。それがとんでもなくへたくそで、うるさくて、わたしもママもほんっと参ってるの。公害レベルでひどいの。なのに、本人は謡曲の才能《さいのう》があるってかんちがいしてて、やればのびるって言いはるの。ないないってわたしとママがいくら言っても、おまえらになにがわかるんだって、ぜんぜんきいてくれないの。で、よかったら、瑠雨ちゃんの天才の……じゃなくて、その、客観的《きゃっかんてき》な耳でおじいちゃんの謡曲をきいてもらって、感想を教えてもらえたらって……」

ターちゃんの謡曲。マジでこまっているせいか、しゃべりだしたら止まらなくなって、わたしはひと息にまくしたてた。

「瑠雨ちゃんの意見だったら、ターちゃんもすなおにきいて、目をさましてくれるかもしれないし」

瑠雨ちゃんをうちにまねいたら、一気に距離がちぢまって、ぐんと仲よくなれるかもしれない。ついでに、瑠雨ちゃんが瑠雨ちゃんの［Ⅰ］（ときどき、動きを止めて、じっとなにかを見つめていたりする）に目をこらすほどに、わたしのA好奇心はむくむくふくらんで、とうとう、このすごいヒミツをだまっていられず、ターちゃんにだけうちあけた。

「ね、ターちゃん。しゃべらない瑠雨ちゃんは、もしかしたら、きくことの達人なのかも」

すると、ターちゃんはまたさらにすごいことを教えてくれた。

「べつだん、たまげた話じゃあないさ。目の不自由な人が、とくべつなBチョウリョクをもってるってのは、ざらにあるこった。瑠雨ちゃんは、しゃべるのがにがてなぶん、人とはちがう耳をもってるのかもしんねぇな」

「えーっ」

わたしはたまげた。そして、シビれた。

「人とはちがう耳って、どんな？　もしかして、天才ってこと？　瑠雨ちゃんはきくことの天才なの？」

わたしがぐいぐいせまると、ターちゃんは「さぁな」と鼻の頭をかいた。

「おいらにきくより、瑠雨ちゃんにきいてみな」

「だって、瑠雨ちゃん、しゃべってくんないし」

「真の友ってのは、しゃべらなくたって通じあえるもんだ、［Ⅱ］ってやつよ」

「真の友っていうか、まだわたしたち、ともだちなのかもわかんないし。少なくとも、瑠雨ちゃんわたしのこと、ともだちと思ってないだろうな」

「じゃ、まずは仲よくなるこった」

ずいぶんザツなアドバイスだけど、ターちゃんの言うことは3一理あった。

瑠雨ちゃんのことをもっと知りたい。クラスのだれも知らないヒミツにせまりたい。そのためには、まずはもっと瑠雨ちゃんに近づくことだ。今の距離だと、瑠雨ちゃんの耳にきこえているものが、わたしにはきこえない。

そこで、わたしは作戦をねった。

そこには、わたしが思いもしなかったものたちがつらなっていた。

美しい音楽

美しい歌

美しい雨の音

美しいメロディ

美しいせせらぎ——

と、そこまで読んだところで、先生の手がその紙を回収《かいしゅう》した。

見るものをなくしたわたしは、しばらくつくえのシミをながめてから、そっと視線《しせん》をもちあげた。

目が合うと、瑠雨ちゃんはいけないひみつを見られたような、まつげのゆらしかたをした。

X。

瑠雨ちゃんの紙にあったのは、ぜんぶが美しい「X」だった。

見るものじゃなくて、きくもの。

耳で感じる美しさ。

そんな発想、わたしにはこれっぽっちもなかった。たぶん、瑠雨ちゃん以外、クラスのだれもXのことなんて思いつかなかっただろう。ってことは……。

瑠雨ちゃんはとくべつな耳をもってるってこと?

意外な発見をしたその日から、わたしが瑠雨ちゃんを見るYは変わった。

瑠雨ちゃんはただのしゃべらない子じゃないのかもしれない。瑠雨ちゃんのZは、この世のなににもきょうみがなさそうに閉じたまんまだけど、そのぶん、瑠雨ちゃんの耳はいつも全開で世界を感じているのかもしれない。年中無休でいろんな音をすいこんでいるのかもしれない。わたしたちにはきこえないものも、瑠雨ちゃんの耳にはきこえているのかもしれない。

町をかすませる雨。霧雨《きりさめ》みたいな。うん、きっと美しい。消さずに残すことにした。

美しい森
美しい花
美しい野原
美しい山
美しい川

アウトドアつながりで一気に書いて、またシャーペンを止めた。

美しいタキって書きたいのに、タキって漢字がわからない。ひらがなじゃかっこ悪いな。

時間もないから、あきらめた。

美しい顔
美しい目
美しい耳

2やぶれかぶれの顔つながりに入ったところで、時間終了《しゅうりょう》。

「はい、おしまい。みんな、今回はわりといっぱい書けたんじゃない？　どんな言葉が集まったか楽しみだね」

わたしたちが書いた言葉は、先生がぜんぶパソコンにうちこんでプリントアウトし、つぎの国語の時間に配ってくれる。

ひとりひとりがまいた種を、クラスの全員でわけあうってこと。

「わ、すごい、三十以上も書けてるんじゃない？」

「なにこれ。美しいエリカ、美しいミナミ、美しいハルカ……女の子の名前ばっかりじゃない！」

村上先生がみんなに声をかけながら紙を集めているあいだ、わたしはななめ後ろの席にいる瑠雨《るう》ちゃんをそっと見た。

瑠雨ちゃんはどんな「美しいもの」を書いたのか。きゅうにむずむず気になって、横目で紙の文字をチラ見し、あっと思った。

二 次の文章を読んで、あとの問いに答えなさい。

わたしは体育とおなじくらい国語がきらいだったけど、担任が村上先生になってから、まえほどゆううつじゃなくなった。

村上先生の国語は、ほかの先生とはひと味ちがう。毎回、教科書に出てくることだけじゃなくて、いろいろな「言葉」をわたしたちに教えてくれる。

「いろんな言葉と親しんで、その使いかたをふやしていくっていうのは、自分のなかにたくさんの種をまくようなことよ。いつか芽が出て、花がさく。みんながこの世界で生きていくための、だいじな1糧《かて》になるわ」

村上先生の言う意味は、わたしにはまだよくわからないけど、自分のなかに種をまくってイメージはおもしろい。

この日も、授業《じゅぎょう》の終わりにはいつもの種まきタイムがあった。

「今日のテーマは、形容詞《けいようし》の『美しい』。美しい海とか、美しい馬とか、なんでもいいから『美しい』って形容詞を使える言葉をあげてみてちょうだい。三分間で書けるだけ」

三分はあっというまだ。先生が配った紙にむかって、わたしはさっそくシャーペンをかまえた。

五年生になりたてのころは、なかなか言葉がうかばなくておろおろしたけど、最近はわりとすんなり書けるようになった。

これには①ちょっとしたコツがある。

美しい空
美しい夕日
美しい星
美しい月
美しい雨

空つながりでそこまで書いて、ん？　と首をひねった。

美しい雨？　雨が美しいって、アリなのかな。軽く目を閉《と》じて、想像する。

問七　④透明度が高く、厚みを増して強くできるため、水族館の水槽にも用いられています　とありますが、アクリルを使うことで水族館にはどのような利点がありますか。自分で考えて答えなさい。

問八　～～～部X～Zの言葉の文中での意味として、もっとも適当なものをそれぞれあとから一つ選び、記号で答えなさい。

X　傾向
ア　すべてにあてはまること
イ　ものがはっきりと現れること
ウ　理想の形であること
エ　ある部分にかたよりがちなこと

Y　馴染んで
ア　強力に接着されて
イ　たがいにひきたてあって
ウ　ほどよくとけあって
エ　存在感を増して

Z　回帰
ア　似たものを目指すこと
イ　強く求めること
ウ　回復を手助けすること
エ　ひとまわりして元にもどること

問九　⑤私たちの感受性を鍛える　とはどういうことですか。七十字以内で具体的に説明しなさい。

問十　筆者の考えにあてはまるものとして、もっとも適当なものを次から一つ選び、記号で答えなさい。
ア　透明なガラスを使う建築の魅力も、不透明なガラスを使う魅力も、建築をデザインする上で同時に存在している。
イ　近代になって同じ厚みのガラス作りが可能になったおかげで、風景の歪むガラスを使った古くさい建築をなくすことができる。
ウ　人工素材の方がおしゃれで快適な空間をつくることができるので、自然素材の建築は今後とりやめていくべきである。
エ　素材の弱みを技術発展によって補い、特徴を活用したデザインの現在の建築は、昔の建築より絶対に優れている。

問四　③性能的に優秀な人工材料　とはどのようなもののことですか。あてはまるものを次からすべて選び、記号で答えなさい。

ア　大きな建物を建てるのにたえられる、強い鋼鉄
イ　傷がめだちにくく、長期間にわたって利用できる天然素材
ウ　進んだ研究や技術で、大量に作ることができる材料
エ　硬くて割れにくく、高価であることが伝わる魅力的な素材
オ　広い面積に使うことができる、大きくて同じ厚みのガラス
カ　安全性が高く、身近なところから手に入れられる材料

問五　Ⅰ～Ⅲ　にあてはまる言葉として、もっとも適当なものをそれぞれ次から一つ選び、記号で答えなさい。

ア　積極　　イ　表面　　ウ　比較《ひかく》
エ　一面　　オ　消極　　カ　直感

問六　ガラスやガラスを使用した建築の性質として、筆者が挙げていることを次からすべて選び、記号で答えなさい。

ア　薄く軽量であるため、開放感のある空間になること。
イ　強化することで硬い素材になること。
ウ　傷つきにくく汚れにくいが、加工しないと割れやすいこと。
エ　完全に内側がすけて見えて、空間の透明感を表現できること。
オ　燃えやすく、使い方に気をつけなければならないこと。
カ　周囲のものが映り込んだデザインの建物にできること。
キ　音が伝わりやすいので、音響のよい建築ができること。

れていたり、かばんは、ビニールの合成皮革なのに、表面に動物の皮膚《ひふ》の＊肌理《きめ》を模したしわ加工がされていたりして、こういうものが人々に好まれて多く利用されています。たしかに、自然素材がよいということは理解できますが、人工素材を自然素材の＊模倣《もほう》品として位置づけていたのでは、いつまでたっても、人工素材の地位は向上しません。そこで、こうした先入観によって、人工素材を見るのではなく、むしろ新しい素材の中に別の価値を発見し、⑤私たちの感受性を鍛《きた》えることも必要でしょう。それがたとえゆっくりであっても、人間が素材へ知的に歩み寄ることも求められているのではないでしょうか。

（『14歳からのケンチク学』所収　今井公太郎《いまいこうたろう》「私たちはマテリアル・ワールドに生きている」より）

＊志向…ある目的に心が向かうこと。
＊ポテンシャル…表面にあらわれていない能力。
＊肌理…表面に見られる細かい模様や肌ざわり。
＊模倣…まねすること。

問一　……部Ａ～Ｄのカタカナを漢字に直しなさい。

問二　①未知のもの　とはここではどのようなものですか。もっとも適当なものを次から一つ選び、記号で答えなさい。
ア　今まで発見されたことのないもの　　イ　最新の材料でできているもの
ウ　自分の思いつかないデザインのもの　　エ　何から作られたかわからないもの

問三　②私たちは自然に属している　とはどういうことですか。三十字以内で説明しなさい。

りません。

透明感をツイキュウしたデザインは現代の建築の X 傾向《けいこう》の1つですが、それだけでなく、むしろガラスの物質感・存在感を意識して、不透明なガラスのデザインをツイキュウする方向性も存在しています。完全に透明でスケスケのものが美しい場合もありますが、半分見えたり、見えなかったりするものの方が魅力的《みりょくてき》に感じられることがあるということでしょう。例えば、色のついたステンドグラスや、ハーフミラーのガラスなどを用いた建築があります。冒頭《ぼうとう》で紹介《しょうかい》したシーグラム・ビルのガラスは、茶系の色ガラスが使用されており、方立て(連続窓の縦桟《さん》)のブロンズメッキと Y 馴染《なじ》んで1つの塊《かたまり》に見えます。最近のミラーガラスは、真空チャンバー(部屋)で金属粒子《りゅうし》のビームを叩《たた》きつけて表面に皮膜《ひまく》をつくるスパッタリングという方法で、薄膜を形成して製造しています。このガラスを外壁に使うと熱を反射し、空調負荷を小さくする効果があります。同時に、デザイン的にその表面には空や雲などの風景が映《うつ》り込《こ》む効果があります。(中略)

ガラスの欠点は、割れるだけでなく、断熱性が低いということです。大きなガラスを用いると、そこから多くの熱が建物あるいは外部に流出入してしまいます。そこで断熱性を上げるために、二重ガラスとし、その間にガスを封入《ふうにゅう》し、二重ガラスの内部の表面を、スパッタリングによって反射面でコーティングし性能を飛躍《ひやく》的に向上させる方法などが実用化されています。これらはほんの一例ですが、鉄筋コンクリート、スチール、ガラスという主要な材料は常に改良され進歩し続けています。(中略)

これらの人工素材の普及《ふきゅう》は止まりませんが、一方で、昔からある石や木といった自然素材を用いる方法は、自然 Z 回帰という形で趣味《しゅみ》的*に志向されています。残念ながら、自然素材による方法が快適な空間をつくるからといって、全面的にそこへ回帰するのは、なかなか難しいことです。もしもそれを実現しようとすれば、私たちの経済活動は、あっという間に自然環境《かんきょう》*のポテンシャルを使い果たしてしまい、木材や石はとりつくされてしまうという事態を招くでしょう。つまり、人間の感受性としては、自然素材に囲まれていたいが、環境を維持《いじ》するという観点からは、人工的な素材を使わざるを得ないのです。

そうした時に、問題になってくるのは、自然素材=本物、人工素材=化学合成品=偽物《にせもの》という認識が、私たちの潜在《せんざい》意識には存在しているということです。例えば、学校の机の天板は、プラスチック製なのに、表面に木の模様のプリントが施さ

ジョゼフ・パクストン「クリスタル・パレス」1851年（出典：S.ギーディオン『新版 空間 時間 建築1』太田實訳、丸善、1969年）

れる巨大《きょだい》な温室です。1851年のロンドン万国博覧会で、植物の展示館として建造されました。長さは563m、幅が124mもあったといわれています。現代のガラスは、溶《と》けた錫《すず》の上に溶けたガラスを流し浮《う》かせる方法（フロート法）で製造されています。この方法は1953年に英国で開発されました。フロート法が確立されたので、ガラスを均質な厚みで大量に安価につくることができるようになったわけです。古い建築で、ガラスの表面がユラユラして、向こうの風景が歪んでいるものがあれば、それは、フロート法ができる以前につくられたガラスの可能性が高いです。古いガラスは食器のような手作りの風合いがあり、個人的には貴重なものだと思います。

ガラスの最大の特徴《とくちょう》は透明《とうめい》で、光を透過《とうか》することです。建物の中を明るくすることができるということや、ガラスを用いると空間の透明感を表現できて美しいということで、［Ⅲ］的に利用されています。ガラスは表面硬度《こうど》が高いため、日常的な用途《ようと》では傷つきにくく、化学物質に対しても反応性が低く汚《よご》れにくいので、耐久性《たいきゅうせい》があります。また比重が大きいので、意外にも遮音性《しゃおんせい》が高いのです。ただし、硬《かた》いことは同時に脆《もろ》いことであり、つまり割れやすいという欠点があります。

住宅に用いられるような小さな窓のガラス厚は薄《うす》いものですと4㎜程度しかなく、遮音性や強度はそれほどよくありません。これに対して、高層ビルで用いられているような大きなガラスは、台風などの強風に対して抵抗《ていこう》するために、15㎜や19㎜、あるいはそれらを貼《は》り合わせたガラスや、熱処理や化学処理を施《ほどこ》して強度を増した強化ガラスが用いられています。ガラスの中には鉄イオンが含《ふく》まれており、分厚いほど緑色になります。デザイン的には、この緑色が邪魔《じゃま》に感じられることがあるため、鉄イオンを取り除き透明度を3倍程度にした高透過ガラスが開発されました。さらに透明感をDツイキュウする場合、ガラスの約10倍透明なアクリルが用いられます。アクリルは、有機ガラスともいわれ、継《つ》ぎ目を溶着《ようちゃく》して消すことができます。④透明度が高く、厚みを増して強くできるため、水族館の水槽《すいそう》にも用いられています。ただし、アクリルは表面硬度がやわらかく傷つきやすいうえ、有機化合物なので燃えやすいのが欠点で、残念ながら建築の外壁に利用するのは簡単ではあくりしています。日本の伝統的な民家も同様に、木や土壁《かべ》で素朴《そぼく》な空間を構成します。②私たちは自然に属しているのです。ところが、化学の進歩や急速な近代化によって、建築の世界にゲキテキな変化の波が押《お》し寄せます。鉄筋コンクリートとスチール（鋼《はがね》）、ガラスを主体的に用いた新しい建築が都市部を中心として大量生産されるようになったのです。現代の都市を構成する大規模な建築は、③性能的に優秀《ゆうしゅう》な人工材料がなければ、つくることはできません。写真の超高層《ちょうこうそう》ビルはそのさきがけの、シーグラム・ビル（１９５８年）です。ドイツ人の建築家ミース・ファン・デル・ローエがニューヨークに設計しました。このようなガラス張りの超高層ビルは今では世界中で見ることができます。化学の力によって、品質の高いスチールやガラスを大量に効率よく合成することができるようになったからこそ、超高層をはじめとする現代建築、ひいては今日の私たちの世界は成り立っています。

ミース・ファン・デル・ローエ「シーグラム・ビル」1958年（出典：山本学治・稲葉武司『新装版 巨匠ミースの遺産』彰国社、2014年）

　そこで、こうした現代の建築をつくるのに欠かせない、鉄筋コンクリート、スチール、ガラスについて、私たちの世界のデザインにどのように関わっているか、順に見ていきたいと思います。そして、最近の建築で使われはじめている新しい素材についても触《ふ》れてみたいと思います。（中略）

　鉄筋コンクリートやスチールによって建てられた現代建築と、古い建築との大きな違《ちが》いは窓のつくり方です。強い構造でつくれるようになった結果、幅《はば》の広い大きな開口部ができるようになりました。ただし、これは内部空間を成立させるために大きな面積のガラスが必要になることを意味します。

　そもそもガラスが建築に利用されるようになったのは、またしても古代ローマ時代に遡ります。当時のガラスは吹《ふ》きガラス製法によって製造されていました。その後、１５００年以上も用いられてきたシリンダー（円筒《えんとう》）法という、円筒状に吹いたガラスを縦割りにして広げる方法が開発され、［Ⅱ］的安価につくることができるようになったのです。しかしこの方法では、厚みを均等につくることが難しく、外の風景は歪《ゆが》んでしまいます。その後、大型円筒法など多くの改良法が開発されました。歴史上初めて、ガラスを全面的に用いた建築として有名なのが、通称《つうしょう》クリスタル・パレス（水晶宮《すいしょうきゅう》）と呼ば

二〇二二年度　かえつ有明中学校

【国　語】〈二月一日午後試験〉（五〇分）〈満点：一〇〇点〉

（句読点、記号は字数に数えなさい。また、本文中には、問題作成のために省略や表現を変えたところがあります。）

一　次の文章を読んで、あとの問いに答えなさい。

　物質文明のめざましい進歩によって、私たちの生活は確実に便利になりました。しかし反面、世界は複雑になり、身の回りのものですら、いったい何でできているのか、［Ⅰ］的に理解不可能な状況《じょうきょう》に陥《おちい》っています。例えば、今、皆《みな》さんが使っている学校の机は、一見木製に思えますが、実はプラスチック製かもしれません。プラスチックは何百種類もあり全部把握《はあく》している人はほとんどいません。こうした複雑化は、身の回りのほぼ全《すべ》てのものに対して起きています。つまり私たちは①未知のものに取り囲まれて生活しており、このことは、人類がいまだ体験したことのない状況になったと言わざるを得ません。かつて、化学が進歩する以前の人間は木、石、土、骨、皮、毛などの自然の素材を採取・加工して、身の回りのものや道具そして建築を構成していました。全ての材料は自然界にあらかじめ存在する素材、すなわち自然素材が基本だったわけです。私たちは由来がAヨウイに説明できるものに囲まれていたのです。

　建築の世界でも、化学のBゲキテキな進歩が起こるまでは、ゆったりと時間が流れていました。建築のCキゲンを遡《さかのぼ》ってみましょう。メソポタミアの遺跡《いせき》やエジプトのピラミッドなどでは、石を切り出し、積み上げ、木を製材し、屋根をかけていました。あるいは、土に藁《わら》を混ぜて、日干し煉瓦《れんが》をつくり、これを積み上げることもありました。驚《おどろ》いたことに、こうした方法は今でも世界中で用いられています。写真は、西アフリカの伝統的集落に立つコンパウンド（複合住居）です。外壁《がいへき》は泥《どろ》に藁を混ぜたものを積み重ねてつくります。建築の進歩はとてもゆっ

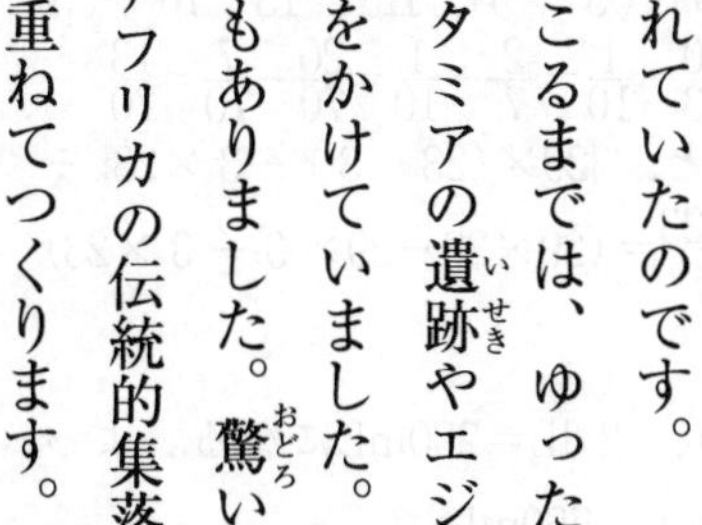

タンベルマ族（西アフリカ）の伝統的集落に建つコンパウンド

2022年度

かえつ有明中学校 ▶解説と解答

算 数 ＜２月１日午後試験＞（50分）＜満点：100点＞

解 答

1 (1) 144 (2) $\frac{13}{70}$ (3) 2001 (4) 750 (5) $\frac{37}{45}$ 2 (1) 1075 (2) $\frac{5}{48}$ (3) 8分後 (4) 10日 (5) 2：15 3 (1) 9 (2) イ 10 ウ，エ 6，4 (3) オ 9 カ 4 4 (1) 5：3 (2) 30秒間 5 (1) ア，イ (2) 面K (3) 面Q 6 (1) 28260cm³ (2) 35cm

解 説

1 四則計算，計算のくふう，単位の計算，逆算

(1) $12\times\left(48-3.6\div\frac{1}{5}\times 2\right)=12\times\left(48-\frac{36}{10}\times\frac{5}{1}\times 2\right)=12\times(48-36)=12\times 12=144$

(2) $\left\{\frac{4}{5}-0.25\div\left(\frac{1}{3}+\frac{1}{4}\right)\right\}\div 1.3-\frac{1}{10}=\left\{\frac{4}{5}-\frac{1}{4}\div\left(\frac{4}{12}+\frac{3}{12}\right)\right\}\div\frac{13}{10}-\frac{1}{10}=\left(\frac{4}{5}-\frac{1}{4}\div\frac{7}{12}\right)\times\frac{10}{13}-\frac{1}{10}=\left(\frac{4}{5}-\frac{1}{4}\times\frac{12}{7}\right)\times\frac{10}{13}-\frac{1}{10}=\left(\frac{4}{5}-\frac{3}{7}\right)\times\frac{10}{13}-\frac{1}{10}=\left(\frac{28}{35}-\frac{15}{35}\right)\times\frac{10}{13}-\frac{1}{10}=\frac{13}{35}\times\frac{10}{13}-\frac{1}{10}=\frac{2}{7}-\frac{1}{10}=\frac{20}{70}-\frac{7}{70}=\frac{13}{70}$

(3) $A\times(B-C)=A\times B-A\times C$と変形できることを利用すると，$\{29\times(23-3)-3\times 23\}\div\left(\frac{1}{3}-\frac{1}{23}-\frac{1}{29}\right)=(29\times 23-29\times 3-3\times 23)\div\frac{29\times 23-29\times 3-3\times 23}{3\times 23\times 29}=(29\times 23-29\times 3-3\times 23)\times\frac{3\times 23\times 29}{29\times 23-29\times 3-3\times 23}=3\times 23\times 29=2001$

(4) 1L＝1000mLより，0.4L＝400mLとなり，1dL＝100mLより，2dL＝200mLになる。よって，0.4L＋2dL＋150mL＝400mL＋200mL＋150mL＝600mL＋150mL＝750mL

(5) $\frac{3}{5}\times\frac{3}{4}\times\left(\frac{15}{3}-\square\times 5\right)+\frac{1}{4}=\frac{13}{20}$より，$\frac{9}{20}\times(5-\square\times 5)=\frac{13}{20}-\frac{1}{4}=\frac{13}{20}-\frac{5}{20}=\frac{8}{20}=\frac{2}{5}$，$5-\square\times 5=\frac{2}{5}\div\frac{9}{20}=\frac{2}{5}\times\frac{20}{9}=\frac{8}{9}$，$\square\times 5=5-\frac{8}{9}=\frac{45}{9}-\frac{8}{9}=\frac{37}{9}$ よって，$\square=\frac{37}{9}\div 5=\frac{37}{9}\times\frac{1}{5}=\frac{37}{45}$

2 整数の性質，割合と比，濃度《のうど》，仕事算，辺の比と面積の比

(1) 8－3＝5，12－7＝5，15－10＝5より，8で割ると3余り，12で割ると7余り，15で割ると10余る整数は5を加えると8でも12でも15でも割り切れるから，8と12と15の公倍数より5だけ小さい数である。8と12と15の最小公倍数は120なので，1000÷120＝8余り40より，4けたの最も小さい整数は，120×(8＋1)－5＝1075となる。

(2) 男子生徒と女子生徒の人数をそれぞれ，$\boxed{4}$，$\boxed{5}$とすると，自転車で通学している生徒の人数は，$(\boxed{4}+\boxed{5})\times\frac{1}{12}=\boxed{\frac{3}{4}}$となり，自転車で通学している女子生徒の人数は，$\boxed{5}\times\frac{1}{15}=\boxed{\frac{1}{3}}$だから，自転車で通学している男子生徒の人数は，$\boxed{\frac{3}{4}}-\boxed{\frac{1}{3}}=\boxed{\frac{5}{12}}$とわかる。よって，男子生徒全体のうち自転車で通学している男子生徒の割合は，$\frac{5}{12}\div 4=\frac{5}{48}$と求められる。

(3) (食塩の重さ)＝(食塩水の重さ)×(濃度)より，Aの12％の食塩水300ｇと，Bの8％の食塩水300ｇに含《ふく》まれる食塩の重さはそれぞれ，300×0.12＝36(ｇ)，300×0.08＝24(ｇ)である。また，AとBの食塩水の重さは常に同じなので，AとBの食塩の重さが同じになったときに濃度が同じになる。Ａには水を入れるから，食塩の重さは36ｇのままになり，15％の食塩水10ｇに含まれる食塩の重さは，10×0.15＝1.5（ｇ）なので，Ｂは１分間に1.5ｇずつ食塩の重さが増える。よって，食塩の重さが同じになるのは，（36－24）÷1.5＝８（分後）とわかる。

⑷　１人が１日にする仕事量を１とすると，この仕事全体の量は，１×20×50＝1000である。この仕事を，20＋５＝25（人）で行うと，仕上げるのにかかる日数は，1000÷（１×25）＝40（日）になるから，50－40＝10（日）早く仕上げることができる。

⑸　右の図で，三角形ADFと三角形CEFは相似なので，AF：FC＝DF：EF＝AD：CE＝（１＋２）：２＝３：２である。平行四辺形ABCDの面積を１とすると，三角形ACDの面積は，$1\times\frac{1}{2}=\frac{1}{2}$になり，AF：FC＝３：２より，三角形AFDと三角形CFDの面積の比も３：２となるから，三角形CFDの面積は，$\frac{1}{2}\times\frac{2}{3+2}=\frac{1}{5}$になる。また，DF：FE＝３：２より，三角形CFDと三角形FECの面積の比も３：２となるので，三角形FECの面積は，$\frac{1}{5}\times\frac{2}{3}=\frac{2}{15}$とわかる。よって，三角形FECと平行四辺形ABCDの面積の比は，$\frac{2}{15}$：１＝２：15と求められる。

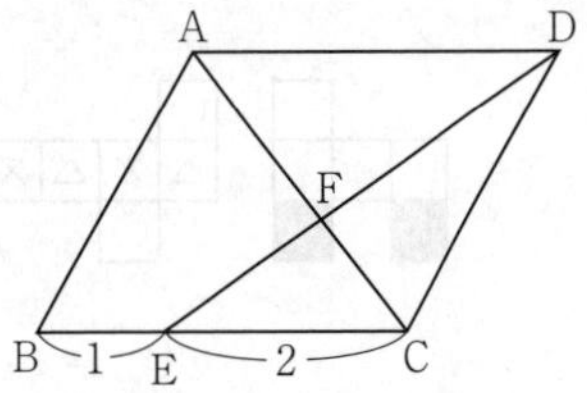

3　約束記号

⑴　７！×72＝（１×２×３×…×７）×（８×９）＝９！より，ア＝９である。

⑵　$\frac{10\times9\times8\times7\times6\times5}{6\times5\times4\times3\times2\times1}=\frac{10\times9\times8\times7}{4\times3\times2\times1}=\frac{10\times9\times8\times7\times(6\times5\times\cdots\times1)}{(6\times5\times\cdots\times1)\times4\times3\times2\times1}=\frac{10!}{6!\times4!}$となるから，イ＝10，ウ，エ＝６，４になる。

⑶　$9\times7\times5\times3\times1=\frac{9\times8\times7\times\cdots\times1}{8\times6\times4\times2}$となり，分子の（９×８×７×…×１）は９！と表せる。また，分母の（８×６×４×２）は，（２×２×２）×（２×３）×（２×２）×２＝（２×２×２×２）×３×４×２＝（２×２×２×２）×（４×３×２×１）＝２×２×２×２×４！と表せる。よって，オ＝９，カ＝４とわかる。

4　仕事算，つるかめ算

⑴　この水そうの容積を１とすると，１つのじゃ口のみを使ったとき，１秒間に出る水の量は，$1\div120=\frac{1}{120}$である。また，２つのじゃ口を同時に使ったとき，１つのじゃ口から１秒間に出る水の量は，$1\div100\div2=\frac{1}{200}$とわかる。よって，２つの場合の時間あたりの水の量の比は，$\frac{1}{120}:\frac{1}{200}$＝５：３と求められる。

⑵　１つのじゃ口のみを使ったときと，２つのじゃ口を同時に使ったときの，１つのじゃ口から出る１秒間あたりの水の量をそれぞれ５，３とすると，この水そうの容積は，５×120＝600なので，水そうの８割の水の量は，600×0.8＝480になる。１つのじゃ口のみで90秒間水を入れると，入れた水の量は，５×90＝450となり，480よりも，480－450＝30少なくなる。そこで，１つのじゃ口のみの時間を減らして，かわりに２つのじゃ口を同時に使う時間を増やすと，入れる水の量は１秒間あたり，３×２－５＝１ずつ多くなる。よって，２つのじゃ口を同時に使う時間は，30÷１＝30（秒間）とわかる。

5　展開図

⑴　アからは立体を組み立てることができない。イは組み立てると，下の図１のかげをつけた面どうしが重なってしまう。ウ，エ，オは組み立てると，それぞれ図１の同じ印をつけた面どうしが向

かい合い，立方体ができる。よって，立方体の展開図とはいえないものはア，イである。

⑵　下の図２のように，太線で分けると３個の展開図になる。面Ｍを含む展開図を組み立てると，面Ｍと平行な面(向かい合う面)は面Ｋとなる。

⑶　下の図３のように，太線で分けると４個の展開図になる。面Ｊを含む展開図を組み立てると，面Ｊと平行な面は面Ｑとなる。

図１

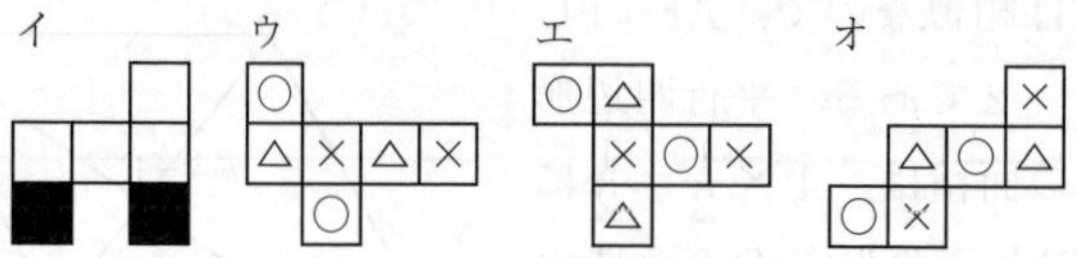

図２

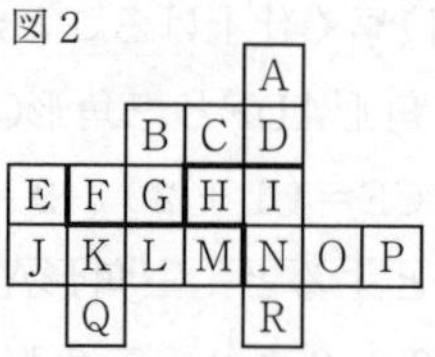

図３

6　立体図形―水の深さと体積

⑴　ＡとＢの底面は合同なので，それぞれの底面積は半径，$30\div2=15$(cm)の円の面積の半分の，$15\times15\times3.14\times\frac{1}{2}=\frac{225}{2}\times3.14$(cm²)となる。よって，入っている水の体積は，$\frac{225}{2}\times3.14\times(50+30)=9000\times3.14=28260$(cm³)である。

⑵　アルミ板の外側の半円の半径は，$6+2=8$(cm)だから，ＡとＢの底面積はどちらも，$15\times15\times3.14\times\frac{1}{2}-8\times8\times3.14\times\frac{1}{2}+6\times6\times3.14\times\frac{1}{2}=\frac{197}{2}\times3.14$(cm²)とわかる。よって，入っている水の体積は，$\frac{197}{2}\times3.14\times(50+30)=7880\times3.14$(cm³)なので，アルミ板を外したとき，容器に入っている水の高さは，$7880\times3.14\div(15\times15\times3.14)=35.02\cdots$より，小数第一位を四捨五入して，35cmと求められる。

社　会　＜２月１日午後試験＞（25分）＜満点：50点＞

解　答

1　**問１**　ア　**問２**　知床　**問３**　ウ　**問４**　ア　**問５**　⑴　イ　⑵　バイオマス(発電)　**問６**　⑴　青函(トンネル)　⑵　ウ　**問７**　⑴　イ　⑵　ア，ウ　**問８**　イ　**問９**　エ　**2**　**問１**　オ　**問２**　イ　**問３**　エ　**問４**　ウ　**問５**　ア　**問６**　イ　**問７**　渋沢栄一　**問８**　インフレーション　**問９**　日本銀行　**問10**　⑴　イ　⑵　(例)　現金に比べて，使いすぎてしまう可能性があること。　**問11**　⑴　ウ　⑵　エ

解　説

1　オリンピック開催地の候補都市を題材にした問題

問１　札幌市が属する北海道の気候は，梅雨や台風の影響《えいきょう》が少ないことや，冬の寒さが厳しいことが特徴《とくちょう》といえるので，アがあてはまる。なお，イは金沢市(石川県)，ウは那覇市(沖縄県)，エは福島市の雨温図。

問２　北海道東部の知床《しれとこ》半島は，流氷の育む海の生態系と手つかずに近い陸の生態系の連鎖や，シマフクロウやオオワシなどの貴重な動物が見られることから，2005年に「知床」としてユネスコ

(国連教育科学文化機関)の世界自然遺産に登録された。

問3 「復興五輪」の「復興」とは，2011年に発生した東日本大震災からの復興をさしている。翌2012年には，東日本大震災からの復興に関する政策を担当する行政機関として，10年という期限つきで復興庁が設置され，さまざまな事業を進めてきた。しかし，復興がまだ達成されていないとして，さらに10年間，設置期限が延長された。

問4 福島県の会津若松市周辺では，伝統的工芸品としてアのような「会津塗《ぬり》」という漆器《しっき》の生産が受けつがれている。なお，イは南部鉄器で岩手県，ウは大館《おおだて》曲げわっぱで秋田県，エは天童将《しょう》棋駒《ぎこま》で山形県の伝統的工芸品。

問5 (1) a　カナダの発電電力量に占《し》める水力と再生可能エネルギー(水力除く)の合計の割合は66.3%，中国の石炭の割合は66.7%で，ほとんど同じくらいである。 b　発電電力量に占める再生可能エネルギー(水力除く)の割合は，ドイツ・イギリス・スペイン・イタリアの順に多く，日本はこれらの国々についで5番目に多い。 c　図1にある「再エネ比率」について，正しく説明している。 (2) バイオマス発電は，生物に由来するものをエネルギー源として発電する方法で，木くずや燃えるゴミのほか，さとうきびやとうもろこしからつくられるバイオエタノールや，家畜のふん尿《にょう》なども燃料とされる。

問6 (1) 青函《せいかん》トンネルは，北海道と本州の間に広がる津軽海峡の海底を通るトンネルで，1985年に開通した。鉄道専用トンネルで，現在は北海道新幹線と貨物列車が通っている。 (2) 中央自動車道は東京都と愛知県を結ぶ高速道路で，東京都・神奈川県・山梨県・長野県・岐阜県を通って愛知県にいたる。なお，関越自動車道は東京都と新潟県を，東名高速道路は太平洋側を通って東京都と愛知県を，常磐《じょうばん》自動車道は太平洋側を通って埼玉県と宮城県を結んでいる。

問7 (1) 川が山地から平地に流れ出るところでは，上流から運ばれた土砂が扇形《おうぎがた》に積もって，扇状地《せんじょうち》とよばれるなだらかな傾斜《けいしゃ》地が形成されることがある。なお，三角州は川が海や湖に出るところに形成される地形，河岸段丘《かがんだんきゅう》は川の両岸に形成される階段状の地形，三日月湖は川の流路が変わり，もとの流路が取り残されてできた湖。 (2) 扇状地では，水はけのよさをいかし，日当たりのよい斜面で果樹栽培が行われているところが多い。山梨県の甲府盆地は代表的な扇状地として知られ，山梨県のももとぶどうの生産量は全国で最も多い。なお，みかんは和歌山県，りんごは青森県が生産量全国第1位。統計資料は『日本国勢図会』2022／23年版による。

問8 ア　パラリンピックの陸上競技において，オリンピックの記録を上回る記録が出た事例がある。 イ　パラリンピックでは，種目によって障がいの程度によるクラス分けが行われるので，正しい。 ウ　1960年のイタリアのローマ大会が，第1回パラリンピックとされている。 エ　オリンピック同様，パラリンピックにも夏季大会と冬季大会がある。

問9 Aさんの発言に「今回の東京オリンピックでも，マラソンや競歩は札幌で行われました」とあるが，すべての陸上競技が札幌で行われたとは書かれていない。

2 お金の歴史を題材とした問題

問1 『日本書紀』には，7世紀後半，天武天皇が銅銭の使用を命じたという記述がある。1990年代後半には，奈良県の飛鳥池工房《こうぼう》遺跡から，富本銭《ふほんせん》というBのような銅銭が大量に出土し，これがそのときつくられた貨幣《かへい》と考えられている。その後の708年には和同開珎《かいちん》とよばれるAの貨幣がつくられ，当時造営が進められていた平城京の建設費用や人件費にあてられた。富本銭も和同開珎も，

Ｃの開元通宝という唐(中国)の貨幣を手本としてつくられたものである。

問２　古代の日本では，貨幣を使う習慣はなかなか定着せず，物々交換《こうかん》が主流であった。交換する物の中心は，広く人々が必要とし，共通の価値を認めていた米や布，塩などで，これらが貨幣の役割をはたした。

問３　12世紀半《なか》ばは平安時代後期にあたり，このころには平家が日宋貿易を行って宋(中国)から宋銭という銅銭を輸入していた。日本で貨幣が鋳造《ちゅうぞう》されていなかったこともあって，宋銭は鎌倉時代にかけて広く用いられるようになった。なお，室町時代には明(中国)から明銭が輸入されるようになり，広く流通した。

問４　天保小判は，改鋳前の文政小判に比べて，総重量は3.50匁《もんめ》から3.00匁に減ったが，金含有《がんゆう》率は56.4％から56.8％とわずかに高くなっている。

問５　1858年，江戸幕府の大老井伊直弼《なおすけ》は，朝廷の許しを得ないまま，アメリカ合衆国・イギリス・フランス・オランダ・ロシアの５か国と修好通商条約を結び，貿易を始めることにした。

問６　江戸時代末に外国との貿易が始まった当初，日本では金１に対して銀５で交換できたが，海外では金１に対して銀15での交換となった。そのため，たとえば，海外から日本に銀５を持ってきて金１と交換し，これを海外に持っていって銀と交換すると，銀を15に増やせる。そのため，日本から大量の金が海外へと流出した。これを防ぐため，1860年に万延小判が鋳造された。

問７　渋沢《しぶさわ》栄一は埼玉県の豪農の家に生まれ，一橋家に仕えたのち，明治政府で役人として働いた。その後，1873年に日本初の銀行である第一国立銀行を設立したほか，大阪紡績《ぼうせき》会社など数多くの企業の設立や経営にたずさわるなど，実業界で活躍《かつやく》した。「日本資本主義の父」ともよばれるその功績により，2024年発行予定の新10000円紙幣には，渋沢栄一の肖像《しょうぞう》が採用された。

問８　紙幣を増刷してその流通量が増えると，貨幣価値が下がる。これによって，それまで以上に貨幣を支払わないと物やサービスが購入《こうにゅう》できなくなるため，物の値段が上がる。この状況《じょうきょう》をインフレーション(インフレ)といい，好景気のときに起こりやすい。なお，これと逆の状況はデフレーション(デフレ)とよばれる。

問９　日本銀行は日本の中央銀行で，唯一《ゆいいつ》紙幣を発行することができる発券銀行としての役割をはたしている。また，一般銀行との資金のやり取りを行う「銀行の銀行」，政府の資金の管理を行う「政府の銀行」としての役割をはたしているほか，金融《きんゆう》政策を行って市場の通貨量を調整している。

問10　(1)　不景気のときは賃金が下がったり失業者が増えたりして，消費者の購買力が下がる。これを高めるため，政府は減税を行って需要《じゅよう》の拡大をはかる。需要(量)とは家計や企業が必要とする量のこと，供給(量)は市場に出された商品の量のことである。　(2)　支払いの手段を，紙幣や硬《こう》貨《か》などの現金を使用しない方法にすることを「キャッシュレス化」といい，電子マネーやバーコード決済などによる支払いにかえていくことがこれにあたる。キャッシュレス化には，現金をあつかわなくてすむことによるメリット(利点)があるが，現金に比べてお金を使いすぎる可能性があることや，個人情報をふくむデータが悪用されるおそれがあること，停電やシステム障害のさいに使えなくなることなどはデメリット(欠点)といえる。

問11　(1)　高度経済成長期の前半にあたる1950年代後半から1960年代前半には家庭電化製品が急速に普及《ふきゅう》し，なかでも白黒テレビ・電気洗たく機・電気冷蔵庫は「三種の神器」とよばれて人気を集めた。その後，カラーテレビ・クーラー(エアコン)・カー(自動車)が「新三種の神器(３Ｃ)」として普及した。　⑵　資料Ⅰによると，1980年の第1次産業の就業者の割合は10.9％だが，これには農業だけでなく林業や水産業に従事している人もふくまれるので，「農家の割合が10.9％となった」わけではない。

理 科　＜2月1日午後試験＞（25分）＜満点：50点＞

解 答

[1] ⑴ **番号**…12　**理由**…（例）使用済みのものを材料とすることで，捨てるものを減らし，リサイクルを推進して資源を効率的に利用しているから。　⑵（例）より多くの酸素を届けるためだよ　⑶（例）血液を送り出す部屋なので，筋肉が発達しているから。　⑷ ウ　⑸ イ　⑹ イ　⑺（例）水素を燃やしても二酸化炭素が排出されないからだよ。　⑻（例）ほのおの色がない。　⑼ **固体A**…ウ　**液体B**…カ　⑽（例）水にとけにくい。　⑾ ア，ウ　[2] ⑴（例）海水の蒸発する量が増えるから。　⑵ イ，エ，カ　⑶（例）台風の進む向きと風の向きが同じになるので，風の勢いが増すから。　⑷（例）へん西風のえいきょうを受けるから。　⑸（例）台風の勢力を保つのに必要な水蒸気の供給が少なくなるから。　[3] ⑴ 0.35A　⑵ **イ** c　**ウ** c　**エ** b　**オ** b　⑶ 電圧計　⑷ **1** ア　**2** エ　**3** オ　**4** キ　**5** ケ

解 説

[1] 小問集合

⑴　Xのプロジェクトでは使い捨てプラスチックを再生利用していて，Yのプロジェクトでは小型家電から金属を集めている。両方に共通しているのは，使用済みのものを捨てずに再利用し，資源を有効利用している点である。SDGsの12番には，ごみを削減《さくげん》したり再生利用したりすることが目標の一つとして掲《かか》げられている。

⑵　激しい運動をすると，全身の細胞《さいぼう》がエネルギーをとり出すのに大量の酸素を必要とするため，より多くの酸素を肺から全身の細胞まで送り届けなければならない。よって，酸素を運ぶ血液のじゅんかんを速くするため，心臓の拍動《はくどう》が通常より速く激しくなる。

⑶　図で，①と③は心臓に血液をとり入れる部屋で心房《しんぼう》といい，②と④は心臓から血液を送り出す部屋で心室という。②と④の心室は，血液を送り出すのに強い力を必要とするため，筋肉でできたかべが厚くなっている。

⑷　肺は，左右の胸に1対あり，うすいまくに包まれていて，ろっ骨や胸骨などに囲まれて守られている。肺胞という小さな袋《ふくろ》が非常にたくさん集まってできているが，肺胞は筋肉でできていないため，みずからふくらんだりしぼんだりすることはできない。肺に空気を出し入れするためにはたらくのは，肺の下の方にある横かくまくという筋肉などである。

⑸　図のAのように，筋肉と骨をつなぐ部分をけんという。Aのけんがある筋肉は，ひじを曲げることや，ひじから先（前わん）を回転させることに関係している。そのため，Aのけんが切れてしまうと，ひじが曲げられなくなり伸《の》びてしまい，前わんの回転ができなくなると考えられる。

⑹　ひじを曲げたり伸ばしたりするとき，ひじの関節を中心としてひじより先の部分が動くので，

ひじの関節は支点の役割をしている。

⑺　現在はおもに石油や石炭などの化石燃料を燃料に使用しているが，これらは燃やすと二酸化炭素を発生し，地球温暖化を進行させてしまう。そのため，化石燃料のかわりとなる次世代燃料の一つとして水素が注目されている。水素は燃やしても水ができるだけで二酸化炭素を排出《はいしゅつ》しないため，地球温暖化の進行を止める効果が期待されている。

⑻　水素が燃えるときに出るほのおには色がないため，このままでは聖火が本当に燃えているのかどうかが目で見てわからない。そこで，トーチには水素のほのおに重そうを混ぜる装置が組みこまれた。重そうのつぶが水素のほのおに熱せられることで，ほのおの色がオレンジ色に見えるようにした(えん色反応という)。

⑼　実験室で水素を発生させるときは，アルミニウムや鉄，亜鉛《あえん》，マグネシウムなどにうすい塩酸を加える。また，アルミニウムに水酸化ナトリウム水よう液を加えてもよい。

⑽　⑼の図のような気体の集め方を水上置換《ちかん》法という。この方法は水にとけにくい気体を集めるのに適しているから，水素は水にとけにくい性質があると考えられる。

⑾　金，銀，銅などの金属には，引っぱると長くのびる性質やたたくとうすく広がる性質，電流をよく通す性質，熱をよく伝える性質，みがくと光る性質などがある。

2　台風についての問題

⑴　地球温暖化が進んで気温が上昇《じょうしょう》すると，海水の蒸発する量が増えるとともに，空気中にふくむことのできる水蒸気量が大きくなるため，大気中の水蒸気量が地球全体で増えることになる。

⑵　台風の中心に見られる「台風の目」では，ゆるやかな下降気流が生じているため，風がほとんどなく，また，雲が発生しにくいため雨は降りにくく，晴れていることもある。

⑶　台風のまわりでは，中心に向かって反時計回りにうずをまくように風がふきこんでいる。よって，台風の進路に対して右側にあるエリアでは，風がふく向きと台風の進む向きが同じ方向になるため，風が強くなりやすい。

⑷　日本のはるか南の海上で発生した台風は北上しながら日本に近づいてくるが，日本付近までくると，上空にふいているへん西風とよばれる西からの強い風のえいきょうを受けて，進行方向を東寄りに変えることが多い。

⑸　台風は，おもに海面から蒸発する水蒸気をエネルギーとして勢力を強める。そのため，上陸したり，海水温の低いところまで来たりすると，海面からの水蒸気の供給が少なくなって，勢力が弱まりやすい。

3　回路に流れる電流や電圧についての問題

⑴　図の電流計は500mAの－端子《たんし》を使用しているから，針がいっぱいにふれたとき，電流の大きさは500mAとなる。よって，流れている電流は350mAとわかる。これは，１A＝1000mAより，350÷1000＝0.35(A)である。

⑵　①の回路の豆電球アに流れる電流の大きさを１とすると，②の回路(豆電球２個の並列つなぎ)の豆電球イには１，③の回路(電池２個の並列つなぎ)の豆電球ウには１，④の回路(豆電球２個の直列つなぎ)の豆電球エと豆電球オにはそれぞれ$\frac{1}{2}$の大きさの電流が流れる。よって，豆電球アの明るさとくらべて，豆電球イと豆電球ウの明るさは同じで，豆電球エと豆電球オの明るさは暗い。

⑶　電圧計は電圧を測りたい部分に対して並列につなぎ，電流計は電流を測りたい部分に対して直

列につなぐ。したがって，図で，えんぴつの芯《しん》に対して並列につながれている計器Ｘが電圧計，直列につながれている計器Ｙが電流計である。

⑷　**1**　比例では，一方の量の値をもう一方の量の値で割ったときに求められる値が一定になる。また，反比例では，一方の量の値ともう一方の量の値をかけたときに求められる値が一定になる。表で，（電流）÷（電圧）の値を求めると，90÷0.5＝180，160÷0.9＝177.7…，213÷1.2＝177.5，280÷1.6＝175，352÷2.0＝176，445÷2.5＝178となり，ほぼ一定の値になっている。このことから，電流は電圧に比例していると考えられる。　**2，3**　電圧計はえんぴつの芯に対して並列につないであるため，電圧計に電流が流れれば流れるほど，電流計に流れる電流の大きさがえんぴつの芯に流れる電流の大きさよりも大きくなってしまい，測定誤差が大きくなる。したがって，電圧計にはなるべく電流が流れないようにするため，電圧計自体がもつ抵抗《ていこう》の大きさをできるだけ大きくする必要がある。　**4，5**　電流計に流れる電流の大きさは，えんぴつの芯に流れる電流の大きさと電圧計に流れる電流の大きさの合計になるので，電流計の示す値は実際の値（えんぴつの芯に流れる電流の値）よりも少しだけ大きくなる。

国　語　＜２月１日午後試験＞（50分）＜満点：100点＞

解　答

一　**問１**　下記を参照のこと。　**問２**　エ　**問３**　（例）　人間は，大昔から自然素材の建物の中で生活しているということ。　**問４**　ア，ウ，オ　**問５**　Ⅰ　カ　Ⅱ　ウ　Ⅲ　ア　**問６**　イ，ウ，カ　**問７**　（例）　強化して大きな水槽を作ることができる。（厚くても魚が見やすい。）　**問８**　**Ｘ**　エ　**Ｙ**　ウ　**Ｚ**　エ　**問９**　（例）　環境維持の視点からも，自然素材の模倣品として人工素材を見るのではなく，人工素材そのものの魅力や価値を発見して認める方向に成長させていくこと。　**問10**　ア　二　**問１**　**Ａ**　こうきしん　**Ｂ，Ｃ**　下記を参照のこと。　**Ｄ**　あいこう　**問２**　**1**　ウ　**2**　エ　**3**　ア　**4**　イ　**問３**　（例）　テーマを決めて，そのテーマから連想される言葉を次々にあげ，つなげていく。　**問４**　**Ｘ**　音　**Ｙ**　目　**Ｚ**　口　**問５**　Ⅰ　エ　Ⅱ　ア　**問６**　瑠雨ちゃんをうちにま　**問７**　イ　**問８**　⑴　イ　⑵　（例）「わたし」は，しゃべらない瑠雨ちゃんに距離を感じていたが，瑠雨ちゃんの心からの声を聞いて驚くと共に，瑠雨ちゃんに近づけたようにも感じうれしさで一杯になっている。

●漢字の書き取り

一　**問１**　**Ａ**　容易　**Ｂ**　劇的　**Ｃ**　起源　**Ｄ**　追求　二　**問１**　**Ｂ**　聴力　**Ｃ**　移動

解　説

一　**出典は『14歳《さい》からのケンチク学』所収の「私たちはマテリアル・ワールドに生きている」（今井《いまい》公太郎《こうたろう》作）による。**化学の進歩や物質文明の近代化が，建築の世界や私たちの生活にもたらした変化などについて説明している。

問１　**Ａ**　簡単に行えること。　**Ｂ**　劇をみているように，心をゆさぶるありさま。　**Ｃ**　ものごとの起こり。　**D**　目的を達するまで，どこまでも追い求めること。

問２　ぼう線①をふくむ一文に「つまり」とあるので，前の部分に注目する。私たちの身の回りにあるものは，ほぼ全てが「複雑化」しており，「いったい何でできているのか」理解できないので，「未知のもの」に取り囲まれて生活しているといえる。

問３　化学の進歩が起こるまで，人間の住む建築物は，「石」や「木」や「土に藁《わら》を混ぜ」た「日干し煉瓦《れんが》」などを材料としていた。つまり，人間は自然の素材の中で，生活を営んでいたということができる。

問４　「鉄筋コンクリート」や「スチール（鋼《はがね》）」，「ガラス」などの「性能的に優秀《ゆうしゅう》な人工材料」が「大量生産」されるようになって，「大規模な建築」が可能になったと述べられているので，アとウは選べる。さらに，「フロート法」で製造された現代のガラスは，「均質な厚みで大量に」つくることができるようになったと述べられているので，オも正しい。また，ガラスは天然素材ではなく，「割れやすいという欠点」があり，身近なところから手に入れられるものでもないため，イ，エ，カは誤り。

問５　**Ⅰ**　身の回りのものが「複雑化」しているので，「一見」しただけでは何でできているのか感覚ではわからない，とすると意味が通じる。考えなくても，見てすぐにものごとの本質をとらえるようすの「直感」的があてはまる。　**Ⅱ**　シリンダー法が開発され，ガラスはほかの素材と比べて「安価」につくれるようになったという文脈なので「比較《ひかく》」的《てき》が入る。　**Ⅲ**　ガラスを用いた建築は，「空間の透明《とうめい》感を表現できて美しい」ので，進んで利用されているという文脈になると考えられる。よって，ものごとを進んで行う，という意味になるように「積極」を入れる。

問６　ガラスは，「日常的な用途《ようと》では傷つきにくく」，「汚《よご》れにくい」ので「耐久性《たいきゅうせい》」はあるが，「割れやすいという欠点」があるので，ウは正しい。ただし，厚みのあるガラスを「貼《は》り合わせ」たり，「熱処理や化学処理を施《ほどこ》し」たりすることで，「強度を増した強化ガラス」をつくることもできるとあり，イもふさわしい。また，今では「不透明なガラス」もつくられており，「ミラーガラス」を使った建築は，表面に「空や雲などの風景」を映り込《こ》ませることができるので，カも合う。なお，エは「完全に内側がすけて見えて」という部分が本文から読み取れない内容なので，誤り。

問７　ガラスの透明度が高いと，水槽《すいそう》の中の魚をよく見ることができるという利点がある。また，ガラスの強度を高めると，内側からの強い水圧に耐《た》えられるようになるので，水槽を大きくすることができる。

問８　**X**　「傾向《けいこう》」は，ある方向にかたむくこと。　**Y**　「馴染《なじ》む」は，“調子や味わいなどが一つにとけあう”という意味。　**Z**　「回帰」は，一回りして元の場所や状態に戻《もど》ること。

問９　筆者は，自然素材のよさを認めつつも，「環境《かんきょう》を維持《いじ》するという観点からは，人工的な素材を使わざるを得ない」としたうえで，「人工素材を自然素材の模倣品《もほう》」として位置づけているようでは「人工素材の地位は向上」しないと述べている。筆者は，人工素材の中に「別の価値を発見」できるような感受性を鍛《きた》えていくべきだと主張しているのである。

問10　透明感を追求したデザインは現代建築の１つの傾向だが，「不透明なガラスのデザイン」を追求する「方向性」もある，と述べられているので，アが合う。

二　**出典は森絵都《もりえと》の『あしたのことば』所収の「風と雨」による。**ふだんはほとんどしゃべらない瑠《る》雨《う》ちゃんの特別な才能に気づいた「わたし」は，祖父の謡曲《ようきょく》をききに来ないかと瑠雨ちゃんをさそう。

問1　**A**　未知のことなどに興味を持つ心。　**B**　音を聞き取る能力。　**C**　位置を変えること。　**D**　「愛好会」は，同じ趣味《しゅみ》を持った人たちが集まる会。

問2　**1**　「糧《かて》になる」は，“成長するための力になる”という意味。　**2**　「やぶれかぶれ」は，思うようにならなくて，もうどうにでもなれというような気持ちになること。　**3**　「一理ある」とは，“一応の理くつが通っている”という意味。　**4**　「めがねにかなう」は，気に入られたり，実力を認められたりすること。

問3　続く部分をみると，「わたし」は，「空つながり」や「アウトドアつながり」，「顔つながり」など，一つのテーマを決めてから，それに関係のある言葉を次々に思いうかべている。

問4　**X**　瑠雨ちゃんの紙には「音楽」や「歌」や「雨の音」など，全て「音」に関係するものが書かれていたので，「わたし」は意外な発想におどろいている。　**Y**　「意外な発見」をした日から，「わたし」は，瑠雨ちゃんが「ただのしゃべらない子」ではなく，「とくべつな耳」を持っているのではないかと思うようになった。評価や印象などが変わったという意味になるように「見る目は変わった」とすると文脈に合う。　**Z**　瑠雨ちゃんは，「しゃべらない子」なので，ふだん「口」は閉じられたままだと考えられる。

問5　Ⅰ　「わたし」は，瑠雨ちゃんが「動きを止めて，じっとなにかを見つめて」いるような動作に目をこらすようになった。よって，“ちょっとした動作やしぐさ”という意味の「一挙一動」が合う。　Ⅱ　直前の「しゃべらなくたって通じあえる」という意味の「以心伝心」が入る。

問6　「瑠雨ちゃんのことをもっと知りたい」と思った「わたし」は，「瑠雨ちゃんをうちにまねいたら，一気に距離《きょり》がちぢまって，ぐんと仲よくなれるかもしれない」し，「ついでに，瑠雨ちゃんがターちゃんの謡曲」をきいて「才能なし」と「判定して」くれたら，「ターちゃんが自信をなくしてうたわなく」なるかもしれないという「一石二鳥」の「よくばりな作戦」を思いついている。

問7　瑠雨ちゃんは，「わたし」のスウェットをつまみ，自らターちゃんの謡曲をききにいきたいという気持ちを伝え，さらに「ほんとにきてくれるの」と聞くたびに，何度も「うなずきかえして」くれた。瑠雨ちゃんは，気をつかったり，約束をしたりしたという理由で，「わたし」についてきているのではなく，自分の意志で「わたし」の家に行こうと思っていると考えられるので，イの内容が合う。なお，エは，「ずっと前から」という内容が本文からは読み取れないので正しくない。

問8　⑴　ぼう線②の後にあるように，瑠雨ちゃんが，「まばたき」をしてまつげをゆらすときは，気持ちが不安定になったり，とまどったりしたときだと考えられる。一方，まつげがゆれていないときは，気持ちが落ち着き，自分の意思を示せる状態にあると考えられる。ターちゃんの謡曲を聞いたときの瑠雨ちゃんのまつげはゆれていなかったので，瑠雨ちゃんは本当に「感動」したのだとわかる。　⑵　「わたし」は，しゃべらない瑠雨ちゃんになかなか親しくなれないもどかしさを感じていたが，瑠雨ちゃんの心からの声をきけたことにおどろき，さらに瑠雨ちゃんと心の距離をちぢめられたことを実感してうれしさを感じ，「瑠雨ちゃんがしゃべった」と，心の中でくりかえし続けたのである。

Dr.福井の

入試に勝つ！脳とからだのウルトラ科学

試験場でアガらない秘けつ

キミたちの多くは，今まで何度か模擬試験（たとえば合不合判定テストや首都圏模試）を受けていて，大勢のライバルに囲まれながらテストを受ける雰囲気を味わっているだろう。しかし，模擬試験と本番とでは雰囲気がまったくちがう。そういうところでも緊張しない性格ならば問題ないが，入試独特の雰囲気に飲みこまれてアガってしまうと，実力を出せなくなってしまう。

試験場でアガらないためには，試験を突破するぞという意気ごみを持つこと。つまり，気合いを入れることだ。たとえば，中学の校門前にはあちこちの塾の先生が激励《げきれい》のために立っている。もし，キミが通った塾の先生を見つけたら，「がんばります！」とあいさつをしよう。そうすれば先生は必ずはげましてくれる。これだけでもかなり気合いが入るはずだ。ちなみに，ヤル気が出るのは，TRHホルモンという物質の作用によるもので，十分な睡眠をとる，運動する（特に歩く），ガムをかむことなどで出されやすい。

試験開始の直前になってもアガっているときは，腹式呼吸が効果的だ。目を閉じ，おなかをふくらませるようにしながら，ゆっくりと大きく息を吸う。ここでは「ゆっくり」「大きく」がポイントだ。そして，ゆっくりと息をはく。これをくり返し何回も行うと，ノルアドレナリンという悪いホルモンが減っていくので，アガりを解消することができる。

よく「手のひらに“人”の字を書いて飲みこむことを３回行う」とアガらないというが，そのようなおまじないを信じて実行し，自分に暗示をかけてもいいだろう。要は，入試に対するさまざまな不安な気持ちを消し去って，試験に集中できるようなくふうをこらせばいいのだ。

Dr.福井（福井《ふくい》一成《かずしげ》）…医学博士。開成中・高から東大・文Ⅱに入学後，再受験して翌年東大・理Ⅲに合格。同大医学部卒。さまざまな勉強法や脳科学に関する著書多数。

Memo

Memo

出題ベスト10シリーズ

①国語読解ベスト10

②漢字合格の2790題

③計算合格の820題

④図形問題ベスト10

■過去の入試問題から出題例の多い問題を選んで編集・構成。受験関係者の間でも好評です！

有名中学入試問題集

●男子校編

●女子校編

■中学入試の全容をさぐる!!
■首都圏の中学を中心に、全国有名中学の最新入試問題を収録!!

※表紙は昨年度のものです。

算数の過去問25年分

■筑波大学附属駒場
■麻布
■開成

○名門３校に絶対合格したいという気持ちに応えるため過去問実績No.1の声の教育社が出した答えです。

都立中高一貫校 適性検査問題集

■都立一貫校と同じ検査形式で学べる！

●自己採点のしにくい作文には「採点ガイド」を掲載。
●保護者向けのページも充実。
●私立中学の適性検査型・思考力試験対策にもおすすめ！

スーパー過去問の **解説執筆・解答作成スタッフ（在宅）募集！** ※募集要項の詳細は、10月に弊社ホームページ上に掲載します。

2025年度用
中学スーパー過去問

■編集人 声の教育社・編集部
■発行所 株式会社 声の教育社
〒162-0814 東京都新宿区新小川町8-15
☎03-5261-5061㈹ FAX03-5261-5062
https://www.koenokyoikusha.co.jp

※本書の内容についての一切の責任は当社にあります。内容・解説・解答・その他は当社ホームページよりお問い合わせ下さい。

ストリーミング配信による入試問題の解説動画

2025年度用web過去問 ラインナップ

■ 男子・女子・共学（全動画）見放題
36,080円（税込）

■ 男子・共学 見放題
29,480円（税込）

■ 女子・共学 見放題
28,490円（税込）

● 中学受験「声教web過去問（過去問プラス・過去問ライブ）」（算数・社会・理科・国語）

3〜5年間 **24校**

過去問プラス

麻布中学校	桜蔭中学校	開成中学校	慶應義塾中等部	渋谷教育学園渋谷中学校
女子学院中学校	筑波大学附属駒場中学校	豊島岡女子学園中学校	広尾学園中学校	三田国際学園中学校
早稲田中学校	浅野中学校	慶應義塾普通部	聖光学院中学校	市川中学校
渋谷教育学園幕張中学校	栄東中学校			

過去問ライブ

栄光学園中学校	サレジオ学院中学校	中央大学附属横浜中学校	桐蔭学園中等教育学校	東京都市大学付属中学校
フェリス女学院中学校	法政大学第二中学校			

● 中学受験「オンライン過去問塾」（算数・社会・理科）

3〜5年間 **50校以上**

東京	青山学院中等部	東京	国学院大學久我山中学校	東京	明治大学付属明治中学校	千葉	芝浦工業大学柏中学校	埼玉	栄東中学校
	麻布中学校		渋谷教育学園渋谷中学校		早稲田中学校		渋谷教育学園幕張中学校		淑徳与野中学校
	跡見学園中学校		城北中学校		都立中高一貫校 共同作成問題		昭和学院秀英中学校		西武学園文理中学校
	江戸川女子中学校		女子学院中学校		都立大泉高校附属中学校		専修大学松戸中学校		獨協埼玉中学校
	桜蔭中学校		巣鴨中学校		都立白鷗高校附属中学校		東邦大学付属東邦中学校		立教新座中学校
	鷗友学園女子中学校		桐朋中学校		都立両国高校附属中学校		千葉日本大学第一中学校	茨城	江戸川学園取手中学校
	大妻中学校		豊島岡女子学園中学校	神奈川	神奈川大学附属中学校		東海大学付属浦安中等部		土浦日本大学中等教育学校
	海城中学校		日本大学第三中学校		桐光学園中学校		麗澤中学校		茗渓学園中学校
	開成中学校		雙葉中学校		県立相模原・平塚中等教育学校		県立千葉・東葛飾中学校		
	開智日本橋中学校		本郷中学校		市立南高校附属中学校		市立稲毛国際中等教育学校		
	吉祥女子中学校		三輪田学園中学校	千葉	市川中学校	埼玉	浦和明の星女子中学校		
	共立女子中学校		武蔵中学校		国府台女子学院中学部		開智中学校		

web過去問 Q&A

過去問が動画化！
声の教育社の編集者や中高受験のプロ講師など、
過去問を知りつくしたスタッフが動画で解説します。

Q どこで購入できますか？
A 声の教育社のHPでお買い求めいただけます。

Q 受講にあたり、テキストは必要ですか？
A 基本的には過去問題集がお手元にあることを前提としたコンテンツとなっております。

Q 全問解説ですか？
A 「オンライン過去問塾」シリーズは基本的に全問解説ですが、国語の解説はございません。「声教web過去問」シリーズは合格のカギとなる問題をピックアップして解説するもので、全問解説ではございません。なお、「声教web過去問」と「オンライン過去問塾」のいずれでも取り上げられている学校がありますが、授業は別の講師によるもので、同一のコンテンツではございません。

Q 動画はいつまで視聴できますか？
A ご購入年度２月末までご視聴いただけます。
複数年視聴するためには年度が変わるたびに購入が必要となります。

よくある解答用紙のご質問

01

実物のサイズにできない

拡大率にしたがってコピーすると，「解答欄」が実物大になります。配点などを含むため，用紙は実物よりも大きくなることがあります。

02

A3用紙に収まらない

拡大率164％以上の解答用紙は実物のサイズ（「出題傾向＆対策」をご覧ください）が大きいために，A3に収まらない場合があります。

03

拡大率が書かれていない

複数ページにわたる解答用紙は，いずれかのページに拡大率を記載しています。どこにも表記がない場合は，正確な拡大率が不明です。

04

1ページに2つある

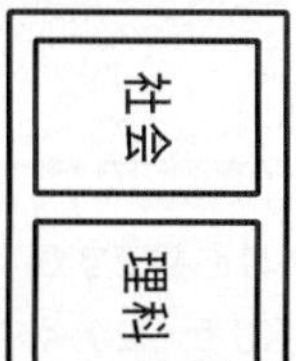

1ページに2つ解答用紙が掲載されている場合は，正確な拡大率が不明です。ほかの試験回の同じ教科をご参考になさってください。

【別冊】入試問題解答用紙編

解答用紙は本体からていねいに抜きとり、別冊としてご使用ください。

※　実際の解答欄の大きさで練習するには、指定の倍率で拡大コピーしてください。なお、ページの上下に小社作成の見出しや配点を記載しているため、コピー後の用紙サイズが実物の解答用紙と異なる場合があります。

●入試結果表

年度	回	項目		国語	算数	社会	理科	2科合計	4科合計	2科合格	4科合格
2024	2月1日午前	配点(満点)		100	100	50	50	200	300	最高点	最高点
		合格者平均点		64.4	76.0	29.3	36.8	140.4	206.5	149	165
		受験者平均点		56.1	60.1	26.5	31.8	116.2	174.5	最低点	最低点
		キミの得点								133	133
	2月1日午後(特待)	配点(満点)		100	100	50	50	200	300	最高点	最高点
		合格者平均点	特待	79.6	85.6	33.4	38.8		237.4	一 158	特 177
			一般	68.2	71.4	31.4	32.6	139.6	203.6	最低点	最低点
		受験者平均点		57.7	51.4	26.6	27.8	109.1	163.5	一 129	特 158
		キミの得点									一 129
	※　4科合格の最高点、最低点は200点満点に換算(÷1.5)したものです。										
2023	2月1日午前	配点(満点)		100	100	50	50	200	300	最高点	最高点
		合格者平均点		65.2	77.2	32.0	38.4	142.4	212.8	155	163
		受験者平均点		56.4	56.2	28.0	31.8	112.6	172.4	最低点	最低点
		キミの得点								135	135
	2月1日午後(特待)	配点(満点)		100	100	50	50	200	300	最高点	最高点
		合格者平均点	特待	69.3	80.3	42.0	36.6		228.2	一 145	特 158
			一般	56.6	75.3	39.4	34.9	131.9	206.2	最低点	最低点
		受験者平均点		47.1	59.3	33.4	29.5	106.4	169.3	一 131	特 150
		キミの得点									一 131
	※　4科合格の最高点、最低点は200点満点に換算(÷1.5)したものです。										
2022	2月1日午前	配点(満点)		100	100	50	50	200	300	最高点	最高点
		合格者平均点		55.4	72.9	33.9	39.0	128.3	201.2	153	157
		受験者平均点		46.8	50.4	28.2	34.9	97.2	160.3	最低点	最低点
		キミの得点								126	126
	2月1日午後(特待)	配点(満点)		100	100	50	50	200	300	最高点	最高点
		合格者平均点	特待	76.1	78.8	39.5	28.4		222.8	一 140	特 161
			一般	71.4	64.0	35.9	27.5	135.4	198.8	最低点	最低点
		受験者平均点		61.3	45.2	31.0	24.0	106.5	161.5	一 129	特 151
		キミの得点									一 129
	※　4科合格の最高点、最低点は200点満点に換算(÷1.5)したものです。										

（注）　合格判定方法：２科は200点満点、４科は300点を200点満点に換算して合否を決定します。

（例）　★２科受験の場合：国語60点＋算数60点＝２科合計得点120点　⇐　この得点で合否判定

★４科受験の場合：国語60点＋算数60点＋社会23点＋理科22点＝４科合計得点165点

⇕　　⇩　得点を200点満点の値に換算（300満点÷1.5）

２科合計得点：120点　⇐　２つの得点のうち高い方の得点で，合否判定　⇒　換算後の得点：110点

※　表中のデータは学校公表のものです。ただし、２科合計・４科合計は各教科の平均点を合計したものなので、目安としてご覧ください。

声の教育社

2024年度　かえつ有明中学校　2月1日午前

算数解答用紙

番号		氏名	

評点	／100

1

(1)	
(2)	
(3)	
(4)	
(5)	

2

(1)	m²
(2)	円
(3)	時速　km
(4)	度
(5)	通り

3

(1)	毎秒　cm^3
(2)	
(3)	cm

4

(1)	秒後
(2)	頂点　時間　秒後

5

(1)	
(2)	

6

(1) cm

(2)
(式)

答　cm^2

(3)
(式)

答　回転

(注)　この解答用紙は実物を縮小してあります。Ｂ５→Ａ３(163%)に拡大コピーすると、ほぼ実物大の解答欄になります。

〔算　数〕100点(推定配点)

1～6　各５点×20＜4の(2)は完答＞

２０２４年度　かえつ有明中学校　２月１日午前

社会解答用紙

番号		氏名		評点	／50

1

問1		問2		問3	(1)		(2)
問4		問5					
問6							
問7	(1)		(2)				
問8	(1)		(2)	川橋梁			
問9	(1)		(2)	発電			

2

問1		問2			
問3		問4		問5	
問6	15				
問7		問8	(1)	(2)	
問9					
問10	a				
問11					

(注) この解答用紙は実物を縮小してあります。Ｂ５→Ｂ４(141%)に拡大コピーすると、ほぼ実物大の解答欄になります。

〔社　会〕50点(推定配点)

1, 2　各２点×25

2024年度　かえつ有明中学校　2月1日午前

理科解答用紙

番号		氏名		評点	／50

1

(1)	色	色	性質	性
(2)				
(3)	g	(4)	g	

2

(1)	ア	イ	ウ	エ			
	オ	カ	キ				
(2)							

3

(1)		(2)		(3)	
(4)					

4

(1)			
(2)	物体1　g/cm²	物体2	g/cm²
(3)	g/cm²	(4)	g/cm²
(5)	cm		

（注）この解答用紙は実物を縮小してあります。Ｂ５→Ｂ４(141%)に拡大コピーすると、ほぼ実物大の解答欄になります。

〔理　科〕50点(推定配点)

1, 2　各２点×14　3　(1)～(3)　各２点×３　(4)　４点　4　各２点×６＜(1)は完答＞

２０２４年度　かえつ有明中学校　二月一日午前

国語解答用紙

番号　　氏名　　評点　／100

一

問一　A　B　C　D

問二　Ⅰ　Ⅱ　Ⅲ　Ⅳ

問三

問四

問五　(1)　(2)

問六

問七　(1) 初め　(2)　さん

問八　20　40　60

二

問一　A　B　C　D

問二

問三　Ⅰ　Ⅱ　Ⅲ

問四　初め　15

問五

問六　6　こと

問七

問八　20　40　60

問九

(注)　この解答用紙は実物を縮小してあります。Ｂ５→Ａ３(163%)に拡大コピーすると、ほぼ実物大の解答欄になります。

〔国　語〕100点(推定配点)

一　問1，問2　各2点×8　問3，問4　各3点×2　問5～問7　各4点×5<問5の(1)は完答>　問8　8点　二　問1　各2点×4　問2　4点　問3　各3点×3　問4～問7　各4点×4　問8　9点　問9　4点

2024年度　かえつ有明中学校　2月1日午後

算数解答用紙

番号		氏名		評点	／100

1

(1)	
(2)	
(3)	
(4)	
(5)	

2

(1)	cm^2
(2)	m
(3)	
(4)	人
(5)	日

3

(1)	分後
(2)	m

4

(1)	%	
(2)	A　%	B　%

5

(1)	度
(2)	度
(3)	度

6

(1)	
(2) (式) 答　　通り	(3) (式) 答　　通り

(注)　この解答用紙は実物を縮小してあります。Ｂ５→Ａ３(163%)に拡大コピーすると、ほぼ実物大の解答欄になります。

〔算　数〕100点(推定配点)

1～6　各５点×20＜4の(2)は完答＞

２０２４年度　かえつ有明中学校　２月１日午後

社会解答用紙

番号		氏名		評点	／50

1

問１					
問２	(A)　造山帯	(B)　海プレート			
問３					
問４					
問５		問６	現象	問７	
問８		問９		問10	
問11		問12	東経　度		

2

問１		問２		問３		
問４	(1)					
	(2)	職業	懲らしめない理由			
問５		問６				
問７		問８		問９		
問10	(1)		(2)			

（注）この解答用紙は実物を縮小してあります。Ｂ５→Ｂ４(141%)に拡大コピーすると、ほぼ実物大の解答欄になります。

〔社　会〕50点(推定配点)

1　各２点×13　2　問１～問３　各２点×３＜問３は完答＞　問４　(1)　２点　(2)　各１点×２　問５～問10　各２点×７

2024年度　かえつ有明中学校　2月1日午後

理科解答用紙

番号		氏名		評点	／50

1

(1)					
(2)					
(3)	①	ア	W	イ	
	②	ウ	エ	W	オ
	③	カ	約　分　秒		

2

(1)	分	(2)	
(3)		(4)	
(5)			
(6)	夏至の日	冬至の日	

3

(1)		(2)		(3)		(4)	
(5)							

4

(1)	砂糖	片栗粉	(2)		(3)	
(4)						

（注）この解答用紙は実物を縮小してあります。Ｂ５→Ｂ４（141%）に拡大コピーすると、ほぼ実物大の解答欄になります。

〔理　科〕50点（推定配点）

1～4　各２点×25

2024年度 かえつ有明中学校 二月一日午後

国語解答用紙

番号 | 氏名 | 評点 /100

一

問一 A B C D

問二 I II

問三 i ii

問四

問五

問六

問七

問八

問九

問十 20 40 60

二

問一 A き B まって C D

問二

問三

問四

問五

問六

問七 20 に安堵した。

問八 I II

問九 20 40 60

（注）この解答用紙は実物を縮小してあります。B5→A3（163%）に拡大コピーすると、ほぼ実物大の解答欄になります。

〔国 語〕100点（推定配点）

一 問1 各2点×4 問2～問4 各3点×5 問5 4点＜完答＞ 問6～問9 各3点×4 問10 11点 二 問1 各2点×4 問2～問7 各4点×6 問8 各3点×2 問9 12点

２０２３年度　かえつ有明中学校　２月１日午前

算数解答用紙

番号		氏名		評点	／100

1

(1)	
(2)	
(3)	
(4)	時間　分
(5)	

2

(1)	年
(2)	cm
(3)	時速　km
(4)	日間
(5)	円

3

(1)	%
(2)	g
(3)	g

4

(1)	円
(2)	個

5

(1)	通り
(2)	通り

6

(1)	cm^3

(2)
(式)

答　度

(3)
(式)

答　cm^2

（注）この解答用紙は実物を縮小してあります。Ｂ５→Ａ３(163%)に拡大コピーすると、ほぼ実物大の解答欄になります。

〔算　数〕100点(推定配点)

1～6　各５点×20

２０２３年度　かえつ有明中学校　２月１日午前

社会解答用紙

番号		氏名		評点	／50

1

問1		問2		問3	
問4					
問5		問6	年		
問7		問8			
問9		問10			
問11		問12			

2

問1		問2		問3	
問4		問5	氏		
問6		問7			
問8		問9			
問10		問11			
問12		問13			

（注）この解答用紙は実物を縮小してあります。Ｂ５→Ｂ４（141％）に拡大コピーすると、ほぼ実物大の解答欄になります。

〔社　会〕50点（推定配点）

1, 2　各２点×25

２０２３年度　かえつ有明中学校　２月１日午前

理科解答用紙

番号		氏名		評点	／50

1

(1)		(2)	
(3)	B	C	
(4)	小さいプラスチックの名称	(　)にあてはまる言葉	

2

(1)	g	(2)	g	(3)	g
(4)	ばねばかり	台ばかり	(5)	ばねばかり	台ばかり
(6)	ばねばかり	台ばかり			

3

(1)	g	(2)	%	(3)	g
(4)	きりが発生した日は、				

4

(1)		(2)		(3)	
(4)		(5)			

（注）この解答用紙は実物を縮小してあります。Ｂ５→Ｂ４(141%)に拡大コピーすると、ほぼ実物大の解答欄になります。

〔理　科〕50点(推定配点)

1　各２点×５＜(3)は完答＞　2, 3　各３点×10＜2の(4)～(6)はそれぞれ完答＞　4　各２点×５

二〇二三年度　かえつ有明中学校　二月一日午前

国語解答用紙

番号　　氏名　　評点　／100

一

問一　A　B　C　D

問二　1　2

問三　5

問四

問五

問六　ア　5　イ　10

問七　（1）　（2）

問八

問九　20　40　60

二

問一　A　B　って　C　D　えてる

問二

問三

問四　Ⅰ　Ⅱ　Ⅲ

問五

問六

問七　Ⅳ　10

問八　20　40　60　という思い。

問九

（注）この解答用紙は実物を縮小してあります。B５→A３（163%）に拡大コピーすると、ほぼ実物大の解答欄になります。

〔国　語〕100点（推定配点）

一　問１，問２　各２点×６　問３～問６　各４点×５　問７　(1)　３点　(2)　４点　問８　４点　問９　８点　二　問１　各２点×４　問２，問３　各４点×２　問４　各３点×３　問５～問７　各４点×３　問８　８点　問９　４点

２０２３年度　かえつ有明中学校　２月１日午後

算数解答用紙

番号		氏名		評点	／100

1

(1)	
(2)	
(3)	秒速　　　mm
(4)	
(5)	

2

(1)	人
(2)	
(3)	日
(4)	
(5)	通り

3

(1)	%
(2)	%
(3)	g

4

(1)	毎秒　　　cm^3
(2)	cm
(3)	秒後

5

(1)	度
(2)	度

6

(1)
(展開図)

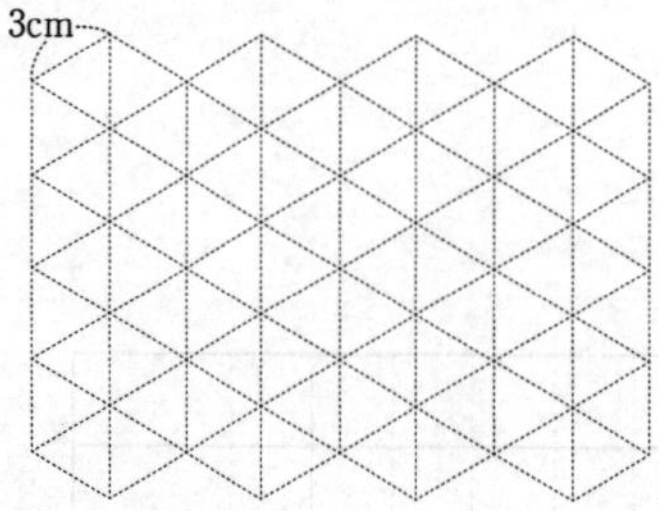

(2)
(式)

答　　　：

（注）この解答用紙は実物を縮小してあります。Ｂ５→Ａ３(163%)に拡大コピーすると、ほぼ実物大の解答欄になります。

〔算　数〕100点(推定配点)

1～6　各５点×20

2023年度　かえつ有明中学校　2月1日午後

社会解答用紙

番号		氏名		評点	／50

1

問1			分離	
問2	(1)		(2)	
問3	(1)		(2)	
問4		問5		
問6	(1)		(2)	
問7				
問8	(1)		(2)	

2

問1		問2			
問3	核兵器を	問4			
問5		問6		問7	
問8		問9		問10	
問11		問12			
問13					

(注)　この解答用紙は実物を縮小してあります。Ｂ５→Ｂ４(141%)に拡大コピーすると、ほぼ実物大の解答欄になります。

〔社　会〕50点(推定配点)

1, 2　各２点×25

2023年度　かえつ有明中学校　2月1日午後

理科解答用紙

番号		氏名	

評点	／50

1

(1)	ア		イ		(2)			
(3)	エ		ジュール		オ		%	
(4)	①		②		③		④	
(5)	①		②		③			
(6)		エネルギーを		エネルギーに変換する				
(7)								

2

(1)		(2)						
(3)	種子をまく時期		花が咲く時期					
(4)	記号		名前		記号		名前	
(5)		(6)						
(7)		(8)		(9)		(10)		

（注）この解答用紙は実物を縮小してあります。Ｂ５→Ｂ４（141%）に拡大コピーすると、ほぼ実物大の解答欄になります。

〔理　科〕50点（推定配点）

1　(1)，(2)　各１点×3　(3)～(7)　各２点×11　2　(1)　１点　(2)～(10)　各２点×12＜(4)は各々完答，(9)は完答＞

二〇二三年度　かえつ有明中学校　二月二日午後

国語解答用紙

番号		氏名		評点	/100

一

問一　A　B　C　D　て

問二　X　Y　Z

問三　15

問四

問五

問六

問七

問八　20　40　60　80

二

問一　A　B　C　D

問二　1　3

問三

問四

問五　11

問六

問七

問八

問九

問十　20　40　60　80

（注）この解答用紙は実物を縮小してあります。B５→A３（163％）に拡大コピーすると、ほぼ実物大の解答欄になります。

〔国　語〕100点（推定配点）

一　問１　各２点×４　問２　各３点×３　問３　６点　問４　４点　問５　６点　問６，問７　各４点×２　問８　８点　二　問１　各２点×４　問２，問３　各３点×３　問４　４点　問５　６点　問６～問９　各４点×４　問10　８点

2022年度　かえつ有明中学校　2月1日午前

算数解答用紙

番号		氏名		評点	／100

1

(1)	
(2)	
(3)	
(4)	m^3
(5)	

2

(1)	
(2)	人
(3)	g
(4)	日間
(5)	倍

3

(1)	分速　m
(2)	km
(3)	時　分　秒

4

(1)	cm^3
(2)	cm
(3)	分

5

(1)	通り
(2)	通り

6

(1)	(2)
(式)	(式)
答　度	答　cm^2

(注) この解答用紙は実物を縮小してあります。B５→A３(163%)に拡大コピーすると、ほぼ実物大の解答欄になります。

〔算　数〕100点(推定配点)

1～6　各5点×20

２０２２年度　かえつ有明中学校　２月１日午前

社会解答用紙

番号		氏名		評点	／50

1

問１		問２		問３			
問４	(1)	(2)		問５	(1)	(2)	
問６	(1)						
	(2)	(A)					
		(B)					
問７							
問８	(1)		(2)				

2

問１		問２			
問３		問４			
問５		問６			
問７		問８			
問９					
問10					
問11		問12		問13	

（注）この解答用紙は実物を縮小してあります。Ｂ５→Ｂ４（141％）に拡大コピーすると、ほぼ実物大の解答欄になります。

〔社　会〕50点（推定配点）

1，2　各２点×25＜1の問６の(2)は完答＞

２０２２年度　かえつ有明中学校　２月１日午前

理科解答用紙

番号		氏名		評点	／50

1

(1)		(2)		(3)			
(4)		(5)		(6)			
(7)				(8)		(9)	
(10)		(11)		(12)			

2

(1)			(2)				
(3)	図1	図2	(4)			(5)	
(6)			(7)	5	8		

3

(1)		(2)					
(3)	C	D					
(4)	E	F	(5)		(6)		

（注）この解答用紙は実物を縮小してあります。Ｂ５→Ａ４(115%)に拡大コピーすると、ほぼ実物大の解答欄になります。

〔理　科〕50点(推定配点)

1　(1)～(6)　各２点×６　(7)　各１点×２　(8)～(12)　各２点×５　2　(1)，(2)　各２点×２　(3)　各１点×２　(4)～(7)　各２点×４＜(6)，(7)は完答＞　3　(1)，(2)　各２点×２　(3)，(4)　各１点×４　(5)，(6)　各２点×２

二〇二二年度　かえつ有明中学校　二月一日午前

国語解答用紙

番号　　氏名　　評点 ／100

一

問一　A　　いて B　　C　　D

問二　　問三　　問四　I　II

問五　20　30

問六　一　一　　問七

問八　20　40　60　80

問九

二

問一　A　　け B　　C　　D

問二　(1)　(2)　20　40

問三　　問四

問五　　問六

問七　10

問八

問九　20　40

(注) この解答用紙は実物を縮小してあります。B5→B4(141%)に拡大コピーすると、ほぼ実物大の解答欄になります。

〔国　語〕100点(推定配点)

一　問1　各2点×4　問2～問4　各4点×4　問5　6点　問6, 問7　各4点×2　問8　8点　問9　4点　二　問1　各2点×4　問2　(1)　4点　(2)　6点　問3～問7　各4点×5　問8, 問9　各6点×2

2022年度　かえつ有明中学校　2月1日午後

算数解答用紙

番号		氏名	

評点	／100

1

(1)	
(2)	
(3)	
(4)	mL
(5)	

2

(1)	
(2)	
(3)	分後
(4)	日
(5)	:

3

(1)	ア		
(2)	イ	ウ	エ
(3)	オ	カ	

4

(1)	:
(2)	秒間

5

(1)	
(2)	面
(3)	面

6

(1) (式)	(2) (式)
答　　cm³	答　　cm

(注) この解答用紙は実物を縮小してあります。B5→A3(163%)に拡大コピーすると、ほぼ実物大の解答欄になります。

〔算　数〕100点(推定配点)

1～6　各5点×20<3の(2), (3), 5の(1)は完答>

2022年度　かえつ有明中学校　2月1日午後

社会解答用紙

番号		氏名		評点	／50

1

問1		問2	
問3		問4	
問5	(1)	(2)	発電
問6	(1) トンネル	(2)	
問7	(1)	(2)	
問8		問9	

2

問1		問2		問3	
問4		問5		問6	
問7					
問8					
問9					
問10	(1)				
	(2)				
問11	(1)	(2)			

〔社　会〕50点(推定配点)

1，2　各2点×25＜1の問7の(2)は完答＞

2022年度　かえつ有明中学校　2月1日午後

理科解答用紙

番号		氏名		評点	／50

1

(1)	番号	理由		
(2)				
(3)				
(4)		(5)		(6)
(7)				
(8)				
(9)	固体A	液体B		
(10)				
(11)				

2

(1)	
(2)	
(3)	
(4)	
(5)	

3

(1)	A	(2)	イ	ウ	エ	オ	
(3)		(4)	1	2	3	4	5

〔理　科〕50点(推定配点)

1　(1)　3点＜完答＞　(2)～(6)　各2点×5＜(4)は完答＞　(7)，(8)　各3点×2　(9)～(11)　各2点×3＜(9)，(11)は完答＞　2　(1)　3点　(2)　2点＜完答＞　(3)～(5)　各3点×3　3　(1)　2点　(2)　各1点×4　(3)　2点　(4)　3点＜完答＞

二〇二三年度　かえつ有明中学校　二月一日午後

国語解答用紙

番号　　氏名　　評点　／100

一

問一　A　B　C　D

問二

問三　20　30

問四

問五　Ⅰ　Ⅱ　Ⅲ

問六

問七

問八　X　Y　Z

問九　20　40　60　70

問十

二

問一　A　B　C　D

問二　1　2　3　4

問三　20　40

問四　X　Y　Z

問五　Ⅰ　Ⅱ

問六

問七

問八　(1)

問八　(2)　20　40　60　80

（注）この解答用紙は実物を縮小してあります。167%拡大コピーをすると、ほぼ実物大の解答欄になります。

〔国　語〕100点(推定配点)

一　問1，問2　各2点×5　問3　6点　問4　4点＜完答＞　問5　各2点×3　問6　4点＜完答＞　問7　6点　問8　各2点×3　問9　8点　問10　4点　二　問1，問2　各2点×8　問3　6点　問4～問7　各2点×7　問8　(1)　2点　(2)　8点

東京都／神奈川県／千葉県／埼玉県／茨城県／栃木県ほか

2025年度用
声の教育社版

中学受験案内

■全校を見開き2ページでワイドに紹介！

■中学～高校までの授業内容をはじめ部活や行事など、6年間の学校生活を凝縮！

■偏差値・併願校から学費・卒業後の進路まで、知っておきたい情報が満載！

I 首都圏(東京・神奈川・千葉・埼玉・その他)の私立・国公立中学校の受験情報を掲載。

合格情報
近年の倍率推移・偏差値による合格分布予想グラフ・入試ホット情報ほか

学校情報
授業、施設、特色、ICT機器の活用、併設大学への内部進学状況と併設高校からの主な大学進学実績ほか

入試ガイド
募集人員、試験科目、試験日、願書受付期間、合格発表日、学費ほか

II 資　料
(1)私立・国公立中学の合格基準一覧表(四谷大塚、首都圏模試、サピックス)
(2)主要中学早わかりマップ
(3)各校の制服カラー写真
(4)奨学金・特待生制度, 帰国生受け入れ校, 部活動一覧

III 大学進学資料
(1)併設高校の主要大学合格状況一覧
(2)併設・系列大学への内部進学状況と条件

私立・国公立353校掲載

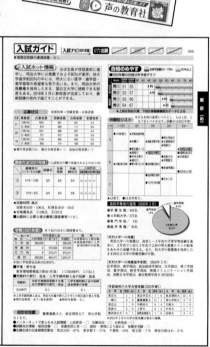

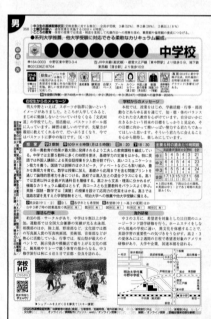

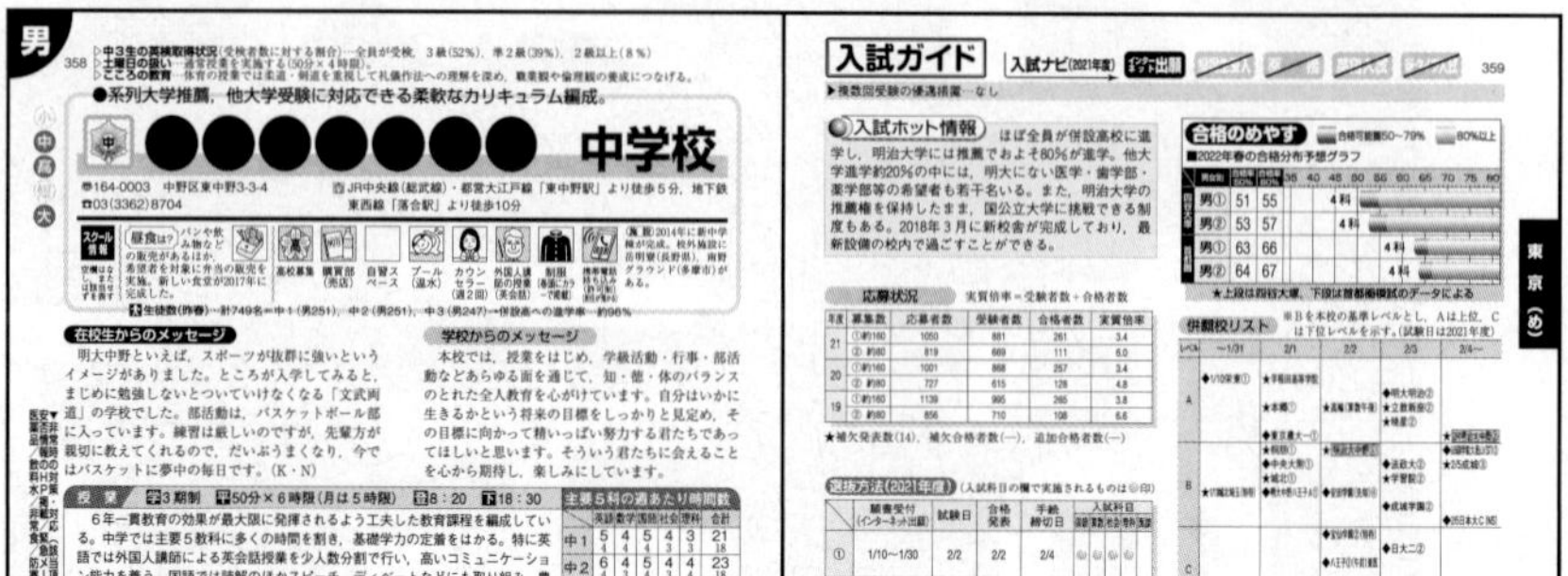

志望校・併願校をこの1冊で選ぶ！決める!!

過去問で君の夢を応援します

声の教育社

〒162-0814　東京都新宿区新小川町8-15
TEL.03-5261-5061　FAX.03-5261-5062
https://www.koenokyoikusha.co.jp